SÜDTIROL

Natur und Kultur zwischen Vinschgau und Dolomiten

Gunnar Strunz

Trescher Verlag

1. Auflage 2014

Trescher Verlag
Reinhardtstr. 9
10117 Berlin
www.trescher-verlag.de

ISBN 978-3-89794-283-7

Herausgegeben von Bernd Schwenkros und
Detlev von Oppeln

Reihenentwurf und Gesamtgestaltung:
Bernd Chill
Gestaltung, Satz, Bildbearbeitung:
Martina Gerber, Ulla Nickl
Lektorat: Hinnerk Dreppenstedt
Stadtpläne und Karten: Johann Maria Just,
Martin Kapp, Ulla Nickl
Druck: Druckhaus Köthen

Gedruckt auf chlorfrei gebleichtem Papier

Printed in Germany

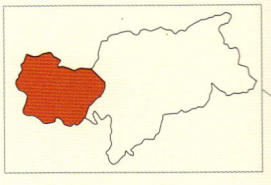

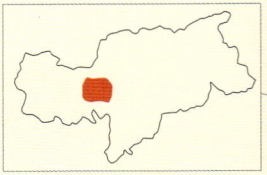

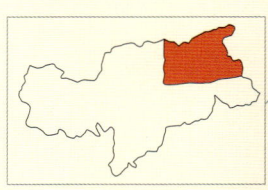

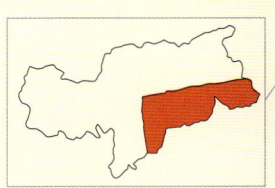

Alle Angaben in diesem Reiseführer wurden
sorgfältig recherchiert und überprüft. Dennoch
können Entwicklungen vor Ort dazu führen,
dass einzelne Informationen nicht mehr aktuell
sind. Gerne nehmen wir dazu Ihre Hinweise und
Anregungen entgegen. Bitte schreiben Sie an
post@trescher-verlag.de.

Der Pflerscher Tribulaun in den Stubaier Alpen

Vorwort

In Südtirol, der nördlichsten italienischen Region, treffen mediterrane und österreichische Traditionen auf einzigartige Weise aufeinander. Diese Symbiose zeigt sich nicht zuletzt in der hervorragenden Küche, die aufs trefflichste Alttiroler Knödel und moderne mediterrane Nouvelle Cuisine kombiniert; die Weine und der berühmte Speck aus Südtirol werden weit über die Landesgrenzen hinaus geschätzt. Südtirol beeindruckt aber auch mit seiner erstaunlichen Anzahl an Kulturschätzen. Für Europa ungewöhnlich ist die Vielzahl an romanischen Kirchen gerade im westlichen Teil Südtirols, in denen sich oft noch Altäre und Fresken aus dem Spätmittelalter oder der Renaissance erhalten haben. Es locken gemütliche Dörfer und Städtchen mit baumumstandenen Marktplätzen in sonnigen, tief eingeschnittenen Tälern wie Glurns, Klausen und Sterzing und eine große Zahl von Burgen und Schlössern an steilen Hängen. Bozens Urbanität, Merans mondänes Flair und Brixen als Zentrum jahrhundertelanger geistlicher Macht vervollständigen die großartigen Kulturlandschaften. Dazu leuchten zur Frühlingszeit überall bunt blühende Wiesen, im Herbst dagegen setzen die traubenschweren Weinhänge dazu einen unvergleichlichen Kontrapunkt.

Südtirol verzaubert den Besucher insbesondere durch seine Bergwelt: im Westen die Eiswelt des Ortlers, in der Mitte die eher lieblichen Kämme der Sarntaler Alpen und im Osten die einzigartigen Felsbildungen der Dolomiten. Besonders spektakulär sind dabei die Gegensätze auf engstem Raum: Nur zehn Kilometer vom palmengeschmückten Meran entfernt, in den Ötztaler Alpen, erstreckt sich das Gletschereis. Die klimatischen Verhältnisse, die kalte Nordwinde abweisen und warme Südströmungen ungehindert ins Land lassen, haben Südtirol zu einem Sonnenland gemacht. Manchmal setzt im Etschtal der Frühling schon Ende Februar ein. Dieses milde Klima lockt schon seit fast 200 Jahren Heilungssuchende an, und die unvergleichlich schöne Natur, die Bergwiesen und die Bergwelten zwischen Ortler, Ötztaler Alpen und Dolomiten ließen den Tourismus zur gleichen Zeit aufkommen. Das friedvolle äußere Bild dieser Region wurde in der Geschichte mehrfach durch blutige und zermürbende politische Auseinandersetzungen getrübt, am intensivsten im und nach dem Ersten Weltkrieg und blutig im Tiroler Freiheitskampf von 1809.

Südtirols Rolle als Brückenland zwischen deutsch-österreichischer und römisch-italienischer Kultur offenbart sich rasch. Es ist zwar italienisches Staatsgebiet. Wer das Italien mit seiner Renaissancekultur und den Spuren der römischen Antike oder das typisch italienische Lebensgefühl sucht, wird es hier jedoch nicht finden. Südtirol ist Italiens nördlichste und zweitreichste Provinz, in der auch die Italiener um ihre gesonderte Position wissen: Sie leben auf italienischem Staatsgebiet, doch in einer Region, in der sie eine Minderheit bilden.

Dieser Reiseführer stellt alle Gebiete, alle Täler und Seitentäler Südtirols vor, gibt Empfehlungen zu leichten Wandertouren, weist auf besondere kulturelle Sehenswürdigkeiten und Traditionen hin. Er ist aber kein ausschließlicher Wanderführer und wendet sich weniger an Wintersportler, sondern an alle Kultur- und Naturinteressierten, an alle Individual- wie Grupenreisenden, die die Vielfalt des Landes und seine Kontraste kennenlernen möchten.

Hinweise zur Benutzung

In ›Das Wichtigste in Kürze‹ finden sich die wichtigsten Informationen zur Anreise und zum Aufenthalt in Südtirol. Das Kapitel ›Land und Leute‹ erläutert Geographie und Geologie und Klima, Geschichte und aktuelle politische Entwicklungen, Kultur, Brauchtum und Feste sowie die regionale Küche. Der Reiseteil beschreibt das ganze Land in sechs in sich abgeschlossenen Großkapiteln entlang gut befahrbarer, logischer Routen und erläutert darin die einzelnen Landschaften, Ortschaften mitsamt den Museen und bedeutsamen Freizeitangeboten sowie die sonstigen Sehenswürdigkeiten. Dieses Buch ist kein dezidierter Wanderführer und richtet sich auch nicht an Wintersportler. Aber touristisch besonders attraktive Wanderwege, die vor allem auch wenig Geübte mit Genuss bewältigen können, sind innerhalb eines jeden größeren Abschnittes dargestellt. Die dabei angegebenen Gehzeiten sind großzügig kalkuliert. Alle empfohlenen Wanderungen sind ohne alpine Ausrüstung machbar, manchen setzen aber Trittsicherheit und Schwindelfreiheit voraus. Wichtige Informationen etwa zu Tourismusbüros, Unterkunfts- und Einkehrmöglichkeiten, zu Museen und Sehenswürdigkeiten, zu Einkaufs- und Sportmöglichkeiten stehen in den blauen Info-Kästen am Ende des jeweiligen Unterkapitels. Die Preisangaben für die Hotels und Gasthöfe sind überwiegend – anders als beispielsweise in Deutschland – in Euro pro Person und Nacht mit Frühstück angegeben. Einige besondere Auspreisungen mit Halbpension sind als solche erkenntlich. Die nachgewiesenen Lokale, Gasthöfe und Hotels stellen eine begründete und geprüfte Auswahl aus einem in fast allen Regionen deutlich größeren Angebot dar.

Die Reisetipps von A bis Z sowie Literatur- und Internethinweise, die eine vertiefende Beschäftigung mit Südtirol ermöglichen, beschließen das Buch. Jeder Region sowie den wichtigsten Städten sind Karten beigegeben, eine Orientierung ist ohne zusätzliches Material problemlos möglich. Doch für viele der im Buch empfohlenen Wanderungen wird der Erwerb von Wanderkarten oder eines entsprechenden Wanderführers empfohlen; auch hierzu finden sich Hinweise in den blauen Info-Kästen. Oft leistet aber auch Material, das die örtlichen Tourismusämter vorrätig halten, gute Dienste; es ist zudem in vielen Fällen kostenlos.

Zeichenlegende

- ℹ️ Tourismusbüros, Informationen
- 🚗 Hinweise für Autofahrer
- 🚲 Fahrradverleih, Hinweise für Radler
- 🛏️ Unterkünfte
- 🍴 Einkehrmöglichkeiten
- 🍸 Bars
- ⛺ Zelt- und Campingplätze
- 🏛️ Museen, Galerien, sonstige Sehenswürdigkeiten
- 🎪 Feste, Festivals
- 🔍 Allgemeine Hinweise für Sportler
- ⚙️ Hinweise für Wanderer
- 🚶 Hinweise für Wintersportler
- 🚠 Seilbahnen, Sessellifte
- ♨️ Thermen, Heilbäder
- 🛒 Einkaufsmöglichkeiten
- 🍷 Vinotheken, Weingüter, Weinverkostungen

Das Wichtigste in Kürze

Einreise

Das Schengen-Land Italien ist ausschließlich von Ländern umgeben, die ihrerseits das Schengener Abkommen unterzeichnet haben. Deshalb finden an den Staatsgrenzen keine Kontrollen mehr statt. Dennoch empfiehlt es sich, stets ein gültiges Personaldokument mitzuführen, wobei Kinder im Pass der Eltern eingetragen sein oder einen eigenen Kinderausweis besitzen müssen.

Geld

Währung in Italien ist der Euro. Abhebungen sind mit EC- oder Kreditkarte an allen Bankautomaten möglich, an den Tankstellen (überwiegend Tankautomaten) ist seit kurzem meist nur noch Kartenzahlung möglich, die Barzahlung bis zu 10 Cent pro Liter teurer. Die meisten Geschäfte, Hotels und Restaurants akzeptieren Kreditkarten.

Individuell oder organisiert?

Die Reiseveranstalter haben Südtirol als Ganzes noch nicht entdeckt. Es gibt ein großes Angebot an Busreisen, die überwiegend zu den Weinfesten um den Kalterer See oder in die Dolomiten führen. Für Wintersportler empfiehlt sich der Individualurlaub ohnehin, und im Sommer kann nur der Individualtourist das Land in seiner Vielfalt kennenlernen. Das vielbesuchte Südtirol weist überall eine vorzügliche Infrastruktur und ausgezeichnete Touristenämter auf. Überall im Land wird deutsch gesprochen.

Informationen vor Reisebeginn

Südtirol Information, Pfarrplatz 11, I-39100 Bozen, Tel. +39/0471/999999. Kein Publikumsverkehr, nur schriftliche und telefonische Anfragen (Mo–Fr 9–19, Sa 9.30–18 Uhr), www.suedtirol.info.

Klima und Reisezeit

Große Teile Südtirols nehmen die Hochgebirge ein. Daher ist es von Mitte November bis Mitte April ein schneesicheres Reiseland und ideal für Wintersportler. Für die Sommersaison ist Mitte Mai bis Mitte Oktober die empfehlenswerteste Zeit. Der Frühling und damit die Blütezeit beginnt in den Tälern schon im März, die blühenden Alpenwiesen besucht man dagegen eher im Juni. Hauptreisemonate sind Juli und August, in ihnen sind die Nächtigungspreise im ganzen Land am höchsten. Mai, Juni und die zweite Septemberhälfte sind gerade sehr empfehlenswert, da Südtirol dann nicht mehr so überlaufen ist. Als schönste Zeit für Wanderer gilt ohnehin der September. In den Übergangswochen von etwa Mitte Oktober bis zum Beginn der Wintersaison bzw. von deren Ende bis etwa Mitte Mai haben viele Hotels und Gasthöfe geschlossen, auch einige touristische Einrichtungen wie Lifte, Seilbahnen, auch Hotels sind oft entweder nur im Winter oder nur im Sommer geöffnet. Fast alle Bergstraßen und Pässe wie die Stilfserjochstraße oder das Timmelsjoch sind grundsätzlich von Ende Oktober/Anf. November bis Anfang Mai gesperrt. Natürlich ist das Klima in den tieferen Regionen um Meran und Bozen auch in den Wintermonaten recht mild. Kurz und gut: Südtirol lohnt zu jeder Jahreszeit.

Öffentliche Verkehrsmittel

Mit den Bahnen und Bussen des Südtiroler Verkehrsverbunds (www.sii.bz.it/de/verkehrsverbund-suedtirol) ist fast jeder Ort erreichbar. Zum Verbund gehören Stadtbus- und Überlandlinien, Regionalzüge der italienischen Eisenbahn, die Vinschger- und Pustertalbahn sowie verschiedene Standseilbahnen. Mit einer der drei erhältlichen Mobilkarten (Mobilcard, Bikemobil Card und Museumobil Card) ist die Benutzung aller Linien des Verbunds kostenlos. Sie ist für drei/ sieben Tage (23/28 €) erhältlich (www.mobilcard.info). Kauft man dagegen eine sogenannte Wertkarte zu 5/10/25 € (in etwa der deutschen Bahncard entsprechend), kann man etwa ein Drittel des regulären Fahrpreises sparen. Eisacktal und Pustertal sowie der Vinschgau bis Mals sind mit der Eisenbahn bestens erreichbar, das Etschtal von Meran bis Salurn und weiter nach Trient ohnehin. Fahrplanauskünfte zu den Bussen unter www.sad.it bzw. telefonisch unter 840/000471 (Mo–Sa 7.30–20 Uhr).

Preisniveau

Südtirol weist als Reiseland unterschiedliche Preisniveaus auf. Während die Wintersportregionen, insbesondere die Dolomiten, als hochpreisig bezeichnet werden können, sind der Vinschgau und seine Seitentäler oder abgelegenere Gebiete wie das Pfitschertal oder das Mühlwalder Tal relativ preisgünstig. Die Übernachtungspreise schwanken einesteils sehr zwischen der Winter- und Sommersaison und können zwischen Dezember und März doppelt so hoch wie im Sommer sein, variieren jedoch auch innerhalb der Zeit von Mai bis Oktober. Juli und August sind dabei am teuersten. Die untere Preisgrenze (pro Person im DZ mit Frühstück) liegt bei etwa 40 €.

Unterkunft

In Südtirol gibt es eine unüberschaubare Fülle von Übernachtungsmöglichkeiten in allen Preisniveaus: Hotels, Gasthöfe, Pensionen und Privatquartiere. Der Zimmerpreis wird meist pro Person und nicht für das ganze Zimmer angegeben. Oft muss man insbesondere bei kleineren Gasthöfen und Privatunterkünften einen

Zuschlag zahlen, wenn man weniger als drei Tage bleibt. Viele Unterkünfte in den Wintersportorten sind in der Winterzeit nur mit Halbpension buchbar. Campingplätze gibt es nicht allzu viele und natürlich nur in den großen Tälern. Eine gute Alternative ist jedoch immer der Urlaub auf dem Bauernhof (Infos: www.roterhahn.it, Tel. 0471/981171, Südtiroler Bauernbund, K.-M.–Gamper-Str. 5, 39100 Bozen): preisgünstige Quartiere in meist besonders schönen Lagen.

Wetter

Unter www.suedtirol.info/wetter sowie www.provinz.bz.it/wetter, alternativ unter www.alpenwetter.com und www.meteoalpin.com gibt es alle nötigen Hinweise.

Wichtige Telefonnummern

Internationale Vorwahl Italien: 0039.
Internationaler Notruf (funktioniert ohne SIM-Karte bzw. ohne Münzeinwurf): 112.
Polizei: 112 (nur Carabinieri), 113.
Feuerwehr: 115.
Notarzt: 118.
Krankenwagen (Unfallrettung): 118.
Bergwacht/Bergrettung: 118 (www.bergrettung.info), **Flugrettung** 0471/797171.
Auto-Pannenhilfe: 116.
Sperren von EC- und Kreditkarten: 0049/116116 bzw. 0049/30/40504050.

Anreise

Mit dem Auto: Südtirol erreicht man von Deutschland am bequemsten über Innsbruck und die mautpflichtige Brennerautobahn oder alternativ über die zur Autobahn auf österreichischem und Südtiroler Gebiet parallel verlaufenden Staatsstraßen. Die Anreise aus Westtirol von Landeck über den Reschenpaß in den Vinschgau ist landschaftlich vielleicht reizvoller, doch zeitaufwendiger.

Blick über die Meraner Altstadt

Von Österreich aus kann man auch über das Timmelsjoch Richtung Meran durch das Passeiertal fahren. Wer aus Osttirol kommt, betritt das Südtiroler Gebiet über das Pustertal, entweder direkt via Innichen oder über den Staller Sattel, über den man zunächst ins Antholzer Tal gelangt. Die Pässe sind mit Ausnahme des Reschenpasses und des Brenners im Winter gesperrt. Die wichtigste Zufahrt ist die über den Brenner. Selbstverständlich sind Führerschein, Fahrzeugschein und grüne Versicherungskarte mitzuführen.

Mit dem Bus: ›Südtirol Tours‹ verbindet ganzjährig Stuttgart via Ulm mit den verschiedensten Südtiroler Gebieten (www.suedtiroltours.de). Der ›Meraner Landexpress‹ fährt zwischen Ende März und Mitte November zweimal wöchentlich zwischen München und Meran. Der ›Südtirol-Bus‹ (www.suedtirolbus.it) fährt von München nach Meran, Bozen, Kaltern, Brixen und Sterzing.

Mit der Bahn: aus Deutschland über die Bahnlinie Innsbruck–Verona (www.trenitalia.com). Verschiedene EC-Züge verbinden München mehrmals täglich mit Bozen (www.bahn.de). Die Anreise ist sogar mit dem Autoreisezug möglich (www.dbautozug.de).

Mit dem Flugzeug: Einziger Flughafen im Land ist Bozen (www.bolzanoairport.it/de), aber Direktverbindungen nach Deutschland bestehen derzeit nicht; fast alle Flüge von Deutschland nach Bozen verlaufen via Rom. Mögliche Alternativen sind daher die Flughäfen Innsbruck und Verona; von dort ca. zwei Stunden Autofahrt nach Bozen.

Die bedeutendsten Naturschönheiten

Langtauferer Tal (→ S. 60).
Die Stilfserjoch-Straße (→ S. 80).
Ultental (→ S. 149).
Der Ritten (→ S. 178).
Sarntal (→ S. 181).
Kalterer See (→ S. 193).
Ahrntal (→ S. 258).
Gsieser Tal (→ S. 268).
In den Dolomiten: Drei Zinnen (→ S. 299ff.), Gadertal (→ S. 292), Villnößtal (→ S. 303), Sellajoch (→ S. 321), Pragser Wildsee (→ S. 273).

Die bedeutendsten Baudenkmäler

Mals: romanische Kirche St. Benedikt (→ S. 64).
Glurns: historische Altstadt (→ S. 71).
Meran: historische Altstadt, Gärten Schloss Trauttmannsdorff (→ S. 116).
Bozen: historische Altstadt, Südtiroler Archäologiemuseum mit Mumie ›Ötzi‹. (→ S. 168).
Sarntal: Burg Runkelstein (→ S. 181).
Klausen historische Altstadt (→ S. 234).
Brixen: Dom mit Kreuzgang (→ S. 221), Kloster Neustift (→ S. 227).
Mühlbach: Burg Rodenegg (→ S. 245).
Ahrntal-Tauferer Tal: Burg Taufers (→ S. 260).
Innichen: Stiftskirche (→ S. 282).

Ausführlichere reisepraktische Hinweise im Kapitel Reisetipps von A bis Z ab Seite 332.

Südtirol ist italienisches Territorium, unterscheidet sich aber sehr vom restlichen Italien. Seine geographische Position im Übergangsbereich zwischen deutscher und italienischer Kultur sowie die Kämpfe und Begehrlichkeiten um das Land in Geschichte und Gegenwart prägten es in besonderer Weise. Seit knapp hundert Jahren gehört es nach gut sechshundertjähriger Zugehörigkeit zu Habsburg-Österreich zu Italien. Das verlieh Südtirol eine besondere Scharnierfunktion zwischen beiden großen Nationen, deren jahrzehntelanger Streit um das Ländchen endlich friedlichem Nebeneinander gewichen ist.

LAND UND LEUTE

Südtirol im Überblick

Regierungsform: Eine der 109 Provinzen der Republik Italien - jedoch mit besonderen verbrieften Selbstverwaltungsrechten. Zusammen mit der angrenzenden Provinz Trento (Trient) bildet Südtirol die autonome Region Trentino-Südtirol (Alto Adige).
Fläche: 7400 km².
Einwohnerzahl: 509 626 (31.12. 2012).
Bevölkerungsdichte: 69 Personen pro km².
Hauptstadt: Bozen (102 900 Bewohner, Volkszählung 2011).
Weitere größere Städte: Meran (37 500 Einwohner), Brixen (20 720), Leifers (16 950) und Bruneck (15 500); Volkszählung 2011.
Nachbarländer: Im Norden grenzt Südtirol an das österreichische Bundesland Tirol, im Osten an das ebenfalls österreichische Osttirol, im Westen an die Schweiz und im Süden an die Provinz Trentino, im Südosten an die Provinz Belluno.
Ausdehnung: Nord–Süd 95 km, West–Ost 160 km.
Höchste Erhebung: Ortler (3905 m) im Westen.
Tiefster Punkt: Etschtal an der südlichen Provinzgrenze bei Salurn (215 m).
Flüsse: Südtirols bedeutendster Fluss ist die Etsch (Adige). Sie entspringt am Reschenpaß an der nördlichen Provinzgrenze, ist insgesamt 415 km lang, davon verlaufen 220 km auf Südtiroler Gebiet. Der Eisack entspringt am Brenner und mündet nach 96 km Lauf bei Bozen in die Etsch. Drittgrößter Fluss ist die Rienz. Sie entspringt an den Drei Zinnen in den Dolomiten und mündet nach 81 Kilometern bei Brixen in den Eisack.
Nationalparks: Es gibt nur einen Nationalpark, den 130 km² großen Nationalpark Stilfser Joch, aber sieben Naturparks: Schlern-Rosengarten, Texelgruppe, Puez-Geisler, Fanes-Sennes-Prags, Trudner Horn, Drei Zinnen und Rieserferner-Ahrn.

Religion: römisch-katholisch 91,5 %, evangelisch 1,2 %, muslimisch 5,5 %, ohne Angabe 1,8 %.
Sprachen: 69,4 % der Bevölkerung sprechen deutsch, 26,1 % italienisch und 4,5 % ladinisch, eine eigenständige aus dem Lateinischen abgeleitete Sprache, die aber im Wesentlichen nur noch in zwei kleineren Regionen Südtirols gesprochen wird.
Amtssprachen: Deutsch, Italienisch und Ladinisch.
Ausländeranteil: 8,7 % (2012) der Bevölkerung sind Ausländer, davon kommt etwa ein Drittel aus anderen EU-Ländern.
Verwaltungsstruktur: Acht Bezirksgemeinschaften (Verwaltungsbezirke). Die Hauptstadt Bozen bildet dabei eine eigene.
Regierungschef: Landeshauptmann Arno Kompatscher (SVP). Er löste nach den Wahlen vom 27. Oktober 2013 den seit 1989 regierenden Luis Durnwalder (SVP) ab und ist offiziell seit dem 9. Januar 2014 dessen Nachfolger.
Nächste Wahl: 2018.
Wirtschaft: Im Agrarbereich sind nur noch 7,8 % der Erwerbsbevölkerung tätig. Größter Wirtschaftsfaktor ist der Tourismus und die Gastronomie. Knapp 64 % aller Erwerbstätigen sind hier beschäftigt, 24,5 % arbeiten in Industrie und Gewerbe. 4,1 % (2013) der Erwerbstätigen sind arbeitslos.
Zeitzone: MEZ.
Landeswappen: Das Südtiroler Wappen zeigt einen roten Adler (Tiroler Adler) mit goldenen Flügelspangen. Es wurde 1982 von der Bozner Künstlerin Helga von Aufschnaiter im Auftrag der Landesregierung von Südtirol gestaltet. Es ist motivisch annähernd dem alten Wappen der Grafen von Tirol identisch, nur dass der Adler keine goldene Krone trägt. Denn Südtirol ist nur ein Teil des historischen Tirol.

Die Landeshymne Südtirols

Eine offizielle Hymne gibt es nicht, doch ist seit Jahrzehnten das ›Bozner Bergstei-gerlied‹ so etwas wie die heimliche Hymne Südtirols. Die sieben Strophen dieses Liedes dichtete der in Margreid im Unterland geborene Karl Felderer (1895–1989) im Jahr 1926 auf die Melodie eines alten Tiroler Handwerkerlieds. ›Südtirol‹ er-scheint übrigens an keiner Stelle im Text, da es in der Zeit des italienischen Faschis-mus, als der Text entstand, verboten war, diesen Namen zu erwähnen. Die erste Strophe beschreibt die Nord-Süd-Ausdehnung des Landes, die zweite die West-Ost-Ausdehnung, denn mit ›Haunolds Alpenreich‹ sind die Sextener Dolomiten gemeint.

1.
Wohl ist die Welt so groß und weit
Und voller Sonnenschein
Das allerschönste Stück davon
Ist doch die Heimat mein
Dort wo aus schmaler Felsenkluft
Der Eisack springt heraus
Von Sigmundskron der Etsch entlang
Bis zur Salurner Klaus.
Refrain.

3.
Im Frühling, wenn's im Tal entlang
Aus allen Knospen sprießt,
Wenn auf dem Schlern im Sonnenhang
Der Winterschnee zerfließt:
Da fühl ein eigen Sehnen ich
Und halt es nicht mehr aus,
Es ruft so laut die Heimat mich,
Ich wand're froh hinaus.
Refrain.

2.
Wo König Ortler seine Stirn
Hoch in die Lüfte reckt,
Bis zu des Haunolds Alpenreich,
Das tausend Blumen deckt:
Dort ist mein schönes Heimatland
Mit seinem schweren Leid,
Mit seinen stolzen Bergeshöh'n,
Mit seiner stolzen Freud.
Refrain.

4.
Drum auf und stoßt die Gläser an,
Es gilt der Heimat mein:
Die Berge hoch, das grüne Tal,
Mein Mädel und der Wein!
Und wenn dann einst, so leid mir's tut,
Mein Lebenslicht verlischt,
Freu ich mich, dass der Himmel auch
Schön wie die Heimat ist!
Refrain.

Refrain:
Heidi, heida, heida, heido, heida, heila

Natur und Mensch

Südtirols Lage am Südrand der Alpen, geopolitisch eine der bedeutenden kulturellen Schnittstellen Europas, prägte die Bewohner, ihr Bewusstsein und die Natur des Landes. Kulturell liegt es an der Nahtstelle zwischen romanischer und deutscher Kultur, klimatisch am Übergang von lind-mediterranem Klima zu nordisch-alpinen Witterungsbedingungen. In Nord-Süd-Richtung misst Südtirol Luftlinie knapp 100 Kilometer, von West nach Ost sind es etwa 160 Kilometer.

Lage und Geographie

Südtirol ist die nördlichste und mit 7400 Quadratkilometern Fläche auch größte der 109 italienischen Provinzen. Seine Nordgrenze zieht sich vom Dreiländereck Schweiz–Österreich–Italien am Reschenpass ostwärts entlang des Kamms der Ötztaler Alpen, dann nordostwärts entlang der Stubaier Alpen bis zum Brenner, weiter in östlicher Richtung entlang der Zillertaler Alpen bis zur Dreiherrnspitze in der Venedigergruppe, die bereits zu den Hohen Tauern zählt. Von hier biegt die Grenze südwärts um, Richtung Drautal. Am Kreuzbergpass oberhalb des Sextentals wechselt wieder die Richtung, von hier geht es in südwestlicher Richtung quer durch die Dolomiten über Drei Zinnen und Sellajoch, Karerpass und Latemar hinunter ins Etschtal bei Salurn. Von hier verläuft die Grenze nordwärts über den Mendelpass bis zum Gampenjoch, dann westwärts südlich des Ultentals und hinüber zum Ortler und zum Stilfserjoch. Von dort geht es in nördlicher Richtung an der Sesvennagruppe vorbei bis zum schon erwähnten Dreiländereck Italien–Schweiz–Österreich.

Südtirols Naturraum wird von fünf Talkomplexen gebildet. Von jedem dieser Täler zweigen zahlreiche tief eingeschnittene Nebentäler ab. Diese fünf Talkomplexe sind: Im Westen, am Oberlauf der Etsch zwischen Reschenpass und Meran, der Vinschgau; das untere Etschtal zwischen Meran und der Gebietsgrenze bei Salurn; das Sarntal nördlich von Bozen, das die Sarntaler Alpen mittig durchschneidet. Die Sarntaler Alpen bilden in ihrem markanten Oval die geographische Mitte Südtirols. Viertes der großen Täler ist das Eisacktal zwischen Brenner und Bozen, das fünfte das Pustertal mit dem Hauptfluss Rienz, die große West-Ost-Achse im Osten des Landes. Zwischen den größeren wie auch den kleinen Tälern existieren ausgedehnte Hochalmflächen, die in den Sommermonaten weidewirtschaftlich genutzt werden.

Die Ansiedlungen sind natürlicherweise entlang dieser Täler konzentriert, einzelne Seitentäler wie Passeier- und Ahrntal sind ebenfalls verhältnismäßig dicht bevölkert. Überwiegend liegen die Ortschaften auf Höhen zwischen 250 und 1300 Metern. Der Ortler ist mit 3905 Metern der höchste Berg Südtirols, bis 1919 war er auch die höchste Erhebung innerhalb der österreichischen Monarchie. Überhaupt liegen die höchsten Erhebungen Südtirols in seinem Westen, wo die Lagen ab 2600 Metern durchgehend vergletschert sind, anders als in den Dolomiten, wo Vereisungen in gleicher Höhenlage fehlen. Südtirol ist ein Gebirgsland. Nur 5 Prozent der Gesamtfläche liegen unter 500 Metern, doch 85 Prozent oberhalb von 1000 Metern.

Geologie

Der geologische Aufbau Südtirols ist sehr kompliziert. Dieser recht komplexe Gebirgsbau spiegelt sich in einer großen Gesteinsvielfalt und der sehr differenzierten Lagerung der Gesteinsverbände und Gesteinsschichten wider. Grundsätzlich gilt: Die Alpen sind ein geologisch junges Faltengebirge, das entstanden ist, als die afrikanische Platte sich nordwärts gegen die europäische schob. Zwischen beiden Platten befand sich ein Vorläufer das heutigen Mittelmeers, die Tethys. Während die Platten zueinander strebten, wurde der Boden dieser Tethys – als ob man ein Tischtuch von einer Seite her aufschiebt – aufgefaltet, wodurch eine teilweise mehrmalige Überkippung dieser Falten erfolgte. Die Alpenauffaltung, die bis heute nicht zum Ende gekommen ist, begann vor etwa 100 Millionen Jahren, erlebte aber ihre Hauptphase erst vor etwa 20 Millionen Jahren, im Miozän. Bei dieser Faltung wurden die älteren Gesteine unter erhöhtem Druck und erhöhter Temperatur in festem Zustand ›umgebacken‹, ein Vorgang, der Metamorphose genannt wird. Mit der Auffaltung ging auch ein Magmatismus einher. Das heißt, dass dass Gesteinsschmelzen unterschiedlicher Zusammensetzung während der Faltung in Bruchzonen der Kruste aufdringen konnten. Sie gelangten jedoch wegen ihrer Zähigkeit nicht bis zur damaligen Oberfläche, wurden also nicht zu Vulkaniten, sondern kühlten in Tiefen zwischen fünf und zehn Kilometern ab, wodurch plutonische Gesteine wie Granit oder Gabbro entstanden, die man heute in den Metamorphiten als erstarrte einst in sie eingedrungene Schmelzen findet.

Eine Begleiterscheinung eines jeden Magmatismus ist das Aufdringen heißer, mineralisierter wässriger Lösungen. Wenn sich diese in Gesteinsklüften konzentrieren und dort ihr Mineralgehalt während der Abkühlung ausfällt, können je nach Zusammensetzung Erzlagerstätten entstehen. Die Erzlagerstätten des Ötztals, der Stubaier und Zillertaler Alpen entstammen solchen erzführenden Lösungen, die man Hydrothermen nennt. Auch die Bergkristalle – optisch

In den Dolomiten südlich der Drei Zinnen

Land und Leute

Die Murmeltiere sind auch in Südtirol heimisch

schöne Kristallbildungen – entstammen solchen heißen Wässern, wenn diese ihr gelöstes Material in Hohlräumen mit genügend Platz bei der Abkühlung langsam auskristallisieren lassen konnten.

Die ehemalige Plattengrenze zwischen europäischer und afrikanischer Platte ist in den Alpen heute noch erkennbar. Es ist das sogenannte Periadriatische Lineament. Diese Störungszone teilt Südtirol in zwei Hälften. Das Lineament zieht sich vom Nonsberg über das Ultental bis nach Meran, von dort durch den nordwestlichen Teil der Sarntaler Alpen bis in das Gebiet südlich von Sterzing und von dort östlich genau im Verlauf des Pustertals bis nach Österreich. Lesach- und Gailtal sowie unteres Drautal liegen dort ebenfalls auf dieser alten geotektonischen Linie.

Der geologische Komplex westlich der Linie wird in Südtirol zum tektonisch-petrologischen Großverband des sogenannten Ostalpins gerechnet. Das Ostalpin ist in Südtirol fast ausschließlich von metamorphen Gesteinen gebildet: Gneise und Glimmerschiefer, entstanden durch Druck und Temperatur aus Tongesteinen, bestimmten Sandsteinen und Graniten. In die Gneise sind einzelne Marmorlagen eingeschaltet, die an mehreren Stellen abgebaut werden. Der Marmor entstand ebenfalls durch Metamorphose aus besonders reinen Kalken, also marinen Ablagerungen. Östlich der Periadriatischen Naht erscheinen um Bozen die großflächigen Decken des Bozner Quarzporphyrs, die heute auch Etschtaler Vulkanitgruppe genannt werden. Bei diesem handelt es sich um ein vulkanisches Gestein granitähnlicher Zusammensetzung, das aber schon vor der eigentlichen Alpenfaltung intrudierte. Der Quarzporphyr drang vor etwa 275 Millionen Jahren entlang eines Grabenbruchs an die Oberfläche. Aus seinen Verwitterungsprodukten entstanden unter anderem mächtige Sandsteinfolgen, wie sie beispielsweise in der Bletterbachschlucht südöstlich Bozens eindrucksvoll sichtbar sind. Die rötlichen Gesteine des Quarzporphyrs sind äußerlich gut zu erkennen, sie bilden große Teile des Ritten und den Untergrund des Etschtals zwischen Meran und Salurn.

Die Dolomiten dagegen sind aus karbonatischen Gesteinen zusammengesetzt. Ursprünglich handelte es sich bei diesen Kalken um Riffe tropischer Gewässer, die während der Zeit der Trias bestanden, vor etwa 250 bis 200 Millionen Jahren. Diese Korallenriffe aus der Tethys, damals ein warmes Meer, wurden später durch die Alpenbildung verformt, jedoch nur wenig erhöhtem Druck und Temperatur ausgesetzt. Dadurch wurden die Kalkschichten zwar verfestigt, aber noch nicht zu Marmor umgewandelt. So konnte die Verwitterung späterer Epochen aus ihnen die großartigen Felslandschaften der Dolomiten meißeln.

Ganz kompliziert wird das Verständnis der Alpengeologie dadurch, dass es nicht nur während der Alpenfaltung eine Metamorphose gegeben hat. Während einer älteren Faltung, der Variszischen Orogenese, die im Oberkarbon stattfand, waren bereits noch ältere Gesteine metamorphosiert worden, und es fand auch damals schon ein ziemlich starker Magmatismus statt. Keineswegs werden aber bei solchen Faltungen alle Gesteine metamorphosiert und keineswegs werden alle Gesteine in gleichem Maß umgewandelt. Auch im oberen Perm – Bildungszeit des Bozener Quarzporphyrs – und in der Trias fanden bei den Gesteinen der späteren Alpen metamorphe Umwandlungen statt. Kompliziert ist nur, dass unterschiedliche Ausgangsgesteine unter unterschiedlichen Bedingungen zu unterschiedlichen Metamorphiten verwandelt werden – doch kann andererseits ein bestimmter Metamorphit auch aus verschiedenen Ausgangsmaterialien bei wechselnden Druck-Temperatur-Bedingungen entstehen.

Tier- und Pflanzenwelt

Südtirols Tierwelt ähnelt der anderer Gebiete auf der Südseite der Alpen. Die Berge sind von Gemsen und Murmeltieren bevölkert, der einst gefährdete Adler ist wieder heimisch geworden. Immer öfter begegnet man auch dem einst fast ausgerotteten Steinbock. Schneehühner, Auer- und Birkhähne sind anzutreffen, und in tieferen Lagen trifft der Wanderer auf Smaragdeidechsen, auf die bis zu zwei Meter lange ungiftige Äskulapnatter, in den Eichenbuschwäldern finden sich Hirschkäfer und Zikaden, auch die Gottesanbeterin ist nicht selten. Eine Kuriosität ist der maximal 2,5 Millimeter große und tiefschwarz gefärbte Gletscherfloh (Isotoma saltans), der sich in den Schneegebieten höherer Lagen von Pollen und Schneealgen ernährt. Er kann bis Temperaturen von bis zu 20 Grad unter Null überleben, tödlich sind für ihn Temperaturen über 10 Grad.

Das Fehlen rauher Nordwinde hat in Südtirol zu einer besonders artenreichen Flora geführt. Legendär ist die Fülle der Südtiroler Alpenblumen. Neben dem berühmten Edelweiß (Leontopodium alpinum) existieren viele Enzianarten (Gentiana), daneben Steinröschen, Türkenbund (Lilium martagon), Feuerlilie (Lilium bulbiferum) und der Steinbrech (Saxifraga).

Klima und Reisezeit

Südtirol gilt mit durchschnittlich 300 Sonnentagen im Jahr als klassisches Sonnenland. Da relativ hohe Bergketten das Land rahmen, werden Wind und Regen aus dem Norden und Feuchtigkeit aus dem Süden abgehalten. Das führt zu relativ starken jahreszeitlichen Schwankungen, bei denen auch deutliche Tagesschwankungen der Temperatur insbesondere im Sommer deutlich werden. Bozen verzeichnet beispielsweise im Sommer eine tägliche mittlere Temperaturschwankung von über 12 Grad, im Winter liegt sie bei 8 Grad. Bozen nimmt übrigens italienweit klimatisch ohnehin gesehen eine Sonderstellung ein: Im Sommer ist es oft die heißeste Stadt des gesamten Landes, im Winter dagegen die kälteste. Die höchste durchschnittliche Maximaltemperatur wird im Juli erreicht (knapp 29 °C), im Januar liegt die Durchschnittstemperatur unter −3 °C.

Der Vinschgau ist mit 500 Millimetern durchschnittlichem jährlichem Niederschlag ein sehr trockenes Gebiet und weist die meisten Sonnentage ganz Südtirols auf. Gegenüber dem Vinschgau zeigen sich Eisacktal und Pustertal das ganze Jahr über benachteiligt, weisen sie doch stets rauhere Temperaturen und viel höhere Regenmengen auf. Besonders der Winter fällt in diesen Gebieten länger und härter aus, in den windgeschützten Lagen in den Nebentälern der oberen Etsch wie Ulten-, Schnals- und Martelltal sind die Temperaturen im Durchschnitt höher. Aber auch in diesen geschützten Lagen treten massive Unterschiede zwischen Sonnenhang und Schattenhang auf. Die Meereshöhe wiederum wirkt ausgleichend auf die Temperatur, in größeren Höhen finden sich ausnahmslos alpine Temperaturverhältnisse.

Der Frühling beginnt um Meran und Bozen, an der mittleren Etsch und im Vinschgau schon im März, der Herbst dauert in diesen tiefer gelegenen Gebieten bis in den November. Die Sommersaison endet in den höheren Lagen Mitte

Klimatabelle Meran			
	Max. Temperatur (°C)	Min. Temperatur (°C)	Niederschlag (mm)
Januar	5,6	3,8	23,8
Februar	9,2	−1,4	26,1
März	−14,6	2,9	35,9
April	18,7	7,1	56,4
Mai	23,1	11,0	72,1
Juni	26,9	14,3	79,1
Juli	29,2	16,0	88,5
August	28,5	15,5	87,4
September	24,4	12,3	71,0
Oktober	18,2	6,8	69,4
November	10,8	1,2	66,1
Dezember	6,0	2,8	34,4

Oktober, beginnt jedoch auch erst Mitte Mai. Pustertal und oberes Eisacktal sind relativ regenreich; es kann durchaus passieren, dass man hier eine Woche kontinuierlich im Regen steht. Beste Reisezeit ist neben dem Juni der September, im Juli und August dagegen ist ganz Südtirol von den Besuchermassen ziemlich überlaufen. Wintersport ist von Dezember bis Mitte April möglich.

Sprache und Religion

In Südtirol berühren sich der romanische und deutsche Kulturraum, wobei oft vergessen wird, dass es auch eine Art ›Ureinwohnerschaft‹ von Südtirol gibt, die Ladiner. Bei der Volkszählung 2011 erklärten sich 69,4 Prozent (314 600 Personen) der Südtiroler der deutschen Sprachgruppe zugehörig, 26,1 Prozent (118 000) der italienischen, 4,5 Prozent (20 500) der ladinischen. Die deutschsprachigen Südtiroler verstehen sich dabei ethnisch als Deutsche, da sie ihre Volkszugehörigkeit über die Muttersprache definieren. Historisch ist ihre Anwesenheit im Land auf germanische, alemannische und bairische Stämme zurückzuführen, die zur Zeit der Völkerwanderung ins Land kamen. Der regionale Dialekt ist dabei durchaus salonfähig und wird keineswegs verachtet, sondern auch bei hohen offiziellen Anlässen verwendet.

Die italienische Sprache kam erst nach dem Ersten Weltkrieg ins Land, nachdem Südtirol Italien zugeschlagen worden war und insbesondere nach 1922 viele Sizilianer und Kalabresen sich an Etsch und Eisack niedergelassen hatten. Die ladinische Sprache, oft auch Rätoromanisch genannt, ist demgegenüber die älteste im Land. Sie ähnelt jenem Rätoromanisch, das eine Minderheit im schweizerischen Graubünden spricht. Ladinisch, eine romanische Sprache, entwickelte sich nach der Eroberung der südalpinen Gebiete durch die Römer um die Zeitenwende. Die Einheimischen übernahmen nach und nach das Latein der römischen Beamten und Soldaten, woraus eine besondere Mischung entstand, eben das Ladinische. 87 Prozent aller Südtiroler Ladiner leben im Gröden- und Gadertal. Daher gehören dort dreisprachige Ortsschilder zur Normalität. In ganz Südtirol sind Deutsch und Italienisch offizielle Amtssprachen, das Ladinische zusätzlich nur in den mehrheitlich ladinischen Gebieten.

Über 90 Prozent der Südtiroler – Deutsche wie Italiener – bekennen sich zum katholischen Glauben. Die Diözese Bozen-Brixen ist dabei mit der Provinz Südtirol annähernd deckungsgleich. Bischof ist seit 2011 Ivo Muser (geb. 1962). Die Reformation konnte im 16. und 17. Jahrhundert im späteren Südtirol keinen Einzug halten. So leben erst seit dem Ende des 19. Jahrhunderts einige wenige Protestanten im Land. Eine Gemeinde augsburgischen Bekenntnisses entstand 1861 in Meran, und aus einer seit 1898 bestehenden Predigtstation wurde 1916 in Bozen die bis heute größte evangelisch-lutherische Gemeinde Südtirols. In der ganzen Provinz bekennen sich nur knapp 500 Gläubige zum lutherischen Glauben. Der jüdische Glaube ist mit etwa 25 Gläubigen in und um Meran vertreten, zum Islam bekennen sich etwa 15 000 (genaue Angaben nicht erhältlich) Personen. Geplante Moscheebauten oder auch die Errichtung moslemischer Friedhöfe geben seit kurzem immer wieder Anlass zur Diskussion. Denn die Zahl der Muslime nimmt auch in Südtirol aufgrund europaweiter Migration rasch zu.

Land und Leute

Geschichte Südtirols

Eine eigenständige Geschichte Südtirols gibt es erst seit 1918/19, als die Region zu Italien kam. Im Rahmen dieses Buches kann innerhalb der Geschichte Tirols als Ganzem auf die Jahre und Jahrhunderte davor nur kurz eingegangen werden.

Von der Frühzeit bis zum Mittelalter

Besiedelt ist das Gebiet an Etsch, Rienz und Eisack seit etwa 10 000 Jahren: Im Mesolithikum, der mittleren Steinzeit, kamen erste Bewohner in den Süden der Alpen, aus denen sich gerade die Gletscher der letzten Eiszeit zurückgezogen hatten. Um 3300 v. Chr., in der Jungsteinzeit, kam es zur Besiedlung auch der kleinen Seitentäler, auch ein Warenverkehr über die Gebirgskämme nach Norden fand statt. Bei der berühmten Gletschermumie ›Ötzi‹, die 1991 aufgefunden wurde, handelte es sich vermutlich um einen Jäger und Händler aus dieser Zeit, der auf dem Weg zwischen Ötztal und Vinschgau starb. Im ersten vorchristlichen Jahrtausend siedelten im späteren Südtirol die Räter (Rhaeter), die erste hier eindeutig nachweisbare Volksgruppe. Um Christi Geburt eroberten die Römer das Gebiet der Räter, riefen die Provinz Rhaetia aus und nahmen auch die keltische Provinz Norikum in Besitz, die auf dem Gebiet des späteren Osttirol, Kärntens und der Steiermark lag. Die Römerherrschaft dauerte etwa bis zum Jahr 450. Stadtgründungen nahmen die Römer nicht vor, das Land war für sie eine bloße Durchgangsregion zwischen Germanien und dem Römischen Reich; sie sicherten sie mit einigen kleinen Militärstationen. Der Niedergang des Römischen Reiches und die Völkerwanderung im 5. und 6. Jahrhundert machte Südtirol zum umkämpften Land, Langobarden und Bajuwaren stritten zwischen dem 6. und 9. Jahrhundert um dessen Besitz.

Herzogin Margarete

Unter Karl dem Großen wurde die Region Teil seines großen Frankenreichs. Allmählich gewann das spätere Südtirol große Bedeutung, es bildete die Brücke zwischen dem germanischen Norden und Italien und bekam große strategische Bedeutung. Die Bischöfe von Brixen erhielten es um das Jahr 1000 von den römisch-deutschen Kaisern als Lehen. Deren Verwalter wurden zu Beginn des 12. Jahrhunderts die Grafen von Tirol. Nach internen Machtkämpfen und langjährigen Unterwerfungsprozessen übernahmen sie die eigentliche Herrschergewalt. So entstand 1248 die Grafschaft Tirol, die sich von Innsbruck bis Bozen erstreckte. Deren Herrschaftssitz wurde Schloß Tyrol bei Meran. Unter der Regierung von Graf Meinhard II. (1238–1295), einem bedeutenden und weitblickenden Fürsten, erreichte Tirol seine Blütezeit, Meran und Bozen entwickelten sich zu wichtigen Orten. Aufgrund eines Erbvertrags erhielt nach dem Tod von Meinhards Sohn Heinrich von Kärnten (1265–1335) dessen Tochter Margarete (1318–1369) Tirol. Diese war bereits als Kind mit Johann Heinrich von Luxemburg (1320–1375), einem Bruder des späteren böhmischen Königs Karl IV., verheiratet worden. Beide waren sich von Anfang dennoch nicht freundlich gesonnen. Der mehr als jugendliche Johann Heinrich war zwar offizieller Regent, kümmerte sich gleichwohl nicht um die Landesangelegenheiten. Margarete warf ihn daher 1341 aus dem Land und heiratete noch im gleichen Jahr Herzog Ludwig V. von Bayern (1315–1361), den Sohn Kaiser Ludwigs IV. von Bayern (1281–1347). Zwar war ihre Ehe mit Johann Heinrich nicht aufgelöst worden, doch Margarete argumentierte, dass sie auch nie vollzogen worden sei. Denn angeblich war ihr erster Gemahl ›totaliter in statu impotentiae pro copulatione‹. Das brachte ihr seitens der Kirche und seitens der böhmischen Verwandtschaft viel Verdruss ein, die Kurie sprach über sie gar den Bann aus. Margarete regierte Tirol nun allein, für eine Frau in jenen Jahren sehr ungewöhnlich. Margarete wurde geschmäht, als hässlich verunglimpft, erhielt den Beinamen ›Maultasch‹ wegen ihres angeblich großen Mundes – sie war tatsächlich aber eine sehr hübsche Frau – und wurde als Hure verleumdet. Die Böhmen fielen in Tirol ein und verheerten das Land. Margarete wurde immer schwermütiger, und als nach dem Tod ihres Manns auch ihr Sohn Meinhard III. im Januar 1363, gerade 19-jährig, gestorben war, übertrug sie die Herrschaft Tirol kurz darauf an einen nahen Verwandten, den Habsburgerfürsten Rudolf IV. von Österreich (1339–1365), genannt der ›Stifter‹. Auf dessen Wunsch verlegte sie ihren Wohnsitz nach Wien – man fürchtete Unruhen, sollte sich noch eine Angehörige des alten Fürstengeschlechts im Land aufhalten – und starb dort 1369. Margarete ist in der Wiener Minoritenkirche beigesetzt. Ihr Leben wurde Gegenstand von Lion Feuchtwangers biographischem Roman ›Die häßliche Herzogin‹ (1923).

Unter den Habsburgern

Tirol blieb nun, unterbrochen nur vom französisch-bayerischen Intermezzo (1805–1815) bis 1918 habsburgisches Territorium, also für 549 Jahre. Eine eigene habsburgische Linie stellte nun die Landesfürsten Tirols.

Obwohl die bayerischen Fürsten gezwungenermaßen den Wechsel des Besitzes anerkannten – schließlich war Margaretes zweiter Mann Sohn eines Bayernfürsten gewesen –, versuchten sie immer wieder Ansprüche auf Tirol anzumelden. Der erste der neuen Habsburger Herrscher im Land war Herzog Leopold III. (1351–1386). Da er auch Ländereien in der Schweiz und in Vorarlberg besaß, musste er sich auch gegen die Eidgenossen zur Wehr setzen, die ihrerseits diese Landstriche als die ihrigen reklamierten. In der für den alemannischen Raum so bedeutsamen Schlacht von Sempach am 9. Juli 1386 fiel Leopold, die Habsburger trugen eine empfindliche Schlappe davon. Immer wieder drangen die Schweizer nach Tirol vor und verheerten es, etwa 1399 über das Münstertal in den Vinschgau.

König Maximilian I.

Leopolds Nachfolger war Herzog Friedrich IV. (1382–1439), genannt ›der mit der leeren Tasche‹. Auch er musste sich Kämpfen mit den Schweizern stellen. Ihm gelang es aber, das Land zu befrieden, indem er den ständig rebellischen Adel bezwang und dem Land eine funktionierende Verwaltung gab. Allerdings brachte ihn 1415 seine Unterstützung des Gegenpapstes Johannes XIII. in arge Bedrängnis. Der nicht anerkannte Gegenpapst hatte auf Befehl Kaiser Sigismunds das Konzil verlassen und erhielt auf seiner Flucht in Tirol Asyl. Der Kaiser belegte daraufhin Friedrich mit der Reichsacht, Friedrich selbst musste sich vor den Häschern des Kaisers in die Berge zurückziehen. Doch die Situation beruhigte sich für ihn wieder. 1420 verlegte Friedrich, um näher am Wiener Hof zu sein, den Sitz seiner Tiroler Verwaltung von Meran nach Innsbruck, wo er 1439 auch starb.

Der Nachfolger des ›mit der leeren Tasche‹ wurde ›der Münzreiche‹. Diesen Beinamen trug Friedrichs Sohn, Herzog Sigmund (1427–1496). Seine Regierungszeit war eine erneute Blütezeit. Es war eine Epoche großen künstlerischen Wirkens, die Zeit beispielsweise des großen Malers und Bildschnitzers Michael Pacher. Allerdings verschuldete sich Sigmund gegen Ende seines Lebens, Kriegsaktionen gegen Venedig brachten Tirol an den Ruin. Auf Druck der Tiroler Stände musste er 1490 das Land an König Maximilian I. (1459–1519) übergeben, den späteren Kaiser. Dieser liebte Tirol über alles. Von der Habsburger Seitenlinie war der Besitz Tirols jetzt an die Hauptlinie übergegangen. Maximilians Hofburg in Innsbruck wurde Verwaltungssitz auch Tirols.

Der große deutsche Bauernkrieg (1519–1525) hatte auch im Alpenraum seine Auswirkungen. Im ganzen Habsburgerland kam es zu Bauernaufständen, so auch 1525 in Tirol. Zwei Monate lang konnte sich ein Bauernheer unter Michael Gaismair (geb. 1490) behaupten und unter anderem Brixen besetzen. Gaismair wurde gefangengenommen, doch gelang ihm die Flucht. Erneut stellte er Truppen auf, um in einer Art Ur-Demokratie einen christlichen, vom Volk regierten Bauern- und Knappenstaat zu gründen. Mehrere erfolglose Mordanschläge habsburgischer Schergen waren die Folge. Im April 1532 fiel Gaismair in Padua durch Verrat gedungenen Knechten in die Hände und wurde ermordet.

Die Reformation machte sich im späteren Südtirol nur für kurze Zeit durch die sogenannte Hutter-Bewegung breit. Jakob Hutter (geb. um 1500) aus dem Pustertal gründete 1528 eine Täufergemeinde. Alle Täufer wurden 1535 jedoch ausgewiesen, viele flohen in die Neue Welt; Hutter selbst wurde 1536 auf dem

Scheiteraufen in Innsbruck verbrannt. Nachfahren seiner Gemeinde leben heute noch in den USA und in Kanada und sprechen noch immer einen seltsam archaischen Tiroler Dialekt.

Neben den innenpolitischen Auseinandersetzungen suchten in jenen Jahren Pestepidemien das Land heim, die 1512/13 und 1612 überall im Land viele Opfer forderten. Die Zeit bis zum Ende des 18. Jahrhunderts war dagegen eher ruhig, Tirol blieb vom Dreißigjährigen Krieg fast vollständig verschont.

Der Tiroler Volksaufstand

Im Zuge der Welteroberungspläne Napoleons betraten französische Truppen erstmals 1796/97 Tirol. Zunächst konnten die Tiroler Schützen, einer Art Landwehr, die Eindringlinge abwehren. Zu Beginn des 19. Jahrhunderts befanden sich jedoch die Truppen des ›Heiligen Römischen Reiches Deutscher Nation‹ gegenüber den Franzosen in der Defensive. Obwohl mit den Russen verbündet, wurde das österreichisch-deutsche Heer am 2. Dezember 1805 nahe des mährischen Austerlitz vernichtend geschlagen. Drei Wochen später wurde im Frieden von Preßburg, der ein Diktat war, Tirol aus dem Habsburgerland herausgelöst und an das Kurfürstentum Bayern abgetreten, das mit den Franzosen ein Bündnis abgeschlossen hatte. Bayern glaubte, damit die alte Rechnung aus Zeiten der Margarete Maultasch begleichen zu dürfen.

Es waren generell unruhige Zeiten in Europa. Napoleon löste das über 1000 Jahre alte Heilige Römische Reich Deutscher Nation auf, begründete aber eine eigenständige österreichische Monarchie. Der letzte deutsche Kaiser, der Habsburger Franz II. (1768–1835), wurde als Franz I. der erste Kaiser dieses durch Federstrich gebildeten Reichs. Die bayerisch-französischen Truppen erstickten jeden Widerstand der patriotischen Tiroler sofort. Einige Jahre blieb es auch ruhig, aber im Frühjahr 1809 kam es zum großen Tiroler Volksaufstand gegen die bayerischen Besatzer. Auslöser war die 1808 erfolgte Aufhebung der Tiroler Landesverfassung, obwohl deren weiteres Bestehen im Preßburger Frieden zugesichert worden war. Tirol wurde durch neue Gesetze in drei Kreise aufgeteilt, gleichzeitig riefen die bayerischen Behörden Tiroler zum Militärdienst ein. Prozessionen wie bäuerliche Festtage wurden abgeschafft, die Klöster aufgehoben. Das war zuviel für die selbstbewussten Tiroler Bauern. In ihren Augen hatte

Andeas Hofer, Ölgemälde (1839) von Georg Wachter

Josef Speckbacher und sein Sohn, Gemälde von Franz von Defregger (1835–1921)

Bayern mit dem Bruch der alten Verfassung sein Recht auf Tirol verwirkt, und so erhoben sie sich. Viele militärische Aktionen liefen ohne kommandieren General ab. Andreas Hofer (1767–1810), ein Gastwirt aus dem Passeiertal und zunächst nur Anführer verschiedener Bauerntruppen, konnte sich in zahlreichen erfolgreichen Scharmützeln so viel Ansehen erwerben, dass er gleichsam zum Oberkommandant der ganzen antibayerischen Aktionen avancierte. Wien, das mit den Franzosen gemäß der Statuten des Preßburger Friedens zu einem gesonderten Waffenstillstandsabkommen verpflichtet war, kündigte dieses nun am 9. April 1809 auf.

Am 11. April 1809 besiegte Hofer eine bayerische Abteilung bei Sterzing, gleich danach gelang es ihm nach einem Eilmarsch, Innsbruck zu erreichen. Am dortigen Berg Isel besiegte er mit seinen Truppen die Franzosen und Bayern abermals und zog als Sieger in Innsbruck ein. Doch bereits am 13. April gewannen wieder die Feinde die Oberhand. Am 29. Mai kam es abermals zu Schlachten am Berg Isel, nach denen Franzosen und Bayern wieder Herren im Land wurden. Doch die Tiroler kapitulierten nicht. Am 13. August besiegten 15 000 Tiroler Schützen, verstärkt durch erbittert kämpfende Bauern unter Führung von Josef Speckbacher (1767–1820) und dem Pater Joachim Haspinger, eine ebenso große Zahl französischer, sächsischer und bayerischer Soldaten unter Marschall General Lefebvre im oberen Eisacktal. Bei der Verfolgung der fliehenden Franzosen kam es am Berg Isel zu einer erneuten Schlacht. Sie endete mit einer Pattsituation, die Bayern räumten Innsbruck trotzdem. Es schien, als sei die Gefahr gebannt und Tirol frei. Andreas Hofer übernahm die Verwaltungsgeschäfte des Landes, ließ eine eigene, neue Währung prägen und befestigte die Grenzen, wie er auch die Verteidigung neu organisierte. Da platzte am 14. Oktober 1809 die Nachricht vom Schönbrunner Frieden herein, der die errungenen Siege torpedierte. Denn in ihm hatte Kaiser Franz unerwarteterweise auf Tirol verzichtet. Unmittelbar darauf rückten drei bayerische Divisionen ins Land ein und besetzten Innsbruck, das Hofers Truppen gerade noch verlassen konnten. Denn die militärische Übermacht war nun zu stark. Franzosen und Bayern traten jetzt weniger zerstörend auf, suchten – soweit möglich – eine Art gutes Einvernehmen mit der Bevölkerung und boten verschiedene Amnestien und durchaus akzeptable Friedensbedingungen an. Viele Aufständische gaben nach, resignierten, Hofers Truppen schmolzen und waren nicht mehr imstande, nennenswerten Widerstand zu leisten.

Aber Andreas Hofer und ein Häuflein Getreuer wollten nicht kapitulieren. Am Berg Isel kam es am 1. November 1809 nochmals zum Gefecht, das nun diesmal mit den vollständigen Niederlage des Tiroler Heers endete. Die Rache der Sieger war furchtbar. In allen Tiroler Orten füsilierten die Bayern mit den Franzosen angebliche Widerstandskämpfer und Angehörige der Tiroler Schützen. Verrat herrschte allerorten. Andreas Hofer tauchte im Dezember ab, floh ins Passeiertal und von dort Anfang Januar 1810 auf die damals weit abgeschiedene Pfandleralm oberhalb von St. Martin in Passeier. Am 28. Januar wurde er dort gefangengenommen, nachdem Franz Raffl – später der ›Judas von Tirol‹ genannt – Hofers Versteck den Franzosen für 1500 Gulden Lohn verraten hatten. Raffl floh nach Bayern und lebte dort geschützt bis 1830. Die österreichische Bezeichnung ›Graffl‹ für wertloses Zeug rührt angeblich von seinem Namen her. Hofer wurde nach Mantua gebracht, wo der französische Vizekönig in Italien seinen Sitz hatte, und dort am 20. Februar erschossen. 1823 wurden seine Gebeine nach Innsbruck in die Hofkirche überführt.

Mit dem Wiener Kongress 1815 gelangte Tirol zurück ins Habsburgerland, zurück unter die Herrschaft Kaiser Franz I., der es vorher verkauft hatte. Bis 1915, also genau 100 Jahre, war nun Frieden im Land.

Der Erste Weltkrieg

Der überraschende Eintritt Italiens auf die Seiten der Entente am 23. Mai 1915 machte die Dolomiten und das östlich gelegene Isonzogebiet zum Kriegsschauplatz. Rom ging es dabei einzig um Raumgewinn, und die Österreicher sahen den Seitenwechsel Italiens als schäbigen Verrat an, der dazu dienen sollte, sich endlich Tirols südlich des Brenners zu bemächtigen. Denn für diesen Abfall vom Bündnisgenossen Österreich hatten die Alliierten Italien nach dem zu erwartenden Sieg aus der zu erwartenden Beute Südtirol zugesagt. Einen entsprechenden Geheimvertrag unterzeichneten beide Seiten am 26. April 1915 in London.

Propagandapostkarte der österreichischen Armee im Ersten Weltkrieg

Die Italiener planten, in Richtung des slowenischen Laibach (heute Ljubljana) mit der 2. und 3. Armee vorzustoßen, um dort mit den russischen und serbischen Truppen zusammenzugehen und gemeinsam Südtirol in die Zange zu nehmen. Teile dieser Einheiten sollten dabei die Dolomiten besetzen und dabei Brückenköpfe für den Vormarsch ins Innere Tirols schaffen. Dabei sollte sich die italienische 1. Armee, die am Alpenrand um Trient verblieb, defensiv-passiv verhalten. Die Italiener besetzten zunächst Cortina d'Ampezzo. Die Österreicher bauten den nur wenige Kilometer nordwärts gelegenen Monte Piano – heute befindet sich hier das bekannte Weltkriegs-Freiluftmuseum – als große Verteidigungsstellung aus. Ihnen gelang es jedoch nur mit Mühe, innerhalb der Dolomiten eine geschlossene Verteidigungslinie aufzustellen. Denn man hatte keineswegs nun mit einem Angriff des Feindes von dieser Seite aus gerechnet und kaum Soldaten für die Gebirgsverteidigung zur Verfügung, da alle Einberufenen überwiegend im Kampf gegen die russische Armee in Galizien eingesetzt waren. Nur durch Abzug von Truppenteilen von der Ostfront konnte man dem italienischen Angriff widerstehen. Sehr hilfreich waren dabei die Festungsanlagen, die die Österreicher schon Jahrzehnte davor angelegt hatten. Dennoch mussten die Soldaten schier übermenschliche Anstrengungen erdulden. Alles Kriegsgerät, jede Feldflasche musste ins Hochgebirge hinauf transportiert werden, teils mit Maultieren – für die bald kein Futter mehr vorhanden war –, teils mit extra dazu schnell errichteten Seilbahnen, teils auf dem eigenen Rücken.

Die italienische Generalität beging beim Vormarsch im Gebirge vielerorts strategische Fehler, auch war man mit den Bergen geographisch nicht vertraut. So konnten die Österreicher, die in den Bergen überwiegend kundige Einheimische unter die Fahnen nahmen, die Gebirgsfront behaupten. Dabei darf nicht vergessen werden, wie sehr die Tiroler ihre Heimat liebten, wie verbissen sie sich dem verhassten Feind entgegen stellten.

Eine der Hauptkampflinien zog sich von der Plätzwiese zu den Drei Zinnen. Das Kriegsgeschehen im Gebirge oberhalb von 2000 Metern war von Brutalität gekennzeichnet, da Infanterie wie Artillerie keinerlei Raumgewinn verzeichnen konnten. Manchmal trennten kaum zehn Meter die erbittert kämpfenden Italiener und Österreicher voneinander. Beide Parteien konnten in den drei Jahren bis Kriegsende in den Bergen keinen Landgewinn verzeichnen, die Kämpfe fraßen sich im Stellungskrieg ein. Toblach wurde durch Artilleriefeuer schwer zerstört, das frontnah gelegene Sexten dem Erdboden gleich gemacht. In den östlichen Dolomiten wurden die Berge unterminiert, allein die Marmolada wurde wie ein Bergwerk mit 100 Kilometer Stollen durchbohrt, da man versuchte, durch solche Gänge die österreichischen Linien zu untergehen. April 1916 sprengten italienische Truppen den Gipfel des Col di Lana in den Ostdolomiten vollständig, um leichter nordwärts vorstoßen zu können. Überhaupt versuchten beide Parteien, mittels künstlich ausgelöster Lawinen und Steinschläge (Sprengungen) die gegnerischen Truppen zu verschütten. Dazu kamen Kälte und Eis, allein im Winter 1916/17 kamen 10 000 Soldaten auf beiden Seiten nur durch Lawinen ums Leben. Nach endlosen Stellungskämpfen und der verlorenen 12. Isonzo-Schlacht gaben die Italiener am 24. Oktober 1917 die Dolomitenfront auf, die Gebirgsfront zwischen Stilfser Joch und Piave dagegen bestand bis Ende Oktober 1918.

Erst die Schlacht von Vittorio Veneto im Oktober und November 1918, in der das völlig erschöpfte österreichische Heer den Italienern unterlag, beendete den Alpenkrieg. Er fand sein formales Ende mit dem Waffenstillstandsvertrag von Villa Giusti bei Padua. Überall in den Sextener Dolomiten trifft man noch heute auf Reste dieses sinnlosen Krieges: ehemalige Stellungen, Reste von Baracken, Stacheldraht, Konservendosen, bisweilen sogar Skelettreste. In Luis Trenkers Film ›Berge in Flammen‹ (1931) findet der Dolomitenkrieg eine naturalistische Darstellung. In der Rahmenhandlung sollen zwei Freunde – Südtiroler der eine, Italiener der andere – plötzlich im Kampf aufeinander schießen.

Südtirol wird Teil Italiens

Italien hatte lange schon danach getrachtet, Südtirol seinem Staatsgebiet einzuverleiben; immerhin lebten im Südteil Tirols 1910 knapp 8000 Italiener. Aufgrund des Geheimvertrags vom April 1915 erhielt Italien nun im Frieden von Saint-Germain 1919 den südlichen Teil des vormaligen Landes Tirol zugesprochen. Die Nordgrenze dieses neu erworbenen Gebietes verlief und verläuft auch heute am Alpenhauptkamm, von den Ötztaler Alpen über den Brenner zu den Zillertaler Alpen. Ein Jahr später, am 10. Oktober 1920, vollzogen die Italiener die offizielle Annexion entlang dieser Grenzen. Die Entscheidung von 1919 entsprach wahrlich nicht dem Wunsch der Mehrheit: 90 Prozent der Bewohner Südtirols waren österreichische Staatsbürger, im Selbstverständnis ethnische Deutsche, und sie wollten keineswegs einen italienischen Pass erhalten.

Südtirol und das Trentino – auch hier stellten die Deutsch-Österreicher die Mehrheit – wurden 1920 zur ›Provincia di Venezia Tridentina‹ vereinigt. Während aber König Viktor Emanuel III. den Südtirolern zunächst noch Selbstverwaltung und die Wahrung eigenständiger Interessen zugestanden hatte, änderte sich das mit dem Aufkommen des italienischen Faschismus. Schon 1920 kamen die ersten Schlägertruppen – die ›Schwarzhemden‹ – nach Südtirol und zerstörten dabei in den Städten und Dörfern alle alten österreichischen Symbole und Denkmäler. Die Situation eskalierte am sogenannten Bozner Blutsonntag, als Schwarzhemden bei einem Trachtenumzug am 24. April 1921 mehrere Südtiroler umbrachten.

Italienisches Militär beim Abriegeln des Bozner Obstmarktes nach dem ›Blutsonntag‹

Der Nationalist Ettore Tolomei, führender Vertreter der Italianisierung Südtirols, organisierte am 2. Oktober 1922 die Besetzung des Bozner Rathaus durch die Faschisten und forderte die vollständige Umsiedlung der deutschsprachigen Bevölkerung. Mit der Machtergreifung der italienischen Faschisten unter Mussolini am 30. Oktober 1922 begann eine tiefgreifende Italianisierung des Landes. So gab es nun Einreise- und Aufenthaltserschwernisse für Deutsche und Österreicher, Italienisch wurde als Amtssprache eingeführt, die deutschen Ortsnamen, Aufschriften, Straßennamen sowie deutsche Familiennamen wurden italianisiert, Italiener wurden beim Grunderwerb begünstigt, allgemein sollte fortan die italienische Sprache und Kultur großzügig gefördert werden. Denkmäler, die an die Habsburgerzeit erinnern konnten, verschwanden aus dem Stadtbild; Banken und Industriebetriebe wurden enteignet. Deutschsprachigen war die Zuwanderung untersagt, die vorübergehende Einreise und der Aufenthalt so gut es ging erschwert oder unmöglich gemacht.

Um die Durchsetzung dieses Programms zu erleichtern, wurde Südtirol ab 1924 zum Militärprotektorat gemacht. An den Schulen wurde zusätzlich nach und nach die deutsche Sprache verboten, nur im Geheimen konnten in heimlich errichteten Kleinschulen in abgelegenen Tälern Deutsch unterrichtet werden. Für die Südtiroler waren die 1920er Jahre eine Zeit großer Demütigung. Dass sich in den 1960er Jahren eine solche Wut auf die italienische Administration entladen sollte, hatte in den drakonischen Maßnahmen und Strafen der 1920er Jahre seinen Ursprung.

Im Jahr 1928 wurde in Bozen anlässlich des zehnjährigen Jubiläums des Sieges über Österreich das Siegesdenkmal erbaut, es entstand im typischen Stil des Faschismus jener Jahre. Damit begann eine zweite Welle der Italianisierung des Landes. Neusiedler aus Apulien, Kalabrien und Sizilien kamen ins Land, für die ein großangelegtes Wohnungsbauprogramm ins Leben gerufen wurde, und spe-

Das Siegesdenkmal in Bozen

ziell für sie erfolgte die Ansiedlung einiger Industriebetriebe im Raum Bozen. Bozens Einwohnerschaft nahm rasch auf fast das Vierfache zu, gut 120 000 Bewohner hatte die Stadt in den 1930er Jahren.

Zwar übernahmen in Deutschland die den italienischen Faschisten wesensverwandten Nationalsozialisten 1933 die Macht, aber Mussolini traute Adolf Hitler nicht. Denn zu dessen Programm gehörte ausdrücklich, alle Deutschen ›heim ins Reich‹ zu holen. Mussolini sah daher Südtrol bedroht und veranlasste 1938 den Bau des Alpenwalls, einem befestigten Schutzwall an der Nordgrenze Südtirols – obwohl sich die deutsche und die italienische Regierung gerade mit dem ›Stahlpakt‹ unverbrüchliche Treue geschworen hatten und die ›Achse Berlin–Rom‹ als Garant europäischer Friedenspolitik gebetsmühlenhaft immer wieder beschworen wurde.

Hitler ließ im März 1938 Österreich besetzen und rief den ›Anschluss‹ seiner Heimat an das Deutsche Reich aus. Diese Annexion erweckte bei den Südtirolern Glücksgefühle, hoffte man doch, das Land würde nun bald wieder zu Österreich gehören bzw. zum Deutschen Reich. Aber Hitler wollte es sich mit seinem Bundesgenossen und möglichen Kriegspartner nicht verderben und erklärte die Grenze am Brenner für unantastbar. Und so wurde am 21. Oktober 1939 in einem Abkommen zwischen beiden Ländern für die Südtiroler Bevölkerung die ›Option‹ verkündet – heute spricht man immer noch von der Optionszeit, wenn man jene Jahre in Südtirol beschreiben will. Gemäß dieser Option hatten die Südtiroler die Wahl, sich für Deutschland zu entscheiden, also dorthin auszuwandern, oder in der angestammten Heimat zu bleiben und sich in diesem Fall loyal und mit italienischer Staatsbürgerschaft zum Land Italien zu bekennen. Letzteres kam für die allermeisten Südtiroler überhaupt nicht in Frage, so dass die meisten für Deutschland optierten. Eine im Land tätige NS-Organisation, der ›Völkische Kampfring Südtirol‹, agitierte landesweit in den Dörfern für die Umsiedlung nach Deutschland. Die Südtiroler sollten in ein geschlossenes Siedlungsgebiet umziehen, keineswegs über das ganze Land verstreut werden. Der gerade erfolgreich beendete Polenfeldzug ließ Galizien und das Warthebruch als mögliche Umsiedlungsgebiete ins Gespräch kommen. Bewusst vom Völkischen Kampfring ausgestreute Gerüchte machten glauben, dass diejenigen, die in Südtirol bleiben wollten, früher oder später nach Sizilien deportiert werden sollten. So kam es im Winter 1939/40 zu ersten Umsiedlungen ins Reich, allerdings nicht in die von der Wehrmacht eroberten Gebiete, sondern zunächst nach Kärnten und in die Steiermark. Der italienische Staat hatte im Falle der Umsiedlung eine korrekte Entschädigung für Haus und Grund vorgesehen, doch verzögerte sich das aus bürokratischen Gründen. Überhaupt kam die Umsiedlung 1940 ins Stocken: Der Frankreichfeldzug und die Luftschlacht gegen England ließen den NS-Behörden keine Möglichkeit für eine zeitnahe Umsetzung des Vorhabens. Auch zeigte sich, dass selbst in Kärnten und der Steiermark für die Umsiedler wenig angemessene Arbeits- und Verdienstmöglichkeiten geschaffen werden konnten. 1941, mit dem Beginn des Russlandfeldzugs, kam die Umsiedlung ganz zum Erliegen. Man wollte, so hieß es offiziell, ihre Erledigung bis auf die Zeit nach dem ›Endsieg‹ verschieben. Insgesamt verließen bis 1943 etwa 75 000 Südtiroler und damit etwa 30 Prozent der Bevölkerung ihre Heimat. Doch nach 1945 kehrten 20 000 wieder zurück.

General Badoglio setzte im Juli 1943 Mussolini ab, unterschrieb am 8. September 1943 einen Waffenstillstandsvertrag mit den Alliierten und kündigte die Bündnisverträge mit dem Deutschen Reich auf. Daraufhin besetzten deutsche Truppen Italien, soweit es noch nicht von den Alliierten befreit worden war. Dazu gehörte auch Südtirol, das mit dem Trentino wegen der heranziehenden Front zur ›Operationszone Alpenvorland‹ erklärt wurde. Die deutschen Truppen wurden in Bozen als Befreier von der italienischen Fremdherrschaft begeistert gefeiert. Die meisten Angehörigen der jüdischen Gemeinde in Südtirol allerdings wurden gleich nach dem Einmarsch der Wehrmacht verhaftet und deportiert.

Für die Versorgung der deutschen Truppen war die Brenner-Eisenbahn eine wichtige Lebensader. Der Knotenpunkt und Verschiebebahnhof Bozen wie auch die Bahnlinie selbst waren daher ab Frühjahr 1944 immer stärkeren Bombenangriffen der Alliierten ausgesetzt. Bei Kriegsende war Bozens Altstadt zu gut zwei Dritteln zerstört. Südtirols andere Städte, insbesondere Meran, blieben dagegen unbeschädigt; letztere war als Lazarettstadt ausgewiesen. Im April 1945 kam der militärische Verkehr über den Brenner zum Erliegen, nachdem an 24 Tagen hintereinander Bomberpulks das Eisacktal angegriffen hatten. Die alliierten Truppen hatten inzwischen Verona erreicht, die deutsche Wehrmacht befand sich an allen Fronten auf dem Rückzug. Immerhin ging der Zweite Weltkrieg in Südtirol geordnet zu Ende. Denn am 3. Mai erschien in Bozen das Italienische Befreiungskomitee (CLN). Die wenigen deutschen Militärbehörden, die noch in Bozen ausgeharrt hatten, übergaben die Verwaltung an das CLN.

Die Nachkriegszeit

Mit dem Neuerstehen der Republik Österreich im Sommer 1945 schöpfte man in Südtirol Hoffnung, mit dem alten Heimatland wieder vereinigt zu werden. Die schon am 8. Mai 1945 gegründete Südtiroler Volkspartei (SVP) sammelte dazu 155 000 Unterschriften und übergab sie im April 1946 an den österreichischen Bundeskanzler Leopold Figl. Doch Österreich war besetztes Land und besaß nur eine sehr eingeschränkte Souveränität. In den Italien betreffenden Verträgen der Nachkriegszeit, darunter dem Pariser Abkommen vom 5. September 1946, auch Gruber-de Gasperi-Abkommen genannt, musste Österreich auf Südtirol erneut verzichten. Allerdings wurde der Staat Österreich offiziell zur ›Schutzmacht‹ der Südtiroler Bevölkerung erklärt, und immerhin wurde die SVP zu den Regionalwahlen zugelassen. In diesem Abkommen erhielt Südtirol weitere Autonomiezugeständnisse von den Italienern, die aber nur recht zögerlich oder gar nicht umgesetzt wurden. Im Land machte sich große Unzufriedenheit breit. Die italienische Regierung initiierte eine erneute Italianisierung Südtirols, wieder kamen Neusiedler aus Süditalien ins Land. 1957, auf dem Höhepunkt dieser Kampagne, forderte der langjährige Landeshauptmann Silvius Magnago (1914–2010) von der SVP auf Burg Sigmundskron bei Bozen auf einer großen Kundgebung die Auflösung des Zusammenschlusses von Südtirol mit dem Trentino, um wenigstens zu einem kleinen Teil die Südtiroler Identität zu retten.

Das inzwischen souverän gewordene Österreich forderte 1960 vor der UN-Vollversammlung für sein ›Schutzgebiet‹ Südtirol die vollständige Umsetzung des Pariser Vertrags von 1946, was Italien zähneknirschend hinnahm. Denn im Land war die Stimmung auf dem Siedepunkt gelangt. Es kam immer wieder zu Sprengstoffanschlägen auf Strommasten, auf Einrichtungen der italienischen Verwaltung und auch auf italienische Wohnhäuser. Aus heutiger Sicht waren die Urheber dieser Anschläge, die von Sepp Kerschbaumer angeführten Mitglieder des sogenannten ›Befreiungsausschusses Südtirol‹ (BAS), Terroristen. Sie forderten nicht nur die Umsetzung der Autonomieverträge, sondern die Loslösung von Italien. Aber im damaligen Selbstverständnis waren es Kämpfer um die Heimat, die aus aller Welt ideelle und materielle Unterstützung erfuhren. Wiederholt wurden Mitglieder des BAS gefangen-

Silvius Magnago war einer der dominierenden Politiker der Nachkriegszeit

genommen und von den Carabinieri ohne Gerichtsverfahren gefoltert; die Polizisten hatten keinerlei Strafverfolgung zu erwarten.

Erst nach 1961, als Rom alle Punkte des Gasperi-Abkommens umzusetzen begann, ließen die Aktionen der BAS – vorübergehend – nach. Dennoch blieb Südtirol bis gegen Ende der 1980er Jahre ein Land voll größter innerer Spannungen. Von 1956 bis 1988 wurden insgesamt 360 Anschläge gezählt, denen 21 Tote zum Opfer fielen, davon 15 Staatsbedienstete. Die 1960er Jahre waren eine Zeit der Gespräche, der Ausgleichsversuche. Immer wieder kamen Italien und Österreich zu Gesprächen zusammen, doch es schien, als seien die Fronten zu verhärtet. Zu sehr waren noch die leidvollen Erfahrungen der 1920er und 1930er Jahre bei den Versammlungsführern präsent.

1969 endlich, unter Federführung des italienischen Ministerpräsidenten Aldo Moro und dem legendären Südtiroler Landeshauptmann Silvius Magnago, wurde das ›Südtirol-Paket‹ beschlossen. Es sah vor, eine teilweise Autonomie Südtirols nach und nach von 1972 bis 1992 zu verwirklichen. Österreich erklärte 1992 auch die Beendigung des Südtiroler Autonomiestreits.

Unter anderem regelt nun ein ›ethnischer Proporz‹ die Stellenbesetzung im öffentlichen Dienst. Diese Regelung stellt einen großen Fortschritt dar, und mit ihr haben die deutschen Südtiroler das Regierungsheft uneingeschränkt in die Hand bekommen, denn der Anteil der Italiener liegt im Landesdurchschnitt bei etwa 25 Prozent. Noch in den 1960er Jahren waren 90 Prozent der Stellen im öffentlichen Dienst von Italienern besetzt.

Die Landesregierung in Bozen besitzt die Zuständigkeiten für Kultur, Berufsausbildung, Soziales, Straßenbau, Wohnungsbau, öffentliche Verkehrsmittel, Tourismus, Handwerk, Handel, Industrie, Landwirtschaft, Naturparks und den Zivilschutz. Hier kann Südtirol eigene Gesetze erlassen. Bezüglich der Schulen, dem Gesundheits- und Sportwesen hat die Region einen kleineren Spielraum, da sie sich an bestimmte Vorgaben Roms halten muss. Die Regierung in Rom bestimmt dagegen allein über Ein- und Zuwanderung, das Militär, Polizei-, Justiz- und Steuerwesen.

Trotz aller Entspannung ist Südtirol ist ein geteiltes Land geblieben, deutsches und italienisches Leben spielt sich in Parallelgesellschaften ab. Vielen Italienern gefällt die Autonomie Südtirols bis heute keineswegs. Überall im öffentlichen Dienst sitzen nun deutschsprachige Beamte, viele Italiener sprechen kein Wort Deutsch. Umgekehrt aber müssen die deutschsprachigen Staatsbediensteten, wie übrigens alle Bürger in gesellschaftlich bedeutsamen Stellungen, Italienisch sprechen. Und vielen Italienern im ganzen Land gefällt auch nicht die eingeschränkte Finanzautonomie Südtirols, gemäß der es nicht seiner Wirtschaftskraft entsprechend die armen Regionen Süditaliens mit Transferleistungen unterstützen muss. In Rom spricht man inzwischen von ›überholten Privilegien‹, von Bevorteilung und Diskriminierungen, die vor dem Europäischen Gerichtshof geklärt werden müssen.

Einen gewissen Wendepunkt brachte die Landtagswahl vom Oktober 2012. Zum ersten Mal seit 1948 erzielte die Südtiroler Volkspartei (SVP) nicht mehr die absolute Mehrheit der abgegebenen Stimmen. Zu sehr waren die Partei und ihre Funktionäre in den letzten Jahrzehnten in einen Filz aus Korruption und Vetternwirtschaft versunken. Anscheinend war man zu selbstgerecht geworden. Auf Kosten der SVP konnten die ›Freiheitlichen‹ – eine Schwesterpartei der österreichischen FPÖ – 18 Prozent der Stimmen erzielen, was sie zur zweitstärksten Kraft im Landtag machte. Möglicherweise gelangt mit der erstarkten FPÖ der alte, von vielen Deutsch-Österreichern nie aufgegebene Wunsch nach einer Angliederung an Österreich wieder auf die politische Tagesordnung.

Der Südtiroler Landtag in Bozen

Politik, Kultur und Gesellschaft

Auch bezüglich seines politischen System nimmt Südtirol eine verbindende Scharnierfunktion ein. Der besondere Autonomiestatus bewirkt eine Verknüpfung ›normal-italienischer‹ Verwaltungshierarchie mit regionalen Sonderbestimmungen.

Politische Struktur

Südtirol ist in acht politische Bezirke gegliedert, die sogenannten Bezirksgemeinschaften. Die Provinzhauptstadt Bozen nimmt als eigenständige Bezirksgemeinschaft dabei keine Sonderrolle ein.

Bezirksgemeinschaft	Hauptort	Fläche (km²)	Bevölkerung
(Alle Angaben nach der Volkszählung von 2011)			
Bozen	Bozen	52	102 800
Burggrafenamt	Meran	1101	97 700
Eisacktal	Brixen	624	50 200
Pustertal	Bruneck	2071	792 000
Salten-Schlern	Bozen	1037	48 300
Überetsch-Unterland	Neumarkt	424	71 700
Vinschgau	Schlanders	1442	35 300
Wipptal	Sterzing	650	19 600

Landtag und Landesregierung

Der Südtiroler Landtag ist das Parlament der Autonomen Provinz Südtirol. Er wird alle fünf Jahre gewählt. Ihm gehören 35 Abgeordnete an, die zugleich Mitglieder des übergeordneten Regionalrats der Region Trentino-Südtirol sind. Südtirol ist die eine der beiden Provinzen dieser Region genannten höheren Verwaltungseinheit. Die letzte Wahl zum Südtiroler Landtag fand am 27. Oktober 2013 statt. Ergebnisse: Südtiroler Volkspartei: 45,7 Prozent; Die Freiheitlichen: 17,9 Prozent; Grüne-Verdi-Vërc-SEL: 8,7 Prozent; Süd-Tiroler Freiheit: 7,2 Prozent; Partito Democratico: 6,7 Prozent; Forza Alto Adige-Lega Nord-Team Autonomie: 2,5 Prozent; MoVimento 5 Stelle: 2,5 Prozent; Bürgerunion-Ladins Dolomites-Wir Südtiroler: 2,1 Prozent; L'Alto Adige nel cuore: 2,1 Prozent; Unitalia: 1,7 Prozent.

Die Südtiroler Volkspartei (SVP), gegründet Mai 1945, ist eine christdemokratisch orientierte Sammelpartei der deutsch- und ladinischsprachigen Südtiroler. Sie bestimmt seit Jahrzehnten das politische Geschehen im Parlament. ›Die

Land und Leute

Freiheitlichen‹, gegründet 1992, ist eine eher liberale Partei, die Freiheit und Schutz der Bürgerrechte als zentrale Anliegen vertritt. Man betont das Selbstverständnis als oppositionelle Kontrollinstanz gegenüber der regierenden SVP und widmet sich insbesondere dem Selbstbestimmungsrecht der Südtiroler in Richtung eines unabhängigen Freistaates Südtirol. Zuwanderung von italienischsprachigen Ausländern wird als Stärkung des italienischen Elements abgelehnt. Verdi Grüne Vërc ist eine ökologisch-sozial, dabei links-alternativ ausgerichtete Partei. Sie wurde 1988 gegründet. Die Süd-Tiroler Freiheit, 2007 gegründet, verwendet die Schreibweise Süd-Tirol, um auf den ihren Zielen entsprechend temporären Charakter der Trennung Tirols in die Landesteile Nord-, Süd- und Osttirol zu verweisen. Sie setzt sich für den Schutz der deutschsprachigen und ladinischen Volksgruppe in Südtirol ein und fordert ein unbeschränktes Selbstbestimmungsrecht mit dem Ziel der Vereinigung mit Österreich oder einer völligen Unabhängigkeit. Dafür fordert sie seit Jahren – durchweg erfolglos – eine Volksabstimmung, die Rom natürlich nicht zulässt. Zu ihren Programmpunkten gehört auch die Entfernung von Denkmälern, die faschistisches oder italienischnationalistisches Gedankengut verkörpern, wie etwa das Bozener Siegesdenkmal oder die als Beinhäuser gestalteten Kriegerdenkmäler wie das von Burgeis im Vinschgau.

Der Südtiroler Landesregierung, auch Landesausschuss genannt, steht der Landeshauptmann vor. Er heißt seit Januar 2014 Arno Kompatscher und gehört der Südtiroler Volkspartei (SVP) an. Zur Landesregierung gehören auch sieben Landesräte. Landeshauptmann und Landesräte entsprechen dem Ministerpräsidenten und den Ministern eines Bundeslandes in Deutschland. Der Landeshauptmann hat aus den Reihen der Landesräte zwei Vertreter, wobei einer der deutschen und ein anderer der italienischen Sprachgruppe angehörig sein muss. Neben dem derzeitigen (deutschsprachigen) Landeshauptmann Arno Kompatscher (SVP) bekleiden die Landesräte Richard Theiner (SVP) und Christian Tommasini (PD) diese stellvertretenden Ämter. Bei der Landtagswahl erfolgt auch die Direktwahl des Landeshauptmanns durch die Bevölkerung.

Die Zusammensetzung der Landesregierung muss in jedem Fall den ethnischen Proporz widerspiegeln, also dem proportionalen Anteil der drei Sprachengruppen entsprechen. Dadurch wurde bisher eine Alleinregierung der deutschsprachigen Südtiroler verhindert, die ja gemäß ihres hohen Anteils an der Gesamtbevölkerung mit absoluter Mehrheit regieren könnten und die italienische Minderheit in eine Daueropposition zwingen könnten. Ein Landesrat muss immer der ladinischen Sprachgruppe zugehörig sein, egal zu welcher Partei er sich bekennt oder ob diese Partei gemäß des Wahlergebnisses überhaupt ein Mandat erzielt.

Wirtschaft und Tourismus

Der größte Teil der Erwerbstätigen in Südtirol ist im Dienstleistungssektor tätig, und das heißt vor allem im Tourismus. In diesem Bereich sind fast zwei Drittel aller Erwerbstätigen beschäftigt, knapp 8 Prozent in der Landwirtschaft. Traditionelle Handwerksbetriebe und kleinere Industrieunternehmen, wie sie besonders um Bozen und Meran existieren, spielen aber auch eine wichtige Rolle. Denn immerhin ein Viertel der arbeitsfähigen Bevölkerung ist in diesem Bereich beschäftigt. Das Bruttoinlandsprodukt lag 2007 bei knapp 34 000 Euro pro Kopf. Damit ist Südtirol neben der Mailänder Region (Lombardei) die reichste Provinz Italiens, das Wohlstandsniveau liegt 35 Prozent über dem EU-Durchschnitt. Dennoch sind die durchschnittlichen Erwerbseinkommen, beispielsweise eines Arbeiters, niedriger als im österreichischen Bundesland Tirol.

Organisierter Tourismus existiert im Land seit etwa 150 Jahren. Während Südtirol in der ersten Hälfte des 20. Jahrhunderts überwiegend wegen der Kurorte und des heilsamen Klimas besucht wurde, steht für sehr viele Touristen heute der Wintersport und das Wandern im Vordergrund; im Land existieren insgesamt 1200 Kilometer Skipisten. Südtirol wird jährlich von 5,8 Millionen Gästen besucht, für die bei 29 Millionen Nächtigungen 220 000 Betten bereitstehen. Den größten Anteil der Besucher mit gut 70 Prozent bilden Deutsche, etwa 20 Prozent sind Italiener aus südlicheren Regionen. Ihr Anteil ist wegen der Wirtschafts- und Eurokrise im Land in den letzten beiden Jahren aber deutlich zurückgegangen. Dafür kommen immer mehr Schweizer, denn im Vergleich zu ihrem eigenen Land sind die Preise in Südtirol allenthalben niedriger. Es überrascht kaum, dass nur wenige Österreicher unter den Touristen sind, da sie vergleichbare Landschaften und Ferienangebote im eigenen Land zur Genüge vorfinden.

Architektur und Malerei

Südtirol ist reich an Kunstwerken aus allen Jahrhunderten. Über 1000 Jahre lang begegneten sich hier nord- und mitteleuropäische Kunstströmungen einerseits sowie byzantinische und italienische Einflüsse andererseits. Gleichzeitig wurde beiden Schulen ein ganz besonderer lokaler Akzent beigegeben, was sehr oft zu einem ausgesprochen individuellen Stil führte. Südtirol hat mit **Michael Pacher** (um 1435–1498) aus dem Pustertal einen der größten spätmittelalterlichen Maler hervorgebracht und mit **Paul Troger** (1698–1762) aus Welsberg einen der berühmtesten Freskenkünstler des 18. Jahrhunderts.

Antike und Frühmittelalter

Aus der Antike rühren in Südtirol einige wenige Relikte der vermutlich illyrischen Urbevölkerung. Die Wallburg Castelfeder bei Auer im Unterland, die vermutlich aus dem 2. vorchristlichen Jahrtausend stammt, mag hierbei am bedeutendsten sein. Auch am Schlern wurden geringe Reste solcher Wallanlagen entdeckt. Obwohl die Römer im späteren Südtirol fast 500 Jahre lang herrschten, sind aus ihrer Zeit nur wenige Reste erhalten. Neben dem Mithrasrelief und dem Meilenstein von Sterzing ist vor allem das Militärlager Sebatum beim heutigen St. Lorenzen im Pustertal zu nennen, von dem einige Mauer- und Fundamentreste erhalten sind. Auf dem Ritten bei Bozen gibt es außerdem Reste einer gepflasterten Römerstraße. Aus dem Frühmittelalter rührt die Kirchenruine St. Peter bei Altenburg am Kalterer See, die wahrscheinlich aus dem 6./7. Jahrhundert stammt. Mit der Eroberung des Landes durch Karl den Großen begann am Ende des 8. Jahrhunderts die künstlerische Blüte des späteren Südtirol.

Romanik

Kein Land des Alpenraums ist künstlerisch so sehr von der Romanik bestimmt worden wie Südtirol. Nirgendwo gibt es mehr romanische Kirchen als hier, insbesondere im Vinschgau ist die Dichte an derartigen Bauten erstaunlich hoch. Diese romanische Epoche beginnt etwa um das Jahr 1000, endet in Frankreich bereits 150 Jahre später, dauert aber in Mitteleuropa wie auch in Spanien etwa bis 1350. Dass Südtirol so sehr von ihr geprägt ist, hat seinen Grund in der politischen Einigung des Landes in jenen Jahrzehnten: Die Gründung der selbständigen Grafschaft Tirol und die daraus resultierende innere Befriedung brachte dem künstlerischem Leben besondere Möglichkeiten. Größte romanische Kunstschätze stellen die Wandmalereien der Kirchen dar, beispielhaft seien hier die Krypten der Klosterkirchen Marienberg und Sonnenburg, der Burgkapelle Hocheppan, der St.-Benedikt-Kirche in Mals oder der St.-Jakob-Kirche in Grissian genannt. Letztgenannte zeigen die wahrscheinlich älteste Darstellung der Dolomiten. An weltlichen Gemälden sind die Fresken auf Burg Rodenegg am bedeutendsten. Größter romanischer Bau ist die Stiftskirche von Innichen. Ihre Kreuzigungsgruppe und auch die Malerei in der Kuppel sind ebenfalls herausragende Schöpfungen der Romanik.

Gotik

Die Südtiroler Gotik setzte um 1300 ein. Wie die romanische ist auch die gotische Freskomalerei in Südtirol sehr stark vertreten, und nirgendwo trifft man auf so kleinem Raum auf eine solche Dichte gotischer Flügelaltäre. Der Kreuzgang des Brixener Doms wurde romanisch begonnen, dann aber gotisch eingewölbt und ausgemalt. In Meran und Bozen entstanden gotische Stadtpfarrkirchen, die Meraner erfuhr danach keine Veränderungen mehr. Turmhelm und Kanzel der Bozner Kirche sind Meisterwerke des Hans Lutz von Schussenried (um 1473–um 1530).

Gegen 1400 bildete sich die ›Bozner Schule‹ heraus. Sie kennzeichnet eine streng perspektivische Landschafts- und Architekturdarstellung, die mit individueller Menschenzeichnung verbunden ist, wie es besonders schön die Fresken der Johanneskapelle des Bozner Dominikanerklosters zeigen. Die unzähligen Christophorusdarstellungen an den Außenseiten Südtiroler Kirchen sind ebenfalls gotisch. Herausragendste weltliche Fresken sind die Schilderungen des höfischen Lebens auf Burg Runkelstein bei Bozen. Von den Flügelaltären sind besonders erwähnenswert: der Altar des Hans Multscher (heute im Museum in Sterzing) und Michael Pachers

Ein römischer Grabstein in der Sterzinger Pfarrkirche

Marienkrönungsaltar in der alten Pfarrkirche von Gries. Dabei darf die Kopie seines Kirchenväteraltars – das Original befindet sich in München – im Kloster Neustift nicht vergessen werden. Mit Michael Pacher erreichte die bildkünstlerische Gotik des Alpenraums ihren Höhepunkt. Aber auch der Altar des Hans Schnatterpeck in Lana ragt ebenso heraus wie der Altar des Jörg Lederer in Latsch im Vinschgau.

Renaissance

Im Vergleich zu Gotik und Romanik ist die Renaissance in Südtirol nur wenig vertreten. Mit dem Ende der Gotik erschien im Land kein neuer Künstler von Rang. In einigen Burgen entstanden aber in neuem Stil verschiedene Arkadenhöfe – ein gutes Beispiel ist die Churburg bei Schluderns – oder wurden vollständig umgebaut wie die Bischofsburg in Brixen. Eine der wenigen Neubauten im Renaissancestil ist die bischöfliche Sommerresidenz in Velthurns. Doch viele der für Südtirol so typischen Ansitze wurden zu Beginn des 16. Jahrhunderts im Renaissancestil errichtet. Meist sind es eher bescheidene Gebäude, aber sie beherbergen im Inneren sehr oft reiche Gemäldezyklen. Da sich die Ansitze fast ausschließlich in Privatbesitz befinden, konnte bisher keine umfassende Bestandsaufnahme der Südtiroler Renaissance-Freskenmalerei erfolgen.

Barock

Auch die Barockzeit ist in Südtirol in künstlerischer Sicht nur gering vertreten. Zu schwer, so scheint es, waren die Folgen des Dreißigjährigen Krieges, wenngleich er das Land nicht direkt betraf. Aber Österreich war durch den Krieg das Geld ausgegangen, zudem verödete die Pest von 1637 größere Landstriche Tirols. Und seitdem ab 1665 Tirol nicht mehr von Innsbruck, sondern von Wien aus regiert wurde, blieb für die nun weit entfernte Provinz sowieso nur wenig an Zuwendung übrig. Immerhin konnten die Bischöfe einiges Geld für Umbauten im neuen Stil innerhalb ihres Bistums aufbringen. Die Gegenreformation drang siegreich in alle Habsburgerlande vor, und so musste man auch in Tirol mit einem neuen, besonders prächtigen Stil zeigen, wo der wahre Glaube beheimatet war. Der Brixner Dom wurde barock umgestaltet, die Klosterkirche Neustift ebenso wie auch einige andere Kirchen wie die von Sterzing. Der einzige größere barocke Profanbau ist Schloss Wolfsthurn bei Sterzing, ihm schließt sich das Merkantilhaus in der Bozner Laubengasse an. Darin erschöpft sich die Barockarchitektur Südtirols schon.

Der Altar des Hans Multscher in Sterzing (Ausschnitt)

Auch die Malerei weist im Barock Südtirols nur sehr wenige Kunstwerke auf: Paul Troger schuf zwar die bedeutendsten Barockfresken des Alpenraums, hinterließ aber in Südtirol nur die Deckenmalereien des Doms zu Brixen.

Nach dem Ausklang des Barock, bis zum Ende des 20. Jahrhunderts, erfolgte kein nennenswertes, künstlerisch die Zeiten überdauerndes Schaffen in Südtirol.

19. und 20. Jahrhundert

Während im nördlichen Mitteleuropa zu Beginn des 19. Jahrhundert im Klassizismus die Antike wiederbelebt wurde oder man sich in der Neogotik einem romantisierten Mittelalter annäherte, kamen in Tirol Baukunst und Malerei zum Erliegen. Grund sind dafür die Napoleonischen Kriege und der Freiheitskampf gegen Franzosen und bayerische Besatzer. Und auch nach 1815, nach dem Wiener Kongress, war das Land so ausgeblutet, dass für lange Zeit außer einigen kleinen Dorfkirchen nichts Größeres entstand. Während etwa in Prag und Wien um 1900 zahlreiche Bauten im Jugendstil entstanden, wurde in diesem Stil in Südtirol nur das Meraner Kurhaus errichtet, selbst in den Villenvierteln Merans nahm man den neuen Stil nur sehr zögerlich an. Mit der Abtrennung Südtirols ging der Versuch einer tiefgreifenden Italianisierung einher. Der italienische Faschismus vollzog ähnlich wie der deutsche Nationalsozialismus die Rückwendung zu Antike und Renaissance, dies aber in einer Art vulgärem Monumentalismus. In diesem Stil entstanden in Bozen das Siegesdenkmal wie auch das Gerichtsgebäude und die örtliche Zentrale der Faschistischen Partei.

Aus dem 20. Jahrhundert sind drei große bildende Künstler zu nennen, als erstes der Freskenkünstler **Karl Plattner** (1919–1986) aus Mals im Vinschgau. Sein Wandbild im großen Sitzungssaal des Südtiroler Landtags in Bozen ist wie die Ausgestaltung des Gefallenendenkmals in Naturns von großer, expressiver Eindringlichkeit. Plattner kombinierte figürliche Elemente mit abstrakten, wobei eine Vorliebe für intensiv farbige Felder besteht. Äußerlich von kühler Ästhetik, spürt der Betrachter jedoch die Bedrohung des Menschen, die der hypersensible, durch Freitod verstorbene Maler allerorten thematisiert. Er schuf auch die Fresken im Vestibül des Salzburger Festspielhauses. Grafiken und Fresken schuf auch der Bozner **Rudolf Stolz** (1874–1960), die sich in ihrer fast naturalistischen Art von denen Plattners sehr unterscheiden. Als sein Hauptwerk gilt der Totentanz in der Friedhofskapelle von Sexten. Stolz wählte meist das Tiroler Volksleben zum Gegenstand und überhöhte es poetisch und mit tiefer Frömmigkeit. **Maria Delago** (1902–1979) war Bildhauerin und schuf nach dem Zweiten Weltkrieg überwiegend Votivfiguren für Südtiroler Gotteshäuser. In ihrem Schaffen lehnt sie sich an die italienische Bildhauerei des 15. Jahrhunderts an.

Literatur

Aus Tirol – und damit auch Südtirol – stammen nur wenige bedeutende Literaten. Der älteste und einer der bedeutendsten ist sicher **Walther von der Vogelweide** (um 1170–1230 in Würzburg), dessen Geburtsort nicht exakt nachweisbar ist, doch mit großer Wahrscheinlichkeit in Südtirol liegt. Als bedeutendster deutscher Lyriker des Mittelalters hinterließ er ein sehr umfangreiches Werk.

Von nicht geringerer Bedeutung ist der Adelige und Abenteurer **Oswald von Wolkenstein** (um 1375–1445), der oft als ›letzter Minnesänger‹ bezeichnet wird, in vielen Werken aber auch Landschaft und Menschen seiner Heimat thematisiert.

Erst das 20. Jahrhundert brachte wieder einige größere Schriftsteller hervor. **Joseph Georg Oberkofler** (1889–1962) aus St. Johann im Ahrntal ist noch ganz dem 19. Jahrhundert verhaftet. Stilistisch steht er dem Naturalismus nahe, ohne aber in allzu brüske Darstellungen zu verfallen. Seine umfangreichen Bauernromane, unter anderem ›Der Bannwald‹ und ›Die Flachsbraut‹, werden in Südtirol heute noch sehr geschätzt, als ›Epen bäuerlicher Schicksale‹ charakterisiert und oft mit nordischen Sagas und Romanen verglichen.

Walther von der Vogelweide (Große Heidelberger Liederhandschrift, um 1300).

Franz Tumler (1912–1998) aus Gries bei Bozen nimmt fast immer seine Heimat zum Schauplatz seiner Romane. In seinen frühen Romanen geriet er teils in NS-Fahrwasser, das er aber in der Nachkriegszeit wieder verlassen konnte, da er sich kritisch damit auseinandersetzte. Stilistisch sah er in Adalbert Stifter sein Vorbild. Heute gilt Tumler als bedeutendster Südtiroler Romancier des 20. Jahrhunderts. Der Brixener **Norbert Conrad Kaser** (1947–1978) wuchs in Bruneck auf und ist das früh verstorbene enfant terrible der Südtiroler Literatur. Der bekennende Kommunist und Trinker war aktives Mitglied der KPI – für einen Südtiroler mehr als gewagt – und trat allerorten als Kämpfer gegen soziale Missstände und die Intoleranz der Mitmenschen auf. Er ließ an seinen literarischen Zunftgenossen nie ein gutes Haar. Öffentlich äußerte er 1969, »99 Prozent unserer Südtiroler Literaten wären am besten nie geboren, meinetwegen können sie noch heute ins heimatliche Gras beißen, um nicht weiteres Unheil anzurichten.« Dann rief er dazu auf, das Wappenzeichen der Südtiroler, den Tiroler Adler, ›wie einen Gigger zu rupfen‹. Ein Skandal ohnegleichen war die Folge. Viele Freunde wandten sich in den letzten Jahren von Kaser ab, letzlich beendete eine Leberzirrhose sein Dasein. Kasers Werk ist konsequent in Kleinschreibung gehalten. Der zu Lebzeiten fast ausschließlich Angefeindete wurde erst 1997 von der Stadt Brixen am Rathausplatz mit einer Stele geehrt. Doch bis heute weiß man ihn weder politisch noch literarisch einzuordnen.

Ausgleichend wirkt dagegen **Joseph Zoderer** (geb. 1935 in Meran). Bis heute verfasst er seine Texte mit der Hand und mit Füllfederhalter. Er widmet sich insbesondere der besonderen Lage Südtirols zwischen den Kulturen. Zoderer bezeichnet sich selbst als ›deutschsprachigen Autor mit österreichischer kultureller Prägung und italienischem Pass‹. In vielen seiner Romane ließ er sich von eigenen Erlebnissen aus dem Leben anregen und autobiographische Episoden einfließen. Am bekanntesten ist sein Erzählungsband ›Der Himmel über Meran‹ (2005). Mehrfach wurde er mit Preisen ausgezeichnet.

Der Bozner **Herbert Rosendorfer** (1934–2012) mag in Deutschland recht bekannt sein – er war übrigens hauptberuflich als Richter und Staatsanwalt in Hamburg und München tätig –, da er ein recht umfangreiches Werk hinterlassen hat. Sehr bekannt sind seine ›Briefe in die chinesische Vergangenheit‹, erwähnenswert ist seine Neigung zur Phantastik. Allerdings findet sich bei ihm nur sehr selten ein direkter Südtirol-Bezug.

Joseph Georg Oberkofler

Musik

In Tirol kamen nur wenig bedeutende Musiker der klassisch-romantischen Epoche zur Welt. Der älteste von ihnen ist der Symphoniker **Johann Rufinatscha** (1812–1893) aus dem vinschgauischen Malsch. Er verbrachte sein Leben überwiegend in Wien, wo er als Konservatoriumslehrer und als Komponist von klangschönen Symphonien zu Ehren kam.

Möglicherweise kann man diesen Befund damit erklären, dass sich im deutschsprachigen Raum das musikalische Leben oft an Fürstenhöfen abspielte und Komponisten dort ihr Auskommen finden konnten, derartige Höfe in Tirol aber nicht existierten. Eine Ausnahme stellt der kaiserliche Hof in Innsbruck zwischen dem 15. und dem 18. Jahrhundert dar, der in der Tat ein reiches Musikleben ersprießen ließ.

Musikgeschichtlich bedeutend ist der Bozner **Ludwig Thuille** (1861–1907). Auch er verließ früh seine Heimatstadt und avancierte in München zu einer gewichtigen Lehrer- und Komponistenpersönlichkeit. Der enge Freund von Richard Strauss gilt als Vertreter einer Art musikalischen Jugendstils. Viel gespielt war einst seine Oper ›Lobetanz‹. In den letzten zehn Jahren erlebte er eine kleine Renaissance, viele seiner Werke sind auf CD erhältlich. Hörtip: Sextett für Klavier und Bläser F-Dur, op. 6.

Dagegen gab und gibt es in Südtirol ein ausgesprochen reiches Volksmusikleben, wobei die Grenzen und Überschneidungen zur volkstümlichen Musik fließend sind. Die **Kastelruther Spatzen** (www.kastelrutherspatzen.de) sind sicherlich dabei die älteste und wahrscheinlich erfolgreichste deutschsprachige Volksmusikgruppe. Sie entstand bereits 1975 und gibt alljährlich eine neue CD heraus, wobei die musikalische Qualität der Gesänge und der instrumentalen Darbietung wie überhaupt der kompositorische Gehalt der Stücke durchaus umstritten sind. Unbestritten dagegen ist die außerordentliche Beliebtheit der Gruppe, die aktuell aus acht Mitgliedern besteht. Sie wurde mit unzähligen Goldenen und Platin-Schallplatten ausgezeichnet, und kaum eine Volksmusiksendung im Fernsehen ist ohne sie denkbar.

Ein musikalischer Geheimtipp und von ganz anderer, künstlerisch bedeutend höherstehender Art sind die drei jungen Sängerinnen der 2009 gegründeten Gruppe **Ganes** (www.ganes-music.com). Der Name geht auf die Feen der ladinischen Sagen zurück. Die Musikerinnen pflegen den ungewöhnlichen Stil eines ›Ladin-Pop‹. Sie singen auf ladinisch, begleitet von Keyboard, Bass und E-Gitarre, selbst komponierte, ganz eigenwillige und dennoch anschmiegsame, eingängige Lieder. Auch die 1984 geborene **Belsy Demetz** (geb. 1984) muss erwähnt werden. Das indische Waisenkind wuchs nach der Adoption in Südtirol auf und singt zusammen mit ihrem Lebensgefährten Florian Fesl über die Heimat und die Liebe.

In die politischen Schlagzeilen kam 2012/13 die Rockband **Frei.Wild** (www. frei-wild.net). Zwar handeln die Texte der Band eher vom Alltag, doch lassen die Brixener Musiker unüberhörbar die Liebe zu ihrer Heimat anklingen und thematisieren oft die Südtirolproblematik. Das sahen manche Kritiker als ›großdeutschen‹, nationalistischen Angriff gegen Italien und ›Nazi-Ideologie‹ an. Diese Texte und die Tatsache, dass einer der Sänger früher bei der als rechts eingestuften Band ›Kaiserjäger‹ mitgewirkt hat, ließ die Frage aufkommen, ob es sich bei Frei.Wild um eine rechtsextreme Band handelt. Die Gruppe selbst distanzierte sich offiziell von nationalistischem Gedankengut, die Bundesprüfstelle für jugendgefährdende Medien (BpjM) leitete aber 2013 ein noch nicht abgeschlossenes Indizierungsverfahren der Texte der Band ein.

In vielen Dörfern gibt es Blasmusikkapellen

Aber nicht die bekannten Gruppen und Musiker machen den musikalischen Reichtum Südtirols aus. Bemerkenswert ist, dass es in jedem größeren Ort ein kleines Blechinstrumentenensemble gibt. Überall wird musiziert und gesungen. Diese Dichte an Amateurmusikern ist vermutlich einzigartig.

Festivals und Feste

Auswahl, ohne Wintersportveranstaltungen Weitere Hinweise zu allen großen Veranstaltungen in Südtirol: www.suedtirol.com/events und www.eventguide.it.

Februar
Egetmann-Umzug (Traminer Fasching, www.tramin.com).

März
Eisacktaler Kost. Die älteste Südtiroler Spezialitätenwoche (www.eisacktaler kost.info), zwei Wochen in vielen Gasthöfen des Eisacktals.

April
Haflinger Galopprennen in Meran (Ostermontag, www.haflinger.eu).
Bozner Filmtage (Spiel- und Dokumentarfilme, www.filmclub.it).

Mai
Südtiroler Weinstraßenwochen. Die Weinbaugemeinden an der Südtiroler Weinstraße bieten u.a. Seminare und Verkostungen (www.suedtiroler-weinstrasse.it).

Juni
Oswald-von-Wolkenstein-Ritt. Um die Seiser Alm berühmtes traditionelles Turnier (www.ovwritt.com).
Südtirol Jazzfestival, an div. Schauplätzen in ganz Südtirol (Juni und Juli, www. suedtiroljazzfestival.com).
Volkssportolympiade im Grödental (letzte Juniwoche, www.ivvsuedtirol.info).

Juli
Maratona dles Dolomites (Dolomiten-Rad-Marathon um Sellajoch, Wolkenstein und Canaze (www.maratona.it).
Gustav-Mahler-Musikwochen in Toblach (www.gustav-mahler.it).
Klassikfestival Val Gardena St. Ulrich (Juli und August, www.val-gardena.com).

August
Am Samstag nach dem Bartholomäustag (24.8.) treiben die Bauern Vieh auf dem Ritten zusammen, was sehr viele Leute anzieht (www.ritten.com).
Meraner Musikwochen (August bis September). Bedeutendes europäisches Klassikfestival (www.meranofestival.com).

September
Sarner Kirchtag Größtes Kirchweihfest Südtirols (erstes Septemberwochenende, www.sarntal.com).

Adventsmarkt in Glurns

Von Mitte September bis Anfang Oktober findet in und um Meran der Meraner Herbst statt, eine sehr beliebte Genussveranstaltung (www.meranerland.com).

Oktober
Speckfest im Villnößtal (erstes Wochenende). Eine Genussorgie ohnegleichen.
Traubenfest in Meran (drittes Wochenende). Wein und Gesang.
Stegener Markt. In diesem Brunecker Ortsteil findet am letzten Oktoberwochenende Südtirols traditionsreichster und größter Markt statt (www.stegamorscht.net).

November
Meran WineFestival (zweites Wochenende, www.meranowinefestival.com).
Keschtnigel, das Fest der Edelkastanie in Felthurns (www.feldthurns.info).

Dezember
Krampusumzüge in Toblach und Bruneck: folkloristische Dämonenauftritte.
Meraner Weihnacht (Weihnachtsmarkt von Ende Nov. bis Anf. Januar).

Essen und Trinken

Die herausragende Kochkunst und kulinarische Fantasie des Alpenraums zeigt sich in der Südtiroler Küche aufs Angenehmste, sie verbindet österreichische und italienische Einflüsse. Obwohl Südtirol im Juli und August dem Massenansturm von Touristen fast erliegt, erhält man überall im Land auch im kleinsten Gasthof mit Liebe zubereitete Speisen auf hohem Niveau. Zentraler Bestandteil sind die vielen Sorten von Knödeln, Nockerln und Krapfen – nicht zu verwechseln mit der Süßspeise. Die Knödel haben dabei nur sehr wenig mit deutschen oder bayerischen Klößen zu tun, sie sind viel kleiner und schmecken auch anders. Teils werden sie als Beilage gegessen, teils als Hauptmahlzeit. Und es gibt unzählige Varianten: Speckknödel mit Kraut, Grießknödel, Spinatnocken mit geriebenem Käse, Kasnocken mit gerösteter Butter. Dann gibt es süße Knödel, die mit Marillen, Zwetschgen oder Birnen gefüllt sind. Als Krapfen werden in Südtirol ravioliähnliche Nudeltaschen bezeichnet; mit Spinat gefüllt heißen sie Schlutzkrapfen – eine regionale Spezialität. Die Südtiroler Köchinnen und Köche sind begnadete Schöpferinnen von Teigwaren und verwenden dabei geschickt Gewürzen aus dem Mittelmeerraum. Die Knödel und Krapfen sind beste Beispiele für die Verschmelzung beider Richtungen.

Von altbäuerlicher Herkunft ist die Graupensuppe mit Speck, die auch in vornehmen Lokalen erhältlich ist. Manche Reisende verschmähen die Milzschnittensuppe. Dabei werden Weißbrotstückchen vorher in eine Tunke aus pürierter Kalbsmilz und Eigelb getaucht und gewürzt, danach in Fleischbrühe serviert. Verschiedenen Braten dominieren die Hauptgerichte der traditionellen Küche, man serviert sie allesamt mit Soßen. An Fisch liebt man die Bachforelle der Südtiroler Gebirgsbäche. Die Passeierforelle, die in Meran auf den Tisch kommt, ist gedünstet, gebraten und geräuchert ein Hochgenuss.

Sicherlich ist der Südtiroler Speck (www.speck.it) landestypisch. Mild geräuchert und luftgetrocknet ist er in aller Welt eine begehrte Delikatesse. Man reibt ihn mit Salz und einer speziellen Gewürzmischung ein und lässt ihn drei Wochen bei niedrigen Temperaturen eingepökelt hängen. Dann erfolgt das Räuchern, das mit Trocknungsphasen abwechselt, wodurch das typische Aroma erzielt wird. Nun bleibt der Speck fünf bis sechs Monate hängen und darf reifen. Jetzt erst erhält er seine typische, feste Struktur. Sein Aroma entfaltet er nur bei richtigem Aufschneiden. Vom handgroßen Stück schneidet man zunächst eine etwa drei Zentimeter dicke Scheibe ab und entfernt dann die Schwarte und auch die Gewürzkruste. Dann schneidet man den Speck entweder in Würfel oder in möglichst dünne Scheiben. Man bekommt ihn auf den großen Märkten, in den Delikatessenläden und natürlich auf den Jausenstationen. Man achte auf das Gütesiegel sowie das Qualitätslogo mit dem grünen Trägersteg. Ist das nicht vorhanden, handelt sich um Imitate, vermutlich aus China.

Für den Imbiss zwischendurch (die ›Jause‹) sind einige Scheiben Speck auf Bauernbrot der größte Genuss. Oft wird der Speck als ›Knabberbeilage‹ zum Wein gegessen. Der rote Schinkenspeck ist dabei eher trocken, der fetthaltigere durchwachsene Bauchspeck saftig. Eine ähnliche Spezialität ist die Bergsalami, die aus Südtiroler Schweinen mit Anteilen von Edelfleisch – geräuchertes Rind- und Kalbfleisch – hergestellt wird. Auch hier achte man auf das Gütezeichen ›geschützte geographische Angabe‹ (g.g.A.).

Mit nur 5000 Hektar Anbaufläche besitzt Südtirol, trotz seiner weithin bekannten Spitzenweine, ein kleines Anbaugebiet. Doch insbesondere die Weißweine sind international geschätzt. Aus Südtirol stammen die autochthonen roten Sorten Vernatsch und Lagrein sowie der Gewürztraminer, der vom Ort Tramin seinen Namen hat. Die Hauptanbaugebiete liegen um das Unterland südlich von Bozen. Im Meraner Raum, im Vinschgau sowie im Eisacktal gedeihen eher Weißweinsorten wie Weißburgunder, Terlaner, Silvaner und Traminer (als weißer Savagnin). Grundsätzlich trinkt man in Südtirol nur junge Weine, nur der lagerfähigere Lagrein ist auch in älteren Jahrgängen anzutreffen. Im Etschtal zwischen Meran und Salurn gibt es unzählige Weinverkostungsmöglichkeiten bei den Winzern, einige besondere Empfehlungen findet man in diesem Reiseführer in den Info-Kästen.

In Südtirol kommen aber auch Bierfreunde auf ihre Kosten. Das Bier der Brauerei Forst aus Meran ist hervorrragend. Die acht Südtiroler Wirtshausbrauereien stehen da nicht nach, nur bekommt man ihre Biere nur an Ort und Stelle (www.wirtshausbrauereien.it). Der Autor empfiehlt, ganz subjektiv, vor allem das Andreas-Hofer-Bräu von der Sachsenklemme im Eisacktal und das Martinsbräu aus dem Brauhotel Martinerhof in St. Martin im Passeiertal.

Unbedingt miterleben muss man im Oktober den uralten Brauch des ›Törggelen‹, wobei es nicht zu empfehlen ist, an organisierten Törggelenfahrten teilzunehmen. Denn man möchte beim Törggelen doch eher Einheimische kennenlernen als Pauschaltouristen. Beim Törggelen wird in geselliger Runde direkt beim Weinbauern der neue, junge Wein (der ›Nuie‹) oder auch leicht gäriger Traubenmost (Suser) zusammen mit andern dort selbst hergestellten Spezialitäten wie Wurst, Röstkastanien (Keschtn) und Speck verkostet. Der seltsame Name rührt nur vom ladinischen Wort ›Torkel‹ (Weinpresse) her, das sich vom lateinischen ›torquere‹ (drehen) ableitet. Es gibt ganze Törggelenwege, entlang derer es viele Möglichkeit zur Einkehr gibt. Dass der Brauch bisweilen in wilde Besäufnisse ausartet, liegt auf der Hand. Der ›Keschtnweg‹ (Kastanienweg) von Vahrn bei Brixen zum Schloss Runkelstein bei Bozen ist einer der beliebtesten Törggelenwege. Auf dieser Dreitageswanderung, bei der man bequem über den Tourismusverband Eisacktal (www.eisacktal.com) Übernachtungen vorbestellen kann, lässt sich auf angenehmste Weise ein durchgehend hoher Alkoholspiegel aufrechterhalten. Der Tourismusverband Südtirols Süden (www.suedtirols-sueden.info) bietet für die Gegend um Tramin, wo es jeweils am ersten Oktoberwochenende ein großes Törggelenfest gibt, ähnliche Pakete an.

Die berühmte Vernatschtraube

Rezepte

Alle hier angegebenen Rezepte sind für vier Personen konzipiert. Bei den vorgestellten Gerichten handelt es sich um verfeinerte landestypische Küche.

Eisacktaler Weißweinsuppe

1/2 l Rindsuppe, 100 g Sahne, 2 Eigelb, 125 ml Eisacktaler Weißburgunder oder Silvaner (geht auch mit Weißwein aus dem Unterland) 4 Scheiben Toastbrot ohne Rinde, 1 Prise Zimt, 20 g Butter, 1 TL Schnittlauch, Salz und Muskatnuss.

Das Toastbrot in Butter goldgelb braten, auf Küchenpapier auskühlen lassen. Mit Zimt bestreuen und in Würfel oder Dreiecke schneiden. Kraftbrühe mit Weißwein in einem Topf mit dickem Boden aufkochen. Die Hitze reduzieren, dann Eigelb mit Sahne verrühren und mit Salz und Muskatnuss abschmecken. In die Suppe rühren und so lange mit dem Schneebesen schlagen, bis die Suppe schön cremig ist. Sie darf nicht mehr kochen! Dann in vorgewärmte Tassen füllen, mit Schnittlauch bestreuen und zusammen mit den Zimtbrotstückchen servieren.

Sellerierisotto mit Apfelmus und Alpkäse

300 g Reis, Olivenöl, 1 l Gemüsefond, 100g Staudensellerie, 125 g geriebenen Parmesan, 40 g kalte Butter, Salz und Pfeffer. Zum Anrichten: 100g Apfelmus, 100g fein geraspelter Alpkäse, kleine Sellerieblätter.

Reis in etwas Olivenöl anschwitzen. Mit heißem Gemüsefond aufgießen, so dass der Reis bedeckt ist. Salzen und pfeffern. Unter ständigem Rühren knapp eine Viertelstunde köcheln lassen, dabei immer wieder Gemüsefond angießen. Staudensellerie in etwas Gemüsefond weich dünsten und fein pürieren, dann unter das Risotto rühren. Vom Herd nehmen und mit Parmesan und kalter Butter verfeinern. Dann wird das Risotto auf den Tellern verteilt und das heiße, zu einer Nocke geformte Apfelmus in die Mitte des Risottos gesetzt. Mit Alpkäse bestreuen und den Sellerieblättern garnieren.

Speckknödel

200g in Würfel geschnittenes Weißbrot, 100g in Würfel geschnittener Südtiroler Speck, 40 g Mehl, etwas Milch, 50 g Zwiebeln, Salz, 1 EL fein geschnittener Schnittlauch, Petersilie, 3 Eier.

Brot- und Speckwürfel, Mehl, die geschmorten Zwiebeln sowie Salz und Pfeffer, Petersilie und Schnittlauch gut vermischen. Die Eier und etwas Milch dazugeben und alles zu einem geschmeidigen Teig verarbeiten, 10 Minuten ruhen lassen. Dann mit der Hand oder einem Löffel die Knödel formen, in kochendes Salzwasser geben und ca. 8–10 Minuten köcheln lassen. Die Knödel in der Suppe servieren und mit etwas Schnittlauch garnieren.

Bandnudeln mit Speck

100 g Speck, 100 g Zwiebeln, 50 ml Olivenöl, 250 g Tomatenwürfel, 1 Lorbeerblatt, 1 getrockneter Peperoncino, 1 Knoblauchzehe, 1 EL Petersilie, 320 g Bandnudeln (grün und weiß), 4 Basilikumherzen, 4 getrocknete Tomatenscheiben, Salz, Pfeffer.

Den Speck in Streifen schneiden. Die Zwiebel schälen, halbieren und ebenfalls in Streifen schneiden, die Zwiebeln im Olivenöl anbraten, den Speck dazugeben und mitbraten. Die Tomatenwürfel und das Lorbeerblatt dazugeben, mit dem Salz, dem Pfeffer und dem Peperoncino würzen und etwa 10 Minuten einkochen lassen. Kurz vor dem Ende der Garzeit den fein gehackten Knoblauch dazugeben. Die Petersilie waschen, fein schneiden und zum Schluss hinzufügen. Die Nudeln in reichlich Salzwasser nach eigenem Gusto 4–8 Minuten kochen, in der Sauce schwenken und mit dem Basilikum und den getrockneten Tomatenscheiben servieren.

Krapfen

1–2 EL Butter, 220 g Weizenmehl, 1/10 l Milch, 180 g Roggenmehl, 1 Ei, Marmelade, 1 Eigelb, 1 EL Öl, 2 EL Sahne, Öl zum Backen, Salz.

Die Mehle mit dem Ei, dem Eigelb, der Sahne, dem Butter, dem Öl, der Milch und Salz zu einem Teig verkneten und eine Stunde ruhen lassen. Den Teig nochmals durchkneten und daraus ovale Blätter austreiben. Mit Marmelade (Kastanien-, Zwetschgen- oder Marillenmarmelade) füllen, längs zusammenklappen, die Ränder festdrücken und ausradeln. Im heißen Öl auf beiden Seiten goldgelb backen, auf Küchenkrepp abtropfen lassen und am besten noch heiß servieren.

Ebenso berühmt: der Südtiroler Speck

Der Vinschgau ist Südtirols reichste Kulturlandschaft, aus der die zahlreichen tausendjährigen Kirchen herausragen. Im Tal erstrecken sich schier unendlich weit die Apfelhaine, umgeben und überkrönt von den Massiven ewigen Eises. Der Vinschgau ist gleichsam Südtirols Garten Eden und mit seiner Vielzahl an Baudenkmälern und den höchsten Bergen eine Region voller Superlative. Er allein lohnt eine Reise nach Südtirol.

Der Vinschgauer Talboden bei Prad

DER VINSCHGAU

In Südtirols Westen liegt der Vinschgau (Val Venosta). Er liegt um den Oberlauf der Etsch und trägt seinen Namen nach dem keltischen Stamm der Venosten, die um Christi Geburt in dieser Region lebten. Das Gebiet war in jener Zeit ein Teil der römischen Provinz Rhaetia. Im obersten Teil des Vinschgaus befindet sich mit dem Reschenpass der neben dem Brenner bedeutendste der Alpenpässe, über die man seit der Antike aus Deutschland und Tirol nach Italien gelangte. Seit der Römerzeit führt hier – von Augsburg über Landeck durch das Inntal hoch zum Reschenpass und weiter Richtung Trient – der wichtige Handelsweg der alten Via Claudia Augusta, doch existierte entlang dieser Route schon in vorrömischer Zeit ein Saumpfad.

Der Vinschgau befindet sich ziemlich genau in der Mitte des von West nach Ost verlaufenden Alpenhauptkamms. Da Bergzüge mit durchschnittlich 3000 Höhenmetern fast vollständig das obere Etschtal umgeben, handelt es sich bei dem Vinschgau um eine klimatisch isolierte Region, denn Kälteeinbrüche von Norden sowie Hitze aus dem Süden werden abgefangen. Das führt zu einer ausgesprochenen Niederschlagsarmut. Auch haben starke Fallwinde (der ›Vinschger Wind‹) ebenso darin ihre Ursache wie die starken Temperaturunterschiede im Tages- und Jahresverlauf. Dieses besondere Klima zeichnet sich außerdem durch eine besonders lange Sonnenscheindauer aus. In der Landwirtschaft glich man die fehlenden Regenfälle durch ein ausgeklügeltes Bewässerungssystem aus und konnte somit die vielen Sonnenstunden bestens nutzen. So entstand trotz aller Trockenheit im Vinschgau Südtirols größtes Obstanbaugebiet. Der Vinschgau lieferte indirekt den italienischen Namen Südtirols: Alto Adige – Gebiet um die obere Etsch. Historisch gesehen, beginnt der Vinschgau am Reschenpass und endet an der Töll, einer Engstelle des Etschtals, wo der kleine Töllbach einmündet. Diese Stelle liegt bei Partschins unmittelbar vor den Toren Merans.

Am Reschenpass, dem nordwestlichen Entrée nach Südtirol

Landeck, Innsbruck

ÖSTERREICH

Kaunertal

SCHWEIZ

Nauders

Nauderer Hennesiglspitze 3042

Hennesiglspitze 3141

Groß Mutz-Kopf 1987

Mataun Kogel 2893

Wiesjagglkopf 3127

Piz Lat 2808

Klopairer Spitze 2914

Melag

Weißseespitze 3526

Jochbodenkopf 2802

Reschenpass 1504

Reschen

Plamort 2982

Langtaufertal

Karlinbach

Äußerer Nockenkopf 2767

Rojental

Reschensee

Rojen

Graun

Schwarzer Kogel 2996

Falbanairspitze 3199

Weißkugel 3739

Zehnerspitze 2679

Endkogl 2652

Ober

Elferspitze 2925

St. Valentin auf der Haide

Haidersee

Danzebell 3143

Valvelspitze 3356

Seebödenspitze 2859

Mittereck 2905

ITALIEN

Schlining-Pass 2311

Plawenn

Koflboden 2604

Saldurspitze 3433

Watlesspitze 2554

Planeil

Punibach

Planeiltal

Jafant 2815

Ramudelspitze 3292

Piz Sesvenna 3204

Schlinig

Burgeis

Marienberg

Spitzige Lun 2323

Hohes Joch 2591

Matscher Tal

Saldurbach

Remsspitze 3204

Hochalt 3267

Mals

Schleis

Tartsch

Matsch

Litznerspitze 3205

Weiße Riepl 2952

Krippenland 2720

Laatsch

Münstertal

Rambach

Arundakopf 2527

41

Glurns

Schluderns

Hohes Kreuzjoch 2986

Kortscher Jöchl 2658

Taufers

Lichtenberg

Kopfplatte 2319

Spondinig

Tanas

Schlanders

Val Mustair

Plaschweiler 2534

Agums

Trafoier Tal

Etsch

38

Eyrs

Allitz

Kortsch

Großmontoni 1971

Prad

Tschengls

Laas

Munwarther 2621

Stilfs

SCHWEIZ

Gomagoi

Weißwandl 2778

Wasserfallsp. 2620

Tschenglser Hochwand 3375

Orgelspitze 3305

40

Nationalpark Stilfser Joch

Punta Rosa 3026

Trafoi

Stilfserjochstraße

Hochleiten Spitza 2798

Suldental

Zay tal

Vertainspitze 3545

Rosimjoch 3288

Äußere Pederspitze 3406

Bormio

Stilfser Joch 2757

Sulden

Monte Scoruzzo 3094

Ortler 3905

Hint. Schönaufspitze 3325

Monte Cristallo 3434

0   3   6 km

Der obere Vinschgau

Wer von Tirol aus der alten Via Claudia Augusta südwärts folgt, erreicht kurz unterhalb des Reschenpasses die italienische Grenze und gelangt nur etwa anderthalb Kilometer danach zum **Reschenpass** (1504 m). Der Name geht auf das Mittelalter zurück und soll von einem Bauernhof herrühren, der einem Mann namens Resch gehört haben soll. Wenn auf der Nordseite des Passes oft noch der Himmel bedeckt ist oder es regnet, empfängt den Reisenden auf Südtiroler Gebiet fast immer ein wolkenloser Himmel. Bis jenseits des Abzweigs zum Stilfser Joch bei Schluderns erstreckt sich der dank seiner zahllosen romanischen Kirchen (www.stiegenzumhimmel.it) kunsthistorisch reichste Teil des Vinschgaus.

Am Reschensee (Lago di Resia)

Bei dem etwa sechs Kilometer langen und bis zu anderthalb Kilometer breiten Reschensee handelt es sich um ein künstliches Gewässer; es entstand 1950 aus der Stauung dreier natürlicher kleiner Seen. Bereits 1920 plante die italienische Regierung hier, nahe der Etschquelle, ein großes Wasserreservoir zur Energiegewinnung anzulegen, doch wurde es erst in den Nachkriegsjahren realisiert. Bei der Zusammenlegung des ursprünglich recht kleinen Reschensees, des Grauner Sees und des Mitterersees wurde ein großer Teil des Dorfes Reschen sowie der Ort Graun zusammen mit einigen kleinen Weilern vollständig geflutet, davor – im Sommer 1950 – die Orte mit insgesamt 163 Häusern abgerissen. Die Bewohner mussten umsiedeln. Von der alteingesessenen Südtiroler Bevölkerung wurde diese Aktion als besonders heimtückischer Akt der italienischen Verwaltung gegenüber den Südtirolern angesehen, als eine Maßnahme, durch die die Italianisierung der Provinz schneller vorangetrieben werden sollte. Das heutige **Reschen** (Resia) ist etwas höher am Hang angelegt und größtenteils neu erbaut.

Karte S. 55

▲ *Der Reschensee mit den Resten der Grauner Kirche*

Vom Dörfchen **Graun** (Curon) ragt noch, etwa 2 Kilometer südlich von Reschen, der Kirchturm aus den Fluten heraus, eine der meistbesuchten und berühmtesten Lokalitäten Südtirols. Oberhalb des Panorama-Parkplatzes befindet sich der erhalten gebliebene alte Friedhof von Graun. Von hier hat man einen besonders beeindruckenden Blick auf See und Kirchturm. Allerdings existiert Graun als Gemeindeteil von Reschen weiterhin. Vom Parkplatz am Kirchturm werden im Sommer auch Schiffsfahrten über den Reschensee angeboten (Info unter 0473/633126, Fa. Sport-Winkler). Überhaupt dient der Reschensee verschiedenen Sportveranstaltungen. Der alljährliche Reschenseelauf mit seiner 15,3 Kilometer langen Route zieht im Sommer jeweils 3000 Läufer an, und seit 2008 finden im Winter auf dem zugefrorenen See die ›Internationalen Deutschen Snowkitemeisterschaften‹ statt – in Deutschland gibt es keinen vergleichbaren Austragungsort mit gleicher Schnee- und Windsicherheit.

Viel besucht ist das **Skigebiet Schöneben** westlich oberhalb des Sees. Zwischen 1450 und 2450 Metern gelegen, bietet es Pisten aller Schwierigkeitsgrade (www. schoeneben.it). Von der Schönebenhütte (2118 m), zu erreichen mit einem Lift am Westrand des Reschensees, führt ein aussichtsreicher Höhenweg zur **Haideralm** mit Bergrestaurant (2120 m). Man erreicht sie nach knapp drei Stunden. Die leichte Wanderung, bei der keine Höhenunterschiede zu bewältigen sind, bietet herrlichste Aussichten. Beliebt ist auch der Aufstieg weiter zur **Seebödenspitze** (2859 m). Der Steig ist nicht allzu schwer, markiert, aber ziemlich steinig. Von der Seebödenspitze genießt man einen weiten Blick bis hin zum Ortler. Gut fünf Stunden sollte man für den Hin- und Rückweg von der Haideralm einplanen.

Am Vinschger Höhenweg

Die Haideralm ist durch eine **Seilbahn** mit St. Valentin am Reschensee verbunden; sie verkehrt ganzjährig (www. haideralm.it).

■ Die Etsch (Adige)

Etwas oberhalb von Reschen entspringt die Etsch (Adige), mit 415 Kilometern Italiens zweitlängster Fluss. Sie durchfließt den Reschensee, wendet sich durch den unteren Vinschgau nach Meran, wendet sich südwärts nach Bozen, passiert Trient (Trento) und fließt an Rovereto vorbei nach Verona. Östlich von Verona verschwindet ihr Lauf im weiten Sumpfdelta des Po, mit dem zusammen sie in die Adria mündet. Die eigentliche Etschquelle liegt – entgegen einer anderslautenden Beschilderung – nicht auf dem Reschenpass, sondern etwas oberhalb des Dorfes Reschen (Hinweisschild in der Ortsmitte). Das Quellwasser der Etsch wird unterirdisch in einem alten Bunker gefasst, der mit Führung besichtigt werden kann (Bunker Nr. 20, genannt ›Vocca‹). An der Etschquelle beginnt mit dem **Vinschger Höhenweg** ein über 100 Kilometer langer Fernwanderweg, der sich

über St. Valentin, Mals, das Matscher Tal,
Schluderns, Schlanders in sechs Tagesetappen bis zur Burg Juval zieht (www.
vinschgau.net).

■ Der Alpenwall

Um Reschen findet man viele Bunker, die
einst zum ›Vallo Alpino‹ gehörten, dem
Alpenwall. Diese Befestigungsanlagen
errichtete die italienische Regierung in
der Mussolini-Ära seit der zweiten Hälfte der 1920er Jahre in großem Rahmen.
Die Linie zog sich entlang der Staatsgren-
ze innerhalb des gesamten Alpengebiets
von den französischen Seealpen bis hin

Im Rojental

zur damaligen jugoslawischen Grenze bei
Triest, doch wurde ihr Bau 1942 eingestellt – insbesondere wegen Protesten
des Deutschen Reichs, mit dem Italien
damals verbündet war. Das System blieb
daher unvollendet.
Um Reschen entstanden insgesamt 46
Bunker. Der Bunker mit der Etschquelle
ist erst vor kurzem der Bevölkerung zugänglich gemacht worden. Von 1950
bis 1991 war er ein winziger Teil jener
NATO-Verteidigungsanlage, die nicht parallel zum ›Eisernen Vorhang‹ verlief. Zu
dieser gehörte auch die umfangreiche
Sperranlage unterhalb des Berges Plamort
mitten in einem Hochmoorgebiet und
unmittelbar an der Grenze zu Österreich
gelegen. Sie bestand aber ebenfalls schon
vor dem Zweiten Weltkrieg. Der Besuch
lohnt, wenngleich man von Reschen aus
zum Planort nur zu Fuß gelangt, auf einer
etwa fünf Kilometer langen Route über
den sogenannten Moasweg.

Das Rojental (Valleroja)

Von Reschen kann man über eine etwa
zehn Kilometer lange, sehr schöne Straße in das weltferne und hochgelegene
Rojental (Valleroja) kommen. Dabei eröffnen sich prächtige Blicke auf den
Reschensee und den ihn überkronen-

den Grauner Berg (2556 m). Im Winter und Frühjahr ist die Straße manchmal gesperrt.

■ Von der Reschner Alm
auf den Piz Lat

Noch bevor man das eigentliche Rojental
erreicht hat, kann man von der Hauptstraße rechts abbiegen. In diesem Fall gelangt
man auf einer sehr schmalen Straße zur
Reschner Alm (2000 m), wo es eine von
Juni bis September bewirtschaftete Hütte
(Tel. 0340/4155015) gibt. Sie ist Ausgangspunkt für eine anspruchsvolle Wan-
dertour (Hin- und Rückweg ca. 6 Std.),
die aber auch bei mittlerer Kondition bewältigt werden kann. Von der Reschner
Alm geht es über im Frühjahr blühende
Bergwiesen mit großer Blumenvielfalt,
wie sie für das ganze Rojental charakteristisch sind, empor zum 2808 Meter
hohen Piz Lat, über den die Grenze zur
Schweiz verläuft. Der Aufstieg erfolgt teilweise über einen Militärweg, am Schluss
geht es über einen ziemlich steilen Steig.

■ Rojen (Roja)

Der Weiler Rojen befindet sich auf
1968 Metern und gehört damit zu den
höchstgelegenen Siedlungen Südtirols,

Karte S. 55

die durchgehend ganzjährig bewohnt sind. Im Winter ist der Ort ein viel besuchter Ausgangspunkt für Skifahrer, die zur Schönebene hinauf wollen (Skilift, nur Winterbetrieb), im Sommer wirkt das Tal still verträumt.

In der winzigen und unscheinbaren Dorfkirche sind Fresken erhalten, die zu den großartigsten Südtirols zählen. Die **Dorfkirche St. Nikolaus** geht auf die Zeit um 1230 zurück und zeigt deutlich romanische Elemente. Um 1400 hat man den frühgotischen Chor errichtet und mit Fresken ausgeschmückt. Diese wurden in späteren Jahrhunderten übertüncht und sind erst 1967 zufällig entdeckt worden. Im Kircheninnern umfängt den Besucher eine gleichsam archaische Atmosphäre. Im Kreuzgewölbe der Decke zeigen vier ovale Formen die wichtigsten Szenen aus dem Leben Christi: Christus als Kind, am Kreuz, als Auferstandener und seine Wiederkehr. In den Gewölbezwickeln sind die vier Evangelisten und die vier Kirchenväter zu sehen. Ungewöhnlich ist die Darstellung der Evangelisten mit Tierköpfen gemäß ihrer ikonographischen Attribute.

Überhaupt sind die ganzen Darstellungen voller illusionistischer Effekte. Besonders ausdrucksstark ist die Kreuztragung an der Nordwand. Sehr schön ist auch das marmorierte Barockaltärchen. Ruchlose Hände beraubten es 1976 seiner wertvollen Heiligenfiguren, die nicht mehr aufgetaucht sind.

Man sollte versuchen, das Kirchlein gegen die Mittagsstunde zu besuchen. Dann läutet der Wirt des nahen Gasthofes die Kirchenglocken – durch Seile vom Altarraum aus. Kommt man außerhalb der Läutezeit, so kann man sich den Schlüssel zur Kirche im Gasthof holen.

Von der Kirche führt ein beliebter **Wanderweg** zum 2767 Meter hohen **Äußeren Nockenkopf**, von wo sich ein großartiger Blick zum Ortler bietet. Gut sechs Stunden benötigt man für den Hin- und Rückweg.

Der südliche Teil des Rojentals nennt sich **Vallungtal**. Es ist ein Geheimtipp für Skibergsteiger und Schneeschuhwanderer, da weit ab von allem Rummel.

Auf der Rückfahrt zum Reschensee bietet sich für Automobilisten die Alterna-

Die Kreuztragung als Fresko in der Kirche St. Nikolaus

tivstrecke über **St. Valentin** an, wo man ebenfalls wieder das Seeufer erreicht. Sie bietet vielleicht noch schönere Blicke als die Route von Reschen aus.

Das Langtauferer Tal (Vallelunga)

Das Langtauferer Tal (Vallelunga) zieht sich von Graun in nordöstlicher Richtung zu den Gletschern der Ötztaler Alpen. Es ist wenig bekannt und wenig besucht und eines der unberührtesten Alpentäler überhaupt. Die traditionelle bäuerliche Kulturlandschaft ist hier weitgehend frei von Eingriffen des Tourismus.

Das Tal ist verhältnismäßig eng und wird insbesondere auf seiner Nordseite von gewaltigen Bergmassiven gesäumt. Unbedingt sollte man bis zur höchstgelegenen Siedlung **Melag** (1925 m) fahren: wegen der hervorragenden Produkte der dortigen Käserei im Gamsegghof und der überwältigenden Blicke auf die Gletscher um die 3365 Meter hohe Weißkugel. Wanderfreunden sei die leichte und panoramenreiche Tour von der 2290 Meter hoch gelegenen Masebenalm (Lift von Hinterkirch aus, in Betrieb Anf. Juli bis Mitte Sept., man kann aber auch von Hinterkirch aus in knapp zwei Stunden hochsteigen) hinüber zur **Melager Alm** (1970 m) empfohlen. Von dort geht man entlang des Karlinbachs zurück ein ganz kleines Stück Richtung Hinterkirch, verlässt aber gleich die Forststraße und geht auf der rechten Bachseite talabwärts, direkt nach Melag und Hinterkirch. Auf der **Masebenalm** gibt es den empfehlenswerten Gasthof ›Atlantis‹ (Juli bis Sept. und in der Skisaison, Tel. 0473/633091, www.skimaseben.it). Sehr lohnend ist ist die Wanderung über den Gletscherlehrpfad von Melag über die Innere Schafberghütte zur von Mitte Juni bis Anfang Oktober bewirtschafteten Weißkugelhütte (2542 m, Tel.

0473/633191) und über die Melager Alm zurück. Die etwas anspruchsvollere Wanderung, allerdings auf gut markierten Wegen, nimmt gut sechs Stunden in Anspruch. Beeindruckend sind die Schautafeln, die im Vergleich mit der heutigen Situation sehr deutlich machen, wie sehr die Gletscher in den letzten 100 Jahren hier zurückgewichen sind.

Um die Malser Haide

Unmittelbar südlich der Staumauer des Reschensees liegt **St. Valentin auf der Haide** (S. Valentino alla muta). Hier befindet sich die Talstation des Lifts hoch zur Haideralm. Ein Besuch der Bäckerei Angerer (Hauptstraße 29) in St. Valentin lohnt wegen des vorzüglichen hier hergestellten Vinschgauer Paarlbrots sehr. Diese Brotsorte gibt es im Vinschgau seit dem Mittelalter und ist besonders lange haltbar. Das Sauerteigbrot enthält Kümmel, Brotklee und Fenchel und ist aus einer eigenen Mischung aus Roggen-, Weizenvollkorn- und Dinkelmehl gebacken. Eine Besonderheit sind sie eingebackenen Stücke der Palabirne, einer uralten Obstsorte.

Hinter St. Valentin liegt der zweite große See des oberen Vinschgaus, der **Haidersee**, der wie der Reschensee viel von Eisseglern und Snowkitern genutzt wird. Außerdem gilt er als Anglerparadies. Südlich davon öffnet sich zwischen den zurückweichenden Bergkämmen eine weite, lichtdurchglänzte Ebene, die bis nach Glurns verhältnismäßig stark abfällt und über der sich strahlend das Ortlermassiv erhebt. Es ist die 13 Kilometer große **Malser Haide**, die in früheren Jahrhunderten im Ruch stand, dass sich dort nachts Geister herumtreiben. Sie hat ihren höchsten Punkt beim Dörfchen Plawenn am Ausgang des winzigen Plawenntals und stellt einen riesigen Geröllkegel dar, wobei diese gesamte

Karte S. 55 ▲

Schuttmenge einst durch eine Mur aus dem Plawenntal herausgerissen wurde. Dieser Murkegel ist der größte des gesamten Alpenraums.

Auf der Malser Haide trifft der Reisende jetzt erstmals auf die für den Vinschgau so charakteristischen Bewässerungsanlagen, die Waale (Einzahl ›der Waal‹) genannt werden. Entlang der Waale gibt es eine Fülle von reizvollen Wanderwegen, etwa Mitterwaal- und Oberwaalweg. Die Waale, das wohl ausgeklügeltste Bewässerungssystem des Alpenraums, existieren im Vinschgau nachweislich seit 2000 v. Chr.

Ein Abstecher in das stille und unberührte **Plawenn** (Piavenna) mit einem sehr schönen zinnenbekränzten Ansitz mit Gasthof lohnt sehr.

■ Planeil (Planol)

Man sagt, dass sich Planeil (Planol) in den letzten 30 Jahren nicht verändert habe. Der Ort brannte in früheren Jahrhunderten mehrmals nieder, doch wurde er immer wieder originalgetreu aufgebaut. Er klebt am Hang – ein typisches rätoromanisches Haufendorf, dem die Moderne bisher wenig Veränderungen gebracht hat. Wer zivilisationsübersättigt ist, kann hier die reine Natur genießen. Im Sommer wie im Winter gibt es dazu unzählige Möglichkeiten, und gastronomisch gibt es ein Kleinod: das Gasthaus ›Gemse‹.

■ Burgeis (Burgusio)

Auch Burgeis (Burgusio) weist noch sehr schöne altertümliche Ecken und Bauernhäuser auf, aber hier trifft man auf weitaus mehr Besucher als in Planeil. Kommt man vom Reschenpass herab, fällt oberhalb des Ortes der markante Bau eines **Kriegerdenkmals** direkt an der Straße auf. Es entstand 1930. Die faschistische Regierung erbaute es als Beinhaus in propagandistischer Absicht in Grenznähe zu Österreich, um zu suggerieren, dass hier italienische Soldaten gefallen wären; tatsächlich aber war im Ersten Weltkrieg die Malser Haide kein Kriegsschauplatz. Grotesk ist, dass die Italiener seinerzeit sogar 54 gefallene österreichische Soldaten, die 1915 auf später Südtiroler Gebiet bestattet worden waren, zu toten Italienern machten, um hier ausreichend Knochen beisetzen zu können. Wiederholt wird nicht nur wegen dieser Geschichtsverfälschung von unterschiedlichen politischen Richtungen der Abriss des Denkmals gefordert. Sehenswert sind in Burgeis selbst der schöne **Platz** vor dem Rathaus mit bemerkenswerten bemalten Häusern und die **Nikolauskirche** von 1291. Sie befindet sich am oberen Dorfende auf der Ostseite der Etsch, romantisch unter Bäumen neben einem Waal, und weist eine spätgotische Holzdecke sowie romanische Fresken auf. Einen Blick lohnt auch die romanische **Pfarrkirche St. Marien**

Eine der rätselhaften Figuren an der Pfarrkirche

Der Vinschgau

nahe dem nordwestlichen Ortsende mit einem ebenfalls besuchenswerten Friedhof. Viel bestaunt werden die plastischen Gesichter und Figuren am rechten der beiden Südportale; sie konnten bislang nicht recht gedeutet werden.

Die **Fürstenburg** an der Straße zum Kloster Marienberg ließen die Bischöfe von Chur um 1280 errichten. Sie setzt einen besonderen architektonischen Akzent, ist sehr malerisch und beherbergt heute eine Landwirtschaftsschule. Daher ist sie nur eingeschränkt zu besichtigen (nur Mo, Info beim lokalen Tourismusbüro, Tel. 0473/831422, oder beim Tourismusverband Obervinschgau). Von der Straße zum Kloster hat man eine sehr schöne Sicht auf die Malser Haide, die Fürstenburg, Planeil und Plawenn.

Tipp für Wanderfreunde: Eine sehr schöne **Waalwanderung** verläuft von der St.-Michaels-Kapelle am südlichen Ortsausgang von Burgeis nach Osten zum Gebirgsrand und oberhalb von Mals vorbei. Sie endet südlich davon auf dem Tartscher Bühel, von wo sich mit öffentlichen Verkehrsmitteln gut nach Burgeis zurückfahren lässt.

Diese 6,5 Kilometer lange, immerwährend abfallende Trasse lässt sich in gut 2,5 Stunden bewältigen.

▲ *Die Fürstenburg*

Burgeis ist Geburtsort des früh verstorbenen Barockmalers Johann Evangelist Holzer (1709–1740), der vor allem in Augsburg wirkte. Bekannt wurde er durch seine meisterhafte Beherrschung von Licht und Schatten. Sein bedeutendstes Werk ist das Hochaltarbild der Schutzengelkirche von Eichstätt. Begraben ist er in Sögel im niedersächsischen Emsland, wo er im nahen Schloss Clemenswerth mitten in der Arbeit an einem Deckengemälde von einem Fieber dahingerafft wurde.

■ Kloster Marienberg (Abbazia di M. Maria)

Weithin sichtbar und wie eine Gralsburg thront das in seinem leuchtenden Weiß imposante Kloster Marienberg (Abbazia di M. Maria) auf 1340 Metern hoch über der Malser Haide. Die höchstgelegene Benediktinerabtei Europas geht auf das frühe 12. Jahrhundert zurück und ist eine Stiftung der Schweizer Adelsfamilie Tarasp. Aus der Barockzeit stammt der dreiflügelige **Konventsbau**.

Die dreischiffige Pfeilerbasilika war 1201 vollendet, erfuhr allerdings später mehrmals Umbauten. Erhalten aus der romanischen Zeit ist das große romanische **Säulenportal** in der Vorhalle, im Tympanon sieht man eine reizvolle und ausdrucksvolle Darstellung Marias, die dem Jesuskind einen Apfel reicht. Von 1642 bis 1647 wurde das Kircheninnere umgestaltet – aber nicht allzu sehr, so dass eine eigentümliche romanisch-barocke Symbiose entstand. Die **Krypta** der Kirche stellt sich in reiner Romanik dar. Sie wird oft als ›Schatzkammer der romanischen Freskokunst in Südtirol‹ bezeichnet. Die Fresken, erst 1980 freigelegt, entstanden um 1160. Erwähnenswert ist besonders der thronende Christus, kunsthistorisch ›Majestas Christi‹ genannt, mit einem ihn mandelartig

In der Kirche des Klosters Marienberg

umgebenden Heiligenschein (Mandorla). Um die Mandorla schweben Cherubim, die zu den großartigsten Engelsdarstellungen des Mittelalters zählen. Öffnungszeiten: Mo–Sa 10–17 Uhr, Krypta nur Mai Mo–Sa um 15 Uhr (Führung) und Juni bis Oktober zur Vesper um 17.30. Das **Klostermuseum** ist kostenfrei zugänglich und informiert über den Alltag im Kloster und seine 900-jährige Geschichte. Erwähnenswert ist auch, dass das Kloster, das bis heute von Leben und Arbeit der Benediktiner erfüllt ist, den höchstgelegenen Weinberg Europas betreibt (www.marienberg.it).

Am Kloster endet der sogenannte **Stundenweg**, der unweit beginnt, am schweizerischen Kloster St. Johann in Müstair. Der 17 Kilometer lange Weg ist für meditative Wanderungen konzipiert und möchte mit Hilfe von 24 Schautafeln Wanderer Abstand vom hektischen Weltreiben gewinnen lassen (www.stun-

denweg.it). Von Kloster Marienberg aus darf man ruhig einmal den Weg entlang des Schliniger Baches einige Stationen zurückgehen oder die etwa 12 Kilometer bis Taufers im Münstertal zurücklegen und von dort mit öffentlichen Verkehrsmitteln zurück nach Burgeis/Marienberg fahren.

■ Watles (Vatles) und Schlinig (Slingia)

Fährt man am Kloster vorbei, weiter in die Berge, kommt man zunächst an den Resten der **St. Stephanskirche** aus dem 12. Jahrhundert vorbei. Ihr Vorgängerbau aus dem 7. Jahrhundert gilt als Urkirche des Vinschgaus.

Biegt man einige Serpentinen weiter in einer Kehre nach rechts ab, gelangt man nach **Prämajur** mit dem **Erlebnisberg Watles**. Er wird sehr viel von Familien mit Kindern aufgesucht. Der 1500 Quadratmeter große und 40 Zentimeter tiefe Spielesee ist bei Kindern besonders beliebt. Aber auch für Erwachsene gibt es eine Menge ›fun‹ zu erleben: Goldwaschen, 3D-Bogenschießen, Mountaincarts, ›Funballz‹.

Im Winter ist das Watlesgebiet eine beliebte Skisportregion. Von Prämajur führt ein Lift hoch zur **Plantapatschhütte** auf 2150 m. Sehr zu empfehlen ist die drei- bis vierstündige, nicht anstrengende Rundwanderung von hier über Pfaffensee, Schafberg und den 2555 Meter hohen Watles zurück zur Plantapatschhütte (www.watles.net).

Wer in der erwähnten Kehre geradeaus fährt, kommt ins Schliniger Tal. Beim Dörfchen Schlinig (1725 m) endet die Weiterfahrt mit Kraftfahrzeugen. Schlinig (Slingia) ist Ausgangspunkt für Wanderungen in das wildromantische Berggebiet um die **Sesvenna** (2256 m) an der Schweizer Grenze. Die Sesvennahütte entstand in den letzten Jahren neu, die

Der Vinschgau

alte existiert noch als Ruine. Die Wanderung ist trotz des hochalpinen Charakters nicht allzu anstrengend oder gefährlich. Von Schlinig geht es durch das Schlinigtal auf festen Wegen langsam bis zum Gasthof Planbell an der **Schliniger Alm** bergauf, dann deutlich steiler empor zur Sesvennahütte. Wenn es die Kondition zulässt, sollte man noch bis zum einsamen **Sesvennasee** (2634 m) emporsteigen, aber auch von der Sesvennahütte hat man eine kolossale Sicht über die Berge. Mountainbiker benutzen die Route über die Sesvennahütte, um direkt in die Schweiz, ins Engadin, zu gelangen. Erwähnenswert sei die auf Schweizer Seite, unweit der Hütte gelegene, spektakuläre **Uinaschlucht**, zu der man aber einige hundert Höhenmeter wieder hinabsteigen muss. Im Sommer finden jeweils freitags von der Talstation des Watleslifts aus geführte Wanderungen zu dieser Schlucht statt (Info und Voranmeldung im Tourismusbüro Burgeis, Tel. 0473/831190).

Mals (Malles Venosta)

Wo sich die Etsch allmählich nach Osten wendet, sich das Ortlermassiv an die Etsch heranschiebt und das Münstertal einmündet, liegt mit den Orten Mals,

Der Bergfried der Fröhlichsburg

Glurns und Schluderns der administrative, wirtschaftliche und kulturelle Mittelpunkt des Vinschgaus.

Wer von Norden nach Mals (Malles Venosta) kommt, erblickt schon von weitem seine kleine, doch aufgrund seiner fünf Türme kaum in dieser Form zu erwartende Silhouette. Mals ist mit gut 5000 Bewohnern der Hauptort des oberen Vinschgaus. Zur Römerzeit bestand hier eine Militärstation zum Schutz der Via Claudia Augusta.

Mals ist Geburtsort von Johann Rufinatscha (1812–1893), dem bedeutendsten aus Tirol stammenden Komponisten des 19. Jahrhunderts, der nach seinem Tode in Vergessenheit geriet. Von 1835 bis zu seinem Tode war er Lehrer an der Wiener Musikvereinsakademie für Klavier, Violine und Theorie und war mit den Größen der Wiener Musikwelt jener Jahrzehnte befreundet. Er schrieb neben Klavier- und Kammermusik unter anderem auch sechs Symphonien. Stilistisch sind Rufinatschas Werke Franz Schubert verpflichtet, nehmen aber auch bereits Anton Bruckner vorweg. Sicherlich hat Bruckner, der damals seine Erste Symphonie noch nicht verfasst hatte, Rufinatschas Symphonien gekannt und geschätzt.

Karte S. 55

▲ *Am Spielsee in Watles*

Karl Plattner (1919–1986) ist eine andere bedeutende Persönlichkeit aus Mals. Der Maler pflegte im 20. Jahrhundert die längst vergessene Kunst der Freskomalerei, allerdings in einem höchst unkonventionellen, modernistischen Stil. Sein bekanntestes, aber auch umstrittenstes Werk ist das Fresko im Gefallenendenkmal von Naturns (Untervinschgau).

■ Sehenswürdigkeiten

Mals ist reich an sehenswerten Bauwerken und weist auch heute noch ein verträumtes Ortsbild auf, besonders unmittelbar an der Etsch. Der **Obere Marktplatz** besitzt mit der bemalten Fassade des Ansitzes Lichtenberg und mit einigen andern Häusern ein sehr schönes Ensemble.

Ursprünglich wurde Mals auch ›Siebentürmige‹ genannt, aber heute existieren nur noch fünf Türme. Einer davon ist der gotische Turm der **Stadtpfarrkirche St. Laurentius**. Die Kirche stammt von 1530, erfuhr später aber eine neogotische Umgestaltung. Am Westrand von Mals, nahe der Umgehungsstraße, steht die **Martinskirche** aus dem 13. Jahrhundert. Sie bildet zusammen mit Friedhof, Friedhofsmauer, Kirchsteig und Portal ein bezauberndes Ensemble. Etwas östlich davon befindet sich der 33 Meter hohe **Bergfried** der ruinösen Fröhlichsburg. Der Turm von **St. Johann** an der Gerbergasse steht allein, denn die Kirche brannte 1799 in den Franzosenkriegen nieder. Dieser Turm mit seiner ornamentalen Vielfalt und der Fülle architektonischer Details gilt als schönster romanischer Kirchturm im ganzen Vinschgau.

Die Krönung nicht nur der Vinschgauer, sondern der romanischen Architektur überhaupt ist die unscheinbare, kleine Kirche **St. Benedikt** am westlichen Ortsrand. Sie ist wahrscheinlich über einer heiligen Quelle aus der rätischen Zeit erbaut, da ihr Inneres stets ungewöhnlich feucht ist. Das Bauwerk stammt aus dem 9. Jahrhundert, im 12. Jahrhundert erhielt es seinen Turm, 1686 erfolgte ein wenig gelungener Umbau, und seit dem Ende des 18. Jahrhunderts war sie profaniert: sie diente als Lagerhalle. Zufällig entdeckte man bei Rekonstruktionsarbeiten 1913 die großartigen Fresken, die ebenfalls aus dem 9. Jahr-

Der Vinschgau

Mals (Malles Venosta)

0   125   250 m

Klein, aber kostbar: St. Benedikt

hundert stammen. Dabei wurden auch drei vorher durch eine Mauer verdeckte Apsiden freigelegt, an denen Reste von Stucksäulen vorhanden sind. An der Altarwand erblickt man einen ungewöhnlichen, hellblonden Christus zwischen zwei Engeln, links von ihm den heiligen Gregor, rechts den Märtyrer Stephanus. Die linke Seitenwand zeigt schreibende Mönche. zwischen den Nischen der Altarwand sind zwei Stiftergestalten ausgeführt: die eine Gestalt in karolingischer Hoftracht, mit fest umfasstem Schwert – es ist das bisher einzige bekannte Monumentalbild eines Edlen aus der Zeit Karls des Großen –, die andere mit einem Kirchenmodell in der Hand. Sie stellt vermutlich den Abt des Klosters St. Johannes im Münstertal dar. Die Köpfe der beiden Figuren werden von viereckigen sogenannten Nimben umgeben, was bedeutet, dass die Dargestellten zu der Zeit, als man sie malte, noch am Leben waren. Kunsthistorisch zeigen die Gesichtszüge ganz deutlich ihre Vorbilder im italo-byzantinischen Raum. Leider hat die Kirche nur sehr eingeschränkte

Öffnungszeiten: April bis Okt. Mo–Sa 10–11.30 Uhr, Führungen Mo 16.30 Uhr, Infos beim Tourismusamt.

■ Schleis (Clùsio)

Nur etwa zwei Kilometer westlich des fast hektischen Verkehrsknotenpunktes Mals, unmittelbar an einem Gebirgshang, liegt **Schleis** (Clùsio). Es ist ein kleines, verträumtes Dorf, ein guter Ausgangspunkt für Wanderungen hoch ins Schlingtal. Mit dem Gasthof ›Zum ›Goldnen Adler‹ gibt es dort eine hervorragende Adresse zum Nächtigen und Speisen und mit der Käserei ›Englhorn‹ einen sehr schönen Bauernladen.

■ Die Vinschgaubahn

Die Vinschgaubahn (Vinschgerbahn, Ferrovia delle Val venosta) wurde 1906 eröffnet. Die 60 Kilometer lange Strecke beginnt in Meran und hat ihren Endpunkt in Mals. Ursprünglich war die Weiterführung der Trasse über den Reschenpass nach Landeck und Imst vorgesehen, doch die Teilung Tirols nach dem Ersten Weltkrieg verhinderte dieses Vorhaben. Die italienische Staatsbahn führte den Betrieb nach 1919 weiter. Die Bahnlinie arbeitete mehr und mehr defizitär, wurde aber erst 1990 stillgelegt. Nachdem 1999 die Bahnstrecke in den Besitz der Provinz Südtirol gekommen war, erfolgten die Generalsanierung in ungewöhnlicher Zusammenarbeit mit dem Landesdenkmalamt – glücklicherweise waren bis zu diesem Zeitpunkt die Gleise noch nicht abgetragen worden – und am 5. Mai 2005 die Wiedereröffnung. Heute ist die Vinschgaubahn nicht nur ein wichtiger Bestandteil des öffentlichen Berufsverkehrs, sondern auch für Touristen eine hervorragende Möglichkeit, das Land zu durchfahren (www.vinschgauerbahn.it). Die Fahrt von Meran nach Mals dauert etwa 80 Minuten.

Karte S. 55

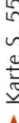

Bedauerlicherweise ereignete sich gerade auf dieser Linie der bis heute schwerste Eisenbahnunfall in Südtirol: Am 12. April 2010 erfasste eine Schlammlawine nahe Kastelbell einen gerade vorbeifahrenden Zug und schleuderte ihn vom Gleis in die Etsch hinab. Die Lawine war durch ein defektes Ventil an einer Bewässerungsanlage ausgelöst worden, wodurch der Boden oberhalb der Unglücksstelle großflächig mit Wasser durchtränkt worden war. Neun Tote und 28 teils schwer Verletzte waren zu beklagen.

■ Tartsch (Tarces)

Berühmt ist Tartsch (Tarces) vor allem durch einen auffälligen kleinen Berg, den 1076 Meter hohen **Tartscher Bühel** (Bichl). Seit gut 1000 Jahren steht auf ihm die **Kirche St. Veit**, die im Wortsinn sicherlich herausragendste romanische Kirche im Vinschgau. Da sie 1499 von den Schweizern niedergebrannt wurde, blieb aus der Romanik nur die Apsis erhalten, unter ihr konnte bei Grabungen eine 200 Jahre ältere karolingische Apsis freigelegt werden. Berühmt war der wertvolle gotische Flügelaltar, der aber 1959 aus der Kirche geraubt wurde. Sehenswert ist das Innere dennoch wegen erst 1999 freigelegter Fresken in

St. Veit in Tartsch

der Apsis. Über dem Portal kann man eine verwitterte ›1030‹ erkennen. Das ist nicht das Jahr der Erbauung, sondern bedeutet, dass es die 1030. Kirche war, die während der Reformen Kaiser Josephs II. profaniert wurde.

Auf dem Tartscher Bühel spürt man den heftigen, so typischen Vinschgauer Wind, den die Kinder ganzjährig zum Drachensteigen nutzen. Auf dem Bühel befindet sich auch eine archäologische **Ausgrabungsstätte**, die Fundamentreste eines rätischen oder römischen Hauses aus dem 3. oder 4. Jahrhundert zeigt. Der Sage nach sind es die Reste einer ›heidnischen‹ Stadt, die wegen ihrer gotteslästerlichen Bewohner von der Erde verschlungen wurde. Diese Sage ist in der Region noch sehr lebendig und weit verbreitet. Im Inneren des Berges befindet sich auch eine nicht mehr zugängliche Bunkeranlage des Alpenwalls aus der Zeit um 1940.

Das Matscher Tal (Val di Macia)

Wie das Rojen- und das Langtauferer Tal zählt auch das Matscher Tal (Val di Macia) zu den unberührteren Regionen Südtirols. Von Tartsch fährt man zunächst über eine serpentinenreiche Strecke empor – während der Fahrt hinreißende Fernsichten über den ganzen Vinschgau –, bis man beim Dörfchen **Matsch** (Macia) das eigentliche Hochtal erreicht. Im Sommer muss man vor Matsch auf einem Großparkplatz sein Auto abstellen, der Weitertransport ins Tal erfolgt nur mit Wandertaxi (Info beim Tourismusbüro Mals). Hinweis: Innerhalb des Tals gibt es oft Schwierigkeiten bei den Mobiltelefonverbindungen.

Das Matscher Tal ist ein tief eingeschnittenes V-förmiges Tal und wird vom Saldurbach durchflossen. Auf dessen anderer Seite stehen die pittoresken **Ruinen** der Burgen Ober- und Untermatsch. Sie sind auf schmalen Wegen über einen Abzweig kurz vor Matsch auch mit dem Auto erreichbar erreichbar.

Matsch selbst ist eng und verschachtelt gebaut, wie auch die Talstraße oberhalb des Dorfs recht schmal ist. An den Talhängen erfreuen im Frühjahr blühende Bergwiesen das Auge. Gut sechs Kilometer hinter Matsch, kurz hinter dem Weiler **Thanai** (1820 m), endet die Straße. Am unweiten Glieshof kann man einkehren und auch Wanderungen beginnen.

■ Wanderungen im und um das Matscher Tal

Sehr beliebt ist der Aufstieg vom Parkplatz am Gasthof Glieshof zur **Upia-Alm** (2225 m), wo es während der Sommermonate ein Imbissangebot gibt. Hier, in einer der abgelegensten Ecken des Landes, kann man im Frühjahr eine überwältigende Blütenpracht erleben. Es gibt einige steile Abschnitte, doch ist die Tour bei mittlerer Kondition durchaus zu bewältigen (Hin- und Rückweg 2,5 Std.). Von der Upia-Alm kann man weiter bis zum grandios von Bergen umrahmten **Upia-See** (2552 m) weitergehen (Hin- und Rückweg 2 Std.) oder alternativ auf den 2405 Meter hohen Mittagskopf

steigen; das ist eine wenig anstrengende Strecke.

Ebenso beliebt ist die Tour zur **Oberetteshütte** (2677 m). Bis dorthin sollte man 3,5 Stunden einplanen. Die Hütte ist von Ende Juni bis Anfang Oktober geöffnet (www.oberettes.it, Tel. 0473/830280). Auch hier gibt es insbesondere im oberen Abschnitt einige steilere Partien, doch ist die Wanderung insgesamt von nur mittlerem Schwierigkeitsgrad.

Etwas anspruchsvoller wird es für die, die von der Oberetteshütte die zwar schwierigere, aber großartige Alternativroute zurück über die **Saldurseen** nehmen. Von der Oberetteshütte geht es zunächst hoch zum Spitzat (2922 m), dann über felsenblockübersätes Terrain hinab zu den erwähnten Seen und wieder hinab ins Tal des Saldurbachs, den man bei der Matscheralm erreicht. Hier gelangt man auch wieder auf den Hinweg zur Oberetteshütte. Unterhalb der Saldurseen entspringen entlang des Wegs zahlreiche kleine Bäche dem moosigen Grund; bei den Einheimischen gilt diese Stelle, Fluss Jordan genannt, als mystisch. Fünf Stunden sollte man für die Tour über die Seen von der Oberetteshütte aus bis zum Glieshof ansetzen.

Sehr schön ist auch die Tour von der Kirche in Thanai (1824 m) hoch zum Sonnenhang des Matscher Tals, zur Eisawiese (2079 m). Der Anstieg ist verhältnismäßig steil, eine Alternative stellt der etwas weitere, aber bedeutend flachere Anstieg über die Matscheralm dar. Im Juni und Juli, in der Blütezeit der Bergblumen, ist die **Eisawiese** schlichtweg paradiesisch. Von hier geht es mehrere hundert Meter oberhalb der Talstraße südwestwärts über die Gondahütte zurück bis Matsch. Der Weg ist nicht immer deutlich auszumachen, man sollte sich genau an die Markierung halten. (Hin- und Rückweg 5 Std).

Karte S. 55

▲ *Der Glieshof bei Thanai*

Das Münstertal (Val Monastero)

Das Münstertal zieht sich südwestlich von Mals hinüber in die Schweiz zur Stadt Münster. Es ist etwa 25 Kilometer lang und endet am Ofenpass in der Schweiz. Im ganzen Tal wird noch sehr viel rätoromanisch gesprochen. Das Tal besitzt als wichtiger Verkehrsweg zwischen der Schweiz und Tirol seit alters besondere strategische Bedeutung und war Ort größerer Kämpfe, etwa 1499 und 1799.

Für Auto- und Motorradfahrer, die gern enge und kurvenreiche Passstraßen benutzen, ist die Tour durch das Münstertal eine attraktive Alternative, um auf das Stilfser Joch zu gelangen. Vom schweizerischen Santa Maria im Münstertal kommt man über eine keineswegs weniger kurvenreiche, doch etwas schwächer befahrene Straße hoch zum 2503 Meter hohen Umbrailpass, von wo es nur noch wenige Kilometer bis zum Stilfser Joch sind, von dem man dann über Prad wieder in den Vinschgau herunterfahren kann.

Auch für Wanderer gibt es eine Spezialität: den acht Kilometer langen, sich spektakulär an tiefen Schluchten entlang ziehenden Weg entlang des Mitterwaals zwischen Glurns und Taufers (einfacher Weg 3,5 Std.). Ein Teil des Waals ist in Rohre gefasst.

■ Laatsch (Laudes)

Laatsch (Laudes) ist zwar klein, lohnt aber einen Besuch. Der Ort weist ein sehr schönes Ortsbild auf, und des weiteren kann man hier eine herausragende architektonische Besonderheit bestaunen: Bei der **Leonhardskirche** handelt es sich um eine ungewöhnliche Doppelkirche und dennoch eine typische Vinschgauer Dorfkirche. Sie liegt auf einem kleinen Felsen oberhalb des Dorfs und besitzt einen romanischen Kern. 1408 wurde sie

gotisch erweitert, dabei hat man etwas über die Felsen hinausgebaut, so dass die Kirche nun von drei Pfeilern unter der Ostwand gestützt wird. Später hat man in den Felsen eine Durchfahrt für Fahrzeuge gehauen, neben der Durchfahrt befindet sich ganz ungewöhnlich die Unterkirche. Die reiche gotische Innenausstattung der Oberkirche, vor allem der Flügelaltar, und die gotischen Fresken sind von großer Eindringlichkeit. Sehenswert ist in Laatsch auch der romanische **Turm** der um 1900 abgerissenen alten Pfarrkirche St. Lucius.

In **Flutsch**, einem Weiler am südlichen Ortsausgang, ist die **St.-Cäsarius-Kirche** wegen ihrer spätgotischen Wandmalereien sowie des reichgeschmückten Flügelaltars von 1559 bemerkenswert. Eine der Altarfiguren soll Karl den Großen darstellen, der hier einmal bei einer Rückkehr aus Italien Gericht gehalten haben soll. Laatsch ist nicht zu verwechseln mit dem etwa 20 Kilometer etschabwärts gelegenen Latsch (Laces).

■ Die Schlacht um die Calvaschlucht

Etwa zwei Kilometer hinter Laatsch, an der Calvabrücke, überquert die Straße den Rambach. An dieser Stelle verengt sich das Tal, es ist der eigentliche Anfang des Münstertals. Hier fand am 22. Mai 1499 die wahrscheinlich größte Schlacht statt, die jemals auf Südtiroler Boden ausgetragen wurde. Die Habsburger versuchten, das schweizerische Graubünden einzunehmen, nachdem sie bereits einen großen Teil ihrer anderen eidgenössischen Gebietsansprüche nicht hatten realisieren können und sie aufgeben mussten. Kaiser Maximilian I. warf 12 000 Soldaten unter dem Kommando des militärisch wenig talentierten Feldhauptmanns Ulrich von Habsberg in die Schlacht, wo sie an der Calvabrücke auf das eidgenössische Heer warteten.

Der Vinschgau

Burg Rotund bei Taufers

Doch die bündnerischen zahlenmäßig unterlegenen Truppen wichen zunächst der direkten Schlacht aus, indem sie ihre Stellungen hoch in den Bergen über Klettersteige gleichsam in den Rücken der Habsburger legten und diese somit von zwei Seiten angreifen konnten. Habsburgs Heer wurde niedergemetzelt, die siegestrunkenen Schweizer zogen weiter tief in den Vinschgau hinein und brandschatzten weit hinunter bis nach Schlanders. Alle Orte wurden niedergebrannt, nur einige verteidigungsfähige Burgen konnten widerstehen. Maximilian schickte drei Tage später als Vergeltungsmaßnahme 15 000 Mann hinüber ins Engadin, doch erfolglos: Alle Truppen waren abgezogen, die Dörfer verlassen, auch Vorräte waren nicht aufzufinden.

■ **Taufers im Münstertal (Tubre)**

Taufers im Münstertal (Tubre) lieget auf 1250 Metern und besitzt selbst für Vinschgauer Verhältnisse eine sehr schöne Lage. Höchst malerisch überragen den Ort zwei Burgruinen.

Am Ortseingang liegt rechts das alte **Pilgerhospiz St. Johann**, das man gleich an seinem niedrigen Turm erkennt. Die Hospizkirche besitzt einen für Südtirol einzigartigen Grundriss: ein Kreuz mit vier gleich langen Armen. Sehr schön ist ihr romanisches Portal. Tritt man ein, erreicht man erst eine Vorhalle und gelangt dann erst durch ein zweites Portal in das Kircheninnere. Künstlerisch besonders wertvoll sind die spätromanischen Fresken im Gewölbe und an den Wänden. Das Christophorusfresko an der Außenseite der Nordwand aus der Zeit um 1220 gilt als älteste Christophorusdarstellung Südtirols überhaupt.

Am anderen Ende der von schönen alten Häusern gesäumten Dorfstraße steht die kleine **Nikolauskirche**, die hübsche gotische Fresken birgt. Die beiden **Burgruinen** – Rotund und Reichenberg – verfielen ab etwa 1680 nach und nach. Von ihnen kann man eine schöne Aussicht über das ganze Münstertal auch bis weit in die Schweiz hinein genießen.

Ein kurzer Abstecher zum weltbekannten **Benediktinerinnenkloster St. Johann** (rätoroman. Claustra Son Jon) in Müstair lohnt immer. Es zählt zum UNESCO-Weltkulturerbe. Karl der Große soll es gestiftet haben, größter Schatz sind die Freskenzyklen in der Klosterkirche aus der Zeit um 800.

Glurns und Schluderns

Die beiden Orte Glurns und Schluderns sind neben Mals die bedeutendsten Siedlungen im oberen Vinschgau und ziehen durch ihr Stadtbild viele Touristen an.

■ **Glurns (Glorenza)**

Mit ihren knapp 900 Einwohnern ist Glurns (Glorenza) die kleinste Stadt Südtirols und sogar die kleinste Italiens und gleichzeitig einziger Ort im Vinschgau mit Stadtrecht; das viel größere Mals ist nur ein Marktflecken. Glurns hat zwar genau genommen keine einzelnen Sehenswürdigkeiten von großer Bedeutung, doch als Ganzes ein hübsches Stadtbild. Daher gehört Glurns zu den meistbesuchten Orten in Südtirol, seine Straßen sind in den Sommermonaten von Touristen geradezu verstopft.

Nachdem die Stadt 1499 von den siegestrunkenen Schweizern völlig zerstört worden war, entstand sie als den Ausgang des Münstertals bewachende kleine Festungsstadt neu. 1580 waren Wiederaufbau und Befestigung vollendet. Bis heute konnte Glurns den Charakter jener Zeit bewahren, erneute Zerstörungen und größere Umbauten fanden innerhalb der Festungsmauern nicht statt, und viele malerische Winkel entzücken die Besucher. Dadurch wurde die Stadt

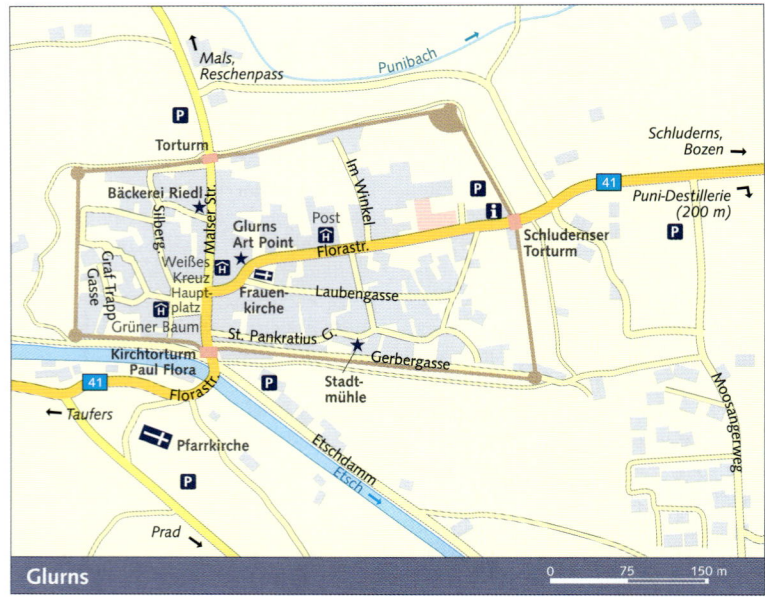

oft als Filmkulisse verwendet, beispielsweise für ›Verkaufte Heimat‹ (1989) von Karin Brandauer und ›Annas Heimkehr‹ (2002) von Xaver Schwarzenberger. Bis weit in die 1980er Jahre behielt Glurns seinen ausgeprägten bäuerlichen Charakter, so wurde sehr oft Vieh oder Federvieh in den Straßen umgetrieben. Sehenswert sind die zehn Meter hohe **Stadtmauer**, die einzige vollständig erhaltene ganz Tirols, und die drei **Tortürme** mit ihren Schießscharten und Vorrichtungen für Zugbrücken und Fallgatter. Anheimelnd ist der baumumstandene **Hauptplatz** mit seinen beeindruckenden, für das kleine Städtchen eigentlich viel zu großen Bürgerhäusern, die auf das 16. Jahrhundert zurückgehen. Viel fotografiert ist die **Laubengasse**, die ganz in sehr hellen Tönen gehalten ist und ungewöhnlicherweise so gut wie keine Geschäfte besitzt, wodurch der archaische Charakter der verhältnismäßig niedrigen Lauben besonders stark hervortritt. Unter den Lauben wurde gehandelt, zwischen den Bögen sind – anders als in Meran oder Bozen – noch die niedrigen Verbindungsmauern vorhanden, auf denen die Waren ausgebreitet wurden. Gehandelt wurde vor allem mit Salz und Wein sowie Getreide und Schafen. An der Pankratiusgasse 8 befindet sich die kürzlich renovierte alte **Stadtmühle** (Juli/Aug. Mo–So 10–18 Uhr), wo ein historisches Mahlwerk bewundert werden kann. Neben der Mühle steht ein knorriger, uralter **Birnbaum**, an dem eine besondere Spezialität des Vinschgaus wächst, die Palabirne. Wegen ihrer Süße wird die Birne traditionell auch zum Backen verwendet, insbesondere zum regional berühmten Palabirnenbrot (Paarlbrot), das man unter anderem in der Bäckerei ›Riedl‹ bekommt.

Südlich außerhalb der Stadtmauern liegt etwas erhöht die gotische **Pfarrkirche St. Pankratius** mit barocker Zwiebelhaube und einem gewaltigen Außenfresko des

Jüngsten Gerichts vom Ende des 15. Jahrhunderts. Das Kircheninnere ist zum Teil neugotisch gestaltet. Von der Kirche genießt man einen hübschen Blick auf die Stadt.

Glurns ist Geburtsort des bedeutenden Zeichners und Graphikers Paul Flora (1922–2009), der insbesondere als satirischer Illustrator von Büchern des Schweizer Diogenes Verlages bekannt wurde. Im Kirchtorturm (Tauferer Tortturm) gibt es eine **Dauerausstellung** zu seinem Leben und Werk (Mai bis Okt. Di–So 11–16 Uhr, Juli/Aug. Mo–So 10–17 Uhr). Besuchenswert ist auch der **Glurns Art Pint**, ein Atelierhaus für junge Südtiroler bildende Künstler, die hier schaffen und leben und denen man in einer ›offenen Werkstatt‹ beim Schöpfen zusehen kann. Zum Einkauf empfiehlt sich neben der Bäckerei ›Riedl‹ (Malser Str. 11) auch Italiens erste Whiskydestillerie Puni (Am Mühlbach 2).

Im Weiler **Söles** einige Kilometer südöstlich von Glurns, an der Straße nach Prad, steht die kleine, ursprünglich romanische Jakobskirche. Sie wurde im 16. Jahrhundert umgebaut, wodurch die romanischen Fresken verloren gingen. Doch fanden deren Bruchstücke als Füllmaterial im Boden Verwendung.

In der Laubengasse

■ **Schluderns (Sluderno)**

Zwar hat Schluderns kein solch beeindruckendes Stadtbild aufzuweisen wie Glurns, doch lockt die oberhalb des Ortes thronende Churburg schon aufgrund ihrer eindrucksvollen Lage viele Besucher an. Nichtsdestoweniger darf man aber auch unten, in der Stadt, einen Rundgang machen, denn die **Pfarrkirche St. Katharina** besitzt einen edel gestalteten, auffallend hohen und schlanken romanischen Turm. Das einst zugehörige romanische Langhaus wurde um 1490 durch einen gotischen Neubau ersetzt, dem 1910 noch ein Seitenschiff angefügt wurde. Sehenswert sind im Innern ein seltenes Rautennetzgewölbe und unter anderem zwei Totenschilde der Grafen von Trapp sowie drei Marmorgrabmale von Mitgliedern dieser Familie. Das **Vinschger Museum** lohnt wegen seiner Ausstellung zu Archäologie und bäuerlicher Lebensweise des Gebietes einen Besuch. Hauptanziehungspunkt der Stadt ist die **Churburg** (Castel Coira), die allgemein als der sehenswerteste befestigte Adelssitz Südtirols angesehen wird. Der Fürstbischof von Chur, Heinrich von Montfort, ließ sie um 1250 errichten. Der Bischof befand sich in jenen Jahren in ständigem Streit mit den Herren von Matsch; deren Stammburgen befinden sich im Matscher Tal. Diesen Herren gelang es gegen 1300, die Burg in ihre Gewalt zu bekommen. Nach deren Aussterben 1504 gelangte sie an die Familie von Trapp, die sie heute noch besitzt. In der Burg sind viele Räume und Gegenstände original aus dem späten Mittelalter erhalten. Sehenswert sind dabei die Burgkapelle, das sogenannte Jakobszimmer mit Erinnerungsstücken an Jakob VII. von Trapp (1529–1563) und die Rüstkammer mit ausschließlich originalen Stücken der früheren Burgherren und ihrer Soldaten. Sie gilt als die weltweit größte private

Der Vinschgau

Blick auf Schluderns, rechts die Churburg

Sammlung dieser Art. Berühmt ist die 2,10 Meter hohe Rüstung des Ulrich von Matsch aus der Mitte des 15. Jahrhunderts. Als architektonischer Höhepunkt gilt der Loggienhof mit seinem umlaufenden bemalten Arkadengang, der um 1580 entstand. Die Bögen ruhen auf 16 Säulen aus weißem Marmor, jede ist individuell mit Nachahmung gotischer und romanischer Elemente gearbeitet.

■ **Wanderungen rund um Schluderns**
Von Schluderns empfiehlt sich vor allem folgende Wanderung: Hinter der Churburg steigt man über den Weg 20 etwa parallel zum Saldurbach empor. An einer Gabelung wählt man links Weg 17, und nach etwa zwei Kilometern erreicht man direkt den Bach, den man an dieser Stelle überqueren kann. Weg 17 führt auf der anderen Bachseite wieder in die entgegengesetzte Richtung und erreicht entlang der sogenannten Leitenwaal auf 1142 Metern die Geländekuppe Ganglegg, wo eine prähistorische Höhensiedlung ausgegraben ist. Entlang des Sonnensteigs geht man auf Weg 17 weiter Richtung Tartsch, wo man hinunter zur

Hauptstraße steigt und evtl. mit dem Bus nach Schluderns zurückfährt (reine Gehzeit 4 Std.).
Eine weitere gute Tour ist die entlang des Geschneirer Waals, Richtung Tanas. Von der Churburg geht man auf Weg 21 bis zum Greinhof, etwas oberhalb davon über Weg 19 dann den Waal entlang durch den Wald entlang schroffer Hänge bis zum Gasthof ›Ortlerblick‹ im Weiler Geschneier. Von dort geht es am besten über die Asphaltstraße zurück nach Schluderns (bis Geschneier 4 Std.).

■ **Tanas (Tanas)**
Wer von Schluderns weiter Richtung Meran fahren möchte, hat als Alternative zur stark befahrenen Staatsstraße 40 folgende, landschaftlich sehr reizvolle Ausweichroute auf schmaler Straße: Von Schluderns fährt man über den Großfeldweg südöstlich oberhalb der Hauptstraße aus dem Ort heraus und hält sich immer Richtung Tanas. Man genießt atemberaubende Blicke auf den Südhang des Vinschgaus und an der Pension ›Ortlerblick‹ natürlich auf den Ortler, den höchsten Berg des Landes.

Karte S. 55 ▲

Die sehr enge Straße windet sich um den Berg in eingeschnittene Waldschluchten und führt um Tanas herum. In spitzem Winkel kann man nach Tanas (1431 m) hineinfahren oder geradeaus über Allitz ins Tal nach Laas.

Tanas, auf 1430 Metern gelegen, ist ein sehr reizvoller Ort in herrlicher Landschaft, und im Gasthof ›Paflur‹ kann man zünftig essen und übernachten. Eine besondere Sehenswürdigkeit ist die etwas westlich außerhalb gelegene barocke **St.-Peter-Kirche** (1769). Sie liegt am 1364 Meter hohen Galministein auf einem Felsen über dem Abgrund; in einem Felsen rechts neben der Pforte ist ein seltsames Rad eingekerbt, dessen Bedeutung ungeklärt ist.

Der Vinschgau

ℹ Der Obere Vinschgau

Rund 100 verschiedene Hotels, Pensionen, Ferienwohnungen etc. bieten die **VinschgauCard**. Sie ermöglicht die kostenlose Fahrt mit der Vinschgerbahn und allen anderen öffentlichen Verkehrsmitteln in Südtirol sowie Ermäßigungen bei Seilbahnen, Museen und anderen Freizeiteinrichtungen. Die VinschgauCard erhält man kostenlos bei den Übernachtungsbetrieben, sie gilt für die Dauer des Aufenthalts. **Vorwahl:** 0473.

Ferienregion Reschenpass, Hauptstraße 61, 39027 Graun, Tel. 633101, www.reschenpass.it. Filialen: 39027 Reschen, Hauptstraße 22, Tel. 0473/633101; 39020 St. Valentin, Tel 634603.

Ferienregion Obervinschgau, St.-Benedikt-Straße 1, 39024 Mals, Tel. 831190, www.ferienregion-obervinschgau.net. Unter dieser Webadresse auch alle Informationen zu den Wanderbussen.

Tourismusinformation Burgeis, Haus-Nr. 77, Tel. 831422.

Tourismusbüro Glurns, Schludernser Torturm, 39020 Glurns, Tel. 831097, www.ferienregion-obervinschgau.it.

Tourismusbüro Schluderns, Meraner Str. 1, 39020 Schluderns, Tel. 615258, www.ferienregion-obervinschgau.it.

Gasthof Bergkristall, Rojen 35, 39027 Reschen Tel. 0340/5857612, Nov.–15. Dez. geschlossen, p. P. im DZ 29, HP 41 €. Schöne rustikale Zimmer, sehr freundliche Wirtsleute – etwas für naturbegeisterte Individualisten. Tipp des Autors.

Hotel Lamm, Landstraße 67, 39027 St. Valentin, Tel. 634641, www.hotel-lamm.it, p. P. im DZ 27–41 €. Gutes Hotel, gutes Restaurant, gute Pizzeria.

Hotel Plagött, Plagött 6, 39027 St. Valentin, Tel. 634663 www.hotel-plagoett.it, p. P. im DZ 48–67 € mit Halbpension, je nach Saison. Sonnenterrasse, Wellness–wochen, Skipiste vor der Haustür.

Gamsegghof, Melag 104a, 39027 Langtaufers (Gem. Graun), Tel. 633287, www.gamsegghof.it, Zimmerpreis pro Übernachtung je nach Größe 52–88 €. Biobauernhof, der auch schöne Ferienwohnungen anbietet. Verkauf typischer bäuerlicher Produkte, u.a. Kuh-, Ziegen- und Schafmilchrohkäse.

Gasthof Gemse, 39024 Planeil, Tel. 831148, www.gasthof-gemse.it, p. P. im DZ 40–42 €. Wunderbare Speisen, die Zutaten alle aus der Region oder aus dem eigenen Garten.

Gasthof Gerda, 39024 Burgeis Nr. 65, Tel. 831425, www.gerda-burgeis.it, p. P. im DZ 38–45 €. Interessante, individuelle gestaltete Zimmergestaltung – keines gleicht dem anderen.

Gasthof Gold'ner Adler, 39024 Schleis Nr. 46, Tel. 0473/831139, www.zum-goldnen-adler.com, p. P. im DZ 33–41€.

Almhotel Glieshof, 39024 Matsch Nr. 69, Tel. 842622, www.glieshof.it, p.P im DZ mit HP 62–67 €, Kurzaufenthalte von nur einer Nacht mit 5 € Zuschlag. Am obersten Punkt des Matscher Tals gelegen, Ausgangspunkt für verschiedene Wanderungen.

Hotel-Gasthof Grüner Baum, Stadtplatz 7, 39020 Glurns, Tel. 831206, www.gasthofgruenerbaum.it, p. P. im DZ 52–65 €

(saisonbedingt). Erstes Haus am Platz, einzigartige Symbiose von historischer Bausubstanz aus dem 16. Jahrhundert und zeitgenössischem Design.

Gasthof Weißes Kreuz, Malser Str. 2, 39020 Glurns, Tel. 831348, p. P. im DZ 37 €.

Gasthof Post, Florastraße 15, 39020 Glurns, Tel. 831208, www.hotelpost glorenza.com, p. P. im DZ 46–54 €. Einer der ältesten Gasthöfe in Südtirol.

Gasthof-Pension Ortlerblick, Großfeldweg 18, 39020 Schluderns, Tel. 615286, www.ortlerblick.com, Zimmer mit Talblick p. P. ab 30 €.

Gasthof Paflur, 39023 Tanas Nr. 31, Tel. 739977, www.paflur.com, p. P. im DZ 30 €.

Camping Thöny, Landstraße 83, 39027 St. Valentin a. d. H., Tel. 634020, www.camping-thoeni.it.

Camping zum See, Kirchgasse 26, 39027 St. Valentin a.d. H., Tel. 634576, www.zumsee.it.

Die Museen im Obervinschgau lassen sich gut mit der museumobilcard erkunden. Mit dieser Karte können alle öffentlichen Verkehrsmittel des Südtiroler Verkehrsverbundes genutzt werden: Regionalzüge bis Trient, Stadt- und Überlandbusse, verschiedene Seilbahnen, die Trambahn Ritten etc. sowie der Schweizer Postbus Mals–Müstair. Sie kostet pro Erwachsenem für 7 Tage 32 €, für 3 Tage 28 €.

Bunkerführungen Etschquelle, Fr 17 Uhr ab Sportplatz Reschen. Voranmeldung bis 17 Uhr des Vortags beim Tourismusverband (Tel. 634603) erforderlich; dort Infos zum genauen Treffpunkt etc.

Schludernser Torturm, sehr ansprechende Ausstellung zur Stadtgeschichte, Mo–Fr 9–12.30 u. 15–18 Uhr, Juli/Aug. auch Sa 9–18 Uhr.

Museum Kloster Marienberg, Schlinig 1, 39024 Mals, Tel. 843980, www.marien berg.it, Mo–Sa 10–17 Uhr außer an kirchlichen Feiertagen.

Erlebnisberg Watles, Tel. 83546, www.watles.net, Öffnungszeiten saison- und von der Art des Vergnügungsinstruments abhängig, siehe Webseite.

Heimatmuseum Laatsch, 39024 Laatsch Nr. 139, Tel. 831190, Di/Mi 16–18 Uhr.

Glurns Art Point, Widumplatz 3, 39020 Glurns, Offene Werkstatt mit Ausstellungsraum. Neue Öffnungszeiten und Telefonnummer für Sommer 2014 angekündigt.

Vinschger Museum, Meraner Straße 1, 39020 Schluderns, Tel. 615590, www.vintschgermuseum.com, Mitte März bis Ende Okt. Di–So 10–12 u. 15–18 Uhr. U.a. mit Dauerausstellung ›Schwabenkinder – Die Armut im Vinschgau‹. Hinter dem Museum beginnt ein Lehrpfad an einem Waal.

Churburg, 39020 Schluderns, Tel. 615241, www.churburg.com, geöffnet mit Führungen Mitte März bis Ende Okt. Di–So 10–12 u. 14–16.30 Uhr.

Bauernladen Pobitzer, Gerbergasse 18, 39024 Mals, Tel. 831423, www.pobitzer.org. Handgefertigte Lederwaren sowie hausgemachte und regionale Spezialitäten (Käse, Honig, Senf, Schinken, Weine etc.).

Hofkäserei Englhorn, 39024 Schleis 8, Tel. 835393, www.englhorn.com, Mo–Sa 8–12 Uhr. Neben vorzüglichen Käsesorten kann man auch selbstgemachte Butter sowie Dinkel erwerben.

Bäckerei und Konditorei Riedl, Malser Straße 11, 39020 Glurns, Tel. 831348.

Whisky-Destillerie Puni, Am Mühlbach 2, 3920 Glurns, Tel. 835500, www.pu ni.com, Laden Mo–Sa 10–12 u. 14–18 Uhr. Für Gruppen werden auf Anfrage Führungen durch die Herstellungsräume angeboten.

Karte: Vinschgau-Val Venosta. 1:50 000. Kompass Wanderkarte Nr. 52.
Interaktive Karte Vinschgau-Terra Raetica: maps.vinschgau.net.

Karte S. 55

Um Stilfser Joch und Ortler

Stilfser Joch und Ortler gehören geographisch nicht zum Vinschgau, sind aber von der Südtiroler Seite aus nur über ihn zu erreichen. Daher werden sie hier behandelt. Diese Regionen sind die höchsten des Landes und zum Teil von hochalpinem Charakter, so dass sie nur Bergprofis zugänglich sind. Sie sind als Nationalpark besonders geschützt. Das Ortlergebiet bietet in tieferen Lagen unzählige Wanderwege, Radstrecken, Nordic-Walking-Trecks und ist im Winter um Sulden und Trafoi mit insgesamt 50 Kilometer Pisten für alle Arten des Wintersports bestens geeignet (www.ortlergebiet.it).

Von Prad nach Gomagoi

Biegt man von Spondinig (Spondigna) im Vinschgau südwestwärts zum Stilfserjoch ab, gelangt man nach wenigen Kilometern in eine völlig veränderte Landschaft: Zunächst säumen auf etwa 900 Meter Meereshöhe noch weite Apfelplantagen die Straße entlang des kleinen Suldenbaches, doch alsbald erreicht diese den Gebirgsfuß und steigt allmählich, dabei

steiler werdend an, um bei 2757 Metern die Passhöhe des Stilfser Jochs zu erreichen. Hier steht man bereits mitten in der Welt des ewigen Eises.

■ Prad am Stilfser Joch (Prato allo Stelvio)

Prad am Stilfser Joch (Prato allo Stelvio) ist ein wichtiger Durchgangs- und Touristenort – er weist landesweit die meisten Hotels pro Einwohner auf – und besitzt im Ortsteil Agums an der Straße nach Glurns mit der **St.-Johann-Kirche** ein besonderes Kleinod: Im Kircheninneren befindet sich ein über vier Meter hohes sehr sehenswertes Kruzifix, genannt der ›Große Herrgott‹. Am nördlichen Dorfrand lieget eine weitere sehenswerte romanische Kirche, ebenfalls voller Fresken. Im Ort existiert mit dem **Aquaprad** eines der vier Besucherzentren des Nationalparks Stilfser Joch. Es widmet sich insbesondere den Gewässern im Nationalpark und deren Bewohnern.

Fährt man weiter Richtung Glurns, erscheint links oben am Berghang die **Burg-**

Blick auf Prad und den Ortler

ruine **Lichtenberg**. Die malerische Ruine wird zur Zeit gesichert und soll als Veranstaltungsort zugänglich gemacht werden. Im Palas der Ruine sind noch Freskenreste sichtbar, der größte Teil der Fresken aber wurde 1912 abgetragen und kam ins Landesmuseum nach Innsbruck.

■ Nationalpark Stilfser Joch

Gleich hinter Prad erreicht man das Gebiet des Nationalparks Stilfser Joch. Er hat eine Ausdehnung von 1346 Quadratkilometern und zählt damit zu Europas größten Naturschutzgebieten. Allerdings liegt er nur zu einem Teil auf Südtiroler Gebiet, der andere in den Provinzen Trentino sowie Sombrio und Brescia (beide Lombardei). 530 Quadratkilometer liegen auf Südtiroler Gebiet. Begrenzt wird der Südtiroler Teil im Nordwesten durch das Münstertal, dann zieht sich seine Grenze unmittelbar südlich von Glurns über Prad und Laas bis Latsch, von dort südwärts bis ins obere Ultental zur Provinzgrenze und auf dieser westwärts bis zum Stilfser Joch. Bereits 1935 wurde das Ortlergebiet zum Nationalpark erklärt, 1951 und 1977 zu seiner jetzigen Größe erweitert. Im Natio-

nalpark existieren vier unterschiedliche alpine Klimazonen: die warm-trockenen Talböden um Prad bis etwa 1000 Metern mit ihrem sogenannten Voralpenklima, dann das subalpine Klima im Bereich der Waldhänge bis etwa 2000 Metern mit niederschlagsreichen Sommern, danach die Hochalmen bis 3000 Meter mit strengen Wintern, schließlich die arktisch-hochalpinen Gletscherbereiche bis 3900 Meter. Mitten durch den Nationalpark führt die spektakuläre Passstraße; sie verläuft von Bormio über das Stilfser Joch in den Südtiroler Vintschgau.

■ Stilfs (Stelvio) und Gomagoi

Der dem Pass namengebende Ort Stilfs (Stelvio) liegt auf 1035 Metern, etwas oberhalb der Passstraße. Von Stilfs fließen Berg- und Frauwaal talabwärts- mit dem reizvollen Agmuser Bergwanderweg, der im gleichnamigen Ortsteil von Prad – Agmus – endet.

2,5 Kilometer talaufwärts von Stilfs liegt Gomagoi (1250 m) mit seiner bekannten **Wegesperre** (1860–1862), die wie eine kleine Festungsanlage aussieht. Sie wurde im Rahmen eines großangelegten Abwehrriegels an der damaligen österrei-

▲ *Die Madritschhütte in Sulden*

chischen Südgrenze erbaut. Ungewöhnlich ist, dass dieses Festungssystem direkt auf die Straße gebaut wurde: um zum Stilfser Joch zu gelangen, musste man zwischen dem Steilhang und der rechten Flanke der Befestigung zwei Tore und eine mit Soldaten besetzte Kasematte passieren und schließlich noch eine Zugbrücke hinter sich bringen. Der Fortschritt der Militärtechnik brachte es jedoch mit sich, dass feindliche Truppen 1914 die Anlage ohne Schwierigkeiten hätten passieren können. Den österreichischen Truppen gelang es jedoch, die Gegend um das Stilfser Joch zu halten.

Wintervergnügen bei Sulden

Das Suldental (Val di Solda)

In Gomagoi zweigt südwärts das recht enge Suldental ab. Mit Kraftfahrzeugen kann man ab hier noch elf Kilometer bis zum Parkplatz an der Gletscherbahn in Innersulden fahren. Über den Weiler Außersulden erreicht man das auf 1861 Metern gelegene Sulden (Solda).

Sulden ist zu allen Jahreszeiten viel besucht: 400 Bewohner und 2400 Gästebetten. Es liegt in einer kleinen Talverbreiterung auf 1850 Metern und wird von verschiedenen Dreitausendern umrahmt. Sulden besitzt noch einen kleinen bäuerlich geprägten Ortskern, doch zahlreiche Hotels und Pensionen und die drei großen Bergbahnen (Mitte Juni bis Anf. Oktober, im Winter gelten andere, anzufragende Betriebszeiten) machen es zu einem Paradies insbesondere für Wintersportler und Wanderer mit etwas Kondition.

■ Wanderungen um Sulden

Aber es gibt auch einfache Wanderungen rund um Sulden. Eine davon ist der **Suldener Panoramaweg** (Markierung ›6‹), der in gut 3,5 Stunden zu bewältigen ist und einmal fast ohne An- und Abstiege an den Hängen der Berge um

Sulden herumführt. Ausgangspunkt ist dabei die alte Pfarrkirche am nördlichen Ortsende nahe der großen Kehre der Hauptstraße.

Etwas schwieriger ist die **Düsseldorfer Hütte** (2721 m) zu erreichen: Zunächst geht es mit dem Kanzellift (Talstation im Grund des Suldenbachs unterhalb des Orts) hoch zur 2348 Metern hohen Kanzel, dann von dort über den Weg 12 hoch über Blockmeere zur Düsseldorfer Hütte (Mitte Juni bis Anf. Oktober, Tel. 0473/613115, www.duessel dorferhuette.com). Von der Hütte hat man großartige Blicke auf den Ortler und den südlich von ihm befindlichen Zebru und auf die Königsspitze. Der Abstieg kann alternativ zu Fuß durch das Zaytal erfolgen. Unter Umständen muss auch der Aufstieg über das Zaytal vonstatten gehen, da der Weg durch das Blockmeer von der Bergstation des Kanzellifts wegen Steinschlags bisweilen gesperrt ist. Von der Bergstation kann man auch eine sehr schöne **Panoramawanderung** zum Rosimboden (2439 m) machen. Dabei sind kaum Höhenunterschiede zu überwinden. Etwa eine Stunde benötigt man dorthin. Wer gute Kondition hat, begibt sich von dort weiter zum 3288 Meter hohen Rosimjoch (Hin- und Rückweg vom Rosimboden 4 Std.), aber Bergerfahrung, insbesondere bei einer Gletscherbegehung, ist hier Voraussetzung. Einfacher ist der **Suldener Höhenweg**. Zunächst fährt man mit der Langensteinbahn hoch zu deren Bergstation (2330 m). Über einen vielbegangenen, jedoch geröllreichen Weg gelangt man zum Scheibenboden und dann auf 2661 Metern zur Hintergrathütte (Anf. Juli bis Ende Sept., Tel. 0473/613188) mit dem höchst malerischen Hintergratsee. Etwa 2,5 Stunden benötigt man bis dorthin. Von dort steigt man hinab zur Mittelstation der Gletscher-Seilbahn (2170 m) und von dort entweder mit dieser oder zu Fuß über den sogenannten Ertelweg (2a) hinab nach Sulden. Die ganze Tour verläuft auf schmalen, aber gut markierten Steigen.

Wanderer mit guter Kondition steigen von der Bergstation der Langensteinbahn über die Tabarettahütte zu der für die Geschichte der Alpinistik so bedeutsamen **Payerhütte** (3029 m) auf, die an der grandiosen Nordflanke des Ortlers liegt. Alpine Erfahrung ist nötig (Payerhütte: Anf. Juli bis Mitte September, Tel. 0473/613010, www.payerhuette.it).

Etwas ganz besonderes ist die Wanderung von der Hintergrathütte zur **Schaubachhütte** (2581 m). Dabei passiert man den Suldenferner, eine schotterbedeckte Gletscherzunge. Nur etwa 150 Höhenmeter müssen hierbei überwunden werden, aber Trittsicherheit und Bergerfahrung sind notwendig. Aber die ungewöhnlichen und überwältigenden Einblicke in die Gletscherwelt lohnen. Zwei Stunden braucht man von der Hintergrathütte zum Suldenferner, von dort knappe 2,5 Stunden zur Schaubachhütte (Ende Juni bis Ende September, Tel. 0473/613002). Von dort fährt man am besten mit der Gletscherseilbahn hinab nach Sulden.

■ **Museen**

Südtirols großer Alpinist und Weltreisender Reinhold Messner (geb. 1944) hat in Sulden zwei Museen initiiert: zum einen im Flohhäusl, einer kleinen ehemaligen Bergsteigerhütte, eine **Ausstellung mit Kuriositäten der Alpinistik**; zum anderen eine der fünf an unterschiedlichen Standorten befindlichen Abteilungen seines großartigen Bergmuseums, dem **Messner Mountain Museum**. Diese seit 2004 bestehende Einrichtung thematisiert das Eis des Hochgebirges, besitzt viele Exponate zum Thema Ortler, Arktis sowie Antarktis und ist unterirdisch angelegt – ein Muss bei einem Besuch in Sulden! Messner betreibt in Sulden des weiteren eine Yakzucht. Viele Leute strömen ins Dorf, wenn er alljährlich Ende Juni die Yaks seiner Herde eigenhändig auf die Almen treibt.

Auf der Stilfserjochstraße zur Passhöhe

Die Stilfserjochstraße von Prad bis Gomagoi ist nicht sonderlich spektakulär. Auf der Strecke bis zum Pass aber, insbesondere ab Trafoi, ist sie von dramatischem Charakter.

■ **Trafoi**

Der typisch rätoromanische Ortsname leitet sich von ›tra ful‹ ab, was ›drei Quellen‹ bedeutet. Diese **Quellen** liegen knapp zwei Kilometer südlich des Dorfes an der Ostseite des Tals des Trafoier Bachs. Sie gelten als eines der bedeutendsten Quellheiligtümer der Alpen, und vermutlich existierte hier bereits in der Keltenzeit ein geheiligter Ort; es wird sogar angenommen, dass eine Druidenschule bestand. Über den Quellen erbaute man die kleine **Kapelle Unserer Lieben Frau zu den drei Brunnen**, aber überall braust Wasser aus dem Gestein – empfindsame Gemüter betrachten den Ort

Das Naturparkhaus naturatrafoi in Trafoi

als Stelle hoher spiritueller Energie. Man erreicht die Kapelle entweder direkt vom Hotel ›Bella Vista‹ (in der Kehre) über einen Wanderweg (Hin- und Rückweg 1,5 Std.), doch kann man sich ihr über einen Abzweig von der Stilfserjochstraße auch mit dem Auto annähern.

Von der Quelle (1605 m) kann man weiter hoch zur **Berglhütte** (2188 m) aufsteigen. Der etwas anstrengende Anstieg (von der Quelle 2 Std.) lohnt wegen der unvergleichlichen Blicke auf die Westflanke des Ortlermassivs. Die Berglhütte (Tel. 0338/3877344, (www.berglhuette.it) ist von Juni bis Mitte Oktober bewirtschaftet.

Bedeutendster Sohn des 80-Seelen-Dorfes ist Gustav Thöni (geb. 1951), der in den 1970er Jahren zu den weltweit bedeutendsten Skiläufern zählte und viermal Weltmeister im Slalomfahren war. Er ist Inhaber des Hotels ›Bella Vista‹ in Trafoi. Eine Bergbahn (nur Sommerbetrieb) führt zur auf 2153 Metern gelegenen **Furkelhütte** (Mitte Juni bis Anf. Oktober, Tel. 0473/611577). Von dort kann man eine wenig beschwerliche **Rundwanderung** machen, die einige Aussichten bietet. Zunächst geht es über den Goldseeweg zur Tartscher Alm und von dort zu Fuß nach Trafoi hinab. Knapp vier Stunden benötigt man auf gut ausgebauten und markierten Wegen für die gesamte Tour. Berühmt ist diese Strecke für die Alpenrosenblüte im Frühsommer. Von der Furkelhütte aus führte aus Stilfs kommend bis zum Bau der heutigen Stilfserjochstraße im Jahr 1825 der Handelsweg aus dem Vinschgau zum Stilfser Joch und hinüber in die Lombardei. Auf den Spuren dieses alten Pfads, heute Wormissionssteig genannt, verläuft eine nicht allzu anstrengende Wanderung über Furkelkar und Goldsee hoch zum Stilfser Joch. Sechs Stunden und gute Kondition sollte man dafür ansetzen – die Wanderung kann aber auch umgekehrt am Stilfser Joch beginnen und in Trafoi enden. Dann benötigt man nur etwas über 4,5 Stunden.

Trafoi ist auch eine gute Ausgangsstation für die Besteigung von Italiens höchstem Berg, dem Ortler. Und nicht zu vergessen: In Trafoi steht das Naturparkhaus **naturatrafoi**, das sich insbesondere der Geologie sowie Tieren und Pflanzen des Nationalparks widmet.

■ Der Ortler (Ortles)

Der Ortler (Ortles) mit seinen 3905 Meter Höhe ist ›normalen‹ Bergwanderern unzugänglich, da zu seiner Begehung große bergsteigerische Erfahrung erforderlich ist; seine Besteigung erfolgt fast ausschließlich von der Quellenkapelle in Trafoi und über die Tabarettaspitze (3128 m). Die Erstbesteigung gelang Johannes Gebhard im August 1804. Dieser österreichische Beamte erhielt von Erzherzog Johann den offiziellen Auftrag, die Besteigung zu organisieren. Nachdem von Sulden aus die Besteigung als unmöglich abgebrochen werden musste, begann man am 26. August 1804 einen weiteren Versuch.

Der Vinschgau

Der majestätische Ortler

Den Bergsteigern Johann Leitner und Johann Klausner wurde nun mit dem fürstlich Trapp´schen Gemsenjäger Josef Pichler (1765–1854) ein neuer Expeditionsleiter vorangestellt. Pichlers Team stieg von Trafoi am anderen Tag in frühester Morgenstunde über den Unteren Ortlerferner hoch, wobei sie die schwierige Aufgabe ohne Eispickel und Seil absolvierten und die Strecke über die sogenannten ›Hinteren Wandln‹ wählten, eine Route, die seither kaum begangen wurde und erst in einer Variante durch Reinhold Messner 2004 gleichsam neu entdeckt wurde. Am 27. August 1804 erreichte die Gruppe gegen Mittag die Ortlerspitze. Wegen des eisigen Windes konnte sie nur wenige Minuten bleiben, stieg bald wieder hinab und erreichte Trafoi um acht Uhr abends. Bis 1865 fanden nur wenige weitere Ortlerbesteigungen statt. Zu schwer und gefahrvoll erschien die Bezwingung. Julius Payer (1842–1915), einem später geadelten Offizier und Naturforscher, gelang die Auffindung eines bedeutend leichteren Aufstiegs: dem heute allgemein begangenen Pfad über die kühn über dem Grat thronende Payerhütte (3029 m) und die Tabarettaspitze.

Im Sommer 1916 wurde der Ortler zur höchstgelegenen Frontstellung im Ersten Weltkrieg. Die Österreicher fürchteten, die Italiener könnten die nahe gelegene Thurwieserspitze einnehmen und von dort auch das strategisch wichtige Stilfser Jochs und das Ortlermassiv. Daher wurde am Gipfelplateau des Ortlers eine Feldstellung für 30 Soldaten in einem extra dafür in den Berg gesprengten Stollen angelegt und bis knapp unter den Gipfel sogar eine Materialseilbahn gebaut. Ein zweiter 150 Meter langer Stollen erstreckte sich bis zum Hochjochgrat. Am 50 Meter niedrigeren Vorgipfel wurden zwei Gebirgskanonen in Stellung gebracht. Glücklicherweise kam es zu gut wie keinem Scharmützel, da die italienischen Artilleristen inzwischen die Thurwieserspitze eingenommen hatten, doch von dort aus den Ortler nicht trafen und auch nicht weiter vordrangen. Die größte Gefahr ging für die Soldaten von der Kälte und dem eisigen Wind aus. Lawinen zerstörten im Winter 1917/18 die Versorgungswege und die Materialbahn und die Telefonleitung, woraufhin man auf Brieftauben zurückgriff. Die Payerhütte an der Tabarettaspitze dagegen, sicher vor feindlichem Beschuss, wurde immer wieder von Politikern und Prominenten besucht – man sprach daher von der ›Salonfront‹ am Ortler. Am 4. November 1918 wurde der Ortlergipfel geräumt. Dabei ließen die Soldaten viel Kriegsgerät zurück, das aber bis heute unauffindbar ist. Befestigungsrelikte sind aber noch allenthalben um den Gipfel zu finden. Am 1. August 1954 errichtete der Alpenverein in Gedenken an den 150. Jahrestag der Erstbesteigung ein Gipfelkreuz. Das 2004 renovierte Kreuz wurde in den letzten Augusttagen 2012 Opfer eines Sturms und stürzte dabei in eine Bergschlucht. Es ist seit Juni 2013 aber wieder da.

Karte S. 55 ▲

Reinhold Messner

Sicherlich ist er europaweit der populärste Südtiroler – wenngleich viele Menschen glauben, er sei Österreicher: Reinhold Messner. Der Extrembergsteiger, Buchautor, Museumsgründer und ehemalige Politiker ist eine faszinierende, sogar schillernde Gestalt. Als erster Bergsteiger überhaupt erklomm er alle 14 Achttausender ohne Flaschensauerstoff.

Reinhold Messner wurde 1944 in Brixen geboren. Er studierte zunächst Vermessungskunde an der Universität Padua und arbeitete danach einige Zeit als Mittelschullehrer. Schon in dieser Zeit machte er sich als Bergsteiger einen Namen: 1965 bezwang er als erster überhaupt die Ortler-Nordwand, 1968 den Mittelabschnitt des Heiligkreuzkofels und die Südwand der Marmolata. Auf einer Andenexpedition bezwang er ebenfalls als erster die Ostwand von Perus zweithöchsten Berg, dem Yerupaja. Messner galt bereits 1970 als einer der weltbesten Bergsteiger und nahm im Juni 1970 an einer von dem berühmten Bergsteiger Karl Herrligkoffer geleiteten Himalaya-Expedition teil, bei der er den Nanga Parbat bezwang. Messners Bruder Günther verunglückte beim Abstieg tödlich; sein Leichnam wurde erst 2005 gefunden. Über die Frage, wer an dem Tod von Günther Messner verantwortlich sei, kam es zu jahrelangen Streitigkeiten und Prozessen zwischen Reinhold Messner und Herrligkoffer. Bis heute sind die näheren Umstände nicht geklärt, nur der Ort des Absturzes konnte nachgewiesen werden. Reinhold Messner erlitt 1970 auf der Suche nach seinem Bruder schwere Erfrierungen an den

ESSAY

Reinhold Messner und einige seiner Yaks

Füßen und verlor sieben Zehen. Joseph Vilsmaier verfilmte die Tragödie 2008 unter dem Titel ›Nanga Parbat‹. Dieser Berg ließ Reinhold Messner nicht mehr los. 1978 bezwang er allein dessen Gipfel – ein unerhörtes Unternehmen, das vorher als erster 1954 sein österreichischer Kollege Hermann Buhl unternommen hatte. Messners Aktivitäten neben der Bergsteigerei sind legendär. Unter anderem durchquerte er 1987 Osttibet, 1989/90 die Antarktis, 1995 bewältigte er die Arktis fast, musste aber wegen ungünstigster Witterungsbedingungen abbrechen. Im Jahr 2004, als schon 60-jähriger, durchwanderte er auf einer Länge von 2000 Kilometern die Wüste Gobi. Und zwischendurch war er immer wieder im Himalaya und in den Anden.

Messner begann 2003 seine Erfahrungen und die aus den Bergen aus aller Welt mitgebrachten Exponate in einem großen Museumskomplex greif- und erlebbar zu machen. Im Juni 2006 konnte er sein Messner Mountain Museum (MMM) eröffnen, das an fünf Standorten in Südtirol Natur, Ethnien, Geologie und Kulturgeschichte der großen Gebirge der Welt thematisiert und in volkstümlicher Form darstellt. Hauptsitz des Museum ist Schloss Sigmundskron bei Bozen. Die Kosten für die Museen werden zwischen Messner und der Provinz Südtirol geteilt. Das Projekt ist nicht zuletzt deswegen umstritten. Kritiker werfen Messner eine zu große Selbstdarstellung vor und sprechen vom ›Messner Mountain Mausoleum‹, besonders in Bezug auf das Museum in Sölden, das teilweise unterirdisch angelegt ist. Die fünf Standorte widmen sich dem Mythos Berge aus unterschiedlichen ethnischen und naturkundlichen Perspektiven.

Messner lebt mit seiner Ehefrau in Meran und während der Sommermonate auf Schloss Juval im Vinschgau, das auch ein Standort seines Museums ist. Zehn Jahre lang betätigte sich Messner auch politisch: ohne Mitglied der Partei zu sein, unterstützte er seit 1999 die Südtiroler Grünen und wurde für die Partei sogar ins Europaparlament gewählt. Der leidenschaftliche Südtiroler Reinhold Messner, der sein Land über alles liebt, dennoch nicht mit Kritik spart, wie sein sehr lesenswertes Buch ›Gebrauchsanweisung für Südtirol beweist‹, besitzt eine hohe Medienpräsenz. Er ist oft Gast in Talkshows, wird als Vortragsredner gern gebucht und hat bislang mehr als 80 (!) Bücher publiziert, in denen er vor allem seine Erfahrungen und Abenteuer thematisiert. Messner tritt sehr selbstbewusst auf, er polemisiert und regt gleichzeitig zum Nachdenken an. Er bekämpft den Massentourismus, wägt jedoch ökologische mit wirtschaftlichen Interessen ab, was ihm auch Kritik von radikalen Naturschützern eingebracht hat.

In ganz ungewöhnlicher Weise gelang es Reinhold Messner, sein Leben in gleicher Weise der Freiheit und der Liebe zur Ferne, der Achtung fremder Völker wie auch der Liebe zur Heimat zu widmen. Allein das macht ihn zu einer Ausnahmegestalt. Man kann ihm keinen anderen Bergsteiger zur Seite stellen, seine bergsteigerischen und extremsportlerischen Leistungen machten ihn gleichsam zu einem erratischen Block und führten ihn in eine innere Einsamkeit - er wurde gleichsam zur ›Einmann-Sekte‹, wie 2010 die FAZ feststellte. Doch wer mit ihm spricht, bemerkt nichts Unsympathisches, nur etwas Unnahbares. Aber wer sonst baut eine Kette von Museen aus seinem Privatvermögen und/oder mit Sponsoren ohne Steuergeld auf, um der Gesellschaft bestimmte Werte und Inhalte zu vermitteln? Diese altruistisch-positive Haltung allein verdient großen Respekt.

■ Die Stilfserjochstraße

Die spektakuläre, knapp 50 Kilometer lange Straße von Spondinig im Vinschgau auf die Passhöhe – Nordrampe – und hinunter nach Bormio – Südrampe – wurde nach sechsjähriger Bauzeit 1825 fertiggestellt. Kaiser Franz I. beauftragte 1818 den Ingenieur Carlo Donegani aus Brescia mit der Planung. Politische Gründe gaben dazu den Ausschlag: Nach dem Wiener Kongress war die Lombardei habsburgischer Besitz geworden. Und um sie besser an Tirol anzubinden und auch militärisch besser kontrollieren zu können, war der Bau unverzichtbar. Wegen der langen Winterpausen betrug die effektive Bauzeit nur 24 Monate, 2000 Arbeiter waren zur gleichen Zeit an der Trasse beschäftigt. Mit Schlitten konnte sie wegen damals zahlreicher Holzgalerien sogar im Winter befahren werden. Noch vor dem Ersten Weltkrieg wurde sie für den anwachsenden Autoverkehr verbreitert. Aber sie ist auch heute eine verhältnismäßig schmale Straße, die Auto- und Motorradfahrern höchstes

Können und große Aufmerksamkeit abfordert. Auf der nördlichen Seite sind bei einer Steigung von 7 bis 15 Prozent 48 Kehren zu bewältigen, die erste in der Mitte von Trafoi. Hinunter nach Bormio ins Veltlin sind es 38 Kehren. So ist es kein Wunder, dass die Passstraße Radrennfahrer unwiderstehlich anzieht. Einmal im Jahr findet ein Radtag statt, meist am letzten Samstag im August, bei dem zwischen Trafoi und der Passhöhe die Straße gesperrt ist (www.stelviobike.com).

Bis zur 13. Kehre fährt man ab Trafoi durch den allmählich sich lichtenden Bergwald. Kurz vor dieser Kehre liegt rechts an der Straße der ›Weiße Knott‹, ein kleiner Felsvorsprung. Hier steht ein marmorner **Obelisk** zur Erinnerung an die Erstbesteigung des Ortlers durch Josef Pichler im Jahr 1804. Dann erreicht man die vegetationsfrie Zone. Die Kehren werden immer extremer, immer steiler überragen die Berge die Straße. Ganz oben erscheint auf dem Grat die Tibethütte unmittelbar über dem Ab-

Für unerschrockene Autofahrer: die Stilfserjochstraße

grund. Irgendwann kommt links das Berghotel **Franzenshöhe** in Sicht. Hier bestand schon 1830 eine erste Unterkunft. Dann sind es nochmals knapp 20 endlose, aufregende Kehren, und endlich erreicht der Reisende die Passhöhe. Schier atemberaubend sind die Blicke: sowohl hinüber zum Ortler als auch hinunter auf die unzähligen Kehren und Kurven. Biegt man auf der Passhöhe nach links ab, kann mit dem Auto direkt bis zur etwa 500 Meter entfernten **Tibethütte** vorfahren. Von ihrer Terrasse genießt man einen berauschenden Blick auf die Passstraße. Die Passhöhe hieß ursprünglich Ferdinandshöhe – Kaiser Franzens Nachfolger Ferdinand I. besuchte sie im August 1838. Im Winter ist die Passhöhe unzugänglich, denn spätestens ab Mitte Oktober ist die Zufahrt ab Trafoi gesperrt. Die Wintersperre dauert im allgemeinen bis Ende Mai (Infos: www.suedtirol.com/verkehr/berg-paesse). Um das Stilfser Joch befindet sich ein vielbesuchtes Sommerskigebiet.

Ein **Museum** auf der Passhöhe (tgl. 10–17 Uhr) befaßt sich mit der Geschichte der Stilfserjochstraße und ihrem Erbauer. Als Wandertipp sei die **Tour zum Ortlerhaus** (3028 m) empfohlen. Der teilweise für den Fahrzeugverkehr freigegebene Schotterweg ist mit Steigungen von bis zu 30 Prozent eine der steilsten Fahrstraßen in den Alpen, auch zu Fuß ist er nur kräftezehrend zu bezwingen. Das Ortlerhaus ist aber auch mit einem Kabinenlift (Ende Mai bis Mitte Oktober, www.passostelvio.com) von der Passhöhe aus erreichbar. Hier steht man mitten im ewigen Eis des Ebenferners.

ℹ Stilfserjoch-Nationalpark

Rund 100 verschiedene Hotels, Pensionen, Ferienwohnungen etc. bieten die **VinschgauCard** an. Sie ermöglicht die kostenlose Fahrt mit der Vinschgerbahn und allen anderen öffentlichen Verkehrsmitteln in Südtirol sowie Ermäßigungen bei Seilbahnen, Museen und anderen Freizeiteinrichtungen. Die VinschgauCard erhält man kostenlos bei den Übernachtungsbetrieben, sie gilt für die Dauer des Aufenthalts.

Allgemeine Infos: www.stelviopark.bz.it.
Vorwahl: 0473.

Nationalparkhaus Aquaprad, Kreuzweg 4c (Ortsmitte), 39026 Prad, Tel. 618212, www.aquaprad.com, Di–Fr 9–12 u. 14.30–18, Sa/So 14.30–18 Uhr, Juli/Aug. Di–Fr 9–18 Uhr. Thema: Die Wasser der Berge.

Nationalparkhaus Naturatrafoi, Trafoi, Tel. 612031, www.naturatrafoi.com, Di–Fr 9–12 u. 14.30–18, Sa/So 14.30–18 Uhr. Thema: Pflanzen, Tiere und Erdgeschichte mit Geologie des Hochgebirges.

Tourismusverein Ortler, Hauptstraße 72, 39029 Sulden, Tel. 613015, www.ortler.it.

Im Ortlergebiet differieren die Preise je nach Sommer- und Wintersaison ziemlich stark.

Garden Park Hotel, Kiefernhainweg 35 a, 39026 Prad am Stilfserjoch, Tel. 618228, www.gardenparkhotelcom, p. P. im DZ ab 70 € mit 3/4-Pension, je nach Jahreszeit und Zimmerart. Sehr schöne Lage im Grünen.

Hotel Stilfserhof, Hauptstraße 156, 39029 Stilfs, Tel. 611740, www.hotel-stilfserhof.com, p. P. im DZ 30–40 €.

Restaurant-Hotel Zebru, Hauptstraße 53, 39029 Sulden, Tel. 613025, www.zebru.it, Preise auf Anfrage. Wellnesserlebnisse in Traumlage, ausgezeichnete regionale und mediterrane Küche.

Hotel Cornelia, Hauptstraße 48, 39029 Sulden, Tel. 613032, www.hotelcornelia.com, p. P. im DZ 30–55 €.

Hotel Bambi am Park, 39029 Sulden Nr. 11, Tel. 613042, www.hotelbambi.com, p. P. im DZ 39–60 €.

Hotel Alpina, Forststraße 111, 39029 Sulden, Tel. 613104, www.hotelalpina.it, p. P. im DZ 40–60 €.

Gasthof Yak & Yeti, 39020 Sulden, Tel. 613266, www.messner-mountain-museum.it. In einem Bauernhaus aus dem 16. Jahrhundert gelegen, u.a. Yak-Fleisch, aber auch Regionales.

Restaurant Montana, 39020 Sulden Nr. 98, Tel. 613006. Sehr gute Pizzen und Spaghetti.

Roland´s Bistro, Hauptstraße 83, 39020 Sulden, Tel. 613155, www.ferienwohnung-sulden.com. Sehr gepflegtes Lokal mit gutbürgerlicher regionaler und mediterraner Küche, ausgezeichnete Teigwarengerichte.

Hotel Bella Vista, Dorf Nr. 17, 39029 Trafoi, Tel. 611716, www.bella-vista.it, p. P. im DZ 55–68 €. Traditionsreiches Familien- und Wanderhotel, für die Gäste gibt es u.a. geführte Wanderungen sowie spezielle Wanderwochen im Herbst. Kinderskilift direkt am Hotel.

Messner Mountain Museum, 39020 Sulden, Tel. 613577, www.messner-mountain-museum.it, Ende Mai bis Mitte Okt. Mi–Mo 14–18 Uhr, Juli/Aug. Mi–Mo 13–19 Uhr. Die unterirdische Anlage befasst sich mit dem Eis der Berge.

Museum Alpe Curiosa, 39020 Sulden. In einer alten Bergsteigerunterkunft, frei zugänglich. Von Reinhold Messner angelegt; interessante, ungewöhnliche Exponate zum Thema Alpinismus.

Museum des Ortlergebiets, Hauptstr. 109 (in der alten Grundschule in Sulden), Tel. 613032, Ende Juni bis Ende Sept. tgl. 9–22 Uhr. Private Sammlung zu Geschichte und Kultur des Ortlergebiets.

Seilbahnen Sulden, Infos und Fahrpläne zu Kanzellift, Langensteinlift, Gletscherbahn unter 0473/613047, www.seilbahnensulden.it.

Karte: Vinschgau-Val Venosta. 1:50000 (Kompass Wanderkarte Nr. 52).
Interaktive Karte Vinschgau-Terra Raetica: maps.vinschgau.net.

Die Tibethütte

Der untere Vinschgau

Unterhalb des Städtedreiecks Mals–
Glurns–Schluderns beginnt die untere
Hälfte des Vinschgaus, der sich hier
ziemlich genau in West-Ost-Richtung
erstreckt. Er ist das Herz des Südtiroler
Obstanbaus – 290 000 Tonnen Äpfel
werden allein hier pro Jahr geerntet.
Um Schlanders gibt es am Sonnenberg
sogar ein kleines Weinanbaugebiet. Es
ist überhaupt ein fruchtbares Land. Der
Boden, gebildet hauptsächlich aus den
Schwemmkegeln der Etsch und der Bäche ihrer Seitentäler, ließ viele ertrag-
reiche Obstplantagen entstehen. Parks
und Gärten werden von Edelkastanien-
bäumen gesäumt, allenthalben blüht,
wächst und gedeiht die Natur. Und in-
dustriell ist das Gebiet ebenfalls von
großer Bedeutung, denn der Marmor
aus Laas ist weltberühmt und begehrt.

Kriegerdenkmal auf dem Laaser Friedhof

Von Spondinig nach Schlanders

Hinter Spondinig (Spondigna) fallen zwei
markant am südlichen Talsaum liegende
Burgen auf. Die östliche ist die imposante
Ruine Tschenglsberg aus dem 12. Jahrhundert, etwas weiter talabwärts liegt
die **Tschenglsburg**. Der Aufstieg zur Ruine mit ihrem 20 Meter hohen Bergfried
lohnt wegen des schönen Blicks sehr.
Vom Dörfchen Tschenglsberg gibt es
eine Fahrstraße, die kurz unterhalb der
Ruine endet. In der kleinen Tschenglsburg befindet sich ein Restaurant, sie
wird auch für Ausstellungen genutzt.
Das Dörfchen **Tschengls** besitzt mit der
Kirche Maria Geburt eine zwar nur kleine, aber sehr schöne Barockkirche.

■ Laas (Lasa)

Der Ort Laas (Lasa) ist durch seine Mar-
morvorkommen seit dem 17. Jahrhundert von großer Bedeutung. Abgebaut

wurde aber schon zu Beginn des ersten
vorchristlichen Jahrtausends. Überall in
der Umgebung ist in verschiedensten
Häusern, Kirchen, Stallungen, Flur- und
Grenzsteinen dieser rein weiße Marmor zu finden, in Laas selbst sind sogar
die Gehsteige aus ihm gefertigt. Laaser
Marmor ging in alle Welt; so wurde etwa der New Yorker Hauptbahnhof mit
ihm verkleidet und werden derzeit große
Mengen am ›Ground Zero‹ in New York
neu verbaut. Die Marmorwerke bieten
unterschiedliche Werksbesichtigungen
an, man kann sich auch historisch-lite-
rarischen Ortsrundgängen anschließen
(Mitte Juli bis Mitte Sept. Mi 10.45 Uhr
vom Bahnhof Laas aus, Voranmeldung
unter 0473/730155).
Die Brüche befinden sich außerhalb des
Dorfes auf 1550 Metern Höhe an der
sogenannten Jennwand im Laaser Tal
und sind nicht frei zugänglich. Eine be-

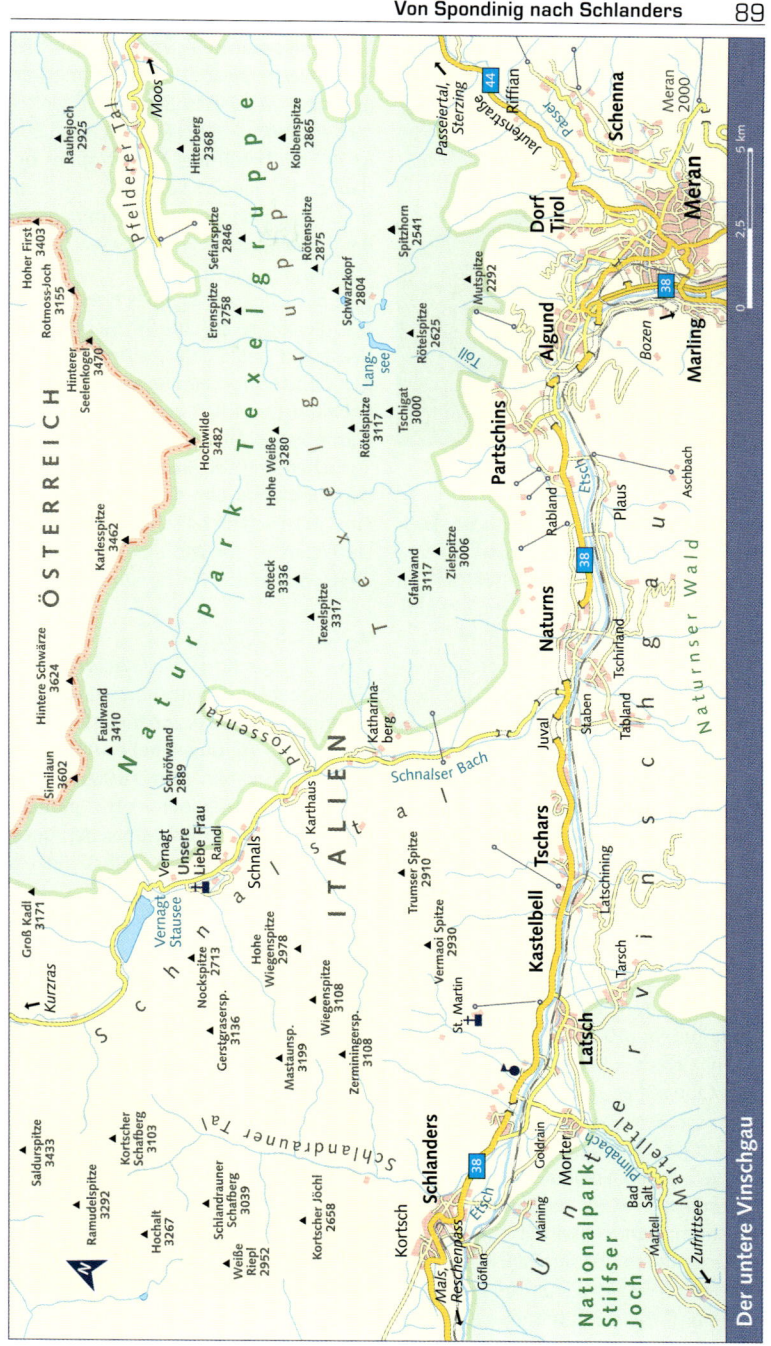

Der Vinschgau

Der untere Vinschgau

St. Sisinius in Laas

sondere Transportbahn, die ›Laaser Marmorbahn‹, bringt das Material zur Verarbeitung ins Tal. Seit 1874 existiert in Laas auch eine Steinmetzschule. Landwirtschaft und Industrie verknüpfen sich aufs Beste im alljährlich am ersten Wochenende in Laas stattfindenden Fest ›marmor & marillen‹.

Laas birgt mit seinen zwei Kirchen zwei architektonische Kleinode. Da ist zunächst die **Pfarrkirche** mit der romanischen, 1973 rekonstruierten Apsis, die einen äußerst reichen Figurenschmuck zeigt, darunter ein figurales Relief eines Kämpfers mit Löwenkopf. Der **Friedhof** gleißt wie die Kirche im Weiß des hier überall verbauten und verwendeten Marmors – ein ungewöhnlicher Anblick. Franz Tumler (1912–1998), Schriftsteller aus Gries bei Bozen, liegt hier begraben. Obwohl er den größten Teil seines Lebens in Berlin verbrachte, blieb er als gebürtiger Südtiroler immer seiner Heimat verbunden. Er gilt als bedeutendster Südtiroler Autor der Nachkriegsliteratur. Stilistisch wandelte er sich mehrfach. Zunächst noch eher im Fahrwasser des poetischen Realismus Stifters segelnd, geriet er für kurze Zeit in den Bann des

Nationalsozialismus, konnte sich aber in der Nachkriegszeit davon freimachen und fand zu einem nüchternen, gleichsam entmythologisierten Stil. Nach ihm ist der ein berühmter Literaturpreis benannt, den jedes zweite Jahr die Südtiroler Landesregierung zusammen mit der Gemeinde Laas vergibt (www.tumler-literaturpreis.com).

Sehr besuchenswert ist das zweite Kleinod: die kleine Kirche **St. Sisinius** am Westrand des Dorfes, eine der wenigen Chorturmkirchen im Vinschgau. Sie entstand um 1100 an der Stelle eines vermutlich prähistorischen Heiligtums. Tonscherben- und Skelettfunde lassen dies vermuten. Um die Kirche herrscht eine mystisch-archaische Atmosphäre. Umgeben ist sie von einer Mauer mit ungewöhnlichem Fischgrätmuster.

■ Kortsch (Corzes)

Das Dörfchen Kortsch ist ein westlicher Gemeindeteil von Schlanders (Silandro). Oberhalb von Kortsch befindet sich die romanische **Ägidiuskapelle** mit einem Christophorusbild (um 1300) an der Außenwand. Von der Kirche genießt man einen weiten Blick über den unteren Vinschgau. Kortsch selbst hat ein hübsches Ortsbild.

Kortsch, im Vordergrund St. Ägidius

Schlanders, Fußgängerzone

Eine hübsche Waalwanderung kann man westwärts über den Weg 15A nach **Allitz** (1150 m) machen. Ausgangspunkt ist der Sportplatz, von dort geht es entlang des Waals. Etwa anderthalb Stunden braucht man für die einfache Strecke.

Schlanders (Silandro)

Mit knapp 6000 Einwohnern ist die Marktgemeinde Schlanders (Silandro) eine der größten Siedlungen des Vinschgaus und wetteifert mit Mals, Hauptort zu sein. Sie liegt etwa in der Mitte zwischen dem Reschenpass und Meran. Ihre bezaubernde Atmosphäre sowie eine attraktive Fußgängerzone mit guten Einkaufsmöglichkeiten ziehen viele Besucher an. In der Fußgängerzone liegt auch das **Nationalpark-Informationszentrum avimundus**.

Der steile Turm der nach der Zerstörung des Vorgängerbaus durch die Schweizer 1505 geweihten Pfarrkirche ist mit 97 Metern der höchste ganz Tirols, verstärkt wird der Eindruck noch durch die Lage etwas oberhalb der Ortsmitte. Das Kircheninnere wurde barockisiert, 1759 schuf Johann Adam Mölk die eindrucksvollen Deckenfresken. Eine gediegene Stein-

metzarbeit ist das 1533 errichtete Südportal. Der Friedhof um die Kirche ziegt zahlreiche kunstvoll gestaltete Grab- und Wappensteine lokaler adliger Familien. Nahe der Pfarrkirche liegt der Komplex der **Deutschordenskommende**, auch Widum genannt. Seit 1235 war hier der Deutsche Orden sesshaft. Zwar befand sich sein Hauptwirkungsgebiet in jenen Jahren noch in Palästina – erst später entstand der Ordensstaat im nachmaligen Ostpreußen –, doch wurde hier eine Komturei gegründet. Bis 1811 befand sich die Pfarrei Schlanders im Besitz des Ordens.

Am Plawennplatz steht das **Rathaus**, der ehemalige Ansitz Freienturm. Es ist ein ehemaliger mittelalterlicher Wohnturm, der um 1720 ausgebaut wurde. Erwähnenswert ist noch die **Kapuzinerkirche** mitsamt Kloster, die um die Mitte des 17. Jahrhunderts entstand. Das Kircheninnere ist allerdings ziemlich schmucklos. Bedutender ist die kleine **Spitalkirche** am Ende der Hauptstraße. Sie birgt im Inneren neben einigen gotischen Fresken weitere Malereien von Johann Adam Mölk. Man betrachte die ›Aufnahme des heiligen Nepomuk in den Himmel‹, dargestellt an der Kulisse des historischen Schlanders, über das zwei Engel Blumen und Früchte schütten.

Der langgestreckte Bergzug, der sich fast das ganze untere Vinschtal entlang, nördlich von Schlanders bis kurz vor Meran hinzieht, heißt **Sonnenberg**. Er ist wegen seiner Steppenvegetation und seinem trockenen und submediterranen Klima einmalig im gesamten Alpenraum. An seinem Hang liegt auf 1100 Metern die **Burg Schlandersberg**, heute mit Luxuswohnungen ausgestattet, und die mittelalterliche **Schlandersburg**. Sie erhielt ihr heutiges Aussehen im 16. Jahrhundert und wurde damals zu einem repräsentativen Adelssitz umgebaut. Heute birgt sie verschiedene Verwaltungseinrichtungen der Provinz.

Um Schlanders existieren eine Vielzahl von **Waalwandermöglichkeiten**, insbesondere um Zaalwaal und Ilswaal nördlich des Orts.

■ Göflan (Covelano)

Auf der südliche Seite der Etsch liegt Göflan (Covelano), ein Ortsteil von Schlanders. Göflan ist wie Laas durch seine Marmorbrüche bekannt. Sehr sehenswert ist die **Kuratialkirche St. Martin**. Sie birgt drei prachtvolle spätgotische Flügelaltäre, die Jörg Lederer zugeschrieben werden. Gleich hinter ihr liegt die **kleine Walpurgiskapelle**. Sie ist aus Laaser Marmor gebaut, und ihr filigranes Netzgewölbe gilt als schönstes Kirchengewölbe des Vinschgaus.

Die **Göflaner Alm** (1830 m) ist ein beliebtes Wanderziel. Man erreicht die rustikale Steinhütte sowohl von den sogenannten Tarnellhöfen (1100 m) bei Laas aus oder auch direkt von Göflan. In diesem Fall fährt man auf einem Güterweg mit dem Auto bis zum Haselhof auf 1550 Meter Höhe, von wo es nicht mehr so weit ist. Während dieser Wanderung lassen sich vom Weg aus viele Blicke in die sonst kaum zugänglichen Marmorbrüche machen. Die Göflaner Brüche gelten als die höchstgelegenen Europas. Wer gute Kondition hat, steigt von der Göflan-Alm weiter empor zum **Göflaner See** (2619 m); auf dieser Route passiert man direkt die großen Marmorbrüche an der Mitterwand. Es ist aber eine schwierige und anstrengende Tour. 2,5 Stunden sollte man dorthin von der Alm nochmals ansetzen.

■ Goldrain (Coldrano)

Markant thront das vieltürmige **Schloss**, heute ein Bildungs- und Kulturzentrum (Führungen unter 0473/744609, www. schloss-goldrain.com), über dem Dorf Goldrain (Coldrano). Wie die Schlandersburg wurde es im 16. Jahrhundert repräsentativ für die Familie Hendl umgebaut. Das heutige Aussehen erhielt es 1606, als man eine Ringmauer mit vier Wehrtürmen ergänzte. Die Mauer hatte nur ornamentale Funktion: Sie besitzt keinen Wehrgang und ist damit militärisch unbrauchbar.

Weiter oberhalb lugt **Schloss Annenberg** heraus, es erhielt sein Aussehen ebenfalls im 16. Jahrhundert. Auch dieses Schloss besitzt eine große Ziermauer. Da in Privatbesitz befindlich, ist es nicht zugänglich.

Willkommen sind Besucher dagegen im **Kräuterschlössl**, wo unterschiedlichste Pflanzen und Kräuter biologisch angebaut und erworben werden können.

Latsch (Laces)

Die über 5000 Einwohner zählende Siedlung Latsch ist auffallend reich an architektonischen Denkmälern. Wer sich ihr von Westen nähert, passiert zunächst das **Rote Schloss**, das, für den Vinschgau ungewöhnlich, im Barockstil errichtet wurde. Es ist ein ursprünglicher An-

Karte S. 89

Am Latschanderwaal

sitz. Daneben befindet sich die ebenfalls barocke **St.-Anna-Kapelle**. Die Pfarrkirche weist ein prächtiges Westportal mit charakteristischen Heiligenfiguren auf, das Kircheninnere ist neogotisch. Neben der Kirche befindet sich die nach einem Brand 1796 beim Neubau völlig verunstaltete **Burg Latsch**. An ihrer Mauer steht das Denkmal für den Minnesänger Hans den Sager, der um 1335 hier lebte. Von größtem künstlerischen Wert ist die **Spitalskirche** am östlichen Ortsausgang. Ihr großer spätgotischer Flügelaltar stammt von Jörg Lederer (um 1470–um 1550). Der aus Kaufbeuren stammende Meister schuf in Südtirol seine bedeutendsten Werke, unter denen der Flügelaltar (1518–1524) in Latsch künstlerisch das wertvollste ist. Direkt der Straße zugewandt ist das Südportal der Kirche, den Zutritt erhält man jedoch durch das kleine Westportal. Der Altar ist, ungewöhnlich für derartige Werke aus der Gotik, vollständig erhalten und besitzt in seinen Einzelheiten eine großartige Dramatik, die schon auf die Renaissance vorwegweist, etwa der tote Christus, der in den Armen Gottvaters liegt. Die Fülle der Einzelheiten lässt eine Beschreibung des großartigen Kunstwerkes kaum zu. Man muss es selbst gesehen haben.

Im Keller des ehemaligen Spitals (Seilbahnweg 2) befindet sich eine kleine **archäologische Ausstellung**. Hier kann man den berühmten Statuenmenhir von Latsch bewundern. Er ist etwa 5000 Jahre alt und vollständig aus Laaser Marmor gearbeitet. 1992 wurde er bei Renovierungsarbeiten in der nahen Bichlkirche gefunden. Dem 107 Zentimeter hohen, 77 Zentimeter breiten und 12 Zentimeter tiefen Steinkörper fehlen Kopf- und Fußpartie und Füße sowie die linke Schulter. Er soll im Lauf des Jahres 2014 wieder in der Bichlkirche aufgestellt werden.

Eine ganzjährig in Betrieb befindliche Seilbahn fährt von Latsch nach **St. Martin im Kofel** (1740 m) hinauf und eröffnet dabei herrliche Panoramaaussichten. Von dem idyllischen Weiler mit seinen beeindruckenden Blicken über den Vinschgau sollte man hinüber empor zu den Einöden **Vorra** und **Egg** wandern (Weg 14). Sie liegen etwas niedriger als die Bergstation des Lifts, doch wurden sie in eine Extremposition direkt an den Hang gebaut. **Laggar** auf 1626 Metern ist verlassen und verfällt. Ein Besuch dieser Orte macht deutlich, wie beschwerlich das Leben der Bauern hier am Abhang des Sonnenbergs war und ist. Sehr sehenswert ist in **St. Martin** auch die **Wallfahrtskirche** unmittelbar am Abgrund mit der Martinsstatue in einer Felshöhle.

Schräg gegenüber einer Tankstelle an der Umfahrungsstraße von Latsch, etwa 350 Meter westlich des Kreisverkehrs am nordöstlichen Ortsrand, mündet ein kleiner Feldweg vom Berg herab in die Straße. Hier gibt es einige Abstellmöglichkeiten fürs Auto. Von diesem Punkt erreicht man sehr bequem den **Latschanderwaal**. Man steigt direkt wenige Meter von dieser Stelle bergauf und steht direkt am Waal. Sehr lohnend ist von hier ein Spaziergang entlang des Waals bis Goldrain, dann in großem Bogen über Schloss Annenberg hoch zur Jausenstation Ratschill (1285 m, Tel. 0473/623622) und auf steilem Abstieg zurück zum Latschanderwaal (Rundweg, 6 Std.). Man durchwandert auf dieser Tour die paradiesischen Obstgärten oberhalb des Tals und hat eine schöne Aussicht auf das Ortlermassiv.

Geht man aber am Waal ostwärts, kann man genussreich bis **Kastelbell** spazieren; man bleibt überwiegend auf der gleichen Höhe. Von Kastelbell geht es mit dem Bus oder der Vinschgerbahn zurück (bis Kastelbell 2,5 Std.).

◀ Karte S. 89

Der Vinschgau

Tarsch und Tarscher Alm

Oberhalb des Waalwegs nach Kastelbell liegt am Wanderweg 8A die sogenannte **Klumperplatte**. Es ist ein mächtiger Felsblock, der oben eine bewegbare Steinplatte aufweist, die beim Bewegen ein merkwürdiges Dröhnen vernehmen lässt, als ob sich der ganze Block über einem großen Hohlraum befände. Eine alte Eiche, die ihre dürren Äste tief über den Fels senkt, verleiht dem Bild einen magischen Charakter.

■ **Tarsch (Tarres)**
Auch Tarsch (Tarres), markant am Schräghang des Tals gelegen, lohnt einen Besuch. Seine **Pfarrkirche St. Michael** besitzt hübsche romanische Fresken, der Turm der **St.-Karpophorus-Kirche** zählt zu den schönsten romanischen Türmen im Vinschgau. Die **Medarduskirche** ist der Rest eines vormaligen Pilgerhospizes, das neben und über einem alten Quellheiligtum errichtet wurde. Sie liegt am Wanderweg 3, etwas oberhalb von Tarsch.

Oberhalb liegt auch die Liftstation, mit der man zur **Tarscher Alm** (1939 m) gelangen kann. Von dort kann man hinüber zur Kuppelwieseralm und weiter ins Ultental gelangen oder hinüber zur Latscher Alm (1715 m) spazieren. Hier befindet sich auch eine Almkäserei. Sie ist normalerweise von Mai bis Anfang Oktober geöffnet, wird aber wegen Umbaus erst im Lauf des Jahrs 2014 wiedereröffnet (Infos: www.latsch-martell.it).

ℹ Der Untere Vinschgau

Rund 100 verschiedene Hotels, Pensionen, Ferienwohnungen etc. bieten die **VinschgauCard**. Sie ermöglicht die kostenlose Fahrt mit der Vinschgerbahn und allen anderen öffentlichen Verkehrsmitteln in Südtirol sowie Ermäßigungen bei Seilbahnen, Museen und anderen Freizeiteinrichtungen. Die VinschgauCard erhält man kostenlos bei den Übernachtungsbetrieben, sie gilt für die Dauer des Aufenthalts. **Vorwah**l: 0473.
Tourismusverband Vinschgau, Kapuzinerstraße 10, 39028 Schlanders, Tel. 620480, www.vinschgau-suedtirol.info.
Tourismusverein Schlanders-Laas, Göflaner Str. 27, 39029 Schlanders. Tel. 730155, www.schlanders-laas.it.

Tourismusverein Latsch-Martell, Hauptstraße 38a, 39021 Latsch, Tel. 623109, www.latsch-martell.it.

Nationalpark-Besucherzentrum avimundus, Kapuzinergasse 2, 39028 Schlanders, Tel. 730156, www.avimundus.com und www.stelviopark.bz.it; April bis Ende Okt. Di–Sa 10–12 u. 14–18 Uhr. Schwerpunktthema: Die Vogelwelt der Region.

Hotel-Gasthof Sonne, 39028 Kortsch Nr. 98, Tel. 730100, www.gasthof-sonne. info, p. P. im DZ 38–44 €. Regionale und mediterrane Spazialitäten.

Hotel Maria Theresia, Staatsraße 15, 39028 Schlanders, Tel. 730209, www.hotel-maria-theresia.it, p. P. im DZ 66–76 € mit 3/4-Pension.

Hotel Goldener Löwe, Dantestraße 6, 39028 Schlanders, Tel. 730188, www goldener-loewe.it, p. P. im DZ 35–42 €. Gutes Restaurant mit gutbürgerlicher Küche.

Hotel Tanja-Sonnenhof, Kugelgasse 84, 39021 Latsch, Tel. 623336, www.hotel tanja.com, p. P. im DZ 48–62 €.

Pension Gallus, Seilbahnweg 25, 39021 Latsch, Tel. 623952, www.pension-gallus. it, p. P. im DZ 32–39 €. Absolut ruhig gelegen, nahe Ortszentrum und Seilbahn.

Landhotel Latscherhof, Valtneidweg 1, 39021 Latsch, Tel. 623152, www.latscher hof.com, p. P. im DZ 56–59 €. Ruhige Lage am Waldrand, guter Ausgangspunkt für Wanderungen.

Bierkeller, Valtneidweg 2, 39021 Latsch, Tel. 623208, www.bierkeller-latsch.com. Rustikale Speisen.

Camping Badlerhof, Kugelgasse 4 B, 39023 Laas, Tel. 628011, www.camping-badlerhof.it.

Camping Cevedale, Vinschgauer Str. 59, 39021 Latsch/Goldrain, Tel. 742132, www.camping-cevedale.com.

MarmorPlus, Vinschgaustraße 52, 39023 Laas, Tel. 4095404, www.marmorplus.it. Werksführung (2 Std.) jeweils Mo, Mi und Fr um 13.30 Uhr ab Bahnhof Laas, Anmeldung nicht erforderlich. Werksexpedition (6 Std.) ins Laaser Tal mit Gurgl-Schlucht (Kondition und Trittsicherheit erforderlich) von Mai bis Anf. Sept. Do ab 10 Uhr ab Bahnhof Laas. Anmeldung erforderlich.

Kandlwaalhof, Unterwaalweg 10, 39023 Laas, Tel. 626627. Hofeigene Produkte – z.B. Marillensenf, rote Weirouge (vorzügliche Apfelsorte mit tiefrotem Fruchtfleisch), Apfelsaft, Essig, Trockenfrüchte – und vielen innovative Ideen.

Kräuterschlössl, Schanzenstrasse 50, 39021 Goldrain, Tel. 742367, www. kraeutergold.it, Anf. Mai bis Ende Okt. tgl., einfach läuten,. Anbau und Verkauf unterschiedlichster Kräuterarten, daneben Lebensmittel, die mit eigenen Kräutern hergestellt wurden, sowie Kosmetik auf Kräuterbasis.

Das Martelltal (Val Martello)

Bei Goldrain mündet als rechtes Nebental der Etsch das Martelltal ein. Es ist 27 Kilometer lang, wird vom Fluss Plima durchströmt und erstreckt sich in südwestlicher Richtung bis auf knapp 2200 Meter. Der Name stammt wahrscheinlich vom lateinischen Wort ›martellum‹ ab, Hammer, da zwischen dem 15 und dem 17. Jahrhundert um Goldrain und dem tiefstgelegenen Talort Morter Bergbau betrieben wurde. Die verschiedenen kleinen Orte im Tal sind in der Großgemeinde Martell zusammengeschlossen. Diese Gemeinde ist die einzige Italiens, die vollständig von Deutschsprachigen – und im Südtiroler Selbstverständnis damit von Deutschen – bewohnt wird.

Blick von der Burg Obermontani in das Martelltal

Eine Kuriosität ist auch, dass das Martelltal auf 900 bis 1800 Metern Höhe und damit europaweit an höchstgelegener Stelle Erdbeeren angebaut werden. Am letzten Juniwochenende findet alljährlich das große Marteller Erdebeerfest statt.

■ **Morter und die Burg Obermontani**
Der Reichtum des Vinschgaus an romanischen Bauten setzt sich auch im Martelltal fort. In der Mitte von Morter steht innerhalb eines Apfelbaumhains die **Vigiliuskirche** aus dem Jahr 1180. Ungewöhnlich ist der Chor mit den drei kleeblattförmig angebauten Apsiden. Gleich hinter Mortell ragt links direkt oberhalb der Straße auf einem Felsen ein auffallender Kirchenbau über dem Tal auf. Es ist die Burgkapelle St. Stephani. Sie gehörte zu der etwa 300 Meter östlich davon liegenden Burg Obermontani, befand sich aber immer außerhalb des eigentlichen Burgareals, unmittelbar am Abgrund. Man erreicht Burg und Kapelle über einen schmalen Fahrweg, der links von der Straße etwa 300 Meter oberhalb des Kapellenfelsens, an einem Steinmetzbetrieb, abzweigt.

Die **Burg Obermontani**, erbaut um 1230 durch den Grafen Albert II. von Tirol, wurde in der zweiten Hälfte des 16. Jahrhunderts als Residenz der Herren von Montani bedeutend erweitert. Doch bereits 1614 starb der letzte Montani, und die Burg ging an eine Familie von Mohr über. Berühmt war sie durch ihre Sammlung verschiedener mittelalterlicher Handschriften. Nach dem Tode des letzten Herrn von Mohr 1833 wurde die Burganlage an einen Bauern verkauft, der ihr Inventar nach und nach veräußerte. Damals entdeckte man in der Bibliothek eine aus dem Jahr 1323 stammende Abschrift des Nibelungenlieds; sie wird heute in der Berliner Staatsbibliothek aufbewahrt. Der Käufer kümmerte sich später nicht mehr um die Burg, so dass sie immer mehr verfiel, bis sie eine vollständige Ruine geworden war. Heute existiert noch ihre Umfassungsmauer mit den typisch romanischen Schwalbenschwanzzinnen sowie eine marmorne Spitzbogenarkade im Hof. Von der Burg überblickt man den unteren Vinschgau bis zum Eingang des Schnalstals, der an der Burg Juval deutlich auszumachen ist.

Burg Obermontani

Die **Stephanskapelle** ist durch ihre vollständig erhaltenen, sehr farbenprächtigen Freskenzyklen an allen vier Wänden von großer kunstgeschichtlicher Bedeutung. Die Malereien wurden zwischen 1450 und 1490 vermutlich von verschiedenen schwäbischen, lombardischen und niederländischen Wandermalern geschaffen. Auch der Chor ist ausgemalt. Bedeutsam ist dabei im nördlichen Schildbogen der ›Zug der Heiligen drei Könige‹ durch eine fast surreale Landschaft. Sehr beeindruckend sind auch die Gemälde der Südwand, in diesen Freskenzyklus sind zwei Fenster mit Maßwerkverzierungen gleichsam integriert. Die Westwand zeigt dagegen ein monumentales ›Jüngstes Gericht‹. Auffällig ist hier, dass sich unter den Gestalten, die sich aus ihren Gräbern erheben, viele Kirchenmänner befinden. Die **Burg Untermontani** ist wie Burg Obermontani eine Ruine, doch viel kleiner. Man kann sie zu Fuß von Obermontani aus in einer Viertelstunde erreichen.

■ Martell und Umgebung

Von Morter zieht sich die Straße entlang des Plima-Bachs empor. Beim Weiler Egg (1050 m), der auf einer sanft abfallenden Talverbreiterung liegt, ist

die erste Siedlung der Gemeinde Martell erreicht. Steils geht es auf Serpentinen weiter bergauf. **Bad Salt**, auf 1150 Metern gelegen, ist ein altes Bauernbad. Nach einer Vermurung der Quelle 1772 erfolgte ihre Freilegung, dabei entstand der Gasthof Salt. Von der Quelle wurde das Wasser in Holzrohren zu den Badestuben geleitet. Zwar wurde der Badebetrieb 1973 eingestellt, doch das Gasthaus existiert noch.

In **Ennewasser** trifft man auf ein weiteres Besucherzentrum des Nationalparks Stilfser Joch, das ›culturamartell‹. Es widmet sich insbesondere dem bäuerlichen Leben und Arbeiten im Hochgebirge und bietet einen Laden mit einer großen Auswahl an regionalen Produkten. Weiter bergauf, in **Gand** am Gasthof ›Marteller Hof‹, zweigt die Straße nach rechts ab und führt zum Ortsteil Thal empor, dem eigentlichen Zentrum der Kunstgemeinde Martell. Von hier lohnt die Weiterfahrt zum weltfernen Einödhof

Die Kapelle St. Maria in der Schmelz

Karte S. 89
▲

Hochegg und dem Gasthaus ›Stallwies‹ (1953 m), dem höchstgelegenen Kornhof Europas. Er ist Ausgangspunkt für verschiedene Wanderungen entlang des Talhangs bzw. des Marteller Höhenwegs – am ›Sonnenbalkon‹, wie es heißt – über dem Martelltal.

Weiter oben, am Hotel ›Waldheim‹, befindet sich im Sommer eine gute Einkaufsquelle für die berühmten Martelltaler Erdbeeren. Etwas oberhalb, linker Hand, steht die Kapelle **St. Maria in der Schmelz**, die für die Bergknappen 1711 erbaut wurde und 1894 eine Umgestaltung im Stil der Neogotik erfuhr. Von der Mitte des 15. Jahrhunderts bis zum Ersten Weltkrieg wurde hier Bergbau betrieben.

Weiter oben öffnet sich das Tal, doch am Ende dieser Aue, am Biathloncenter, verengt sich die Straße. Man hat den aus vielen Einzelgehöften zusammengesetzten Gemeindeteil Hintermartell erreicht. Für Busse ist es ab hier grundsätzlich verboten weiterzufahren, und während der Wintermonate bleibt die Straße ab hier auch für den Pkw-Verkehr gesperrt. In steilen Kehren geht es entlang der Ofenwand nach oben, zur Staumauer des Zufrittstausees. Von der Straße aus ist die 83 Meter hohe Staumauer deutlich erkennbar. Die enge und gefährliche Straße zieht sich dann an der Nordseite des Sees bis zu den Parkplätzen ›Zutritthaus‹ und ›Am See‹. Von dort kann man großartige Blicke über den See genießen.

■ Der Zufrittstausee

Der Zufrittstausee auf 1850 Metern Höhe erstreckt sich auf 70 Hektar. Er wurde bis 1956 angelegt und dient der Energiegewinnung; die durchschnittliche Jahresproduktion beträgt 230 Millionen Kilowattstunden. Die Bewohner der Region erinnern sich bis heute an die Flutkatastrophe vom 24. August 1987. Unge-

Der Zufrittstausee

wöhnliche starke und lang andauernde Regengüsse hatten damals im ganzen Vinschgau zu Geröllabgängen (Vermurungen) geführt und den Zufrittstausee bis an die Kante der Staumauer volllaufen lassen. Ein Schleusenwärter öffnete auf Anordnung seiner Dienststelle daher die Grundschleuse, ein kleines Tor ganz am unteren Rand der Staumauer, wie es auch bei anderen Stauseen existiert, um in Gefahrfällen Wasser in kleinen Mengen abzulassen. Doch das Tor ließ sich nach einer Stunde heftigen Wasserauslaufs nicht mehr schließen; angeblich war ein Stromausfall dafür verantwortlich. Eine Flutwelle mit 350 Kubikmeter Wasser pro Sekunde schoss ins Tal. 16 Häuser wurden mitgerissen, glücklicherweise gab es keine Toten, doch bis nach Latsch Zerstörungen. Die Kraftwerksgesellschaft wurde später der Fahrlässigkeit für schuldig befunden: nach Auffassung des Gerichts hatte sie das Wasser zu spät ablassen lassen.

■ Am oberen Talende

Hinter dem See geht es erst ziemlich eben den Plimabach entlang, dann erfolgt zum dritten Mal ein steiler, aber kurzer Anstieg der Straße. Danach ist

Der Vinschgau

Spezialitätenladen am ›culturamartell‹

der Gasthof ›Enzian‹ (2051 m) erreicht, wo der für den Kfz-Verkehr freigegebene Weg endet. Oberhalb des gebührenpflichten Parkplatzes trifft man auf eine gewaltige hufeisenförmige Ruine. Es ist das ehemalige Luxushotel ›Paradiso‹ (Albergo Sportivo Valmartello al Paradiso del Cevedale), das das Mussolini-Regime in den 1930er Jahren erbauen ließ. Gedacht war es für hohe Funktionäre aus Wirtschaft und Partei, der Bau sollte aber gleichzeitig eine Demonstration der ›Italianità‹ und des Faschismus in Südtirol sein. Der Bau diente nur kurze Zeit dem eigentlichen Zweck; 1943 konfizierte es die Wehrmacht, die es als Ferienheim für verdiente Offiziere nutzte. So war unter anderem Otto Skorzeny, der Befreier Mussolinis am Gran Sasso, hier nach seiner kühnen Tat vier Wochen zu Gast. Der Niedergang setzte nach dem Krieg ein. Ein Immobilienspekulant erwarb das Hotel 1952, renovierte und erweiterte es zunächst, zog sich aber bereits 1955 von allen Investitionen zurück. Danach

wurde das Hotel von den Talbewohnern nach und nach geplündert. Seit 1966 gehört es der Meraner Forst-Brauerei, die aber auch nicht weiß, was sie mit der riesigen Anlage anfangen soll.

■ Wanderungen rund um das ›Enzian‹

Vom Parkplatz (2088 m) am Gasthof Enzian kann man mehrere schöne Wanderungen beginnen. Nicht allzu anstrengend ist die Route über die **Zufallhütte** (2265 m) zur **Marteller Hütte** (2610 m), wenngleich es etwas Kondition erfordert. Oberhalb der Zufallhütte (Ende Feb. bis Ende Okt., Tel. 0473/744785, www.zufallhuette.com) kommt man an einer gewaltigen Mauer aus Steinblöcken vorbei, einer schon 1892 errichteten ›Talsperre‹, die das Martelltal vor den Fluten des Plimabachs schützen sollte. Knapp drei Stunden benötigt man für die einfachen Route auf gut ausgebauten Wegen zur Marteller Hütte (Mitte Juni bis Ende Okt., Tel. 0335/5687235, www.martelerhuette.com). Überragt wird der ganze Talboden vom Monte Cevedale (3769 m) und der ihm vorgelagerten Zufallspitze (Cima Cevedale, 3757 m), die zusammen ein gewaltiges Eistrapez bilden.

Vom Gasthaus ›Enzian‹ empfiehlt sich auch der Anstieg zum **Pederköpfli** (2585 m) mit seiner großartigen Aussicht. Es ist zwar eine teils steile Wanderung, doch verläuft sie überwiegend auf guten und markierten Wegen (Nr. 20 und 39). Über die Lyfialm (2165 m) und das Zufritthaus geht es dann über den Marteller Höhenweg zurück zum Gasthof. Für die Runde sollte man bei entspannter Wandergeschwindigkeit sechs Stunden ansetzen.

ℹ Das Martelltal

Rund 100 verschiedene Hotels, Pensionen, Ferienwohnungen etc. bieten die **VinschgauCard**. Sie ermöglicht die kostenlose

Fahrt mit der Vinschgerbahn und allen anderen öffentlichen Verkehrsmitteln in Südtirol sowie Ermäßigungen bei Seilbahnen, Museen und anderen Freizeiteinrich-

Karte S. 89

Der Vinschgau

tungen. Die VinschgauCard erhält man kostenlos bei den Übernachtungsbetrieben, sie gilt für die Dauer des Aufenthalts. **Vorwahl**: 0473.

Tourismusverein Latsch-Martell, Hauptstraße 38a, 39021 Latsch, Tel. 623109, www.latsch-martell.it.

Nationalpark-Besucherzentrum culturamartell, Trattla 246, 39020 Martell, Tel. 745027, www.culturamartell.com, Mitte April bis Ende Okt. Di–Fr 9–12 u. 14–18, Sa/So 14.30–18 Uhr. Thema: bäuerliches Leben und Arbeiten im Hochgebirge, die Berge als Kulturlandschaft.

🛏️ ✂️

Gasthof Bad Salt, Bad Salt 189, 39020 Martell, Tel. 744510, www.bad-salt.com, p. P. im DZ 23–25 €. Gutbürgerliche Küche.

Gasthof Martellerhof, Gand 39, 39020 Martell, Tel. 744528, www.martellerhof.com, p. P. im DZ 35–48 €.

Gasthof Stallwies, Waldberg 1, 39020 Martell, Tel. 744552, www.stallwies.com, p. P. im DZ 34–43 €. Beste Südtiroler Küche, Fleisch aus eigener Haltung.

Waldheim, St. Maria i.S. 16, 39020 Martell, Tel. 744545, www.waldheim.info, p. P. im DZ 40–50 €. Spezialität Wildgerichte und Erdbeeren.

Gasthof Enzian, Hintermartell 200, 39020 Martell, Tel. 744755, www.gasthof-enzian.it, p. P. im DZ 33–36 €, mit HP 43–46 €. Idealer Ausgangspunkt für großartige Bergtouren.

Gasthof Schönblick, Hintermartell 199, 39020 Martell, Tel. 744776, www.gasthof-schoenblick.it, p. P. im DZ 33–35 €. Ebenso ideal für Wanderungen ins Gletschergebiet um die Martellerhütte, gleich neben dem ›Enzian‹ gelegen.

Kapelle in Morter: April bis Okt. Fr/Sa 15–18 Uhr; die Öffnungszeiten der Burg, in der es eigentlich nichts zu sehen gibt, erfrage man beim Tourismusverband in Latsch (s.o.).

⏱️

Karte: Vinschgau-Val Venosta 1:50 000 (Kompass Wanderkarte Nr. 52). Interaktive Karte Vinschgau-Terra Raetica: maps.vinschgau.net.

Von Kastelbell zur Töll

Auch der tiefstgelegene Abschnitt des Vinschgaus – er erstreckt sich bis kurz vor die Tore Merans – ist voller Sehenswürdigkeiten; Landschaft und Baukunst gehen hier wie im oberen Tal eine wunderbare Symbiose ein. Und in der Proculuskirche von Naturns finden wir die ältesten Wandmalereien im gesamten deutschsprachigen Raum.

■ Kastelbell (Castelbello)

Zusammen mit dem östlich gelegenen Tschars bildet Kastelbell eine Doppelgemeinde. Berühmt ist der Kastelbeller Spargel. Die Spargelzeit beginnt, anders als in Deutschland, schon Mitte April und endet bereits Ende Mai.

Größte Sehenswürdigkeit ist **Burg Kastelbell**, die gegen 1240 auf einem Felsen hoch über dem Etschufer errichtet wurde. Zusammen mit der unweiten Burg Juval ist sie die architektonische Dominante des unteren Vinschgaus. Brände im 19. Jahrhundert zerstörten die Burg, doch wurde sie in den 1990er Jahren renoviert und als Veranstaltungsort hergerichtet. Eine Seilbahn fährt hoch nach **Trumsberg** (1433 m). Diese Siedlung ist auch mit dem Pkw erreichbar und ein guter Ausgangspunkt für Wanderungen, beispielsweise westwärts nach St. Martin am Kofel. Unbedingt sollte man nahe der Bergstation am Niedermoarhof mit seiner hofeigenen Metzgerei einkehren und die Landschaft auf der berühmten

Sonnenterrasse der Jausenstation genießen (Juni bis Okt. Di–So).
Von Kastelbell führt der **Latschanderwaalweg** nach Latsch. Der vielbegangene Weg führt gleich oberhalb der Burg vorbei (2,5 Std.). Von Latscher Bahnhof kann man mit der Vinschgerbahn oder einem Bus zurückfahren. Sehenswert ist auch die nahe gelegene **Ruine Hochgalsaun**, das östliche davon gelegene **Schloss Kasten** kann nur von außen besichtigt werden. Überhaupt bieten sich um Kastelbell eine Fülle von Waalwanderungen an, etwa Richtung Staben mit dem Schnalser und Stabener Waalweg.

■ **Schloss Juval**
Schloss Juval ist nichts weniger als eine der beeindruckendsten Burgen Südtirols. Diese romanische Anlage trägt einen vermutlich rätoromanischen Namen: ›juval‹ bedeutet in etwa ›drunten im Tal‹. Tatsächlich liegt die Burg am unteren Ende des Schnalstals, wenngleich hoch über dem Etschtal auf gut 1000 Meter Meereshöhe. Sie wurde um 1280 als landesfürstliche Burg erbaut und wechselte immer wieder die Besitzer. 1540 erwarb sie Hans Sinkmoser, der Landeskellerer von Tirol, nach 1581 die Familie Hendl,

Schloss Juval

Karte S. 89

Zu Schloss Kastelbell führt sogar ein Radweg

die im ganzen Vinschgau Güter besaß und die Burg immerhin bis in die Zeit der Tiroler Freiheitskriege behielt. 1815 mussten die Hendls die Burg verkaufen, die nun etwa für 100 Jahre verschiedenen vermögenden Bauernfamilien gehörte. Zu Beginn des 20. Jahrhunderts war sie bereits sehr verfallen, denn Teile des Mauerwerks waren für andere Bauten abgebrochen worden. William Robert Rowland (1869–1948), Halbösterreicher und vermögender Plantagenbesitzer in britischen Kolonialgebieten, kaufte die Burg 1914 und sanierte sie um 1925 unter großen Schwierigkeiten, da während der Kriegsjahre sein ausländisches Vermögen von den Engländern konfisziert worden war. Rowland gelang es dennoch, die Burg und die zu ihr gehörenden Ländereien und Bauernhöfe zu einem blühenden landwirtschaftlichen Betrieb auszubauen. Er verließ im Jahr 1939 jedoch Südtirol plötzlich und aus unbekannten Gründen und ließ sich in München nieder. Während der Kriegsjahre wurde die Burg von der SS in Besitz genommen, die hier Zwangsarbeiter beschäftigte. Nach dem Krieg war die Burganlage erneut in sehr schlechtem baulichen Zustand. Der Meraner Ingenieur Hans Klotzner kaufte sie 1954 und versuchte sie wieder bewohnbar zu machen. Der berühmte Extrembergsteiger Reinhold Messner erwarb sie 1983 und ließ sie als Wohnsitz für sich und seine Familie ausbauen; sie leben aber nur in den Sommermonaten hier. Aus der Vielzahl seiner im Himalaya gesammelten ethnologischen Kunstwerke stellte er eine Kollektion zusammen, die berühmte ›Tibetika‹. Aus dieser zunächst kleinen Sammlung entstand nach und nach das berühmte **Messner Mountain Museum** (MMM), das heute auf fünf Standorte in Südtirol verteilt ist. Einer davon ist Schloss Juval. Hier geht es innerhalb des MMM um den ›Mythos Berg‹. Thematisiert werden unter anderem heilige Berge der Welt und sakrale Gegenstände aus Riten asiatischer Bergreligionen. Es existiert zudem ein kleiner Bergtierpark, und Besucher können auch hofeigene Produkte erwerben. Schloss Juval und das MMM entlassen keinen Besucher unbeeindruckt. Am Schloss selbst gibt es keine Parkmöglichkeiten, deshalb bitte den Shuttle-Bus ab Parkplatz an der Hauptstraße benutzen.

Weitbekannt ist das Restaurant ›Schlosswirt‹ nur einige Gehminuten vom Schloss entfernt, eines der edelsten Lokale im Vinschgau.

■ Naturns (Naturno)

Der Ortsname lässt sich auf das keltische ›ana duron‹ zurückführen, was ›Siedlung am Sumpf‹ bedeutet. Tatsächlich existierte hier früher eine sumpfige Landschaft – die auf etwa 520 Metern Meereshöhe gelegene breite Etschniederung um Naturns wurde erst in den

Jahren vor dem Ersten Weltkrieg trockengelegt. Die günstigen klimatischen Bedingungen – über 300 Sonnentage jährlich –, die Nähe zum ganzjährig für den Wintersport nutzbaren Schnalstaler Gletscher sowie eine ausgezeichnete Wellness-Infrastruktur mit Erlebnisbad, schönen Wanderwegen, Tennisplatz und Paragleitmöglichkeiten machen die Großgemeinde Naturns mit ihren über 5000 Bewohnern zu einem der beliebtesten Touristenorte Südtirols. Naturns ist auch ein wichtiger Ausgangspunkt zu Touren in den Naturpark Texelgruppe, einem Bergmassiv, das oberhalb von Meran seinen Anfang nimmt und sich bis zur österreichischen Grenze zieht. Von den sieben Südtiroler Naturparks ist dieser der größte.

Weithin bekannt ist Naturns auch durch die kleine **St.-Proculus-Kirche** am östlichen Ortsrand. Der heilige Proculus, Schutzpatron des Viehs, war im 4. Jahrhundert Bischof von Verona. Ihm gelang es, den großen Christenverfolgungen unter Kaiser Diokletian zu entgehen. Er kehrte einer Legende zufolge zurück, um den Märtyrertod zu suchen, wurde aber als angeblich Verrückter vom Prokonsul aus der Stadt geworfen. Das Kircheninne-

St. Proculus in Naturns

Nur ein kleiner Teil der überreichen Fresken in der St.-Proculus-Kirche

re birgt die nachweislich ältesten Fresken des deutschen Sprachraums. Sie werden in das 7. und 8. Jahrhundert datiert und sind erst 1923 freigelegt worden. Oberhalb der Fresken, die die untere Hälfte der Wände schmücken, befinden sich weitere Wandgemälde, die aber einer späteren Epoche entstammen und wahrscheinlich erst Ende des 14. Jahrhunderts entstanden sind. Sie wurden erst durch die Abnahme anderer gotischer Fresken freigelegt. Die frühmittelalterlichen, unteren Darstellungen wirken trotz ihres Alters belebt, ungewöhnlich sind die verhältnismäßig groß dargestellten Augen. Berühmt ist die Darstellung an der Südwand mit dem ›Schaukler‹. Dabei handelt es sich um den heiligen Proculus, der von drei unter einem Dach befindlichen Männern beobachtet wird. Die Darstellung mit dem Seil bezieht sich gemäß einer Version von vielen auf die Flucht des Proculus aus Verona während der Christenverfolgungen: Er soll sich gleichsam an einem Seil schaukelnd über die Stadtmauer geschwungen haben. Gemäß einer anderen Lesart stellt der Schaukler den heiligen Paulus dar, der einst aus Da-

maskus geflohen war – ebenfalls mit Hilfe einer Schaukel über die Stadtmauer. Der Maler der Szene ist in der Perspektivenbehandlung nicht ganz sicher: Proculus´ Hände greifen am Seil vorbei, und in der Personengruppe links vom Schaukler hält die vordere Figur ein Tuch in der Hand, ohne es aber zu greifen.

Die Westwand zeigt Proculus als Hirt mit einem Stab in der Hand, als Beschützer des Viehs mit einer Rinderherde. Die Gesichter der Rinder sind voll Modernität, fast scheinen sie durch ihr Lächeln einem Comic entsprungen zu sein. Diese Szene ist aber größtenteils beschädigt, ebenso ist die Szene an der Nordwand kaum deutbar. Die Ostwand fällt durch ihr prachtvolles Flechtbandornament auf. Es zieht sich über den Triumphbogen hin und geht an den anderen Wänden in einen einfachen Mäander über.

Die gotischen Fresken oberhalb der karolingischen zeigen an der Nordwand den ›Zug der heiligen drei Könige‹, gotische Fresken befinden sich auch an der südlichen Außenmauer, die obere Hälfte stellt in sieben Bildern die Schöpfungsgeschichte dar, die etwas weniger deutlich erkennbare untere Reihe bringt Szenen aus dem Leben Adams und Evas.

Gleich bei der Kirche befindet sich auch ein unterirdisch angelegtes **Museum**, das archäologische Funde von Grabungen aus der Region zeigt sowie die erwähnten abgenommenen gotischen Fresken. Die **Pfarrkirche St. Zeno** ist ebenfalls sehr sehenswert. Sie entstand um 1480 vermutlich über einer karolingischen Kapelle und erhielt 1760 ihren barocken Zwiebelturm.

Auf dem **Ortsfriedhof** von Naturns an der St.-Proculus-Straße befindet sich ein Gefallenendenkmal mit den berühmten Fresken des Malser Malers Karl Plattner (1919–1986). Sie lösten 1951 durch ihre radikale Modernität einen Skandal aus. Die **St.-Oswald-Kirche** im Ortsteil Tschirland lohnt ebenso den Besuch. Sie ist im Innern barock ausgestattet, ungewöhnlich und einzigartig ist die bildnerische Darstellung der heilig gesprochenen Ärzte Cosmas und Damian in Ausübung ihrer Tätigkeit.

Burg Hochnaturns über dem Ort hat leider durch einige wenig gelungene Anbauten in ihrem Gesamteindruck verloren, anders ist es mit der **Burg Dornberg** (auch Tarantsberg genannt) an der rechten Talseite, die eine wuchtigen, mittelalterlichen Eindruck macht. Leider können beide Anlagen nicht besichtigt werden. Von ganz anderer Faszination ist der **Jugend- und Erlebnisbahnhof** im Ortsteil Staben. Hier kann man Draisinenfahrten machen, dazu gibt es eine kleine sogenannte Feldeisenbahn auf dem Gelände, und zwei alte Waggons der sogenannten Rhätischen Bahn sind zu ungewöhnliche Einkehrmöglichkeiten umgebaut worden. In **Plaus** sollte man unbedingt an der Friedhofsmauer haltmachen. Der zeitgenössische Künstler Luis Stecher hat an ihr einen modernen Totentanz-Zyklus geschaffen.

■ **Partschins (Parcines)**

Historisch gesehen endet der Vinschgau bei Partschins (Parcines). Der Ort auf 618 Metern besitzt einen schönen alten Kern und kann als Ausgangspunkt für Wanderungen ins nahe Zieltal dienen. Dort gibt es auf 1073 Metern Höhe den brausenden, 97 Meter hohen **Partschinser Wasserfall**. Bis kurz unterhalb von diesem gelangt man aber auch mit dem Pkw.

Der Traditionsweg der ›Meraner Waalrunde‹ bietet um Partschins viele Wandermöglichkeiten. Die Texelbahn fährt von Partschins auf den Giggelberg (1565 m), von wo man westwärts Richtung Naturns über den Meraner Höhenweg zur sogenannten Tausend-Stufen-Schlucht oder um das Zieltal herum auf dem gleichen Fernwanderweg zur **Tablander Alm** (1768 m) wandern kann. Der auf manchen Karten eingezeichnete Parkplatz am Greiterhof ist nicht mehr erreichbar: Die Zufahrtsstraße wurde am 2. August 2011 durch einen Felssturz verschüttet. Die sogenannte **Stachlburg** in Partschins besitzt einen Bergfried aus dem Jahr 1250, ihre anderen Teile stammen aus dem 14. bis 16. Jahrhundert. Sie befindet sich als Schlossweingut in Privatbesitz. Das **Schreibmaschinenmuseum** erinnert an Peter Mitterhofer (1822–1893), der im Ort zur Welt kam und als der Erfinder der ersten marktfähigen Schreibmaschine gilt. Er stellte sie 1866 in Wien vor und verkaufte sie an das Polytechnische Institut, das sie als Kuriosität erwarb. Leider versuchte Mitterhofer nicht, einen Fabrikanten für seine Erfindung zu gewinnen. Dafür brachte der amerikanische Waffenhersteller Remington 1873 mit großem finanziellen Erfolg eine Weiterentwicklung von Mitterhofers Modell heraus. Das wurde von Christopher Sholes hergestellt, der das Mitterhofer-Modell zusammen mit

Der Vinschgau

seinem Mitstreiter Samuel Glidden bei einem Wiener Besuch genau studieren konnte – dies jedoch immer leugnete – und kurz darauf nachbaute. Leider hat Mitterhofer von diesem finanziellen Erfolg nie einen Anteil erhalten und starb in bitterer Armut. Sholes´ und Gliddens Weiterentwicklung wäre nicht ohne die Basisarbeit des Tüftlers Mitterhofer denkbar gewesen.

Im Ortsteil **Rabland** stellt die **Eisenbahnwelt** die größte Modelleisenbahnanlage Südtirols dar. Auf 120 Quadratmetern Fläche sind verschiedene Südtiroler Städte und Landschaften im Maßstab 1:87 nachgebildet, zusätzlich gibt es weitere allgemeine Landschaftsnachbildungen. Im Ortsteil Bad Egart jenseits der Staatsstraße gibt es eine privates **k.-u.k.-Museum**, das sich der Habsburgermonarchie verschrieben hat. Direkt daneben kann man im beliebten Restaurant ›Onkel Taa‹ gepflegt speisen. Bad Egart, das nur aus wenigen Häusern besteht, existiert seit 1430 als nunmehr ältestes Heilbad Tirols. Die inzwischen museumsinterne Quellgrotte ist begehbar.

Am Gasthof Zollwirt, wo die **Töll** – beide Namen mit etymologischer Verwandtschaft – in die Etsch mündet, endet der Vinschgau. Danach geht es steil eine Geländestufe durch einen neuen Tunnel hinab nach Meran, das uns durch die eindrucksvollen historischen Bauten der Brauerei Forst am linken Straßenrand begrüßt.

■ **Aschbach**
Aschbach gehört verwaltungstechnisch schon zur Gemeinde Algund, liegt jedoch am Nordhang des Vigiljochs. Der winzige Weiler, nur über eine serpentinenreiche Straße aus dem Etschtal erreichbar, ist einer der stillsten Orte in der sonst sehr belebten Umgebung von Meran. Von ihm lässt es sich auf einem bequemen **Holz-Lehrpfad** hoch zum Vigiljoch (1743 m) spazieren und ein Abstecher zum weltverlorenen See Schwarze Lacke an der Seespitzhütte machen. Aschbach erreicht man jedoch am geeignetsten über die Kabinenseilbahn von Rabland aus.

■ **Die Texelgruppe (Gruppo di Tessa)**
Die Texelgruppe, eine Gebirgsgruppe, gehört zu den Ötztaler Alpen, liegt aber vollständig auf Südtiroler Gebiet. Sie wird im Westen vom Schnalstal und im Süden vom Etschtal begrenzt, im Osten reicht sie bis ans Passeiertal. Ihre höchste Erhebung ist das Roteck (3337 m). Einer der schönsten Alpenwanderwege, der Meraner Höhenweg, führt auf 90 Kilometer Länge um die Texelgruppe herum. Bequem ist er vom Schnalstal aus über das Pfossental zugänglich, ebenso bequem über das Plantal von Moos im Passeiertal aus. Der flächenmäßig größte Teil der Texelgruppe ist hochalpin und – wenn überhaupt – nur professionellen Bergsteigern zugänglich. Um die Texelgruppe liegt der 334 Quadratkilometer große Naturpark Texelgruppe.

ℹ Von Kastelbell zur Töll
Rund 100 verschiedene Hotels, Pensionen, Ferienwohnungen etc. bieten die **VinschgauCard**. Sie ermöglicht die kostenlose Fahrt mit der Vinschgerbahn und allen anderen öffentlichen Verkehrsmitteln in Südtirol sowie Ermäßigungen bei Seilbahnen, Museen und anderen Freizeiteinrichtungen. Die VinschgauCard erhält man kostenlos bei den Übernachtungsbetrieben, sie gilt für die Dauer des Aufenthalts. **Vorwahl**: 0473.
Tourismusverein Kastellbell-Tschars, Staatsstraße 5, 39020 Kastellbell-Tschars, Tel. 624193, www.kastelbell-tschars.com. **Tourismusverein Naturns**, Rathausstraße 1, 39025 Naturns, Tel. 666369, www.naturns.it.

▲ Karte S. 89

Der Vinschgau

Naturparkhaus Texelgruppe, Feldgasse 3, 39025 Naturns, Tel. 668201, Ende März bis Anf. Nov. Di–Sa 9.30–12.30 u. 14.30–18 Uhr, Juli bis Sept. auch So.

🛏 ✖

Schlosswirt, Juval 2, 39020 Kastelbell, Tel. 668056, www.schlosswirtjuval.it, in den Wintermonaten geschlossen. Ab 17.30 ist die Zufahrt vom Etschtal zu Schloss und Restaurant für Pkw geöffnet, während der Öffnungszeiten des Schlosses aber gesperrt.

k.-u.k.-Museum und Restaurant Onkel Taa, Bahnhofstraße 17, 39020 Töll-Partschins (Bad Egart), Tel. 967342, www.bad-egart.com, tgl. 12–16 u. 18.30–21 Uhr. Das ›Onkel Taa‹ ist äußerlich sehr ungewöhnlich: vollständig überwachsen und mit allerlei landwirtschaftlichem Gerät drapiert.

Panoramahotel Himmelreich, Klostergasse 15, 39020 Tschars, Tel. 624109, www.himmelreich.it, p. P. im DZ ab 39–45 €.

Pension Gstirnerhof, Spineidweg 5, 39020 Kastelbell, Tel. 624032, www.rolbox.it/gstirnerhof, p. P. im DZ 25–35 €.

Pension Panorama, Alte Straße 18, 39020 Kastelbell, Tel. 624183, www.pension-panorama.it, p. P. im DZ 35–48 €.

Gasthof Falkenstein, Schlossweg 15, 39025 Naturns, Tel. 667321, www.gasthof-falkenstein.com. Spezialitäten Schlachtplatten mit Knödel, Geselchtes mit Kraut, Haxen, hausgemachte Bauernwürste, Wild u.a. Südtiroler Köstlichkeiten. Eigenes, angrenzendes Weingut. Zimmerpreise auf Anfrage.

Unterkünfte ohne Restaurant:

Ferienwohnungen Baumgartenhof, Tabland 21a, 39025 Naturns, Tel. 0346/8463333, Preise auf Anfrage.

Pension Mair am Ort, Peter-Mitterhofer-Str. 17, 39020 Partschins, Tel. 967387, www.mairamort.it, p. P. im DZ 55–65 €. Sehr schöne Garni-Pension in einem alten Bauernhaus.

Schnatzhof, Sonnenberg 78, 39025 Naturns, Tel. 667744. p. P. im DZ 23 €, Ferienwohnung für 2–3 Pers. pro Tag 46–54 €.

Burg Kastelbell, Schlossweg 1, 39020 Kastelbell-Tschars, Tel. 624193 (Tourismusverein). Führungen zwischen Mitte Juni und Mitte Sept. Mi–Sa stündlich 14–17 Uhr, So zusätzlich um 10.30 Uhr. Weitere Termine auf Anfrage möglich, Infos beim Tourismusverein.

MMM Juval, Juval 3, 39020 Kastelbell, Tel. 0348/4433871 (nur während der Öffnungszeiten) bzw. 0471/633884, www.messner-mountain-museum.it. Ende März bis 30. Juni und 1. Sept. bis Anf. Nov. Do–Di 10–16 Uhr, Mi grundsätzlich geschlossen. Besichtigung nur mit Führung möglich.

Prokulus-Museum, St.-Prokulus-Str. (neben der Kirche), 39025 Naturns, Tel. 0473/673139, www.prokulus.org, Ende März bis Anf. Okt. Di–So 10–12.30 u. 14.30–17 Uhr, ab 15. Okt. 10–12.30 u. 14–17 Uhr. Feiertags ist grundsätzlich geöffnet.

Erlebnisbahnhof, Staben 34a, 39025 Naturns, Tel. 0349/4428248, www.eisenbahn.it/erlebnisbahnhof, Mai bis Ende Okt. So 14–18 Uhr, für Gruppen sind Termine nach Vereinbarung möglich. Info: Susanne Thurner, Tel. 0473/664004.

Schreibmaschinenmuseum, Kirchplatz 10, 39020 Partschins, Tel. 967581, www.schreibmaschinenmuseum.com und www.typewritermuseum.com, April–Okt. Mo 14–18, Di–Fr 10–12 u. 14–18, Sa 10–12 Uhr, Nov. bis März nur Di 10–12 Uhr. Mehr als 1200 Einzelstücke dokumentieren die Entwicklungsgeschichte des Schreibmaschinenbaus.

Eisenbahnwelt, Geroldplatz 3, 39020 Partschins-Rabland, Tel. 521460, www.eisenbahnwelt.it, tgl. 10–17 Uhr, im Winter nur So, zwischen Weihnachten und 6. Januar tgl. geöffnet.

Waldcamping, Dornsbergweg 8, 39025 Naturns, Tel. 667298, www.waldcamping.com.

Vinschger Bauernladen Juval, Hauptstraße 78, 39025 Naturns, Tel. 667723, www.bauernladen.it. Von Vinschgauer Bauern

als Direktvermarkter werden Produkte wie Speck, Wurstwaren, Milchprodukte, Brot und Früchte angeboten.

Karte: Kompass Wanderkarte Südtirol Nr. 699, 1:50 000, Blatt 1.

Das Schnalstal (Val di Senales)

Das Schnalstal (Val di Senales), oft nur als ›die Schnals‹ bezeichnet, zieht sich auf 22 Kilometer Länge in nordwestlicher Richtung von Staben an der Westseite der Texelgruppe entlang. Sein tiefster Punkt liegt auf 550 Metern Meereshöhe an der Einmündung des Schnalser Bachs in die Etsch, sein höchster beim Wintersportzentrum Kurzras auf 2011 Metern. An seiner tiefsten Stelle wirkt das Tal wie eine ungeheure Schlucht, düster überragt von Schloss Juval. Erst 1880 baute man eine Straße in das bis dahin sehr abgeschiedene Tal.

Das Schnalstal ist seit Jahrtausenden von Jägern und Hirten besiedelt, und traditionell erfolgt seit uralten Zeiten der Schaftrieb durch das Schnalstal (immaterielles UNESCO-Erbe), und nicht zuletzt beweist das Auffinden des ›Ötzi‹ die uralte Besiedlung der Ötztaler Alpen und ihrer Täler.

Durch den jährlich viermal stattfindenden Schaftrieb können die Bauern aus dem Schnalstal und dem Vinschgau ihre Weiderechte im hinteren Ötztal oberhalb von Vent – bei Sölden in Österreich – nutzen. Im Juni und im September werden über zwei Routen tausende von Schafen auf einer Strecke von über 40 Kilometern Länge bei einem Aufstieg von 3200 Höhenmetern und einem Abstieg mit 1800 Höhenmetern über den Ötztaler Hauptkamm zu den Sommerwei-

degebieten getrieben – ein gefahrvolles Unterfangen für Tiere und Hirten.

Das Örtchen **Katharinaberg** (Monte St. Catarina) auf 1245 Metern bietet sich für verschiedene Rundwanderungen an. Vom Parkplatz Obervernatsch kann man zu Fuß ein kleines Stück in die hochalpinen Regionen der Texelgruppe eindringen und zur 2095 Meter hoch gelegenen Oberen Mairalm (auch Moaralm genannt) wandern. Sie ist allerdings auch in der Saison nur unregelmäßig bewirtschaftet.

■ Karthaus (Certosa)

In dem ungewöhnlichen Dorf Karthaus (Certosa) oberhalb der Hauptstraße befindet sich die äußerich seltsam veränderte **Kartäuserklause Allerengelberg,** 1326 gegründet und durch Kaiser Joseph II. 1782 aufgehoben. Nach der Aufhebung wurden die leeren Gebäude nach und nach von Bergbauern in Besitz genommen, so dass gleichsam ein Dorf innerhalb der Klosteranlage entstand. Allerdings brannte der ganze Ort 1924 ab, so dass die alte Klosteranlage nur noch in Resten vorhanden ist. Der geräumige Hauptplatz des Dorfs ist der einstige Klosterhof, auch bestehen unter der Pension ›Santer‹ noch die Kreuzgänge, der Gasthof ›Grüner‹ ist das frühere Prioratsgebäude. Überall in den neu erbauten Häusern tauchen ehemalige Konsolsteine auf, und die Pfarrkirche und die ehemalige Gesindekirche wurden aus alten

Karte S. 89 ▲

Klostersteinen neu errichtet. Auch die Klostermauer existiert noch. Es scheint, dass das mittelalterliche Kloster mit seiner Abgeschiedenheit nur äußerlich nicht mehr existiert, sein Odem aber weiterhin über das Land weht. Im Karthaus von heute, so formuliert es Christjan Ladurner, »gibt es kein Entkommen. Die Ruhe überfällt den Besucher, um ihn in andere Zeiten und Welten zu entführen.«

Von Karthaus kann man über den **Schnalser Wanderweg** in etwas über sechs Stunden oberhalb des Vernagtstausees bis nach Kurzras gehen. Die Tour auf gut markiertem Weg ist nicht allzu anstrengend.

■ **Das Pfossental (Val di Fosse)**

Von Karthaus kann man mit dem Auto noch einige wenige Kilometer ins Pfossental bis zum Parkplatz Vorderkaser am Gasthof ›Jägerrast‹ (1693 m) fahren. Hier beginnt der großartige **Almerlebnisweg Pfossental**, der sich weiter durch das enge Tal bis zur Eishofalm (2076 m) emporzieht. Er ist ein Teilstück des erwähnten Meraner Höhenwegs. Oberhalb der Eishofalm – hier existiert auch ein Gasthaus – wird er zu einem Archäologie-Wanderweg und zieht sich über den Gipfel des Eisjochl mit der Stettiner Hütte (2875 m) hinunter ins Pfelderer Tal. Bis zum Eishof braucht man knapp zwei Stunden, nochmals wenigstens drei zur Stettiner Hütte (www.stettiner13h.de). Alle drei Gasthäuser sind ab Mai bis Ende September bewirtschaftet. Bis zum Eishof gibt es keine großen Schwierigkeiten, danach jedoch sind Bergerfahrung sowie geeignete Kleidung und auch Ausrüstung erforderlich.

■ **Unsere Liebe Frau in Schnals**

Der kleine, aber in Südtirol bekannte Wallfahrtsort Unsere Liebe Frau in Schnals (1508 m) besitzt eine 1748

barockisierte, ursprünglich spätgotische **Kirche**. Die 20 Zentimeter hohe Gnadenstatue am Hochaltar ist frühgotisch. Alljährlich am 15. August (Maria Himmelfahrt) tragen die Bauern die Monstranz durch die Fluren.

Der **Archeopark** im Ort ist ein interaktives Archäologiemuseum und widmet sich besonders dem Gletschermann ›Ötzi‹. Gut auch für Familien mit Kindern ist der Spaziergang zur Mastaualm (1810 m) geeignet. Man läuft auf einer Asphaltstraße bis zum Mastaunhof und dann auf einem Schotterweg bis zur Alm (tgl. Anf. Juni bis Ende Oktober, Hinweg 1,5 Std.). Das einsame Mastauntal mit seinen verträumten Naturschönheiten ist ein Geheimtipp.

■ **Vernagt**

Nach Unsere Liebe Frau erreicht man auf 1689 Metern Höhe den **Vernagtstausee**. Seinem Bau zu Beginn der 1960er Jahre fiel die Hälfte des Ortes Vernagt zum Opfer. Eine Druckleitung bringt das Wasser mit einem Gefälle von 1100 Metern hinab nach Naturns.

Von Vernagt aus kann man eine hochalpine, anstrengende Tour unternehmen. Sie führt zur Fundstelle des **Ötzi**, des ›Mannes vom Similaun‹. Dazu muss man durch das Tisental zum 3210 Meter hoch gelegenen Tisenjoch emporsteigen (5 Std.).

Von Vernagt kann man an der Ostseite des Tals bis Kurzras wandern und passiert dabei die höchstgelegenen Höfe Südtirols (3,5 Std.). Besonders berühmt ist der Finailhof mit seiner ganzjährig geöffneten Jausenstation; ihn kann man auch mit dem Pkw erreichbar. Auf 1952 Metern gelegen, war er einst der höchstgelegene Kornhof Europas. Korn wächst heute in dieser Höhe nicht mehr. Der Stausee hat das Mikroklima verändert, was für die Landwirtschaft große Probleme und so auch den Exodus vieler Bauern zur Folge hatte.

Die Sage erzählt vom Tiroler **Herzog Friedrich IV**. (1382–1439) ›mit der leeren Tasche‹, der hier 1415 auf der Flucht aufgenommen wurde. Da er in den religiösen Wirren, die in jener Zeit im Alpenraum herrschten, den Gegenpapst Johannes XXIII. unterstützt hatte, sprach Kaiser Sigismund über ihn die Acht aus; er verlor Teile seiner Ländereien und wurde durch kaiserliches Dekret gesucht. Später konnte er seine Macht wieder ausbauen.

■ Kurzras (Maso Corto)

Ein reiner Touristenort mit fast synthetischem Flair ist Kurzras (2011 m). Hier befindet sich am Berg Grawand ein beliebtes, ganzjähriges Skigebiet. Zu ihm gelangt man mit der berühmten, 1975 eröffneten Gletscherbahn. Die höchstgelegene Seilbahn Südtirols mit Bergstation auf 3212 Metern entstand durch Privatinitiative von Leo Gurschler, der gleichzeitig in Kurzras einen großen Hotelkomplex errichtete. Doch Gurschlers Imperium ging 1982 aus nie geklärter Ursache in Konkurs, und der 36jährige Unternehmer verübte 1983 Selbstmord. An ihn erinnert in Kurzras seit 2007 ein Denkmal, da er sich um die Gemeinde verdient gemacht hatte.

Von Kurzras aus werden auch viele geführte Wanderungen angeboten, unter anderem zur Fundstelle des Ötzi, zur Geologie der Region, zur Lazaun-Hochebene, es gibt auch verschiedene Wanderungen besonders für Familien mit Kindern (Info unter www.schnalstal.com). Wer einen individuellen, unvergesslichen Ausflug unternehmen möchte, sollte eine Tour zur Schutzhütte Schöne Aussicht (2846 m) unterhalb des Hochjochs unternehmen. Der Weg ist markiert, doch kann oberhalb von 3000 Metern die Luft

schon recht dünn sein. Zunächst geht es mit der Gletscherbahn hoch zum Berghotel ›Grawand‹ (3251 m), wo es an der Bergstation die **Ötzi Show Gallery** gibt, eine multimediale Schau, bei der man bei freiem Eintritt alles über den berühmten Gletschermann erfährt und ihn sogar als lebensgroße Nachbildung, wie er zu Lebzeiten ausgesehen hat, voll Staunens betrachten kann.

Vom Berghotel Grawand steigt man unterhalb der Grauen Wand teils über Leitern hinab und wieder hinauf zum Gletschersee, wo die Hütte schon in Sicht kommt. Ganz Unentwegte können direkt von Kurzras auf direktem Weg aufsteigen. Vom Berghotel ›Grawand‹ gibt es die Möglichkeit, bis kurz unterhalb der Hütte mit einem Sessellift weiter nach oben zu fahren, doch ist dieser Lift zumindest im Sommer nur in Teilstrecken und unregelmäßig in Betrieb. Man informiere sich dazu beim Tourismusverband. Viel besucht ist die Schöne Aussicht im Frühsommer und September, wenn hier die Schafherden hinüber ins Venter Tal ziehen oder zurückkehren. Auf dieser Trasse – auf der österreichischen Seite, am und auf dem Rofenhof oberhalb von Vent – wurde der berühmte Film ›Die Geierwally‹ (1940) gedreht.

Wenn die Kondition ausreicht, kann man von der Schönen Aussicht noch hoch zum Berg Am Hintern Eis (3269 m) aufsteigen. Der Höhenunterschied von 400 Metern ist vergleichsweise gering, der Anstieg nicht allzu steil. Grandios sind die Ausblicke zum Gletscher des Hinterferners, zur Finailspitze, zur Grawand und zur Schwarzen Wand. Die Tour auf markierten Pfaden durch Blockmeere und Schutthänge sollte nur von Geübten und keinesfalls bei schlechter Witterung gemacht werden! 3,5 Stunden braucht man von der Schönen Aussicht hin und zurück.

Karte S. 89

▲

Die Gletschermumie ›Ötzi‹

Ein Mann, um die 45 Jahre alt und etwa 1,60 bis 1,65 m groß, vermutlich von gehobener sozialer Stellung, war im Frühjahr – mit ziemlicher Sicherheit von Süden her – an einem schönen Sonntag ins Gebirge hochgestiegen, hoch auf den Kamm zwischen Ötz- und Etschtal in der Nähe des 3600 Meter hohen Similaun. Warum er das getan hatte, ist unklar; wahrscheinlich befand er sich auf der Flucht. Er hatte wohl eine Auseinandersetzung hinter sich, denn einige seiner Rippen waren gebrochen und nur schlecht verheilt. Bekleidet war der Mann mit einer braun-weißen Felljacke, verschiedene Schaffellstücke waren zu einer Hose vernäht. Um die Hüften trug er einen ledernen Gürtel, der auch einen Lendenschurz festhielt. Die Schuhe des Mannes waren von Rindsleder mit einer Sohle aus Bärenfell, dessen Haarseite sich innen befand. Ein umlaufendes gesticktes Lederband hielt Schaft und Sohle zusammen. Im Inneren der Schuhe befand sich eine Einlage aus getrocknetem Gras, wohl gegen die Kälte. Der Mann trug eine Mütze aus Wolfsfell und führte ein Kupferbeil und einen 1,80 Meter langen Bogen aus Eibenholz sowie 14 Pfeile mit sich. Außerdem hatte er einen Dolch mit einer fein gearbeiteten Feuersteinklinge dabei sowie eine Rückentrage, an der vermutlich ein Fellsack befestigt war.

Der Mann wurde in den Bergen in einen Kampf mit einem Mensch oder einem Tier verwickelt und erlitt dabei Hautabschürfungen. Danach nahm er eine Mahlzeit zu sich. Wenig später traf ihn von hinten ein Pfeil. Der drang unterhalb des linken Schulterblattes ein und riss eine große Arterie auf. Der Mann stützte zu Boden, schlug mit seinem Kopf auf einen Stein auf und erlitt eine Gehirnblutung. Rasch war er an inneren Blutungen gestorben.

Der Mörder ließ seinem Opfer die Habe, sogar das teure Kupferbeil. Wahrscheinlich war der Angriff ein Racheakt. Einsetzender Schneefall deckte den Toten rasch zu, der Dauerfrost verhinderte den Zerfall des Körpers, der langsam entwässerte und vertrocknete. Rund 5500 Jahre blieb der Leichnam unentdeckt.

Am 19. September 1991 befand sich das Ehepaar Helmut und Erika Simon auf einer Bergwanderung. Am Tisenjoch nahe des Hauslabjochs fanden die beiden die Mumie in einer Felsmulde; eine ungewöhnlich lang anhaltende Warmwetterperiode hatte den Leichnam vom Eis befreit. Zunächst war weder Findern noch den herbeigerufenen Bergern klar, dass es sich um eine bedeutsame archäologische Entdeckung handelte. Ein Polizist hackte die Leiche mit einem Pickel aus dem

Rekonstruktion des ›Ötzi‹ im Südtiroler Archäologiemuseum

Eis frei, wobei die Hüfte des Toten beschädigt wurde. Am 23. September ließ das gerichtsmedizinische Institut der Universität Innsbruck die Leiche bergen. Der freigelegte Körper wurde in einen Sack verpackt, dabei wurde der Bogen zerbrochen, da er nicht in den Sack passen wollte. Als die Mumie in Vent im österreichischen Söldental eingesargt werden sollte, brach ihr der Bestatter den Arm, um den Sarg überhaupt schließen zu können – denn der getrocknete Arm stand vom Körper ab.

Fast hätte die Innsbrucker Gerichtsmedizin den Körper zur Bestattung freigegeben, da bei Leichen, die zweifelsfrei länger als 100 Jahre tot sind, kein Eingreifen der Justiz erforderlich ist. Glücklicherweise konnten Wissenschaftler des Prähistorischen Instituts der Innsbrucker Universität, die von dem Fund erfahren hatten, die Bestattung verhindern. Nun begann eine pathologische Untersuchung des Körpers, der fast unversehrt und vollständig war – merkwürdigerweise fehlten nur Penis und Hoden. Man stellte unter anderem Bandscheibenabnutzung fest, starke Abnutzung der Zähne, Gallensteine und Arteriosklerose. Die DNA zeigte, dass der Mann aus Mitteleuropa stammte, Pollenuntersuchungen und Isotopenanalysen etwa des Zahnschmelzes ließen den Schluss zu, dass er aus dem Schnalstal stammte.

Bergung und Untersuchung der Leiche waren von österreichischen Stellen durchgeführt worden, doch plötzlich meldete Italien Rechte auf den ›Mann von Similaun‹ an. Eine sorgfältige Vermessung von Fundort und Grenzverlauf ergab, dass der Fundpunkt der Mumie 93 Meter südlich der österreichisch-italienischen Grenze lag. Damit wurde ›Ötzi‹, wie die Mumie schnell genannt wurde, italienischer Staatsangehöriger. So kam Ötzi vom Tiroler Landesmuseum in Innsbruck nach Bozen. 1997 wurde extra dafür das ehemalige Gebäude der österreichisch-ungarischen Nationalbank in ›Südtiroler Archäologiemuseum‹ umbenannt und umgestaltet, sein erstes Obergeschoss wurde dabei zu Ötzis letzter Ruhestätte. Allerdings kann von Ruhe nicht die Rede sein, da täglich Tausende von Besuchern die Mumie in ihrer auf minus 6,5 Grad gekühlten Panzerglaszelle betrachten können. Drei Techniker und ein Pathologe bewachen das Kühlsystem. Verändert sich die Temperatur um nur ein Grad, setzt Alarm ein; bei zwei Grad beginnt Alarmstufe zwei; bei einem Stromausfall schaltet sich ein besonderes Notaggregat ein; sollte dieses ausfallen, ein drittes; sollte auch dieses nicht funktionieren, ein viertes.

Um die Mumie entwickelte sich ein teilweise skurriler Kult. Die österreichischen Schwulenverbände verbreiteten die Nachricht, dass in Ötzis Hintern steinzeitliches Sperma nachgewiesen worden sei, was zur Folge hatte, dass zehn Österreicherinnen davon geschwängert zu werden wünschten. Eine Frau aus Hildesheim stellte sich als Wiedergeburt Ötzis vor und gab vor, immer mit ihm in Kontakt zu stehen. Es ist wohl als normal zu bezeichnen, dass sich auch ein ›Fluch des Ötzi‹ bilden konnte. Mysteriöserweise, wie manche sagen, sind alle sieben Personen – einschließlich der beiden Finder und der Polizeibeamten von 1991 –, die die Mumie als erste zu Gesicht bekamen und sie berührten, eines eher ungewöhnlichen Todes gestorben. Der erfahrene Alpinist Helmut Simon verunglückte am 15. Oktober 2004 am Gamskarkogel im Gasteinertal im Salzburgischen, an einer Stelle, die als nicht gefährlich galt. Das alles hat manche nachdenklich werden lassen.

Das Finderehepaar führte übrigens einen langjährigen – und in der Öffentlichkeit sehr umstrittenen – Rechtsstreit um Finderlohn auf Ötzi, der fast 20 Jahre andauerte. Erika Simon erhielt 2010 schließlich 175 000 Euro zugesprochen.

Das Schnalstal

Rund 100 verschiedene Hotels, Pensionen, Ferienwohnungen etc. bieten die **VinschgauCard.** Sie ermöglicht die kostenlose Fahrt mit der Vinschgerbahn und allen anderen öffentlichen Verkehrsmitteln in Südtirol sowie Ermäßigungen bei Seilbahnnen, Museen und anderen Freizeiteinrichtungen. Die VinschgauCard erhält man kostenlos bei den Übernachtungsbetrieben, sie gilt für die Dauer des Aufenthalts. **PLZ**: 39020 (Schnals).

Vorwahl: 0473.

Tourismusverein Schnalstal, Karthaus Nr. 42, Tel. 679148, www.schnalstal. it bzw. www.schnalstal.com. Hier kann man auch den berühmten ›ipotsch‹ erwerben, den traditionell im Schnalstal in Handarbeit hergestellten Filzpantoffel (www.ipotsch.it).

Restaurant Grüner, Karthaus, Tel. 679104, www.restaurant-gruener.com. Der Wirt schuf mit ›glacisse‹ eine eigene Kosmetik-Linie, die u.a. mit winzigen Partikeln aus gestoßenem Glimmerschiefer und Quellwasser hergestellt wird (www.glacisse.com). **Hotel Goldene Rose**, Karthaus 29, Tel. 679130, www.goldenerose.it, p.P. im DZ ab 78 €. Edles Vier-Sterne-Hotel, puristischer Luxus ohne bunten Zauber.

Hotel-Gasthof Oberraindlhof, Raindl Nr. 49, Tel. 679131, www.oberraindlhof. com, p.P. im DZ ab 52 €. Restaurant vom Gault-Millau ausgezeichnet.

Hotel Schwarzer Adler, Unsere Liebe Frau Nr. 26, Tel. 669652, p.P. im DZ ab 62 €, www.adlernest.com. Mit elegantem Wellnessbereich.

Oberniederhof, Unser Frau 34, 39020 Schnalstal, Tel. 669685, www.ober niederhof.com. Urlaub auf dem Bauernhof in historischem Anwesen. Hofladen mit Produkten aus eigener Herstellung. Lehrveranstaltungen für Kinder zur Landwirtschaft, über den Hof wird oft in Radio und TV berichtet. Preise auf Anfrage.

Schutzhütte Schöne Aussicht, Kurzras, Tel. 662140, www.schoeneaussicht.it; auf 2845 Metern gelegen, sommers wie winters eine der individuellsten Übernachtungsmöglichkeiten. Gepäck wird separat über eine Materialseilbahn transportiert. Höchstgelegene Sauna Europas, Schlafen kann man im Winter u.a. in besonderen Iglus. Preise auf Anfrage.

Archeopark, Unsere Liebe Frau Nr. 163, Tel. 676020, www.archeopark.it, Mitte April bis Anf. No. Di–So 10–18 Uhr (30.6.–7.6. 2014 aus organisatorischen Gründen geschlossen).

Karte: Kompass Wanderkarte Nr. 699 Südtirol 1:50 000, Blatt 1.

Der Vinschgau

Am Vernagtstausee

Die Landschaft von Meran zieht alle wunderbaren Gegensätze
dieses Himmelsstrichs zusammen: der Talgrund liegt nicht
einmal 300 Meter über dem Meer, in einer jähen Hebung steigt
das Gebirge bis auf Dreitausend hinan, und hier drängt sich
der Alpenhauptkamm bis dicht an den tiefen Trog der Etsch.
Ewiger Schnee und sturmdurchfegte Felsenregionen blicken
unmittelbar in subtropische Gartenparadiese nieder – hier scheint
ein ganzer Kontinent auf engem Raum versammelt: Skandi-
navien und die Riviera, eisige Wüste und zärtliches Blütenland.

Gertrud Fussenegger in ›Am Südhang der Alpen‹ (1959)

Schloss und Gärten Trauttmannsdorf

MERAN
UND SEINE UMGEBUNG

Meran (Merano)

»Schöneres wie Meran ist kaum zu denken, höchstens Meran im Frühling, wenn die Obstbäume blühen.« So schwärmerisch urteilte Stefan Zweig 1910. Besonders der zweite Teil dieses Satzes gilt ohne Einschränkung auch heute noch. In der traditionsreichen, auf 325 Meter Meereshöhe liegenden Kurstadt mit ihren knapp 38 000 Bewohnern trifft sich sich seit der Mitte des 19. Jahrhunderts die große Welt. Das milde Klima mit pro Jahr durchschnittlich 300 Sonnentagen wie auch die landschaftlichen Reize seiner Umgebung machen Meran zu einem sehr attraktiven Ort.

Aus der Stadtgeschichte

Bereits in der Römerzeit bestand auf dem Boden des späteren Meran eine Siedlung, allerdings auf dem linken Passerufer, wo sich heute die Stadtteile Untermais (Maia Bassa) und Obermais (Maia Alta) befinden. Die Namen ›Mais‹ bzw. ›Maia‹ gehen dabei auf noch ältere rhaetische Flurnamen zurück. Die Römer errichteten an der strategisch wichtigen Stelle der Mündung der Passer in die Etsch die Zollstation Maiensis. Deren genaue Lage konnte bis heute trotz einiger archäologischer Funde nicht ermittelt werden. Um Maiensis erwuchs alsbald eine kleine Siedlung namens Mairania. Dieser Name geht auf das altrömische Wort ›mara‹ zurück, was ›Bergrutsch‹ bedeutet. Daraus wurde der Begriff ›Mure‹. Denn die Römer wussten, dass ein solcher Schuttkegel den Untergrund ihrer Siedlung bildete. Im Namen der heutigen Stadtteile Ober- und Untermais lebt diese Siedlung fort.

Aus Passau kam in 5. Jahrhundert der Missionsbischof Valentin in die Region. Er starb 470 und wurde in der Kapelle der späteren Zenoburg bestattet, die damals ›castellum maiense‹ hieß. Seine Gebeine wurden aber gegen 800 wieder nach Passau gebracht. Nach dem Untergang des Weströmischen Reiches gelangte das wegen seiner reichen Wein- und Obstkultur bedeutende Land an Passer und Etsch zunächst an die Ostgoten, dann wurde es dem Imperium Karls des Großen eingegliedert.

Urkundlich wird ein Ort ›Mairania‹ erstmals 857 erwähnt. Das Meraner Gebiet wechselte im frühen Mittelalter oft die Besitzer: Nach dem Aussterben der Karolinger wurde es welfisch, der römische Kaiser Konrad II. erkannte den Welfen um 1030 jedoch ihr Gebiet ab – die Welfen hatten sich vorher mit seinem aufständischen Stiefsohn Ernst von Schwaben verbündet – und übertrug das spätere Südtirol als Lehen den Bischöfen von Brixen und Trient. Der Vinschgau und das Meraner Gebiet, die anfangs territorial den Bischöfen von Chur gehörten, kamen dabei unter die Herrschaft der Trienter Bischöfe, die zur Landesverwaltung angesehene Adelige als Vögte einsetzten. Die Gläubigen – zumindest im Gebiet westlich der Passer – blieben trotz aller dieser Entwicklungen bis 1816 dem Bistum Chur angehörig, östlich der Passer dem Bistum Aquileja.

Bis zum Beginn des 12. Jahrhunderts blieb das spätere Meran zunächst ein eher unbedeutender Ort. Erst ab 1140 setzte ein größerer Schub in der Stadtentwicklung ein, als auf einem markanten Hügel beim Dorf Tirol eine fürstliche Burg erbaut wurde. Bauherren waren die Grafen von Tirol, die nach und nach das ganze spätere Tirol den Trienter Bischöfen entreißen und unter ihre unmittelbare Herrschaft bringen konnten. Meran, am Fuß des Hügels gelegen, wuchs dabei zu einem wichtigen Verwaltungssitz heran.

▲ Karte S. 117

Burgen anderer Adelsfamilien entstanden in der näheren Umgebung. Die Bezeichnung Burggrafenamt für die nähere Umgebung Merans rührt davon her.

Unter Graf Meinhard II. (1238–1295), der durch seine Unterstützung König Rudolfs von Habsburg im Kampf gegen den Böhmenkönig Ottokar zum Reichsfürsten erhoben wurde, erreichte diese positive Entwicklung ihre Blütezeit. Meran wurde ausgebaut, mit Mauern umgeben und erhielt 1317 die Stadtrechte. Die Bevölkerung wuchs, zahlreiche Kirchen wurden errichtet und Handelsprivilegien vergeben. In diesem Zusammenhang entstand die Laubengasse als zentraler Handelsort in der Stadt. Meran war zu einer repräsentativen Hauptstadt einer politisch besonders bedeutenden

Grafschaft geworden. Bedeutung hatte sie auch dadurch, dass der Weg für die deutschen Herrscher nach Rom stets durch Tirol führte. Meinhards Tochter Elisabeth heiratete übrigens den deutschen König Albrecht I. aus der Familie Habsburg, womit sie zur Stammmutter aller nachgeborenen Habsburger wurde. Aber Meinhards Sohn Heinrich (1270–1335) gelang es nicht, den Wohlstand zu mehren. Sein aufwändiger Regierungsstil schwächte das Land. Insbesondere brachte der große Stadtbrand 1339 einen großen Rückschlag. Auch Heinrichs Tochter Margarete (1318–1369), mit dem Beinamen ›Maultasch‹ immer als hässlich geschmäht – was sie überhaupt nicht war –, gelang es nicht, an die Blütezeiten Meinhards anzuknüpfen.

Meran und seine Umgebung

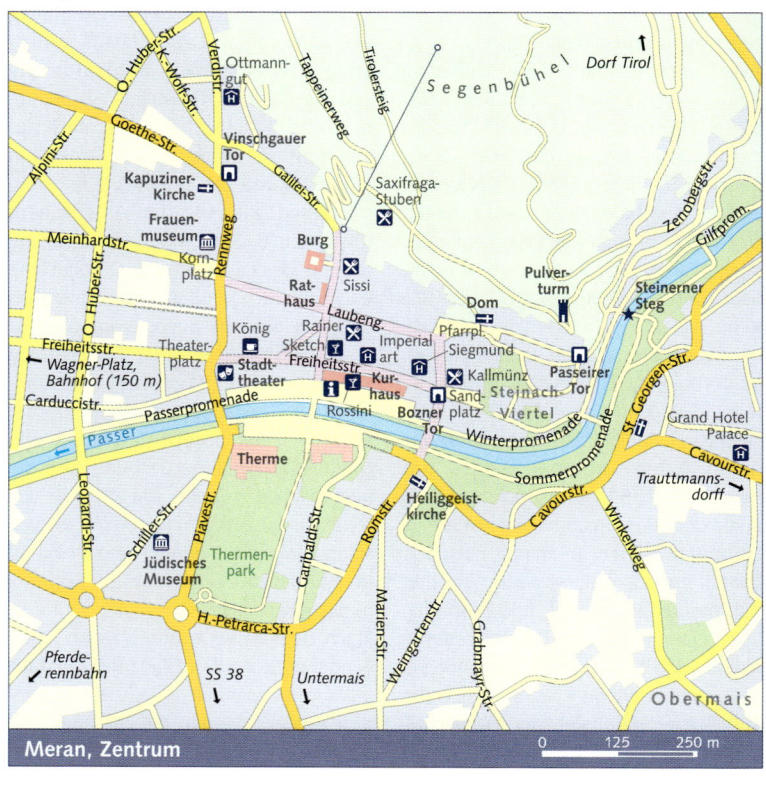

Meran, Zentrum

Ihre Regierungszeit war von zu vielen Wirren begleitet. Sie dankte 1363 nach dem Tod ihres einzigen Sohnes ab und übergab Tirol an ihre nächsten Verwandten, die Habsburger. Herzog Leopold III. von Habsburg stattete Meran nochmals mit landesfürstlichen Privilegien aus, doch verlegte man die landesfürstliche Residenz 1420 von Schloss Tyrol nach Innsbruck, vermutlich wegen der ein Jahr zuvor erfolgten großen Passerüberschwemmung, die große Teile Merans zerstört hatte. Das verkehrsgünstig gelegenere Bozen erhielt in jenen Jahren nun ebenfalls Handelsprivilegien. Damit begann Merans rascher Abstieg, obwohl es formell noch bis 1848 offiziell Tiroler Hauptstadt blieb.

Dieser Niedergang dauerte bis ins 19. Jahrhundert an. Merans Bewohner fristeten recht und schlecht ihr Dasein als Ackerbürger. Berühmt ist die Schilderung eines Reisenden aus dem Jahr 1780, der erschüttert war, dass sich 150 Kühe durch die Gassen der einst so vornehmen Stadt zwängten – sie wurden einfach innerhalb der Mauern gehalten. Doch 1836 begann Merans erneuter Aufstieg. Der Wiener Arzt Dr. Josef Huber veröffentlichte einen Artikel über das Klima Merans und die Fruchtbarkeit seiner Umgebung und die daraus folgende hervorragende Eignung als Kurort. Bereits 1838 kam Kaiser Ferdinand I. als Kurgast. Schnell bildete sich ein bestens organisierter Kurbetrieb heraus, und bereits um 1860 war Meran zum Treffpunkt der Adeligen und Reichen aus ganz Europa geworden. In Meran gekurt zu haben, galt als ›chic‹. Kaiserin Sisi hielt sich mehrmals hier auf, und besonders in den Jahren vor dem Ersten Weltkrieg herrschte in Meran eine Blüte ohnegleichen. Rainer Maria Rilke hielt sich hier auf, Arthur Schnitzler, der ein leichtes Lungenleiden zu kurieren versuchte, lern-

te seine Geliebte Olga Waissnix in Meran kennen. »So bedrückend schön, wie hier, ist's sonst nirgends auf der Welt« – so Olga voller Begeisterung über die Stadt. Franz Kafka und Christian Morgenstern suchten hier Heilung von der Tuberkulose. Doch bei Morgenstern war sie schon so weit fortgeschritten, dass er 1914 während eines Heilaufenthaltes in Meran starb.

Als die Stadt zusammen mit ganz Südtirol 1919 an Italien kam, kam es in Meran – anders als in der neuen Provinzialhauptstadt Bozen – insbesondere nach dem Beginn des faschistischen Regime in Rom 1922 kaum zu Assimilierungs- und Italianisierungsmaßnahmen. Dazu trug die diplomatisch kluge Politik des Bürgermeisters Dr. Max Markart (im Amt 1922–1935) bei. Im Zweiten Weltkrieg diente Meran als Lazarettstadt, was es anders als Bozen von Bombardierungen verschonte. Mussolinis Absetzung durch den italienischen König nach der Landung der Alliierten auf Sizilien im Juli 1943 und der Separatfrieden Marschall Badoglios mit den Amerikanern führte am 8. September 1943 zur Besetzung des Landes durch die deutsche Wehrmacht. Damit war nun plötzlich auch die jüdische Bevölkerung Merans – seit 1901 bestand hier Tirols älteste Synagoge – dem Rassenhass der Nationalsozialisten ausgesetzt. Bereits drei Tage nach der Besetzung wurden alle Meraner Juden deportiert und auch die hier ansässigen Juden, die ab 1933 aus Deutschland geflohen waren. An die verschleppten Juden erinnert ein Denkmal im Hof der Otto-Huber-Straße 36 (ehemaliges Balilla-Haus).

Nach dem Krieg konnte Meran rasch wieder an den alten Glanz der Kurstadt anknüpfen. Zahlreiche kulturelle Angebote, unter anderem die Meraner Musikwochen, und die neu entstandenen

Karte S. 117 ▲

Gärten von Schloss Trauttmannsdorff sowie die 2005 eröffnete Therme und die weltweit größte Pferderennbahn machen die heute zur Hälfte von Italienern und deutschsprechenden Südtirolern bewohnte Stadt zu einer europäischen Stadt mit einem einzigartigen Flair.

Bedeutendster Sohn der Stadt ist zweifellos Silvius Magnago (1914–2010), der legendäre, tief verehrte Landeshauptmann von Südtirol von 1960 bis 1989, ohne den das heutige Autonomiestatut der Provinz nie zustande gekommen wäre.

Ein Stadtrundgang

Meran ist keine autofreundliche Stadt. Ein undurchschaubares System von Einbahnstraßen und Durchfahrtsverboten macht die Orientierung ohne Navigationssystem fast unmöglich. Doch ist die Innenstadt nicht allzu groß, alle Sehenswürdigkeiten können daher bequem zu Fuß erreicht werden. Meran besitzt im eigentlichen Sinn keinen zentralen Platz. Bestenfalls kann die Freiheitsstraße mit dem Gebiet um Kurhaus und Therme als repräsentatives Zentrum angesehen werden. Die berühmte Laubengasse ist sicherlich nicht weniger bedeutsam, doch aufgrund ihrer mittelalterlichen Enge weit weniger urban.

■ Therme

Einen Stadtspaziergang durch Meran an der neuen Therme zu beginnen, bietet sich an: Sie liegt im Herzen der Stadt, und es gibt hier eine Parkgarage. Die 2006 eröffnete neue Therme erhebt sich gegenüber dem Kurhaus, auf der anderen Passerseite. Sie ersetzte einen 1972 errichteten Vorgängerbau. Dieser hatte 1981 Berühmtheit erlangt, als hier die Schachweltmeisterschaft 1981 zwischen Anatolij Karpov und Wiktor Kortschnoj ausgetragen wurde. Besucher aus dem ganzen Alpenraum nutzen die neue Therme mit ihren 25 Innen- und Außenbecken.

Seit etwa 1930 liefert für den Kurbetrieb eine Quelle am Vigiljoch bei Lana das radonhaltige Heilwasser. Es gilt als beruhigend, blutdrucksenkend und schmerzlindernd. Natürlich wird man es nicht im

Meran und seine Umgebung

Die Passer durchfließt Meran

Schwimmbecken finden, sondern nur in speziellen Anwendungen, die die Therme offeriert.

Zum Kurhaus kommt man von der Therme über die **Passerbrücke**, die gleichsam ein Relikt des nicht mehr bestehenden, 1873 errichteten Hotels ›Meraner Hof‹ ist. Denn die Hoteldirektion hatte, um ihre Gäste rascher zur Promenade gelangen zu lassen, hier einen Privatsteg gebaut, aus dem 1960, nach dem Abriss des Hotels, diese Brücke entstand. Zwischen Therme und Passer liegen die neuen ›Passerterrassen‹, ein beschauliches Ensemble direkt am Fluss, wo es sich gut entspannen lässt und wo man die Füße im Wasser baumeln lassen kann. An der Passerbrücke, auf der Seite des Kurhauses, steht in der Saison ein Eiswagen. Hier gibt es das sicherlich beste Eis in der Stadt.

■ Kurhaus

In seiner heutigen Form mit der Rotunde und dem auffallenden Kupferdach wurde das Kurhaus in den Jahren vor dem Ersten Weltkrieg errichtet; es gilt als einer der schönsten Jugendstilbauten des Alpenraums. Ursprünglich war ein sehr viel größeres Gebäude vorgesehen. Doch der Erste Weltkrieg machte den Ausbau

▲ *Das Kurhaus*

Karte S. 117

zunichte, so dass das Kurhaus eigentlich ein unvollendetes Bauwerk ist. Genutzt wird es heute für die zahlreichen Meraner Kulturveranstaltungen. Die Promenade zwischen Kurhaus und Passer ist sicherlich der mondänste Ort in Meran – so wie es schon zur Zeit von Kaiserin Elisabeth (›Sisi‹) war. Sie erstreckt sich bis zur Postbrücke.

■ Freiheitsstraße

Die Freiheitsstraße, Merans prachtvollste Straße, entstand in der zweiten Hälfte des 19. Jahrhunderts und wurde an Stelle der hier vorhandenen südlichen Stadtmauer gebaut. Zunächst trug sie den Namen ›Habsburgerstraße‹, der 1919 in ›Corso Principe Umberto‹ umgeändert wurde. Seit dem Zweiten Weltkrieg besitzt Merans zentrale Längsachse den Namen Freiheitsstraße. An ihrem unteren Ende steht das 1899 nach Plänen von Martin Dülfer errichtete eröffnete **Stadttheater**, seinerzeit das erste Jugendstiltheater in Mitteleuropa. Keineswegs darf man versäumen, die prächtige goldgezierte Fassade zu bewundern und auch einen Blick auf die vielen ornamentalen Details des Innern zu werfen. Am Theaterplatz befand sich auch das um 1870 abgerissene Ultner Tor, die Südwestecke der Stadtbefestigung.

■ Rund um den Sandplatz

Am oberen Ende der Freiheitsstraße liegt wie in einer Nische der Sandplatz. Etwas unterhalb von ihm befindet sich das **Bozner Tor**, eines der drei übriggebliebenen Tore der Stadtbefestigung von 1330. Der Platz trägt seinen Namen nach einer einst hier befindlichen Sandgrube, aus der man nach dem Stadtbrand von 1339 Baumaterial für den Wiederaufbau gewann. Seine Südseite wird vom ehemaligen **Konventskloster der Englischen Fräulein** eingenommen,

Der Sandplatz mit dem Bozener Tor

in seiner Mitte steht eine **Marienstatue**. Die Stadt errichtete sie aus Dankbarkeit darüber, dass Meran in der Zeit der napoleonischen Wirren von Zerstörungen verschont geblieben war.

Flussaufwärts geht die Kurpromenade oberhalb der 1909 mit Jugendstilelementen erbauten Postbrücke in die sogenannten **Winterpromenade** über. Dieser windgeschützte Abschnitt des Flussufers diente und dient in der Zeit insbesondere von September bis Mai zum Flanieren. Sehenswert ist hier die offene **Wandelhalle**. Die **Sommerpromenade**, gegenüber am anderen Passerufer gelegen, ist eher eine Parkanlage. Sie endet am Steinernen Steg über den Fluss, oberhalb des Passeirer Tors. An ihrem Eingang steht eine 1898, unmittelbar nach dem Tod Elisabeths, aufgestellte **Statue** der Kaisergattin. Während des Faschismus war sie von ihrem Platz verbannt worden und hatte sogar ihren Kopf verloren, der aber inzwischen wieder ersetzt wurde.

■ **Heiliggeistkirche (Spitalkirche)**
Südlich der Postbrücke, an der Ecke zur Cavourstraße, steht die verhältnismäßig kleine, turmlose, nur mit einem Dachreiter versehene Heiliggeistkirche mit ih-

rem markanten Westportal. Die Kirche wurde 1450 vollendet, nachdem ein Vorgängerbau durch die Überschwemmung von 1419 zerstört worden war. Diese Überschwemmung hatte ihren Ursprung in einem Felssturz (um 1400), bei dem nahe der Passerquelle bei Rabenstein hoch oben in den Bergen der Fluss zu einem See aufgestaut wurde. Dieser See lief 1419 leer, wodurch eine Flutwelle entstand. Sie tötete in Meran 400 Personen und riss die halbe Stadt weg. Der See wurde wegen dieses Unglücks **Kummersee** genannt. Mehrmals war er in den folgenden Jahrhunderten Ursache weiterer Überschwemmungen; die letzte ereignete sich 1774. Bei diesem ›Ausbruch‹ des gestauten Sees wurde auch das Material des ihn aufstauenden Felssturzes hinweggespült, so dass es danach nie mehr zu einer solchen Katastrophe kam. Felsbrocken von der Überflutung 1419 liegen noch immer vor der Heiliggeist-Kirche.

Im eindrucksvollen Westportal erkennt man im Bogenfeld das damalige Stifter-Ehepaar Hiltprant, wie sie zu Seiten Gottvaters knien. Das Innere der Kirche ist insofern ungewöhnlich, dass die Seitenschiffe, ohne durch einen Triumphbogen getrennt zu sein, in den Chorumgang

In der Heiliggeistkirche

Meran und seine Umgebung

übergehen, wodurch der Besucher den ganzen Innenraum mit einem Blick überschauen kann. Zu den bedeutendsten Kunstwerken der Kirche zählt eine **Kreuzigungsgruppe** aus dem 14. Jahrhundert an der Nordwand, die acht **Heiligenstatuen** (erstes Drittel des 16. Jahrhunderts) an den Wandpfeilern des Chors sowie die **Fresken** in den Gewölbefeldern vor dem Mittelpfeiler über dem Altar. Hier sieht man Gottvater und den Heiligen Geist mit menschlichen Gesichtszügen, beide als alte Männer neben Christus am Kreuz dargestellt.

Der Altar im linken Seitenschiff ist zwar überwiegend neogotisch, trägt aber zwei spätgotische Flügel, die der berühmte Bildschnitzer Jörg Lederer um 1520 schuf.

■ Rund um die Heiliggeist-Kirche

Gleich neben der Kirche steht ein auffälliger Bau. Es ist die ehemalige **Kreisleitung** der National-Faschistischen Partei Italiens aus den 1920er Jahren. Ganz bewusst hat man ihn damals unmittelbar neben die Kirche gesetzt. Im italienischen Faschismus war die Gotik als nordische Kunst verpönt und man wollte zumindest von Süden her den Blick auf die Kirche wenigstens versperren, denn ein Abriss hätte sicherlich große Proteste der Bevölkerung nach sich gezogen – so eine oft vorgebrachte Vermutung. Südlich davon, im Haus Maiastraße 12, der einstigen Ottoburg, wohnte eine Zeitlang Franz Kafka. Der nahe stimmungsvolle **Marconipark** an der Cavourstraße – Zugang über die Marlinger Straße – ist Merans alter evangelischer Friedhof, doch liegen hier Personen unterschiedlicher christlicher Glaubensrichtungen, nicht nur Einwohner, sondern auch Kurgäste aus vielen Ländern: neben den Katholischen finden sich Kalvinisten und Orthodoxe, keltische Rundkreuze an den Grabsteinen deuten auf Iren und

Schotten. Auch manch protestantischer Fabrikant fand hier seine letzte Ruhestätte. Der Friedhof spiegelt Merans internationales Gesellschaftsleben vor 100 Jahren in Grabstätten wieder. Unter anderem liegt hier Johannes Lepsius (1858–1926), ein Orientalist aus Potsdam, der insbesondere durch seine Dokumentation der türkischen Gräueltaten an den Armeniern vor und während des Ersten Weltkriegs bekannt wurde. Sein Engagement fand Würdigung in Franz Werfels Roman ›Die 40 Tage des Musa Dagh‹. Lepsius starb in Meran während eines Kuraufenthalts. Für die Armenier gilt er gleichsam als ›Gerechter unter den Völkern‹. Die türkische Regierung versucht bis heute durch Eingaben und Beschwerden in ganz Europa, die Erinnerung an ihn auszulöschen.

■ Stadtpfarrkirche St. Nikolaus

Vom Sandplatz erreicht man den Pfarrplatz durch das Bozner Tor und über die schmale, lokalgesättigte Leonardo-da-Vinci-Straße. Jetzt erst hat man die eigentliche Altstadt betreten. Nach und nach werden dem Besucher die steinplattengedeckten Wasserkanäle auffallen, die die Altstadt prägen. Diese Bewässerungskanäle existieren seit dem Mittelalter und werden Ritschen genannt. Der Pfarrplatz ist voller touristischer Stände und wird vom 80 Meter hohen **Turm** der Pfarrkirche mit seinen sieben Uhren überragt. Ursprünglich gab es nur die untere Uhrenfolge, doch gegen 1900 waren die Häuser der Stadt immer höher geworden, so dass man nicht mehr von überall auf die Kirchturmuhren blicken konnte. Man versetzte die Uhren um 15 Meter nach oben, ließ aber die alten Zifferblätter bestehen. Durch eine Renovierung in den 1980er Jahren erhielten dann auch die alten Zifferblätter wieder ihre Uhrwerke.

Karte S. 117

Mit dem Bau der Kirche wurde 1302 begonnen, in der Blütezeit Merans. Der frühgotische Altarraum in exakter Ost-West-Ausrichtung stammt aus dieser ältesten Bauepoche, das auffällig in seiner Längsachse Richtung Berghang gedrehte Langhaus entstand erst gegen 1370. Die Weihe der Kirche konnte wegen verschiedener Bauunterbrechungen erst 1465 erfolgen, wofür sicherlich der Umzug der Landesfürsten 1420 nach Innsbruck verantwortlich war. Der achteckige Oberbau des Turms wurde sogar erst 1617 errichtet. Da Meran im 17. und 18. Jahrhundert seine Blütezeit lang hinter sich gelassen hatte, war kein Geld für die sonst im Habsburgerreich üblichen barocken Umbauten vorhanden, so dass die St.-Nikolaus-Kirche in prächtigster, unverstellter und unveränderter Gotik erhalten ist. Sie ist die größte unveränderte gotische Kirche ganz Tirols. Allerdings weist sie in den Glasfenstern

Die Stadtpfarrkirche mit ihrem charakteristischen hohen Turm

– einzige Ausnahme ist das Fenster über dem Südportal von 1493 –, den Bänken und den Beichtstühlen einiges neogotisches Interieur auf. Die dreischiffige Hallenkirche besitzt ein 52 Meter langes und 32 Meter breites Kirchenschiff.

An den Außenwänden der Kirche sind zahlreiche **Grabplatten** eingelassen, auch bemerkt man ungewöhnlich viele und große **Wandgemälde**, vor allem ein gewaltiges Christophorusfresko an der Südwand. Hinter der Nordwand liegt ein eindrucksvoller **Priesterfriedhof** mit sehr vielen, auch kulturhistorisch interessanten Grabsteinen und -platten. An der Südfassade steht eine eindrucksvolle Statue des Patrons St. Nikolaus, an der Chorwand befinden sich mehrere weiße Marmorgrabsteine aus dem 15. und 16. Jahrhundert. Um die Kirche lag bis 1848 der städtische Friedhof, von dem etwa 80 Grabsteine erhalten sind. Ein Grabstein mit einer Gans im Wappen ist der einer Anna von Paravicini, die als Achtzehnjährige den 82-jährigen Bernardin von Paravicini geheiratet hatte. Der lebte nach der Hochzeit noch 22 Jahre und konnte mit seiner 64 Jahre jüngeren Ehefrau sieben Kinder zeugen. Dieses biologische Phänomen veranlasste den berühmten Arzt Christoph Wilhelm Hufeland, ihm in seinem 1796 erschienenen Buch ›Makrobiotik‹ ein besonderes Kapitel zu widmen.

Sehr sehenswert ist im Erdgeschoss des Kirchturms ein **Wandgemälde** aus der Zeit um 1450. Es zeigt einen Mann, den Mitglieder des Trinitarierordens in einer Waldlandschaft aus maurischer Gefangenschaft befreit haben und der mit Sicherheit auch der Stifter des Bildes gewesen ist. Ganz ungewöhnlich ist die intensive Schilderung der Landschaft: Mann und Trinitarier knien vor dem Kreuz, der Mond leuchtet am tiefblauen Nachthimmel über dunkler Bergsilhouette. Blumen und Büsche schimmern seltsam, Rehe erscheinen am Waldrand. An der Ostseite der Kirche schließt sich die achteckige **Barbarakapelle** an, die ehemalige Friedhofskapelle. Sie wurde 1450 geweiht. Markant ist der kleine Dachreiter schräg oberhalb ihres Portals. Ihr Inneres weist ein schönes Sternrippengewölbe auf. An der Barbarakapelle steigt man empor zum Tappeinerweg.

■ Laubengasse

Die Laubengasse stellt den Höhepunkt eines jeden Meranbesuchs dar. Über 200 Geschäfte, Gasthäuser und Cafés ziehen täglich zahllose Bewohner der Stadt und Besucher an. Die Meraner Laubengasse ist gut 50 Meter länger als die in Bozen und damit die längste ganz Tirols. Die schmale mittelalterliche Gasse verläuft vom Kornplatz bis zum Pfarrplatz über 400 Meter und ist sicherlich, was Handel und Wandel betrifft, Mittelpunkt der Stadt. Sie wurde unter Graf Meinhard II. angelegt. In ihr findet man unzählige Einkaufsmöglichkeiten – Kleidung, Delikatessenläden, nicht zuletzt Alt-Meraner Gastronomiebetriebe –, doch auch einige architektonische Besonderheiten. Zum Beispiel am Haus Nr. 68 die Jahreszahl 1342, als in diesem Haus Tirols letzte

Herzogin Margarete, genannt ›Maultasch‹, zum zweiten Mal heiratete. Nr. 49 weist ein eindrucksvolles mittelalterliches Gewölbe auf und Nr. 230 ein schönes Treppenhaus. Am Kornplatz, am Westende der Laubengasse, lohnt ein Blick in die Schalterhalle der Volksbank. Dort trifft man auf das Kreuzgewölbe einer gotischen Kirche. Es ist die umgebaute Kirche des 1290 gegründeten Klarissinnenklosters, das 1782 aufgehoben wurde. Die Klosteranlagen wurden teils abgerissen, teils umgebaut. Über einen Eingang links von der Bank geht es zum alten Kreuzgang. Im ehemaligen Kloster befindet sich auch das **Frauenmuseum**.

■ Das Steinach-Viertel

Östlich der Kirche St. Nikolaus schließt sich das Steinach-Viertel an, der älteste erhaltene Teil Merans. Genau genommen besteht es nur aus drei engen Straßen: Passeirergasse, Hallerstraße und Steinachgasse. Die Touristen besuchen es kaum, obwohl es von der Laubengasse nur etwa 200 Meter entfernt ist. Schwibbögen, geheimnisvolle Bogendurchgänge, altersgraues Mauerwerk und Graffitiwände aus jüngster Zeit verleihen dem kleinen Viertel eine individuelle Note. In der Hallergasse stand ab 1861 das erste evangelische Bethaus Tirols; eine **Gedenktafel** erinnert an das nicht mehr vorhandene Gebäude. An den Straßen gibt es so gut wie keine Geschäfte, aber zahlreiche Künstlerwerkstätten sind neu entstanden, so dass man schon von einem Künstlerviertel reden kann. Um das Steinachviertel befand sich Merans ursprüngliche Altstadt, bevor Meinhard II. die Stadterweiterung begann. Das Viertel schließt im Osten mit dem historischen **Passeirer Tor** ab. Oberhalb davon kann man auf dem Steinernen Steg die Passer überqueren. Am Passeirer Tor wohnte der Henker, gleich nebenan befand sich

In der Laubengasse

Ein Innenhof im Steinach-Viertel

das Frauenhaus, das Bordell. Der Henker stand dabei auch dem Bordell vor. Das Passeirer Tor ist neben dem Bozner und Vinschger Tor das dritte der drei noch existierenden mittelalterlichen Stadttore Merans. Man kann an ihm noch die Halterung eines Fallgitters erkennen. Man kann sich heute kaum noch vorstellen, dass bis 1960 der gesamte Verkehr aus dem Passeiertal in die Stadt durch dieses Tor kam.

■ Gilfpromenade und Zenoburg

Der 1613 erbaute **Steinerne Steg** – manchmal fälschlich Römerbrücke genannt, dieser Name geht auf die Italianisierungskampagnen nach 1919 zurück – führt auf das linke Passerufer. Über ihn erreicht man Gilfpromenade und Gilfschlucht. Hier wachsen viele mediterrane Pflanzen, da die Schlucht klimaausgleichend wirkt: im Sommer ist es kühl, im Winter nicht zu kalt. Über der Schlucht erhebt sich die für Besucher nicht zugängliche **Zenoburg**. Um die spätere Zenoburg stand vermutlich das römi-

sche ›castrum maiense‹. An dieser strategisch bedeutsamen Stelle errichteten die Grafen von Tirol 1239 die Zenoburg, da sich an dieser Stelle eine zu diesem Zeitpunkt bereits nicht mehr existierende, dem heiligen Zeno geweihte Kapelle aus dem 5. Jahrhundert befunden hatte. 1347 wurde die Zenoburg in einer kriegerischen Auseinandersetzung durch Kaiser Karl IV. zerstört. Sie zerfiel weiter und wurde als vollständige Ruine 1799 von der Familie Braitenberg erworben, in deren Besitz sie sich heute noch befindet. Allerdings haben die Braitenbergs die Zenoburg um 1980 wieder aufgebaut. Der **Pulverturm** stellt den letzten Rest der untergegangenen Burg Ortenstein dar; er hat eine Aussichtsplattform. Dort beginnt Merans berühmter Promenadenweg, der **Tappeinerweg**. Alternativ kann man auch über das Steinachviertel erst zurück zum Pfarrplatz und zur Kirche St. Nikolaus gehen und von dort zum Tappeinerweg aufsteigen.

■ Der Tappeinerweg

Der Tappeinerweg ist ein insgesamt fünf Kilometer langer Promenadenpfad, der sich knapp 100 Höhenmeter oberhalb der Stadt bis hin nach Gratsch entlang zieht. Er trägt seinen Namen nach dem

Auf dem Tappeinerweg

Von Zypressen umspielt: die Landesfürstliche Burg

Kurarzt Franz Tappeiner, der als Gönner und Mäzen der Stadt diesen Weg 1890 aus eigenen Mitteln anlegen ließ. Er ist gleichsam der Balkon der Stadt, im Sommer wie im Winter attraktiv und bietet herrliche Blicke auf Meran und das Burggrafenamt. Geht man auf ihm westwärts, erreicht man das einzigartig gelegene Restaurant und Café ›Saxifraga‹, eine sehr gute Einkehrmöglichkeit. Etwa 100 Meter danach führt ein Serpentinenweg mit einem schönen aus der Zeit um 1890 stammenden schmiedeeisernen Geländer hinab zur Galileistraße, wo sich die **Talstation** des Sessellifts hinauf zum Dorf Tirol befindet – eine sehr bequeme Möglichkeit, direkt von der Stadt aus Dorf und Schloss Tyrol zu erreichen. Von der Bergstation dann gibt es einen Bus nach Dorf Tirol, von dort geht man zu Fuß zum Schloss.

■ Burg

Der offizielle Name Landesfürstliche Burg lässt mehr erwarten, als er einlöst: Es handelt sich um ein kleines Anwesen, eher ein Lustschlösschen, freilich mit allen Attributen einer mittelalterlichen

Burg und großer Wehrhaftigkeit. Erzherzog Sigmund (Sigismund) von Österreich (1427–1496) wurde auch der ›Münzreiche‹ genannt: Er war durch eine eigene, in Meran bis 1484 bestehende Münzprägeanstalt ein sehr vermögender Landesherr geworden. Sigmund ließ die Burg um 1460 in einem eigentümlich spätgotischen, trotzdem verspielten Stil erbauen, der eher an neogotische Architektur à la Neuschwanstein denken lässt. Sigmund soll mit seinen zahlreichen Geliebten in der kleinen Burg über 50 illegitime Kinder gezeugt haben, obwohl er die Burg ursprünglich für seine erste Frau Eleonora, eine schottische Königstochter, hatte erbauen lassen. Kaiser Maximilian I. (1458–1519) besuchte Meran häufig und nahm hier Quartier. An seine Aufenthalte erinnert das ›Kaiserzimmer‹. Den Abriss der im 19. Jahrhundert verfallenen Burg zugunsten eines Schulneubaus konnten die Meraner Bürger 1875 nur mit Mühe verhindern. In der Burg gibt es heute ein **kleines Museum**. Es widmet sich der spätmittelalterlichen Wohnkultur mit zum Teil originalem Mobiliar aus Sigmunds und Maximilians Besitz.

Karte S. 117

■ Rathaus

Das Rathaus von 1929 ist typisch für den Stil des italienischen Faschismus. Die Jahreszahl der Erbauung kann man unter der großen Turmuhr erblicken. Innen fällt im Durchgang zum Treppenhaus ein in Marmor gemeißeltes Schriftstück auf. Es verkündete am 4. November 1918 den ›glorreichen Sieg‹ der italienischen Truppen über Österreich.

Sehenswürdigkeiten außerhalb der Altstadt

Schon die Villenviertel außerhalb der Altstadt lohnen einen Besuch, mit den Gärten des Schlosses Trauttmannsdorf aber besitzt Meran eine der großartigsten Gartenanlagen Europas.

■ Obermais

Obermais, das sich an den Berghang am östlichen Passerufer schmiegt, ist ein Villenviertel. Mit dem Auto fährt man am besten über die Cavourstraße hinein. Die Häuser ließen sich Vermögende von 1860 bis 1940 errichten; in Meran eine Villa zu besitzen, galt in dieser Zeit als schick. Je nach der Herkunft der Erbauer entstanden die Häuser in sehr unterschiedlichen Stilformen. Sämtliche sehenswerte Gebäude sind entweder Hotels oder Privatwohnungen und daher meist nur von außen zu besichtigen. Ein Bummel durch Obermais um Dante-Alighieri-Straße, Winkelweg und St.-Katharina-Straße kommt einem kulturgeschichtlichen Ausflug gleich: Neben den Villen stehen in Obermais versteckt – erweitert und im 19. Jahrhundert oft umgebaut – einige jener kleineren Burgen, die während der Blütezeit der Region unter Meinhard II. als Sitze einiger zugezogener Adelsfamilien entstanden. Dazu zählen etwa: **Schloss Rubein** (Christomannosstr. 38), ein edles Hotel, dessen Schlossturm aus dem 12. Jahrhundert und dessen Kapelle aus der Mitte des 15. Jahrhunderts stammt; **Schloss Labers** (Labers 25), ebenfalls ein nobles Vier-Sterne-Hotel, dessen Mauern auch auf das Mittelalter zurückgehen; **Schloss Rametz** (Labersstr. 4) mit Restaurant, zu dem ein Weingut gehört und das auch Verköstigungen anbietet (www.rametz.com). Schloss Labers spielte 1943 eine gewisse Rolle: Nach der

Meran und seine Umgebung

Eine Welt für sich: Schloss und Gärten Trauttmannsdorf

Besetzung Italiens unterhielten deutsche Dienststellen im Keller des Schlosses eine Falschgelddruckerei, in der Dollar und Pfund für Spionagetätigkeiten produziert wurden.

■ Schloss und Gärten Trauttmannsdorf

Die berühmten Gärten des Schlosses Trauttmannsdorf am nördlichen Rand von Obermais und damit am äußersten Rand von Meran selbst sind schlichtweg großartig. Es handelt sich dabei keineswegs um eine historische Anlage, sondern um eine im Jahr 2001 auf zwölf Hektar geschaffene Kompilation der Vegetation der ganzen Welt in einem botanischen Garten. Angelegt sind asiatische und amerikanische Miniaturwälder, mediterrane Sonnengärten, europäische Terrassengärten, und insbesondere wurden die Landschaften Südtirols nachgebildet. Die Schönheit der Anlage ist mit Worten kaum wiederzugeben, und die Gärten zählen zum Pflichtprogramm eines jeden Meranbesuchs. Von Mitte Juni bis Mitte August werden in den Gärten an insgesamt fünf Tagen ab 21 Uhr Freiluftkonzerte gegeben, daneben gibt es natürlich eine Fülle weiterer Veranstaltungen.

Das Schloss Trauttmannsdorf ist das einstige Ferienschloss der Kaiserin Elisabeth, obgleich es nie in ihrem Besitz war. Es geht wie fast alle Burgen und Schlösser des Meraner Landes auf das Mittelater zurück, in diesem Fall auf eine um 1300 erstmals erwähnte mittelalterliche Burg namens Neuberg. Ein Graf Joseph von Trauttmannsdorf ließ um 1850 aus der völlig verfallenen Burg einen neogotischen Neubau erstehen. 1899, nach dem Tod Sisis, wurde das Schloss verkauft, und der neue Besitzer, Baron Friedrich von Deuster, ließ in einer Art Neorokoko-Stil den Ostflügel hinzubauen. Der Baron wurde nach 1919 als deutscher Staatsangehöriger enteignet, denn das Schloss befand sich jetzt auf italienischem Territorium. Es wurde zu einer Art Erholungsheim für italienische Veteranen, während des Zweiten Weltkriegs diente es als Lagerplatz der Wehrmacht, dabei ging nach und nach die Inneneinrichtung verloren. 1977 kam es in den Besitz der Provinz Südtirol. Heute beherbergt es mit dem 2003 eröffneten **Touriseum** das einzige Museum des Alpenraums, das sich dem Fremdenverkehr widmet.

■ Fragsburg

Im Südosten von Meran, doch schon ziemlich außerhalb der Stadt, liegt die Fragsburg, heute ein kleines und individuelles Luxushotel (www.fragsburg. com) mit grandioser Aussicht. Von der Burg kann man über eine halbe Stunde Fußweg zu den Fragsburger Wasserfällen kommen, mit 135 Metern die höchsten Südtirols.

■ Untermais

Der ansonsten verhältnismäßig unscheinbare Ortsteil Untermais weist zwei sehr unterschiedliche Sehenswürdigkeiten auf. Die eine Attraktion stellt die **Maria-Trost-Kirche** dar; sie liegt an der Pfarrgasse, gegenüber der Einmündung der B.-Trogmann-Straße. Die Kirche steht auf einer aufgemauerten Erhöhung direkt an der Straße und wendet ihr die Südwand zu. Diese ist mit gotischer Malerei geschmückt, darunter ein schwertschwingender Erzengel Michael mit Seelenwaage. Im Innern, in der Vorhalle, befinden sich spätromanische Wandmalereien, sehr eindrucksvoll ist dabei der ›Tod Marias‹ an der Nordwand. Die Vorhalle ist zwar wegen eines verschlossenen Gittertors in der Vorhalle oft nicht zugänglich, die Malereien lassen sich aber auch gut durch das Gitter betrachten.

Karte S. 117 ▲

Die andere Attraktion ist Europas größte **Pferderennbahn**. Sie liegt an der Gampenstraße und wurde 1935 eröffnet. Wenngleich wegen ihres bauhistorischen Hintergrunds der Mussolini-Ära von den meisten Meranern wenig akzeptiert, sind doch zumindest die Tribünen architektonisch sehr eindrucksvoll und lohnen einen Kurzbesuch. Jeweils am letzten Sonntag im September wird der Große Preis von Meran veranstaltet. Dieses Rennen über 5000 Meter gilt als ausnehmend schwierig. Es lockt jedes Jahr 10 000 Besucher an. Allerdings ist für die Zukunft unsicher, wie lange noch in Meran der Pferdesport aktiv betrieben werden kann: Eine schon viele Jahre andauernde, durch Skandale ausgelöste Krise des italienischen Reitsports ist dafür die Ursache.

ℹ️ Meran

Postleitzahl: 39012.
Vorwahl: 0473. Die ›0‹ muss immer mitgewählt werden, also aus Deutschland: 0039/0473/Teilnehmer.
Tourist Information und Kurverwaltung, Freiheitsstraße 45, Tel. 272000, www.meran.eu.
In Meran und Umgebung bietet eine **Guest Card** bei 100 Museen, Seilbahnen, Sportwelten etc. Ermäßigung, die museumobilcard lässt mit öffentlichen Verkehrsmitteln auch die Museen erkunden. (p. P. für 7 Tage 28 €). Eine **MobilCard Südtirol** für alle öffentlichen Verkehrsmittel im Land kostet für sieben Tage 28 € für Erwachsene/14 € für Kinder, dann gibt es auch eine **BusCard** Meran und Umgebung (für sieben Tage 12 €). Näheres unter www.meranerland.com.
Tourismusverein Meraner Land, Tel. 2004434, Gampenstraße 95, www.meranerland.com. Sehr umfassende Informationen zur Stadt und ihren Bewohnern. Um Meran ist mit der Meraner Waalrunde eine äußerst attraktiver, knapp 85 Kilometer langer Fernwanderweg in acht Tagesetappen angelegt. Die Etappen lassen sich auch einzeln, voneinander unabhängig begehen. Er bringt nicht nur Begegnungen mit Waalen, sondern auch mit Kultur, Land und Leuten. Info unter www.meranerland.com.

🚗
Tiefgarage unter dem Thermalbad, Zufahrt von Osten über den Tunnel unter der Therme in der verlängerten Cavourstraße.

Sandplatz: In der oberen Ecke des Sandplatzes. Der ist zwar für den Individualverkehr gesperrt, doch darf man zum Parkplatz über die Postbrücke über ihn zum Parkplatz fahren.
Parkhäuser: Kornplatz/Rennweg, an der Piavestraße (ggü. Thermenpark).

Kostenloser Fahrradverleih gegen Kaution an der Therme und am Bahnhof, von Anf. April bis Ende Okt. 9–19 Uhr. Info unter Tel. 250291 (Stadtgemeinde Meran)

Grand Hotel Palace, Cavourstr. 2, Tel. 271000, www.palace.it, p. P. im DZ ab 220 €. Traditionelles aristokratisches Kurhotel aus der Zeit um 1900, auch heute noch mondäner Treffpunkt der internationalen Schickeria. Diverse Kurpakete.
Hotel-Restaurant Sigmund, Freiheitsstr. 2 (gleichsam in die Stadtmauer integriert, direkt am Sandplatz), Tel. 237749, www.restaurantsigmund.it, p. P. im DZ ab 75 €. Restaurant mit großartigem Blick auf das Stadtzentrum, vier edle Zimmer in vier verschiedenen Holzarten, so ist das Birnenzimmer direkt am mittelalterlichen Bozner Tor gelegen.
Ottmanngut, Verdistr. 18, Tel. 449656, www.ottmanngut.it, p. P. im DZ ab 110 €. Wein-Gutshaus, noble Atmosphäre, individuell mit originalem Interieur ausgestattete Zimmer im Biedermeier-, Empire- und Jugendstil, dazu ein intimer Garten, kleine Orangerie.

Hotel imperial art, Freiheitsstr. 110. Tel. 237172, www.imperialart.it. Zwölf sehr individuell von drei zeitgenössischen Südtiroler Künstlern gestaltete Zimmer, Thermeneintritt im Übernachtungspreis inkludiert. Zwei Suiten besitzen eine eigene, ganz individuelle Dachterrasse. Der Aufenthalt im imperial art zählt ist sicherlich eine ganz großartige Erfahrung. Preise auf Anfrage.

Gasthof Rainer, Laubengasse 266, Tel. 236149, www.gasthof-rainer.it, p. P. im DZ 44–57 €. Traditionelles Alt-Meraner Haus. Gute, einfache, bürgerliche Küche. Sehr empfehlenswert.

Jugendherberge, Carduccistr. 77, Tel. 201475, www.meran.jugendherberge.it, p. P. im DZ 23 €. Keine Altersbegrenzung, auch EZ und DZ.

Saxifraga Stub'n, auf dem Tappeinerweg, Tel. 239249, www.saxifraga.it. In einzigartiger Lage oberhalb der Stadt. Besonders an Spätsommerabenden ist ein Essen auf der Terrasse hinreißend. Tgl. 10–17.30 Uhr, im Sommer Mi, Fr und Sa auch abends.

Restaurant Kallmünz, Sandplatz 12, Tel. 212917, www.kallmuenz.com. Mediterrane Küche mit asiatischem Hauch. Ab Mitte Juni finden hier zwei Wochen lang Kabarett- und Filmvorführungen statt.

Forsterbräu, Freiheitsstraße 90, Tel. 236535, www.forsterbrau.it. Rustikales Gasthaus mit schönem Gastgarten im Innenhof, Spezialität: Tiroler Gerichte.

Sissi, Galileistraße 44, Tel. 231062, www.sissi.andreafenoglio.com. Vom Michelin ausgezeichnetes Restaurant und Institution seit den 1980er Jahren. Italienische Schöpfungen auf höchstem Niveau.

Café König, Freiheitsstr. 168, Tel. 237162, www.cafe-koenig.com. Traditionsreiches Lokal, hausgemachte Pralinen.

Sketch, Passerpromenade 40, Tel. 211800, www.sketch.bz. Schickes, chromig-gläsernes Lokal, sicherlich in ganz Meran das unkonventionellste – und das am längsten geöffnete (bis 3 Uhr morgens).

Rossini, Freiheitsstr. 19, Tel. 491085. Cocktailbar im Parterre des Kurhauses.

Camping Meran, Piavestraße 44, Tel. 231249, www.meran.eu.

Landesfürstliche Burg, Galileistraße, Tel. 0329/0186390, www.gemeinde.merna.bz.it, Ende März bis Anfang Jan. Di–So 11–17, So 11–13 Uhr. Kleine Sammlung mit Mobiliar aus Gotik und Reniassance, historische Waffen und Musikinstrumente.

Stadtmuseum, Pfarrplatz, bis Ende 2015 wegen Renovierung geschlossen.

Gärten Schloss Trauttmannsdorf, www.trauttmannsdorf.it; und Touriseum, St.-Valentin-Str. 51 (im Schloss Trauttmannsdorf), Tel. 270172, www.touriseum.it, April bis Okt. tgl. 9–19 Uhr, 1. Nov. bis 15. Nov. tgl. 9–17 Uhr, Juni/Juli/Aug. auch Fr 9–23 Uhr. Unterhaltsam-ironisch dargestellte Geschichte des Südtiroler Tourismus im Schloss – die berühmten Gärten wurden als ›Internationaler Garten 2013‹ ausgezeichnet. Ein Muss bei jedem Meranbesuch.

Frauenmuseum, Meinhardstr. 2 (im ehemaligen Klarissinnenkloster am Kornplatz), Tel. 231216, www.museia.it, Mo–Fr 9–17, Sa 10–12.30 Uhr. Das Schönheitsideal der Frau, ihre Rolle in der Gesellschaft und ihr Selbstverständnis vom 18. bis zum 20. Jahrhundert.

Jüdisches Museum, Schillerstr. 14, Tel. 236127, www.juedischesmeran.bz, Di/Mi 15–18, Do/Fr 9–12 Uhr, an jüdischen Feiertagen geschlossen. Im Untergeschoss der Synagoge.

Kunst Meran, Laubengasse 163, Tel. 212643, www.kunstmeranoarte.com, Di–So 10–18 Uhr, Juli/Aug. 11–19 Uhr. Wechselausstellungen verschiedener Sparten.

ES Contemporary Art Gallery, Laubengasse 75, Tel. 426984, www.es-gallery.net, Mi–Fr 16–19, Sa 10–13 Uhr. Kunst von und für Individualisten außerhalb des etablierten Kulturbetriebs.

Aus der Fülle an Veranstaltungen:
Bauerngalopp (Ostermontag). Großer Umzug der berühmten Haflingerpferde über die Freiheitsstraße, nachmittags treten in der Rennbahn die weniger edlen, stämmigen Bauernpferde zum Galopprennen an.
Meraner Kultursommer mit u.a. dem Südtirol-Jazz-Festival (letzte Juni- bis erste Juliwoche, www.suedtiroljazzfestival.com) und dem Merano Jazz Festival, einer Open-Air-Veranstaltung zeitgenössischer Jazzmusiker.
Meraner Musikwochen (Aug./Sept.), www.meranofestival.com. Seit 1986 für Liebhaber der Klassik. Gehört zu den wichtigsten europäischen Klassikfestivals, rechtzeitige Kartenreservierung ist unverzichtbar.
Meraner Herbst (Mitte Sept. bis Anf. Nov.), www.meranerland.com. Genussveranstaltungen mit edlen Weinen und Speisen in Meran und Umgebung.
Traubenfest (drittes Oktoberwochenende). U.a. Umzug von Trachtengruppen, Musikkapellen, Festwagen etc. Herumgefahren wird auch eine große, aus Myriaden von Trauben bestehende Riesentraube.
Antiquitätenausstellung (letzte Oktoberwoche). Im Kurhaus, Info unter Tel. 272000.
Weinfestival (zweite Novemberwoche), www.meranowinefestival.com. Winzer aus der ganzen Welt offerieren ihre Weine, Besucher können bei Erwerb der recht teuren Eintrittskarte nach nach Belieben und ohne Begrenzung Weine verkosten.
Meraner Advent (ab Ende November). Stände und Buden an der Kurpromenade, beliebt bei Norditalienern, die busladungsweise anreisen.

Metzgerei Siebenförcher, Laubengasse 164, Tel. 293700, www.siebenfoercher.it. Ein Paradies für Freunde herzhafter sowie auch edler Fleisch- und Wurstspezialitäten.
Pur Südtirol, Freiheitsstr. 35, Tel. 012140, www.pursuedtirol.com. Genussprodukte aus Südtirol.
Delikatessen Seibstock, Laubengasse 227, Tel. 237107, www.seibstock.com. Gewürze aus allen Ländern, Tees, Kaffees, viele Wurst- und Käsesorten, Arten von Olivenölen, Pasta und erlesenen Weinen.
Prachtstube, Galileistr. 38, Tel. 690930, www.prachtstube.com. Hier gibt es die Trendkleidung von ›snowflys‹, einem von jungen Designern kreierten Streetwear-Label (www.snowflys.com).
Bauernmarkt, Sa Vormittag am nördlichen Ende der Galileigasse. Sehr beliebt.
Freitagsmarkt, Fr 7–13 Uhr am Bahnhof. Etwas billiger als in den Läden der Stadt, doch an Klaustrophobie darf man beim Besuch des Freitagsmarkts nicht leiden.
Brauerei Forst, Vinschgauer Str. 8, 39022 Forst/Algund (Straße Richtung Reschenpass), Führungen und Bierproben Apr. bis Okt. Mi 14 Uhr. Voranmeldung unter Tel. 260111 obligat. Südtirols größte Brauerei bietet vorzügliche Biersorten an.

Sessellift zum Dorf Tirol, an der Galileo-Galilei-Straße, Mitte April bis Anf. Nov. tgl. 9–18 Uhr (Sommer tgl. 9–19 Uhr).

Therme Meran, Thermenplatz 9, Tel. 252000, www.thermemeran.it, tgl. 9–22 Uhr, der Outdoorbereich nur im Sommer 9–20 Uhr. 25 Innen- und Außenbecken, verschiedene Saunaformen, beeindruckende Architektur von 2005.
Meran Arena und **Lido Meran**, Piavestr. 46, Tel. 236982, www.meranarena.it. Hallenbad u.a. mit Trainingsbecken, Freischwimmbad mit vielen Attraktionen v.a. für Kinder. Komplizierte Öffnungszeiten.

Die Umgebung von Meran

Merans landschaftlich hinreißende Umgebung verknüpft auf engem Raum die Schneefelder der Texelgruppe und elysische Talhänge, in denen Palmen sprießen. Wintersport und herrliche Wandererlebnisse sind zeitgleich fast nebeneinander erfahrbar. Mit dem Schloss Tyrol und dem Schloss Schenna besitzt die nördliche Umgebung Merans zwei der meistbesuchten Objekte Südtirols. Zählt man ›Meran 2000‹ am Westhang der Sarntaler Alpen hinzu – im Winter ein Skigebiet, im Sommer eines der beliebtesten Ausflugsziele – ist die nähere Umgebung Merans von enorm großer Anziehungskraft.

Schloss Tyrol

Die namensgebende und für das Land symbolstiftende mittelalterliche Burg in herrlicher Lage ist von Meran schnell mit dem Auto oder mit den Sessellift von der Galileistraße in der Meraner Stadtmitte zu erreichen. Allerdings muss man das eigene Fahrzeug in **Dorf Tirol** (594 m), einem touristisch meist überbevölkerten Flecken, stehenlassen und dann etwa einen Kilometer zu Fuß gehen. Dafür sind die Blicke von dieser Promenade von ausgesprochener Schönheit: Im Frühjahr erscheint das Tal wie ein Meer voller Obstbaumblüten, die Hänge sind reich mit Weinbergen, Kastanien- und Apfelbäumen bewachsen.

Die **romanische Pfarrkirche** im Dorf ist eine der ältesten des Landes. Sie besitzt einen spätgotischen Chor, sehenswert ist der Taufstein aus Laaser Marmor.

■ Geschichte des Schlosses und seiner Bewohner

Gegen 1120 suchten die damaligen Grafen von Vinschgau durch den Bau eines repräsentativen Schlosses ihre Macht zu festigen. Etwa um 1140 war der Bau fertiggestellt. Er wurde zum Stammsitz der Grafen von Tirol, die ihren Namen seit dieser Zeit von der Burg herleiteten, da es einen Flurnamen Tirol hier bereits gegeben hat. 1253 starben die Grafen von Tirol aus, ihr letzter Sproß Albert III. (1180–1253) aber hinterließ die Besitzungen in Etsch- und Inntal seinem Schwiegersohn Meinhard I. (1194–1258) aus der Familie derer von Görz. Unter dessen Sohn Meinhard II. (um 1238–1295) gelangte ganz Tirol zu wirtschaftlicher und kultureller Blüte, seit 1248 heißt das Land offiziell auch so. Meinhard II. nahm während der Auseinandersetzungen mit Ottokar von Böhmen um Österreich für dessen Gegner Partei, den deutschen König Rudolf von Habsburg. Dafür wurde er mit vielen Ländereien belohnt, unter anderem Kärnten. Meinhard wurde damit zum Herrscher des größten Teils des mittleren Alpenraums.

Im Jahr 1302 brannte die Burg zum großen Teil nieder, Meinhards Sohn Herzog Heinrich VI. von Kärnten (um 1265–1335) musste mit seinem Tross in die Zenoburg umziehen. Obwohl dreimal verheiratet, hatte er keine Söhne, nur eine Tochter: Margarete. Sie wurde zu einer heiratspolitisch begehrten Frau. Als Margarete Maultasch (1318–1369) kennt man sie aus der Geschichte. Ob ihr schmähender Beiname auf ein tatsächlich hässliches Aussehen, einen missgestalteten Mund, zurückzuführen ist, wie die meisten der mittelalterlichen Darstellungen von ihr zeigen, ist nicht sicher. Denn es gibt genug andere Zeugnisse, die sie als attraktive Frau schildern. Ihren ersten Ehemann Johann Heinrich, Bruder des späteren böhmischen Königs und deutschen Kaisers Karl IV., warf sie aus

Karte S. 89

Blick aus dem Schloss Tyrol zum Iffinger

dem Land, da er sie misshandelte und sich ansonsten nicht wie ein Landesfürst verhielt. Am 11. Februar 1342 heiratete Margarete auf Schloss Tyrol Markgraf Ludwig von Brandenburg (1315–1361), Sohn des Kaisers Ludwig IV. des Bayern (1281–1347). Ludwig ließ übrigens seine ferne Markgrafschaft Brandenburg ausschließlich durch Statthalter regieren. Margaret war sicherlich eine kluge Fürstin und beliebte Landesmutter, doch war sie wahrscheinlich der männergeprägten Machtpolitik ihrer Zeit nicht gewachsen. Der Papst erkannte ihre Hochzeit wegen ihrer offiziell noch bestehenden ersten Hochzeit nicht an und belegte das Paar mit dem Kirchenbann. Verschiedene Wirren und Kriegszüge fremder Mächte durch Tirol, daneben Seuchen und Überschwemmungen erschwerten ihre Regierungszeit, ließen ihren Stern sinken und brachten große Verleumdungskampagnen gegen sie mit sich. So wurde behauptet, sie habe ein liederliches Leben geführt und sei sehr hässlich gewesen. Nach dem unerwarteten Ableben ihres Mannes und ihres Sohnes Meinhard III. (1344–1363) entschloss sie sich gleichsam zur Abdankung und überschrieb im gleichen Jahr Tirol ihrem nächsten Verwandten, Fürst Rudolf IV. von Österreich, ein Habsburger. Die Burg Tirol blieb zunächst noch die erste fürstliche Landesresidenz, doch wahrscheinlich der Nähe zum Wiener Hof zuliebe verlegte man den Herrschaftssitz 1420 nach Innsbruck. Bis zum Ende des Mittelalters blieb die Burg dennoch der politisch bedeutendste Bau im Alpenraum. Danach setzte, ähnlich wie in der Stadt Meran, der Niedergang ein. Die Burg begann zu verfallen, ein Erdrutsch im 17. Jahrhundert setzte ihr schwer zu, in ihren geborstenen Mauern baute man ein Gefängnis ein, das bis etwa 1750 Bestand hatte. Die Burg blieb aber immer Symbol des Landes Tirol und insbesondere in der napoleonischen Zeit gar eines freien Landes Tirol. Doch sie blieb weiterhin Ruine. Erst gegen Ende des 19. Jahrhunderts wurde sie restauriert, wobei 1904 ihr Bergfried völlig neu erstand.

■ Das Innere

Sehenswertes originales Interieur gibt es nicht, doch lohnt der Besuch allein wegen der Lage, der Aussicht auf Meran und die großartigen Weinberge sowie das Etschtal und nicht zuletzt wegen der vielen hier veranstalteten Ausstellungen und Events. Auch gibt es hier seit 2003 das **Südtiroler Museum zur Landesgeschichte**.

Von großer künstlerischer Bedeutung sind die wenigen original erhaltenen mittelalterlichen Bauteile wie das romanische Palasportal (im Bogenfeld der Erzengel Gabriel) und insbesondere das Kapellenportal; seltsame Fabelwesen und unheimliche andere Gestalten flankieren beide **Portale**. Daneben bilden Drachen sowie ein Teufel, der mit aufgespießten Sündern in die Hölle fährt, ein makabres Bild. Die Portale entstanden etwa um 1170. Sehr

Schloss Tyrol, Innenhof

Karte S. 89

Links die Brunnenburg, hinten das Vigiljoch

bedeutend ist auch die zweigeschossige romanische **Burgkapelle** mit Fresken aus der zweiten Hälfte des 14. Jahrhunderts. In ihr gibt es die älteste Darstellung des Tiroler Adlers, das rechte Apsisfenster zeigt Tirols ältestes Glasgemälde.

Das Schloss wird vor allem wegen zahlreicher hier veranstalteter Festivitäten viel besucht. Erwähnt sei der Meraner Musiksommer, in dessen Rahmen hier im Juni und Juli jeweils an fünf aufeinanderfolgenden Donnerstagen mittelalterliche Musik zelebriert wird (www.meranofestival.com). Beliebt sind auch die Raubvögel-Flugschauen gleich unterhalb des Schlosses.

■ **Brunnenburg und Umgebung**

Der Weg vom Dorf Tirol zum Schloss geht zunächst oberhalb der Brunnenburg vorbei. Sie stammt aus den Jahren um 1300 und wurde um 1900 in pseudomittelalterlichem Stil umgebaut. Nach 1945 kaufte die Tochter des amerikanischen Schriftstellers Ezra Pound (1885–1972) die Anlage. Pound selbst lebte hier von 1958 bis 1962 sehr zurückgezogen. In den Nachkriegsjahren war der Schrift-

steller großen Anfeindungen ausgesetzt, da er vor 1945 bekennender Anhänger Mussolinis gewesen war, sich als antisemitischer Propagandist betätigt und die Schuld am Beginn des Zweiten Weltkrieges ausschließlich beim ›internationalen Judentum‹ gesehen hatte. Sein Ruhm als Schriftsteller blieb von dieser politischen Haltung jedoch unberührt; Pound gilt nach wie vor als herausragender Vertreter der Moderne, sein Hauptwerk ›The Cantos‹ wird in den USA noch immer als eine der bedeutendsten Dichtungen des 20. Jahrhundert angesehen. In der Burg gibt es ein Pound-Literaturzentrum und ein **Landwirtschaftsmuseum**, in dem vor allem historische bäuerliche Arbeitsgeräte ausgestellt sind.

Weiter auf dem Weg zum Schloss Tyrol passiert man bald das **Knappenloch**, ein 1682 von Bergknappen aus dem Erzgebirge angelegter 85 Meter langer Tunnel. Über dem Eingang sieht man das Bildnis Kaiser Leopolds I., der zu dieser Zeit regierte, in Marmor.

Dahinter steigt der Weg zum Schloss empor. Geht man nicht nach links zum Schloss, sondern nach rechts, kommt man nach etwa zehn Minuten zur kleinen romanischen Kirche **St. Peter ob Gratsch**. Sie zeigt im Innern die für das Land üblichen romanischen Fresken, in einer Seitenkapelle aber gibt es eine seltsame hölzerne Luke und darunter eine Grabplatte mit Öffnung, damit die Seele am Jüngsten Tag ohne Schwierigkeiten zum Himmel auffahren kann.

■ **Wanderungen um Schloss Tyrol**

Die Nähe zu Meran und auch der Texelgruppe machen Dorf und Schloss Tyrol zu einem stark frequentierten Ausgangspunkt für unterschiedlichste Spaziergänge. Einige Tipps:

Vom Schloss führt ein Weg westwärts zum Weiler **Vellau** auf 1000 Meter Hö-

Meran und seine Umgebung

he und weiter hoch über dem Sonnenhang Merans. Die Tour lohnt wegen der grandiosen Blicke über Tal und Berge; der Gasthof ›Oberlechner‹ etwas unterhalb von Vellau bietet eine Einkehrmöglichkeit (Hinweg 3 Std.).

Vom Schloss geht es an Erdpyramiden vorbei empor zum Farmerkreuz, hinüber zum Tirolerkreuz und nach Dorf Tirol zurück. Das ist eine bequeme Rundwanderung mit einem kurzen steilen Stück; gute Einkehrmöglichkeit im Gasthof ›Tiroler Kreuz‹ (3 Std.).

Anspruchsvoll – Trittsicherheit und Kondition erforderlich! –, doch voller großartiger Eindrücke ist die folgende Tour: Von der Bergstation der Seilbahn an der Hochmuthhütte (Mitte März bis Mitte Nov.) steigt man Richtung Gasthof ›Steinegg‹ (Mitte März bis Mitte Nov.), dann weiter Richtung Mutkopf zur Mutkopfhütte (1684 m), sodann ein langes Stück bis zur Oberkaseralm (2131 m) mit Jausenstation (Juni bis Okt.), wo man die Kaser Lacke und die Sproner Seen erreicht hat. Um dieses Gebiet am Pfitscher Sattel wurden nachweislich vor über 3000 Jahren an einem uralten Kultplatz Brandopfer dargebracht. Zurück geht es über die Bockerhütte und das Sproner Tal. Es ist eine bereichernde Tageswanderung.

■ Algund (Lagundo)

Unbedingt sollte man sich in Algund (Lagundo) die hypermoderne **St.-Josefs-Kirche** mit ihrem kolossalen Turm ansehen. Die alte **Pfarrkirche** besitzt Reliefsteine mit Fabelwesen, archäologische Relikte, die man an der Kirche angebracht hat und die in der Nähe gefunden wurden. Berühmt ist Algund auch durch den Menhirfund von 1932. Der Menhir mit eingeritzter Menschendarstellung befindet sich heute im Landesmuseum in Bozen.

■ Wanderungen um Algund

Eine Genusswanderung ermöglicht der **Algunder Waalweg** oberhalb von Algund. Man gelangt auf ihn auch von Dorf Tirol aus über den Gnaidweg südlich aus dem Dorf heraus. Man muss dann scharf in die Laurinstraße Richtung Gratsch einbiegen, geht weiter entlang des Waals nach Algund, von dort über Sachloss Thurnstein und an der Kirche St. Peter vorbei zurück nach Dorf Tirol (4,5 Std.). Einkehrmöglichkeiten gibt es in Algund und auch sonst am Weg ausreichend.

Von Algund verkehrt ein Sessellift zur auf 1522 Metern gelegenen **Leiteralm**. Von dort geht man ostwärts nach Hochmut über den Hans-Frieden-Felsenweg. Das ist ein Höhenweg in steilstem Gelände, der mit Seilen gesichert ist. Von Hochmut bringt der Wanderer eine weitere Seilbahn hinab nach Dorf Tirol.

■ Schenna (Scena)

Das Gegenstück zu Schloss Tyrol auf der anderen Seite der Passer ist das wuchtige, wenig gegliederte Schloss Schenna. Es liegt am Westhang des Großen Iffinger (2581 m) und ist ebenso wie Schloss Tyrol das Ziel zahlreicher Touristen. Das Schloss, erbaut um 1350, wechselte sehr oft den Besitzer, bis es 1845 der in der Steiermark und in Tirol wegen seiner Volksverbundenheit tief verehrte habsburgische Erzherzog Johann (1782–1859) erwarb. Es ist noch heute im Besitz seiner Nachkommen, der Grafen von Meran.

Die **Sammlungen** des Schlosses zeigen mittelalterliche Waffen und persönliche Erinnerungsstücke an Erzherzog Johann. Berühmt ist das einzige Ölbild Andreas Hofers, das noch zu seinen Lebzeiten gemalt wurde. Sehenswert sind ebenso der Innenhof, der Rittersaal sowie das Arbeitszimmer des Erzherzogs Johann

Karte S. 89

wie auch seine umfangreiche Gemäldesammlung. Das neogotische Mausoleum von 1869 am Kirchhügel birgt die Gebeine des unvergessenen Erzherzogs und die seiner ursprünglich bürgerlichen Frau Anna, geborene Plochl aus Aussee. Johanns Beziehung zu der Postmeistertochter war zu Beginn des 19. Jahrhundert für den Hof ein Skandal. Erst nach fast 15 Jahren durfte Johann mit Erlaubnis seines Bruders, des Kaisers Franz I., die Ehe schließen.

Oberhalb der Burg, im ›Oberdorf‹ St. Georgen, steht mit der romanischen **Rundkirche St. Georg** die ursprüngliche Kapelle der ersten Burg von Schenna. Sie weist ein Kuppelgewölbe mit einem Mittelpfeiler auf. Von der Burg ist neben der Kirche nur noch ein niedriges, gedecktes Relikt des Bergfrieds vorhanden. Das Innere der Kirche beeindruckt: Neben reichstem Freskenschmuck und der wuchtigen Säule gibt es einen großartigen Flügelaltar zu bewundern. Er stammt vermutlich von dem großen Hans Schnatterpeck (gest. um 1510), der auch den gewaltigen Altar der Pfarrkirche in Niederlana geschaffen hat, oder zumindest von einem Meister aus dieser Schule. Leider wurde die Kirche durch einen Einbruch mehrerer Kunstgegenstände beraubt, insbesondere fehlen einige Altarfiguren. Ein Besuch lohnt dennoch, auch wegen des schönen Blicks auf die andere Passerseite und die Texelgruppe. Die Seilbahnfahrt von Schenna zu den **Bauernhöfen** von **Taser** ist besonders für Kinder eine große Freude, denn oben gibt es einen Gasthof mit Tiergehege, eine große Spielwiese und einen Klettergarten (www.familienalm.com, Tel. 945616).

■ **Meran 2000**

Unter dem Namen ›Meran 2000‹ ist seit 2000 ein Ski- und Naherholungsgebiet am Piffinger Köpfl auf 2010 Metern östlich von Meran ausgewiesen. Am bequemsten gelangt man mit der Kabinenseilbahn (Mo–Fr 9–17.30, So 8.30–17.30 Uhr) dorthin, im Winter sind auf dieser Höhe weitere Lifte in Betrieb, die die Gäste in die höher gelegenen Skigebiete bringen. Herrliche Wanderungen lassen sich von der Bergstation aus unternehmen. Die Talstation liegt oberhalb von Meran, an der Straße nach Hafling. Oben existiert eine Skischule, diverse Unterkunftsmöglichkeiten und, natürlich, gute Einkehrmöglichkeiten: an der Bergstation und an der Waidmannalm,

Meran und seine Umgebung

Schloss Schenna, links das Mausoleum

Sonnenterrasse an der Liftstation von ›Meran 2000‹

letztere etwa eine Stunde zu Fuß von der Bergstation entfernt. Das Gebiet ist nicht zuletzt wegen der Aussicht sehr beliebt, aber wegen der Sonnenlage herrscht im Winter nicht selten Schneemangel (ausführliche Infos unter www.meran-2000.com).

■ Hafling (Avelengo)

Hafling (Avelengo) auf 1300 Metern ist Herkunftsort der berühmten Pferderasse der Haflinger. Dabei handelt es sich um eine einst auf Hochalmen gezogene und eher kleinwüchsige Gebirgspferdeart, die ausschließlich in der Landwirtschaft eingesetzt wurde. Eine systematisch betriebene Zucht begann erst um 1875, jedoch nicht ausschließlich um Hafling, sondern durch kleine Gestüte in den Hochplateaus überall in den Sarntaler Alpen, zwischen Etsch und Sarn, insbesondere am Tschögglberg oberhalb von Bozen. Nach dem Ersten Weltkrieg wurde die Zucht zunächst ausschließlich in Österreich weitergeführt, erst später entwickelte sich mit der Rasse der Aveligneser auch eine italienische Fortsetzung der Zucht. In Hafling selbst gibt es keine Pferdezucht mehr, sie wurde nach Jenesien bei Bozen verlagert.

Sehenswert ist in Hafling die romani-sche **St. Katharinenkirche** sowie auch der oberhalb von ihr gelegene **Sulfnerweiher**, der im Sommer fast vollständig mit Seerosen bedeckt ist.

■ Vöran (Verano)

Zu Hafling gehört das Bergdorf Vöran (Verano, 1204 m), das auch über eine Seilbahn von Burgstall aus erreichbar ist. Vom dortigen ›Gasthof zum Grünen Baum‹ lässt sich eine entspannende Wanderung zum 1465 Meter hohen **Rotensteinkogel** machen. Auf dem Gipfel dieses Berges sind einige Kinostühle aufgestellt, was der Hochfläche am Gipfel den Namen Knottenkino eingebracht hat. Von hier genießt man großartige Naturblicke. Anderthalb Stunden sollte man für die einfache Wegstrecke auf dem Schützenbründlweg einplanen. Alternativ bietet sich auch eine zweite Wanderung um Vöran an: Vom Parkplatz an der Straße nach Hafling, unterhalb des Rotensteinkogels, kann man in einer halben Stunde über den Weg 12A zum **Herrgöttl** kommen, einer Wallfahrtsstätte aus dem Jahr 1809. Hier gelang es damals einem Mönch, sich vor den ihn verfolgenden Franzosen in einer kleinen Höhle zu verstecken. Nach Ende der Kriegszeit stiftete er in der Höhle ein Kreuz.

Karte: vordere Umschlagklappe

Die Umgebung von Meran

Vorwahl: 0473.

Tourismusverein Dorf Tirol, Hauptstr. 31, 39019 Dorf Tirol, Tel. 923314, www.dorf-tirol.it.

Tourismusverein Schenna, Erzherzog-Johann-Platz 1d, 39017 Schenna, Tel. 945669, www.schenna.com.

Tourismusverein Algund, Hans-Gamper-Platz 3, 39022 Algund, Tel. 448600, www.algund.com.

Tourismusverband Hafling-Vöran-Meran 2000, St.-Kathrein-Str. 2b, 39010 Hafling, Tel. 279457, www.hafling.com.

Gasthof-Hotel Tirolerkreuz, Haslachstr. 117, 39019 Dorf Tirol, www.tirolerkreuz.com, p. P. im DZ ab 38 €.

Cafe-Restaurant Seilbahn, Haslachstr. 64, 39019 Dorf Tirol, Tel. 923334, www.restaurantseilbahn.it.

Restaurant Culinaria, 39019 Dorf Tirol, Haslachstr. 105 (nahe der Talstation der Seilbahn zu den Muthöfen) Tel. 923508, www.culinaria-im-farmerkreuz.it. Prächtige Aussicht, man speist eine Art neue Tiroler Küche.

Restaurant Panorama (Bergstation der Seilbahn von Meran herauf), 39019 Dorf Tirol, Segenbühelweg 22, Tel. 923105, www.panorama-tirol.com. Leichte, gutverdauliche Speisen.

Gasthof Oberlechner, 39022 Algund-Vellau Nr. 7, Tel. 448350, www.gasthof oberlechner.com. Hochwertigste Küche trotz abgeschiedener Lage, Preise auf Anfrage.

Restaurant Leiter am Waal, Mitterplars, 39022 Algund, Tel. 448716, www.leiteramwaal.com. Westlich des Dorfs im Ortsteil Oberplars.

Gasthof Gstör, Alte Landstr. 40, 39022 Algund, Tel. 448555, www.gstoer.com. Größte Portionen südtirolweit.

Ansitz Mair im Korn, Mair-im-Korn-Str., Dorf 9, 39022 Algund, Tel. 448551, www.ansitzmairimkorn.it. Burggräflicher Bauernhof nahe der alten Kirche, Ferienwohnungen f. zwei Personen pro Tag ab 73 €.

Braugarten Forst, Vinschgauer Str. 9, 39022 Algund-Forst, Tel. 260111. Biergarten direkt an der Brauerei, die auch besichtigt werden kann.

Gasthof zum Grünen Baum, 39010 Vöran, Tel. 278158, www.gruener-baum.net, p. P. im DZ 35–40 €, Halbpension 48–55 €.

Landwirtschaftsmuseum Brunnenburg, Dorf Tirol, Ezra-Pound-Weg 3, Tel. 335/7026704, www.brunnenburg.net, April bis Okt. So–Do 10–17 Uhr.

Kultur- und landesgeschichtliches Museum Schloss Tyrol, Dorf Tirol, Schlossweg 24, Tel. 220221, www.schlosstirol.it, März bis Nov. Di–So 10–17 Uhr, Aug. Di–So 10–18 Uhr. Die Ausstellungen umfassen die Zeit von der Frühgeschichte der Burg bis zur Gegenwart, gezeigt werden auch archäologische Funde vom Burgberg. Die einzelnen Bauelemente der Burg – Küche, Bergfried, Kaisersaal, Krypta etc. – zeigen jeweils abgeschlossene Einzelthemen. Die Burg dient als Austragungsort verschiedenster Veranstaltungen, enthält aber keinerlei originales historisches Interieur.

Raubvögel-Schau: Anf. April bis Anf. Nov. tgl. um 11.15 und 15.15 Uhr, Info unter Tel. 221500.

Schloss Schenna, Schlossweg 14, 39019 Schenna, Tel. 945630, www.schloss-schenna.com, Karwoche bis Allerheiligen, Besichtigung nur mit Führung: Mo–Sa 10.30, 11.30, 14 u. 15 Uhr. Mausoleum Karwoche bis Allerheiligen Mo–Fr 10–11.30 u. 15–16.30 Uhr. Sa und So ist geschlossen.

Karten: Kompass-Wanderkarte Südtirol 1:50000 Nr. 699, Blatt 1.

Wander- und Freizeitkarte Meran und Umgebung 1:25000, WKS 511, Verlag freytag & berndt.

Das Passeiertal (Val Passiria)

Von Meran aus zieht sich das Passeiertal, oft nur Passeier genannt, bis in die Ötztaler Alpen hinein. Zwei wichtige Passstraßen kommen vom Timmelsjoch und vom Jaufenpass ins Tal herunter, wodurch es von alters her ein wichtiger Fernhandelsweg ist. Es bildet die kürzeste Verbindung zwischen Meran und dem Brenner, wenn man über den Jaufenpass fährt. Traditionell wurde durch das Passeiertal Salz aus Tirol nach Italien transportiert, was vermutlich bewirkt hat, dass der Familienname ›Haller‹ bei den Talbewohnern sehr häufig ist. St. Leonhard war ein wichtiger Handels- und Umschlagort, doch insgesamt hatten die Bergbauern, insbesondere in den oberen Lagen, noch vor 100 Jahren ein Leben voller Armut und Entbehrung.

Namensgebender Fluss ist die Passer, die am Timmelsjoch in den Ötztaler Alpen entspringt und nach 42 Kilometern bei Meran in die Etsch mündet. Die Passer bildet auch die historische Grenze zwischen den Bistümern Chur und Trient. Der Name rührt vom rätoromanischen ›pra de sura‹ her, was soviel wie ›oben gelegene Wiese‹ heißt. Berühmt ist das Tal nicht zuletzt durch seinen größten Sohn, Andreas Hofer, den legendenumwobenen Kämpfer um die Freiheit Tirols in den Napoleonischen Kriegen.

Das Vorderpasseier

Der südliche Talabschnitt zwischen Meran und St. Leonhard wird Vorderpasseier genannt. Das Tal ist hier verhältnismäßig breit und weist kaum ein Gefälle auf. Es ist touristisch stark erschlossen und hat auch durch verschiedene kleinere Industriezonen seinen ursprünglichen Charakter verändert.

Man verlässt Meran entlang der Passer. Es geht an der Zenoburg vorbei, dann öffnet sich das Tal, rechts grüßt Schloss Schenna herüber, dahinter erhebt sich der Große Iffinger (2581 m), rechts von ihm das Gebiet ›Meran 2000‹.

■ Kuens (Caines)

Im Kuens (Caines) sind die **Erdpyramiden** berühmt. Am Eingang zum Fineletal gibt es einen Wanderparkplatz, von dem aus diese geologischen Merkwürdigkeiten leicht besucht werden können. Bei ihnen handelt es sich um von der Erosion aus weichem Gestein herauspräparierte langgestreckte Säulen und zuckerhutähnliche Formen, deren weitere Zerstörung aber durch aufliegendes härteres Material weitgehend verhindert wird. In Südtirol sind solche Naturdenkmale nicht selten zu finden.

In Kuens gibt es ein kleines privates **Traktorenmuseum**, das direkt an ein rustikales Gasthaus angebunden ist. Dort beginnt auch der **Kuenser Waalrundweg**, der in etwa 2,5 Stunden bewältigt werden kann.

■ Riffian (Rifiano)

In Riffian (Rifiano), links oberhalb der Straße, steht eine der schönsten **Barockkirchen** Südtirols. Diese Wallfahrtskirche wurde 1671 auf den Mauern eines gotischen Vorgängerbaus errichtet und birgt im Inneren eine gotische Pietà, die nicht ganz harmonisch in einen ausladenden Barockaltar eingebettet ist. Ein romanischer fünfeckiger Taufstein aus dem 12. Jahrhundert ist das älteste Kunstwerk der Kirche. An der rechten Seitenwand liegt Bischof Beatus von Chur (gest. 1590) begraben. Er musste aufgrund innerkirchlicher Streitigkeiten zurücktreten und wurde aus seinem Bistum vertrieben. Sehr bedeutend ist auch die **Friedhofskapelle**. Ihre gotischen Fresken eines ansonsten unbekannten ›Venceslas‹ sind im soge-

Karte S. 141

Das Passeiertal

nannten ›höfischen Stil‹ gehalten und zeichnen sich durch besonders ästhetische Darstellung – schöne Gesichter, prächtige Kleidung – und Farbenpracht aus. Sie zeigen die Anbetung des goldenen Kalbs, den selten gemalten Mannaregen an der Nordwand unter anderem die Kreuztragung, an der Westwand die Anbetung der Könige. An der Südwand ist die Flucht nach Ägypten zu sehen. Die Pietà aus der Wallfahrtskirche befand sich ursprünglich hier, da von 1415 bis zum Bau der großen Wallfahrtskirche die Marienverehrung in dieser Kapelle stattgefunden hat. Am Boden vor einem anderen Marienbild in der Kapelle sieht man kleine Vertiefungen; hier sanken jahrhundertelang die Pilger auf die Knie. Sehenswert ist auch die **prähistorische Siedlungsstätte Burgstall** aus den ersten Jahrhunderten vor Christus, von Riffian via Kirchweg zu Fuß in gut einer Stunde zu erreichen.

■ Saltaus (Saltusio)

Kulturgeschichtlich interessant sind im Passeiertal die sogenannten **Schildhöfe**. Sie entstanden im Mittelalter. Auf ihnen lebten Freie, die aber dem Landesherrn unterstanden, ihm waffenpflichtig waren und ihre Gehöfte burgartig ausbauten. Einer dieser Höfe liegt in Saltaus gleich neben der Straße; er ist am Zinnengiebel gut zu erkennen. Ein besonderer Schildhöfeweg, der hier beginnt, führt zu in etwa 2,5 Stunden Rundwanderung zu den wichtigsten dieser Höfe.

Von Saltaus führt eine **Kabinenseilbahn** (www.hirzer.info) auf das Hirzermassiv, jedoch nicht bis zum Gipfel, sondern nur auf die 1980 Meter hoch gelegene Klammeben. Dadurch ist Saltaus ein wichtiger Ausgangsort für Bergwanderungen in die westlichen Sarntaler Alpen. Der 2781 Meter hohe **Hirzer** selbst ist nur für Geübte zu erreichen; wenigstens drei Stunden braucht man von der Bergstation der Seilbahn dorthin.

Eine leichte Wanderung verläuft von der Bergstation der Seilbahn über die Hirzer Hütte zur Hinteregger-Alm und zur **Mahdalm**. Die Tour ist weitgehend steigungsfrei und führt in reinster Bergluft über bezaubernde Blumenwiesen. Die Almhütten sind durchgehend von Mai bis Ende Oktober geöffnet. Anderthalb Stunden braucht man für die einfache Strecke von der Bergstation zur Mahdalm.

▲ *Blick von Norden in das Passeiertal*

An der Mittelstation der Seilbahn liegt der Weiler Obertall. Er ist Namensgeber für den ›Tallner Sunntig‹: Im ganzen Hirzergebiet laden zwischen Mai und Oktober jeweils am ersten Sonntag des Monats die Hüttenwirte zu volkstümlicher Musik und rustikalem Imbiss ein, an diesen Tagen sind die Seilbahntarife vergünstigt (www.tallnersunntig.it).

Von Saltaus lohnt ein Ausflug nach **Videgg** (Vidacqua). Die Straße führt zunächst über Tall bis zur Mittelstation der Hirzerbahn. Dann folgen noch einige kurvenreiche Kilometer, bis ein Stoppschild zum Halt zwingt. Videgg ist autofrei, nur die knapp 30 Bewohner und ihre Gäste dürfen weiterfahren. Hier oben, auf 1536 Metern, öffnet sich eine ganz eigene Welt: Ruhe und Abgeschiedenheit prägen das Leben der Bergbauern, die hier diesen Beruf in Vollzeit ausüben. Es gibt auch einige großartige Einkehrmöglichkeiten.

■ St. Martin in Passeier (San Martino in Passiria)

Der Ort liegt links oberhalb der Straße. Hier gibt es mit dem **Steinhaus** – am Hang oberhalb des Ortsmitte – einen weiteren Schildhof. St. Martin zeigt in der Mitte einige schön bemalte Häuser. Im sogenannten **Malerhaus** befand sich etwa von 1720 bis in die Mitte des 19. Jahrhunderts die ›Passeirer Malerschule‹, die viele regional tätige Freskenmaler hervorbrachte. Bedeutendster von ihnen ist Josef Haller (1737–1773). Das Haus ist an einem Fresko gut erkennbar; es stellt den heiligen Martin dar, der seinen Mantel teilt. Die **Pfarrkirche** zeigt sehenswerte Schnitzereien und Gemälde der erwähnten Malerschule.

Gastronomisch ist St. Martin berühmt durch das Gasthaus ›Lamm‹ sowie durch das Brauhotel ›Martinerhof‹, wo ein ganz vorzügliches Bier aus eigener Her-

Das Geburtshaus von Andreas Hofer bei St. Leonhard

stellung angeboten wird. Wer vor oder nach dem Biergenuss wandern möchte, dem sei die 1350 Meter hohe **Pfandleralm** empfohlen. Man fährt von St. Martin bis zum Weiler Prantach, parkt dort am Pfandlerhof und steigt zwei Stunden lang bis zur Pfandleralm hoch. Die Hütte hat eine große historische Bedeutung: Sie war 1809 Andreas Hofers letzter Zufluchtsort, bis ihn dort die bayerisch-französischen Häscher aufspürten. Ein **Hofer-Denkmal** unterhalb der Hütte erinnert daran.

■ St. Leonhard in Passeier (San Leonardo in Passiria)

Knapp zwei Kilometer hinter St. Martin liegt rechter Hand der alte ›Sandwirt‹, Geburtshaus Andreas Hofers und heute **Museum** sowie Dokumentationszentrum. Das Wirtshausschild von 1698 ist ebenso original wie die alte Wirtsstube. Nahe dem Museum stehen die beiden **Kapellen am Sand**. Die ältere ist eine frühbarocke Nachbildung des Heiligen Grabes und wurde 1698 von dem Großvater Andreas Hofers errichtet, die jüngere entstand als Hofer-Gedächtniskapelle, ist neoromanisch und von 1884.

Auch St. Leonhard (693 m) selbst besitzt Sehenswürdigkeiten: Die **Pfarrkirche** zeigt unter anderem den Taufstein des Andreas Hofer aus weißem Marmor. Die Kirche war ursprünglich romanisch, doch existiert aus dieser Zeit nur noch der Unterbau des Turms.

Im Ort befindet sich an der Straße Kohlstatt eine **Gedenkstätte** für 230 französische Soldaten, die hier 1809 starben. An der Straße zum Timmelsjoch, im Ortsteil Gomion, liegt ein **Schildhof**, genannt der Peterjörglhof.

■ Glaiten

Auch wer nicht weiter nach Sterzing über den Jaufenpass fahren will, sollte in St. Leonhard kurz in diese Richtung abbiegen. An der fünften Kehre nach dem Ortszentrum geht es links auf enger Straße nach Glaiten. Die dortige **Kapelle St. Hippolyt** (1380) ist von Glaiten nur zu Fuß erreichbar und bietet herrliche Blicke über das Passeiertal. Sie beherbergt Fresken mit Szenen aus dem Leben des heiligen Hippolyt – nicht zu verwechseln mit dem römischen Bischof gleichen Namens. Der Heilige war ursprünglich der Kerkermeister des heiligen Laurentius und wurde durch dessen Standhaftigkeit zum Christentum bekehrt. Über mögliche Öffnungszeiten der Kapelle informiere man sich rechtzeitig beim Tourismusverband, denn meist ist sie geschlossen. Die Jaufenpassstraße kann im Winter gesperrt sein.

■ Ruine Jaufenburg

Sehenswert ist die Ruine Jaufenburg. Von der Jaufenstraße unterhalb von Walten kann man sie gut einsehen, besser ist es aber, von St. Leonhard über den Schlossweg zu ihr hochzufahren. An der Burg führte im Mittelalter der Weg über den Pass, heute liegt sie etwas abseits der Passstraße. Die alte Passstraße trifft in

Walten auf die jetzige. Der einzig erhaltene und älteste Teil der Jaufenburg ist der **Bergfried** aus der Zeit um 1240. In seinem vierten Stock befinden sich für Südtirol sehr seltene Fresken aus der Renaissance. Sonst existieren von der Burg nur geringe Mauerreste. Die Burg ist eine Außenstelle des Museum Passeier.

Am Fuß der Burg steht die kleine **Heilig-Kreuz-Kirche** von 1531. In ihr befindet sich eine Darstellung der Jaufenburg aus der Zeit um 1550.

■ Walten (Valtina) und das Wannser Tal

Walten bietet sich als Ausgangspunkt für zwei recht einfache Spaziergänge an. Über den Weiler Wanns (1439 m), wo man parkt, wandert man in Wannser Tal, über die Wannser Alm (1641 m) auf Wiesen hinauf zur Moseralm (1865 m) und zurück (3 Stunden). Die Hütten auf beiden Almen sind von Juni bis September geöffnet (Tel. 0348/2640558). In Wanns kann man gut im Wannser Hof einkehren (Tel. 656217).

Von Wanns empfiehlt es sich auch, durch das Tal des Sailerbachs (auch Wannser Bach) zur Seebergalm (1712 m) aufzusteigen – von dort geht es über einen

Die Jaufenpassstraße, im Hintergrund die Texelgruppe

Karte S. 141 ▲

atemberaubenden, in den Fels gehauenen Steig hinunter zur Wannser Alm. Beide Touren sind nicht allzu schwierig, nur am Felssteig muss man etwas aufpassen. Berühmt ist im Juni die Nepomuk-Prozession im Wannser Tal: Der Heilige möge den wilden Wannser Bach dazu anhalten, das Dorf nicht zu überschwemmen.

Das Hinterpasseier

Das Passeiertal oberhalb von St. Leonhard besitzt einen ganz anderen Charakter als der untere Teil: Es wird enger und einsamer, die Ötztaler und Stubaier Alpen rücken nahe zusammen, in den höchsten Bereichen um das Timmelsjoch wird das Passeiertal zu einem wilden Hochgebirgstal. Die extreme Passstraße ist normalerweise von Mitte Oktober bis Anfang Juni ab Rabenstein gesperrt.

■ **Moos in Passeier (Moso in Passiria)**

In Moos in Passeier (Moso in Passiria) auf 1007 Metern herrscht ein rauhes Hochgebirgsklima. Hier befindet sich in einem Bunker aus dem Jahre 1940 das sogenannte **Mooseum**. Es thematisiert die Geschichte des oberen Passeiertals, die Natur um die Texelgruppe, dazu gibt es ein Steinbockgehege und einen Klettergarten.

An der Straße von Moos nach Platt kommt man direkt an den **Stieber Wasserfällen** vorbei. Hier stürzt der Pfelderer Bach in zwei Abschnitten – 19 bzw. 18 Meter hoch – in die Passer. Oberhalb des Wasserfalls befand sich eine Quelle mit schwefelhaltigen Wässern, die bis in die Zeit vor dem Ersten Weltkrieg in Moos einen kleinen Badebetrieb ermöglichte. Sie ist mittlerweile versiegt. Zu sehen ist noch die ruinöse Brunnenanlage, eine Tafel erläutert das verschwundene Kurbad.

■ **Pfelderer Tal (Val di Plan)**

Von Moos geht es in südwestlicher Richtung tief in die Texelgruppe hinein. Das Tal ist etwa 13 Kilometer lang und endet am Eisjöchl. Über diesen Pass, der im Sommer eisfrei ist, kann man hinüber ins **Pfossental** gelangen (→ S. 109), einem Seitental des Schnalstals.

Das Pfelderer Tal war bis vor kurzem vom Tourismus verhältnismäßig gering erschlossen und zählte zu den abgeschiedeneren Regionen Südtirols. Pfelders (Plan) ist der einzige Ort im Tal. Die Zufahrt dorthin ist mittlerweile offiziell nur noch für Bewohner und Hotelgäste möglich, denn das kleine Skigebiet wurde als sogenannter Geheimtipp überall bekannt und so zur Touristenhochburg. Verschiedene Shuttlebusse, unter anderem das ›Sanftmobil‹ (Winter) und der ›Grünboden-Express‹, verkehren daher zwischen den vor Pfelders gelegenen Parkplätzen und dem Dorf.

Durch den 2009 eröffneten **Sessellift** Richtung Karjoch (2520 m) und zur Grünbodenhütte (2020 m) sind die hohen Lagen der Texelgruppe bequem zugänglich (Betriebszeiten beim Tourismusverein erfragen).

Im Sommer ist das Pfelderer Tal sehr einsam und lohnt daher für Individualisten sehr. Man kann etwa eine schöne **Rundwanderung** um Pfelders machen. Sie führt in 3,5 Stunden auf der einen Seite des Pfelderer Bachs empor zur Jausenstation Lazinser Hof auf 1782 Metern (Tel. 646777, ganzjährig außer Nov. und zwei Wochen nach Ostern) und auf der anderen Seite des Bachs zurück. Großartige hochalpine Eindrücke erhält man, wenn man vom Lazinser Hof weiter zum Lazinser Kaser (1860 m) mit seinem weiten Almhang geht. Dieser Weg lohnt allein deshalb, weil er kaum Anstrengung erfordert. Am Lazinser Kaser kann man von Juni bis Oktober einkehren (Tel. 646800).

Meran und seine Umgebung

Großer Spaß für Automobilisten: die Timmelsjochstraße

Von der Grünbodenhütte führt ein sehr schöner **Panoramaweg** oberhalb des Tals über die Faltschnalalm zum Lazinser Hof, doch erfordert dieser Weg etwas Trittsicherheit.

Überwältigende Blicke bietet die **Zwickauer Hütte** (2980 m) oberhalb des nördlichen Talrands, in unmittelbarer Gletschernähe erbaut und die höchstgelegene Hütte in den südlichen Ötztaler Alpen. Doch ist sie nur zu Fuß mit bester Kondition von Pfelders aus zu erreichen (Tel. 0347/5164308). Eine Materialseilbahn kann nach vorheriger Vereinbarung Rucksäcke von Pfelders aus nach oben befördern (www.13h.de).

■ Rabenstein (Corvara in Passiria)

Hinter Moos geht es auf zahlreichen Kehren verhältnismäßig steil bergauf. Auf etwa 1400 Metern Höhe kann man nach links nach Rabenstein (Corvara in Passiria) hineinfahren. Südlich des Ortes befand sich der **Passeier Wildsee**, auch Kummersee genannt. Er entstand 1401 als Aufstauung nach einem Felssturz, lief wiederholt unerwartet leer und überschwemmte

dabei das Passeiertal bis nach Meran, das er 1419 gut zur Hälfte zerstörte. 1774, bei einem erneuten Ausbruch, wurden auch die stauenden Felsmassen mit hinweggerissen, womit er leerlief und zu bestehen aufhörte. Entlang des ehemaligen Uferweges ist an Informations- und Raststationen die Geschichte des sagenumwobenen Sees dargestellt. Für die Umrundung braucht man etwa 2,5 Stunden. Wenngleich nur wenige hundert Meter entfernt der Verkehr über die Passstraße braust, wirkt Rabenstein unberührt, wie in einem Windschatten gelegen. Im Winter bestehen hier Möglichkeiten für einsame und wilde Skiwanderungen.

■ Das Erlebnisbergwerk Schneeberg

Biegt man auf dem Weg zum Timmelsjoch nicht nach Rabenstein ab, umfährt man den Ort auf einer neuen Straße mit drei Tunneln. Gut 1,5 Kilometer nach dem dritten (kurzen) Tunnel kommt man in einer Kehre zu einem Parkplatz, an dem man zum berühmten Bergwerk Schneeberg aufsteigen kann – für geologisch Interessierte ein Muss!

Karte S. 141 ▲

Das Besucherbergwerk auf 2355 Metern tief in den Stubaier Alpen ist aber ausschließlich zu Fuß erreichbar. Man benötigt dazu ab dem Parkplatz etwa 2,5 Stunden. Es besitzt 130 Kilometer Stollen und war bis zu seiner Stilllegung das größte Blei-Zink-Bergwerk des Alpenraums. Angeboten werden normale zweistündige Führungen (tgl. um 13 Uhr), samstags gibt es ab 8.30 Uhr eine große ganztägige ›Abenteuertour‹ mit Zugfahrt unter Tage. Die Voranmeldung ist unabdingbar.

Die nahe gelegene **Schneeberghütte** bietet ganzjährig warme Küche.

■ **Timmelsjoch**

Am Parkplatz Bankeralm, fünf Kilometer hinter dem erwähnten Parkplatz unterhalb des Bergwerks, beginnt die eigentliche Timmelsjoch-Straße. Obwohl hier seit Jahrhunderten ein Saumweg bestand, beschloss man erst 1897, die Straße auszubauen. Das erfolgte zunächst nur in geringem Umfang. Erst 1933, während der Mussolini-Jahre, wurde die Südrampe bis kurz vor die Passhöhe fertiggestellt. Dann erfolgte ein Baustopp, der bis in die Nachkriegsjahre andauerte. In Österreich begann man von Sölden aus mit dem Bau der Nordrampe, die 1958 vollendet

war. Viel Hin und Her, bei dem auch die alte Südtirolfrage für beide Seiten zum Hindernis wurde, brachte neue Verzögerungen. Erst im September 1968 wurde die Passstraße über das Timmelsjoch in beide Richtungen freigegeben. Geöffnet ist die Straße von Mitte Juni bis Mitte Oktober von 7 bis 20 Uhr. Die Benutzung ist mautpflichtig (einfache Fahrt 14 €, Hin- und Rückfahrt 18 €), wobei sich die Tarife für die Fahrt auf der österreichischen und der italienischen Seite verstehen. Die Rückfahrt muss dabei nicht am gleichen Tag erfolgen. Auf der Passhöhe, auf 2504 Metern, gibt es ein **Passmuseum**, dessen Öffnungszeiten denen der Straße entsprechen (www.timmelsjoch.com).

Radsportler lieben diese Strecke als besondere Herausforderung. 1800 Höhenmeter sind bei einer Streckenlänge von knapp 30 Kilometern ab St. Leonhard zurückzulegen. Der aufregendste Teil ist dabei der Schlussabschnitt mit seinen Serpentinen und dem gut 700 Meter langen Tunnel; allein auf diesem Abschnitt sind 800 Höhenmeter zu überwinden. Das jährliche Ötztal-Radmarathon genau wie der Giro d'Italia über das Timmelsjoch zählen zu den schwierigsten Radrennen der Welt.

Meran und seine Umgebung

ℹ Das Passeiertal

Vorwahl: 0473.
Tourismusverein Meraner Land, Tel. 2004434, Meran, Gampenstraße 95, www.meranerland.com. Das Umfassendste, was man sich an Online-Informationen zu Stadt und Land denken kann.
Tourismusverein Passeiertal, Passeirerstr. 40, 39015 St. Leonhard in Passeier, Tel. 656188, www.passeiertal.it. Filiale auch in Pfelders, Tel. 643558, www.pfelders.info.

🛏 ✕

Gasthaus Ungericht Hof, Kuenser Str. 55, 39010 Kuens, Tel. 241112, www.

ungerichthof.it. Mit Traktormuseum, geöffnet während der Betriebszeiten des Gasthauses (Di–So ca. 9–22 Uhr), Mo geschlossen.
Berggasthof Videgg, Videgg 44b, 39017 Schenna, Tel. 949416, www.videgg.it, p. P. im DZ 27 €. Ein wirklicher Geheimtipp, persönliche Empfehlung des Autors.
Gasthaus Lamm, Dorfstr. 36, 39010 St. Martin in Pass., Tel. 641240, www.gasthaus-lamm.it. Niveauvolle Traditionsgaststätte seit 1777, auch Andreas Hofer verkehrte hier beim ›Mitterwirt‹. Gemütliche Gaststube aus dem 18. Jahrhundert.

Brauhotel Martinerhof, Jaufenstr. 15, 39010 St. Martin in P., Tel. 641226, www.martinerhof.it, p. P. im DZ je nach Zimmerkategorie und Saison 40–58 €. Eigenes ausgezeichnetes ›Martinsbräu‹, angeschlossene Erlebnis-Weinkellerei. Brauereiführungen.

Gasthof Alpenrose, 39015 St.Leonhard-Gomion, Tel. 656141. Bekannt durch seine gute Küche, sehr gutes Preis-Leistungs-Verhältnis bei niedrigen Preisen.

Hotel Frickhof, Passeierstr. 31, 39015 St. Leonhard, Tel. 656119, www.frickhof. com, p. P. im DZ je nach Saison 37–49 €.

Museum Passeier Andreas Hofer, Passeirerstr., 39015 St. Leonhard i. P., Tel. 659086, www.museum-passeier.it, von Mitte März bis Allerheiligen Di–So 10–18 Uhr, Ostermontag, Pfingstmontag und Allerheiligen, Aug./Sept. tgl. Keine Verklä-rung des Volkshelden, sondern teils auch kritische Sicht, das Freigelände des Museums zeigt Volksarchitektur des Passeiertals. 2012 erfolgte die Nominierung als ›European Museum of the Year‹.

Mooseum Bunker, Dorf 29a, 39013 Moos i. P., Tel. 648529, www.bunker-mooseum. it, März–Nov. Di–So 10–18 Uhr.

Erlebnisbergwerk Schneeberg, Tel. 647045 oder 656306, www.schneeberg. org, 15. Juni bis 15. Oktober.

Vom Hirzergebiet werden Tandemflüge im Paragliding angeboten (Landeort Saltaus); nähere Infos unter Tel. 339/7631715, http://flyhirzer.com.

Karte: Kompass-Wanderkarte Nr. 699 1:50 000, Südtirol, Blatt 2.

Karte S. 141

▲ *Am Fischersee im oberen Ultental*

Lana und das Ultental (Val ultimo)

Das Ultental ist eines der urtümlichsten Täler der Alpen. Auf 40 Kilometer Länge erstreckt sich das von der Falschauer durchflossene Tal von Lana in südwestlicher Richtung bis nach St. Gertraud, das schon im Nationalpark Stilfser Joch in der Ortlergruppe liegt. Der italienische Name bezeugt die einstige Abgeschiedenheit des Tales: ›ultimo‹ bedeutet ›der letzte‹. Das Tal ähnelt in seinem östlichen Teil einer Schlucht. Dadurch war es vom Etschtal jahrhundertelang ebenso schwer zugänglich wie leicht zu verteidigen. Kein Wunder also, dass sich die alten Traditionen hier so sehr bewahrt haben.

Am Westende des Tals bieten sich großartige Wandermöglichkeiten in die Ortlergruppe hinein. Es ist mit seinen Burgruinen, Naturdenkmälern, alten Bauernhäusern mit dunklem Balkenwerk und schindelgedeckten Dächern sowie attraktiven Gasthöfen und Seilbahnen auf die Höhen ein beliebtes, aber nie überlaufenes Gebiet. Auch das kleine Skigebiet Schwemmalm ist im Winter belebt, aber nie überfüllt (www.schwemmalm.com). Alle Talsiedlungen sind administrativ zur Gemeinde Ulten zusammengeschlossen.

Lana und seine Umgebung

Der einzige Zugang ins Ultental von Südtiroler Gebiet aus verläuft über Lana. Der Ort selbst liegt noch nicht im Ultental, das als Hochtal erst gute 300 Meter höher beginnt, oberhalb der sogenannten Tisenser Geländestufe, die es markant vom Etschtal abschneidet. Aus reisepraktischen Gründen werden Lana und seine Umgebung aber hier behandelt.

■ Lana

Mit seinen 11 500 Bewohnern ist Lana die siebtgrößte Siedlung Südtirols. Er liegt im sich hier weit öffnenden Etschtal auf 310 Meter und ist von schier endlosen **Obstplantagen** umgeben. Diese Lage verleiht dem Ort besonders zur Zeit der Apfelblüte eine unvergleichliche Schönheit, wenngleich die in den letzten Jahren deutlich erweiterte Industriezone einige Beeinträchtigungen bewirkt hat. Zehn Prozent aller Äpfel, die in der EU angebaut werden, stammen aus Südtirol und von diesen wiederum zehn Prozent aus Lana. Auffällig sind die vielen dachähnlichen Vorrichtungen, die die Plantagen vor Hagelschauern schützen. Es gibt jedoch Vorgaben, dass diese Art des Schutzes nicht zu groß und ausladend gestaltet sein darf, damit der äußere Gesamteindruck der Kulturlandschaft Meran-Etschtal nicht allzu sehr beeinträchtigt wird.

Lohnend ist der Besuch des **Biotops Burgstaller Auen**, einer sumpfigen Landschaft im Mündungsbereich Falschauer-Etsch zwischen Lana und Burgstall. Von Lana führt ein Skulpturenweg mit interessanten zeitgenössischen Kreationen dorthin.

Zu Beginn des 13. Jahrhunderts wurden die **Burgen** Brandis, Lanaburg (Leonburg), Braunsberg, Mayenburg (Ruine seit 1525) und Werrenberg errichtet, die bis heute die Landschaft um Lana und den Ortsteil Völlan dominieren, aber alle nicht besichtigt werden können.

Berühmt ist die 1492 vollendete **Pfarrkirche** im Ortsteil Niederlana. Sie wirkt äußerlich schlicht, weist aber im Innern mit dem über 14 Meter hohen Flügelaltar eines der größten Kunstwerke Südtirols auf, gleichzeitig der größte Flügelaltar der Alpen überhaupt. Er stammt aus der Werkstatt des Meisters Hans Schnatterpeck. Er war an der Wende des 15. zum 16. Jahrhundert sicherlich der bedeutendsten Bildschnitzer im Land

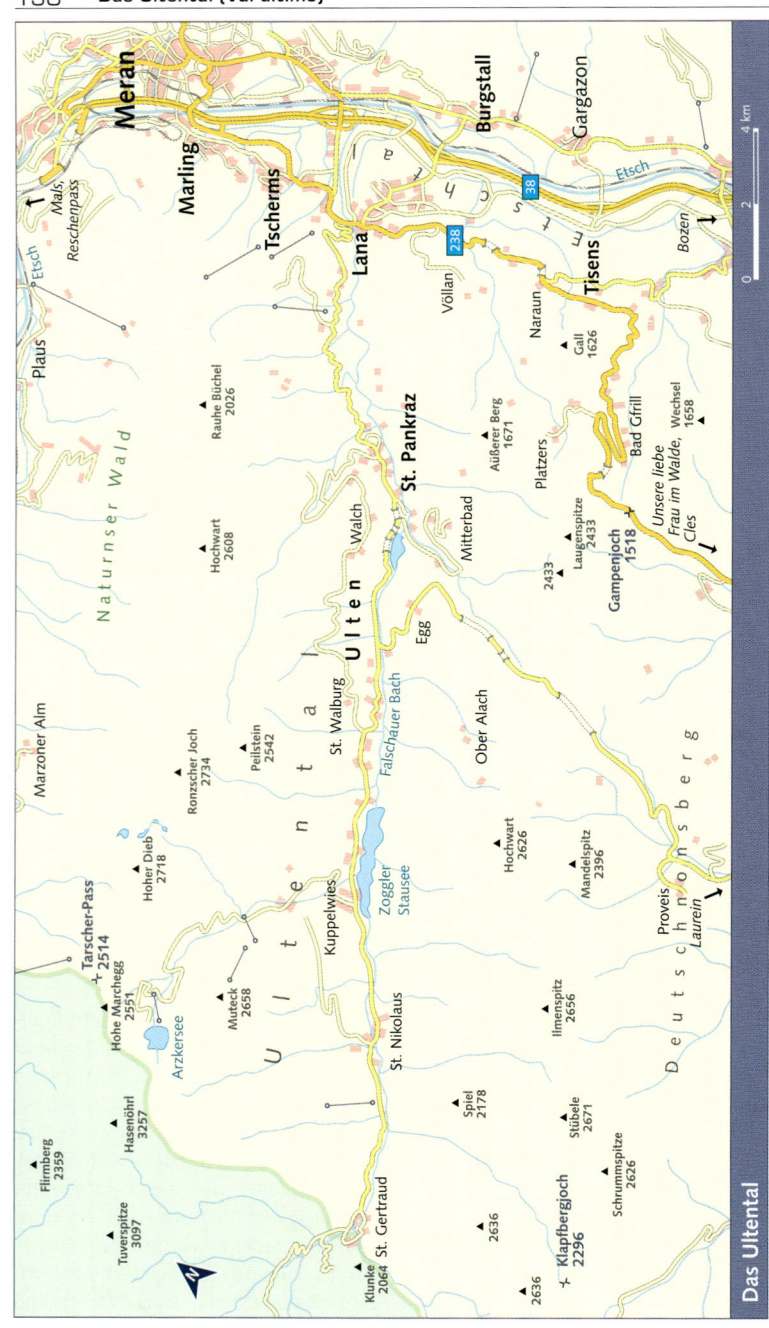

(→ S. 137). Schnatterpeck stammte aus Schwaben und ließ sich 1485 in Meran nieder. Mit dem Jahr 1510 enden die Nachrichten über ihn. Er scheint um diese Zeit als etwa 65-jähriger gestorben zu sein. Schnatterpeck und seine Mitarbeiter ließen sich in dieser Zeit einen Teil des Arbeitslohns in Naturalien bezahlen, darunter acht Wagenladungen Wein.

Der Altar überwältigt durch seinen Figuren- und Formenreichtum und leuchtet in goldenen, silbernen, blauen und grünen Tönen. Sein unterer Teil zeigt Petrus und Paulus, in ihrer Mitte Gottvater mit dem Schmerzensmann, in der oberen Zone rechts die heilige Katharina, links die heilige Anna, in der Mitte wird Maria von Gottvater und Christus gekrönt. Die Innenseiten der Flügel zeigen Reliefs der Verkündigung, Geburt, Anbetung der Könige und Beschneidung, die Außenseiten zeigen gemalte Passionsszenen des Dürer-Schülers Hans Schäufelein. Die Kirche kann außerhalb von Gottesdiensten nur mit Führung besichtigt werden.

Nicht weit von dieser Pfarrkirche befindet sich das **Obstbaumuseum.** Es dokumentiert die Geschichte des Obstbaus und zeigt unter anderem historische Gerätschaften.

Aus Lana stammt Luis Zuegg (1876–1955), der als Ingenieur sehr viele Seilbahnen in den Alpen konzipierte und konstruierte und auch die Lokalbahn Lana–Burgstall–Meran entwarf. Er war noch als 70-jähriger tätig; von ihm entworfene Bahnen befinden sich überall in der Welt. Auch die Vigiljochbahn geht auf seine Konstruktionspläne zurück, wenngleich nicht er selbst die Arbeiten durchführte.

■ Tscherms (Cermes)

Majestätisch thront oberhalb von Tscherms, nördlich von Lana, mit seinem charakteristischen 24 Meter hohen Turm das **Schloss Lebenberg**. Es stammt aus dem 13. Jahrhundert, die Schlosskapelle aus dem 14. Jahrhundert. Lebenberg ist eine der besterhaltenen Wohnburgen Südtirols, glücklicherweise ist sie nie geplündert oder zerstört worden. Das originale Interieur lohnt eine Besichtigung, überhaupt lohnt der Besuch der Burg schon wegen des herrlichen Blicks aus dem Burggarten über das Etschtal.

Um die Burg rankt sich folgende Sage: Um 1500 sollen sich zwei junge Leute, der Sohn eines reichen Bauern und die Tochter des Burggrafen, ineinander verliebt haben. Mit allen Mitteln versuchte der Burggraf den Bauernsohn einzuschüchtern, damit er von seiner Tochter ablasse. Doch das half alles nicht. Eines Tages war der Bauernsohn verschwunden. Gerüchte gingen, dass ihn der Graf in den Turm habe einmauern lassen. Die alte Sage wurde 1927 sehr lebendig, als man bei Restaurierungsarbeiten im Burghof unter einer Mauer, an der ein großes Kruzifix hing, das Skelett eines Mannes fand. Um wen es sich handelte, konnte aber nicht mehr festgestellt werden. Der damalige Burgherr ließ die Gebeine zunächst im Turm liegen, doch das tagelange Jaulen

Kleinod im Ultental: Die Kirche
St. Helena in St. Pankraz

Meran und seine Umgebung

und Heulen seiner Hunde veranlasste ihn zu einer schnellen Beisetzung der Gebeine auf dem Marlinger Friedhof.

■ Das Vigiljoch

Seit 1912 gelangt man mit einer Kabinenbahn zum Vigiljoch, aber zunächst zur Mittelstation auf 1486 m. Damals war es die zweite Seilbahn in Europa überhaupt. Eine Stunde Anstieg braucht man dann noch, um den Gipfel, den Kirchenhügel St. Vigil zu erreichen.

Unterhalb des Gipfels, beim Gasthaus ›Bärenbad‹, sind jene berühmten radioaktiven Quellen aufgeschlossen, von denen Meran sein Heilwasser bezieht. Von der Mittelstation kann man per Sessellift bis zum 1837 Meter hohen Larchbühel kommen und von dort in kurzer Zeit zum Kirchenhügel hinunterspazieren.

Sehr schön ist der Weg zur **Naturnser Alm** (1910 m), wenn Ende Juni die Alpenrosen blühen. Fünf Stunden braucht man für den Hin- und Rückweg von der Bergstation aus.

Ein eigentümlicher Bau steht nahe der Bergstation: Der italienische Stararchitekt Matteo Thun schuf hier ein ungewöhnliches Hotel, das sicherlich das teuerste im Meraner Land ist. Ein ›ökosophistischer‹ Ansatz – so die Betreiber – ließ ein

Hauptgebäude in langgestreckter Form entstehen, das einen umgefallenen Baum symbolisieren soll. Der Bauherr spricht von diesem Bau als ›modernem Kloster‹, denn es verstehe sich als nobler Rückzugsort gestresster Manager und Prominenter (www.vigilius.it). Das Restaurant steht auch Nicht-Hotelgästen offen. Von der erwähnten Bergstation kann man per Sessellift bis zum 1837 Meter hohen Larchbühel kommen und von dort in kurzer Zeit zum Kirchenhügel St. Vigil (1793 m) hinüberspazieren. Wer von der Bergstation der Kabinenbahn aus laufen möchte, erreicht den Kirchenhügel in einer Stunde. Südlich unterhalb des Hügels, beim Gasthaus ›Bärenbad‹, sind jene berühmten radioaktiven Quellen aufgeschlossen, von denen Meran sein Heilwasser bezieht. Sehr schön ist der Weg zur Naturnser Alm (1910 m), wenn Ende Juni die Alpenrosen blühen. Fünf Stunden braucht man für den Hin- und Rückweg von der Bergstation des Sessellifts aus.

■ Völlan (Foiana)

Der südlich von Lana gelegene Ortsteil Völlan (700 m) lohnt den Besuch wegen des kleinen **Bauernmuseums** und als Ausgangspunkt für eine Wanderung zur kleinen **Kirche St. Hippolyt** (759 m). Sie ist kunstgeschichtlich von geringem Interesse, steht aber in höchst reizvoller Lage oberhalb der Straße Lana–Tisens und ist von weither zu sehen. Etwa eine Stunde braucht man von Völlan bis dorthin; zunächst geht es über die Talmühle hinab und dann zum Buschenschank ›Obermayer‹ hinauf. Die Kirche kann aber auch ohne großen Spaziergang von der erwähnten Straße nach Tisens aus besucht werden.

Eine große Attraktion gibt es in Völlan und Tisens in der zweiten Oktoberhälfte, wenn hier die Kastanientage stattfinden, die ›Keschtnriggl‹.

Karte S. 150

Der Kirchenhügel St. Vigil

■ Tisens (Tesimo)

Tisens liegt etwa 350 Meter oberhalb des Etschtals auf einer Geländestufe, die auch seinen Namen trägt. Weit bekannt ist es durch seine Edelkastanien, die im Oktober beim Kastanienfest im Mittelpunkt stehen. Die vielen Burgenbauten um Lana und Tissian wurden im 13. Jahrhundert ganz bewusst oberhalb des Tals auf der Geländestufe errichtet, da das Leben in dem damals sumpfigen Etschtal nicht nur wegen der Mücken wenig gesundheitsfördernd gewesen ist. Im Ortsteil Prissian (650 m) steht die **Fahlburg,** ein mittelalterlicher Bau, der 1615 von der Familie von Brandis zum Schloss ausgebaut wurde; es ist nicht zugänglich.

Sehenswert ist das nahe **Schloss Katzenzungen**, das in der gleichen Zeit wie die Fahlburg im Renaissancestil erweitert wurde. Das wehrhafte Aussehen war aber nur Dekoration, und zu keiner Zeit wurde die Burg belagert. Sie war bis ins 20. Jahrhundert hinein eine Ruine und ist erst nach 1980 wieder hergestellt worden. Berühmt ist im 300 Quadratmeter großen Schlossgarten ein Rebstock, der als ältester ganz Europas gilt. Um 1400 kauften die Herren von Schlandersberg die Burg Katzenzungen. An der Stammburg der Schlandersberger im Vinschgau oberhalb von Schlanders hatten sie zur gleichen Zeit eine bis dahin in Südtirolk unbekannte Rebsorte angepflanzt, ›Versoalnk genannt. Da der Rebstock von Katzenzungen von der gleichen Sorte ist, wird angenommen, dass er ebenfalls in diesen Jahren angepflanzt wurde – und damit der älteste Weinstock Europas ist. Er trägt jährlich immer noch bis zu 700 Kilogramm Trauben; in der Vinothek des Schlosses kann man den Wein aus diesen Reben kosten.

Eine Kostbarkeit ist die kleine **St-Jakob-Kirche** im Weiler **Grissian**, zu dem nahe

Äußerlich wehrhaft: Schloss Katzenzungen

der Fahlburg ein Weg von der Hauptstraße abzweigt. Doch ab dem Gasthaus Grissianer Hof muss man noch etwa eine halbe Stunde zu Fuß gehen. Die frühromanische Kirche aus dem 12. Jahrhundert ist nicht von ungefähr dem heiligen Jakob geweiht: Hier kamen einst entlang eines Teilpfads des Jakobswegs viele Pilger vorbei. Sehr schön sind die Fresken aus dem 13. und 14. Jahrhundert, unter anderem kann man hier die wahrscheinlich älteste Darstellung der Dolomiten sehen. Sie wird im Augenblick renoviert, über die Öffnungszeiten informiere man sich beim Tourismusverein. Von Tisens führt der Weg hoch zum Gampenpass und weiter in die Region Deutschnonsberg (→ S. 157).

■ Michael Gamper

Bedeutendster Sohn der Stadt Tisens ist Michael Gamper (1885–1956). Der Geistliche kämpfte gegen den Faschismus und zeitlebens für die Selbstbestimmung der deutschsprachigen Südtiroler. Er setzte sich nach 1919 für das Erscheinen deutschsprachiger Zeitungen und den deutschsprachigen Religionsunterricht ein. Gamper galt für die Gestapo nach der Besetzung Italiens als besonderer Staatsfeind, doch gelang es ihm 1943, deren Fängen zu entkommen und unerkannt in einem toskanischen Kloster Zuflucht zu finden. Gamper starb im Alter von 71 Jahren hoch geehrt in Bozen. Der Trauerzug zu seinen Ehren durch die Bozener Innenstadt wurde zu einer Großveranstaltung, an der rund 30 000 Menschen teilnahmen.

■ Nals (Nalles)

Mit Nals (Nalles, 321 m) ist der letzte Ort im Burggrafenamt erreicht, nach Süden schließt sich die Bezirksgemeinschaft Überetsch-Unterland an, also der Kreis Bozen. Eine Schlamm-Mure im Grissianer Graben durch den Nalser Bach beschädigte im Herbst 2001 einen großen Teil von Nals. Der Schlammstrom kam zwar im Ortsbereich zum Stillstand, bewegt sich aber auch heute, über zehn Jahre später, ganz langsam immer noch. Wie andere Orte des Etschtals liegt auch Nals an der altrömischen Via Claudia Augusta. 2005 wurden bei Grabungen die Grundmauern eines römischen Hauses aus dem 4./5. Jahrhundert freigelegt, das eine Fußbodenheizung besessen hat. Freigelegt wurde auch die Apsis einer frühchristlichen Kirche.

Das Häusl am Stein in St. Pankraz

Karte S. 150

Westlich von Nals liegt auf einem nach drei Seiten steil abfallenden Felsen die mittelalterliche **Burg Payrsberg**, die zwar keine Ruine ist, sich aber auf dem besten Weg in diese Richtung befindet. Die Burg erfuhr in der Renaissancezeit Umbauten und Erweiterungen.

Bei Nals beginnt schon das berühmte Weinbaugebiet an der unteren Etsch, das im wesentlichen durch Orte wie Andrian, Eppan oder Terlan bekannt ist. In Nals beginnt auch die berühmte **Südtiroler Weinstraße**, die in Salurn an der Grenze zum Trentino endet und entlang derer 85 Prozent der ganzen Südtiroler Weine angebaut werden (www.suedtiroler-weinstrasse.it).

Von Lana in das Ultental

Westlich von Lana steigt die Straße steil an und verläuft in zahlreichen Serpentinen. Links unterhalb der Straße, noch im Einzugsgebiet von Lana, erblickt man die **Burg Braunsberg**; sie befindet sich in Privatbesitz. Tief unter ihr braust die Falschauer durch die eindrucksvolle Gaulschlucht. Jetzt erst ist das Ultental erreicht. Höchst malerisch windet sich die Straße um zahlreiche Felsvorsprünge, hinter einem Parkplatz mit Infostand erscheint links die imposante **Schlossruine Eschenlohe**, oft Schloss Ulten genannt. Sie wurde 1164 erstmalig erwähnt. Die Anlage ist zwar nicht zugänglich, doch ein beliebtes Fotomotiv ist wird oft als eine der schönsten Ansichten in Südtirol bezeichnet. Das nahe gelegene St. Pankraz trägt die stilisierte Burg im Ortswappen.

■ St. Pankraz (San Pancrazio)

St. Pankraz (San Pancrazio) auf 735 Metern Höhe ist es der erste Talort, wenn man von Lana kommt. Der auffallende Turm der **Pfarrkirche** besitzt eine Höhe von 56 Metern. An dieser Stelle befand sich vor dem 14. Jahrhundert ein Vorgängerbau der jetzigen Kirche, die um 1890 neugotisch umgebaut wurde; Reste des alten Langhauses sind noch vorhanden. Die **Sebastianskapelle** neben der Pfarrkirche besitzt einen schönen Barockaltar. Von St. Pankraz führen kleine Weg hoch zur kleinen, aber weithin sichtbaren **Kirche St. Helena** (1550 m). Sie stammt aus der Mitte des 14. Jahrhunderts und besitzt im Inneren schöne barocke Heiligenfiguren. Es gibt keine Straße dorthin, eine gute Dreiviertelstunde muss man ab dem Parkplatz noch zu Fuß gehen. Gut 1,5 Kilometer talaufwärts von St. Pankraz, an der Lokalität Bad Lad (Bushaltestelle), führt ein Weg hinab ins Falschauertal zum sogenannten **Häusl am Stein**, einer viel bestaunten Sehenswürdigkeit. im Tal standen weit bis in die zweite Hälfte des 19. Jahrhunderts zahlreiche Einzelgehöfte auf den Talauen. Eine große Überschwemmung riss 1882 den größten Teil dieser Häuser weg, nur das ›Häusl am Stein‹ blieb. Es war zufällig auf der Aue direkt auf einem großen Felsblock errichtet worden. Bei der Überschwemmung wurde um den Felsen herum alles abgetragen und weggerissen, das Häuschen aber blieb dank seine Lage auf dem Stein unversehrt. Das malerische Häuschen befindet sich in Privatbesitz und ist bis heute bewohnt.

■ Mitterbad

Ebenfalls oberhalb von St. Pankraz führt ein Weg südwärts nach Mitterbad. Die dortigen Schwefelquellen ließen zunächst nur ein Bauernbad entstehen, doch mit dem Aufstieg Merans zum bekannten Kurort geriet auch das kleine Mitterbad in dessen Sog. Die unvermeidliche Sisi, Bismarck, Kafka, der Schriftsteller Hermann Sudermann und selbst Thomas Mann hielten sich hier auf. Der beendete hier 1904 seine ›Buddenbrooks‹. Gewohnt haben die Gäste entweder in

Der Zoggler Stausee

St. Pankraz oder St. Walburg, oder sie sind täglich von Meran hierher gekommen. Seit 1969 ist der Badebetrieb eingestellt, die wenigen Häuser befinden sich in fortschreitendem Verfall.

■ Sankt Walburg (Santa Valburga)

Hat man den Pankrazer See passiert, kommt schon Sankt Walburg (1190 m) in Sicht. Der Standort der **Pfarrkirche** auf einem Hügel ist ein uraltes Heiligtum. Man vermutet, dass schon im 3. Jahrhundert hier eine christliche Kirche bestanden hat, die ihrerseits auf einem noch älteren nichtchristlichen Bau errichtet wurde. Archäologische Funde an dieser Stelle bezeugen dies. Die Kirche ist in Turm und Apsis romanisch, im 15. Jahrhundert wurden die Fenster gotisiert, 1840 erfolgte eine neogotische Umgestaltung des Langhauses.

Sankt Walburg ist eine Streusiedlung; diese Form entwickelte sich hier aus der Not der Talenge. Ein Teil des Ortes musste in den 1950er Jahren dem **Zoggler Stausee** (1133 m) weichen. Entlang des Sees gibt es an der Straße einige Parkplätze, von denen man eine schöne Seerunde machen kann. Vielbesucht ist in Sankt Walburg die Metzgerei Gruber, zu der

Die Bergstation der Schwemmalmbahn

die Hungrigen von weither herbeieilen. Eine Filiale der Metzgerei gibt es auch in St. Pankraz. Selbstproduziertes etwa aus Kräutern und Wolle bietet der ›Kräuterhof‹ der Familie Wegleit an.

Vom Zoggler Stausee bis zum Talende

Im oberen Abschnitt des Ultentals wartet neben kunsthistorisch bedeutsamen Kirchen eine von Südtirols meistbestaunten Sehenswürdigkeiten auf den Besucher: die angeblich 2000 Jahre alten mächtigen Lärchen von St. Gertraud.

■ Kuppelwieseralm

Die Kuppelwieseralm (1970 m) liegt in einem geöffneten Talkessel. Sie ist gut mit dem Auto aus Kuppelwies und St. Nikolaus erreichbar. Von der Almhütte ist es auf einer bequem zu gehenden Betriebsstraße nicht sehr weit zum kleinen **Arzkarsee** (2250 m), der 1969 zum Stausee geworden ist. An der Kuppelwieseralm liegt auch die zugehörige Wasserkraftanlage. Die Kuppelwieseralm ist Ausgangspunkt für Wanderungen zum Hasenöhrl (3257 m) und zum Kuppelwieserferner und auch hinüber in den Vinschgau zur Tarscher Alm.

■ Schwemmalm

Am oberen Ende des Zoggler Stausess kann man mit einer Kabinenbahn zur Schwemmalm kommen. Im Winter ist dies ein feines kleines Skigebiet, im Sommer wegen der Fernsicht und den Wandermöglichkeiten ebenfalls gern besucht. Die Bergstation der Bahn (Außerschwemmalm) liegt auf 2045 Metern Höhe. Von dort kann man in der Ferne bereits die Dolomiten erblicken; sie erscheinen unwirklich wie eine Fata Morgana.

Das Gasthaus Außerschwemmalm wurde 2012 zur Skihütte des Jahres erklärt. Es liegt fast unmittelbar an der Bergstation und ist Ausgangspunkt für verschiedene **Wanderungen**, entweder zum 2658 hohen Mutegg – gute Kondition erforderlich! – oder hinüber Richtung Steinberg und Schusterhüttl (2310 m). Das ist eine angenehme Tagestour, doch man muss den gleichen Weg zurück nehmen (www.schwemmalm.com).

Info zu den Wintersportbedingungen und Schneeverhältnissen im Skigebiet: Tel. 795390.

■ Sankt Nikolaus (San Nicolò)

Rechts oberhalb der Straße, auf 1256 Metern, liegt Sankt Nikolaus (San Nicolò). Von weitem schon sieht man den charakteristischen schlanken Kirchturm. Oberhalb der **Kirche** liegt der **Thurnerhof**. Ihm sind Reste eines alten Wehrturms angebaut, der im Mauerwerk seltsame Steinbilder zeigt.

Das **Ultner Talmuseum**, In einem für das Ultnertal typischen bäuerlichen Gehöft untergebracht, dokumentiert mit Geräten, Möbeln und Trachten das Leben der Ultner Talbewohner in alten Zeiten wie auch die heimische Tierwelt.

Von St. Nikolaus aus kann man zur ältesten Kirche im Tal wandern, zur **St.-Moritz-Kirche** (1640 m), die oberhalb von Kuppelwies liegt. In ihrer Nähe befindet

Karte S. 150 ▲

sich ein Parkplatz, so dass sie auch mit dem Auto auf schmalem Weg vom Tal heraus direkt erreichbar ist. In dem beeindruckenden Bau gibt es spätgotische Fresken, das Hochaltarbild zeigt den heiligen Moritz (Mauritius), einen der ganz wenigen farbigen Heiligen. Er stammte ursprünglich aus Afrika und wurde um das Jahr 300 als Märtyrer hingerichtet. Von seinem Namen leitet sich die früher gebräuchliche Bezeichnung ›Mohr‹ für ›Afrikaner‹ ab.

Wandererlebnisse in der oberen Talhälfte bietet der **Ultner Höfeweg**, der den Wanderer bequem zu den schönsten Bauernhäusern des Tals bringt und sich zwischen St. Gertraud und dem Zoggler Stausee hinzieht.

■ Sankt Gertraud (Santa Gertrude)

Mit Sankt Gertraud (Santa Gertrude) auf 1519 Metern ist die höchstgelegene Talsiedlung erreicht. Kurz vor St. Gertraud geht es nach links zu den weitbekannten **Ultner Urlärchen**, drei Bäumen, die knapp 30 Meter hoch sind und einen Stammumfang bis zu 8,20 Meter erreichen. Man schrieb ihnen bis vor kurzem ein Alter von etwa 2000 Jahren zu, doch weil die Stämme innen hohl waren und keine Jahresringe durchgängig

Typisches Bauernhaus im Ultental

vorhanden gewesen sind, ließ sich das Alter nur annähernd bestimmen. Neuere Forschungen erbrachten ein Alter von knapp 900 Jahren. Die Baumriesen erwecken Ehrfurcht, obwohl einige Äste abgestorben sind. St. Gertraud liegt bereits im Stilfserjoch-Nationalpark. Mit der **Lahner Säge** existiert hier ein weiteres Besucherzentrum, in dem Wald und Holz in einer Dauerausstellung in einer ehemaligen, doch noch voll funktionsfähigen Sägemühle thematisiert werden. Der Altar in der im 14. Jahrhundert errichteten und später barockisierten **Pfarrkirche** wird aus vier Säulen gebildet. Die Südwand zeigt an der Außenseite eine Pietà aus dem Jahr 1916.

■ Die Weißbrunnalm

Eine kleine Straße führt von St. Gertraud bis zur Unteren Weißbrunnalm (1872 m). Hier ist das tatsächliche Talende erreicht, und von hier kann man direkt ins Hochgebirge wandern. Etwas anstrengend ist der Weg hoch zur Höchster Hütte am Grünsee (2561 m), ebenfalls ein kleiner Stausee. Bequemer dagegen ist die Route zur Oberen Weißbrunnalm und zur Kaseralm am Fischersee auf 2068 m. Von hier kann man auf kurzer Strecke entlang des ganz jungen Falschauerbachs wieder zum Parkplatz hinunterwandern. Der Weg zur Haselgruber Hütte (2464 m) ist nur Wanderern mit guter Kondition und alpiner Erfahrung anzuraten. Es ist eine längere und anstrengende Tour, egal ob man von der Kaseralm oder der Höchster Hütte aufbricht. Der Besuch der Hütte in einsamer Berglandschaft lohnt ›einfach so‹, selbst wenn man nicht weiter ins Hochgebirge aufsteigen möchte.

Deutschnonsberg

Südlich des Ultentals, hart an der Grenze zum Trentino, liegt die Region Deutschnonsberg. Sie umfasst die Gebie-

Eine der ›Urlärchen‹

te im oberen Nonstal und um den Nonsberg, die ausschließlich von Deutschsprachigen bewohnt sind. Der Nonsberg ist eine dünn besiedelte Hochfläche zwischen Südtirol und dem Trentino. Man erreicht die Region entweder vom Ultental aus – die Abzweigung liegt zwischen St. Pankraz und St. Walburg – oder über den Gampenpass.

Die Abgelegenheit des Gebietes ließ hier noch mehr als im Ultental traditionelles Brauchtum, ja selbst Sagen und Märchen lebendig bleiben. Bis heute heißt es, dass einem auf dem Brezer Joch, einer Passhöhe östlich von Laurein, Gespenster begegnen können. In der Nacht zu Allerheiligen soll hier um Mitternacht ein Fuhrwerk erscheinen, von dem ein vermummter Mann einen Topf voll Goldstücke herabreicht. Man darf daraus nehmen, so viel man will, muss aber die Hälfte davon den Armen spenden und Messen für die armen Seelen lesen lassen. Sonst wird das genommene Gold für einen selbst zum Fluch.

■ Proveis (Proves)

Nimmt man die Straße aus dem Ultental Richtung Deutschnonsberg, so gelangt man nach gut 15 Kilometern Fahrt durch herrliche Waldtäler und durch mehrere verhältnismäßig lange Tunnel nach Proveis (Proves). Der Ort liegt auf 1420 Meter Höhe und war bis 1998, als die Tunnelstrecke fertiggestellt wurde, nur von Süden her erreichbar.

Die Landschaft ist hier weitgehend unberührt und Proveis noch heute so, wie ganz Südtirol vor 70 Jahren war. Proveis ist ein Bergdorf aus knorrigen Holzhäusern, ohne grelle, aufdringliche Werbung. Die autochthonen Dorfbewohner sind den Besuchern gegenüber in deutlicher Mehrheit, und vor allem scheint das bäuerliche Leben dem Jahreszeitenverlauf angepasst und voller Ruhe. Der Besuch

des Ortes ist daher zweifellos ein ganz besonderes Erlebnis. Reisenden, die die innere Einkehr der äußeren vorziehen, sei ein längerer Aufenthalt in Proveis angeraten. Von 1870 bis 1876 entstand die neogotische **Pfarrkirche** mit ihrem freistehenden Turm anstelle eines baufälligen Vorgängerbaus. Sehenswert sind ihre ausnahmsweise einmal nicht romanischen Fresken; sie stammen aus dem 19. Jahrhundert.

Um Proveis herum gibt es viele Wandermöglichkeiten auf Wiesen voller schöner Bergblumen: hoch zur **Stierbergalm** (1854 m), zur **Kesselalm** (1917 m) oder zur **Laureiner Alm** (1763 m), alles nicht allzu schwierige und nicht zu lange Wanderungen. Auf den Almen gibt es Einkehrmöglichkeiten.

Will man in die östlichen Orte der Region Deutschnonsberg – St. Felix und Unsere liebe Frau im Walde – gelangen, muss man zunächst weiter nach Laurein (Lauregno) fahren, das einen ähnlich verwunschenen Eindruck wie Proveis macht. Dann führt die Straße aus Südtiroler Gebiet heraus. Castelfondo und Fondo (Pfund) werden passiert, dann geht es nordwärts aus dem Trentino heraus. Mit St. Felix (S. Felice) ist wieder Südtirol erreicht.

■ Unsere Liebe Frau im Walde (Senale)

Der Wallfahrtsort Unsere Liebe Frau im Walde (Senale), der schon 1184 urkundlich erwähnt wurde, liegt auf 1350 Metern Höhe und etwas abseits der Hauptstraße. Die **Kirche** wurde gegen 1480 vollendet, besitzt aber noch einen romanischen Turm. Ein Rokoko-Hochaltar birgt die Gnadenstatue. Die Malereien des Kircheninnern stammen aus dem Jahre 1907, am Friedhof steht die zweigeschossige **St.-Michaels-Kapelle** aus der Zeit um 1500, ursprünglich ein Karner.

An der Kirche beginnt ein **Saurier-Lehrpfad** (Triassic Parc). Nachdem man hier Ende der 1990er Jahre zahlreiche Fossilfunde (mesozoische Reptilien) hatte machen können, wurde dieser Lehrpfad angelegt. In der Trias, also vor gut 250 bis 200 Millionen Jahren, war diese Region noch kein Gebirge, sondern vermutlich eine Insel innerhalb eines flacheren Meers. Am Roatnockerhof (Rotenhackerhof) betreibt die traditionsbewusste Familie Weiß eine historische **Getreidemühle**. Sie kann besichtigt werden, freitags ist außerdem Backtag. Viele Leute kommen dann hierher, um das weithin bekannte

Roggenbrot aus dieser Herstellung zu erwerben (Tel. 0039/331/4420509).

■ **Auf dem Gampenpass**
Vom 1512 Meter hohen **Gampenjoch** (Passo Palade) geht es hinab nach Tisens und ins Etschtal. Am Gampenpass befindet sich die **Gampengallery**, eine gewaltige, nie genutzte Bunkeranlage des ›Alpenwalls‹, die erst 1940 erbaut wurde. Hier hat Reinhold Messner die Dauerausstellung ›Bergvölker‹ eingerichtet. Dabei werden Bilder von Bergbauern aus dem Orient oder Nordafrika solchen alpiner Bergbauern gegenübergestellt.

ℹ Ultental und Deutschnonsberg

Vorwahl: 0473.
Ferienregion Meraner Land, Meran, Tel. 200443.
Tourismusverein Lana, Andreas-Hofer-Str. 9/1, 39011 Lana, Tel. 561770, www.lana.info.
Tourismusverein Tisens-Prissian, Bäcknhaus 54, 39010 Tisens, Tel. 920822, www.tisensprissian.com.
Tourismusverein Nals, Rathausplatz 1a, 39010 Nals, Tel. 678619, www.nals.info.
Tourismusverband Ultental-Proveis, St. Walburg Nr. 154, 39016 Ulten, Tel. 795387 bzw. 920822. Filiale St. Pankraz, Tel. 787171, www.ultental-deutschnonsberg.it.
Tourismusverein Deutschnonsberg, Dorf Nr. 2, 39040 Laurein, Tel. 0463/530088, www.ultental-deutschnonsberg.it.
Nationalparkhaus Lahner Säge, 39016 St. Gertraud, Tel. 798123, www.lahnersaege.com, Di–Fr 9–12 u. 13.30–17.30, Sa/So 14.30–18 Uhr.

🛏 ✕

Restaurant Krebsbach, Via Ackpfeif, 15, 39011 Lana, Tel. 561409, www.krebsbach.it. Fischspezialitäten, man kann die zum Verzehr vorgesehenen Fische auch selbst angeln. Etwa drei Kilometer südlich von Niederlana, am Krebsbachbiotop.

Hotel-Restaurant Jäger, Apolloniaweg 5, 39010 Sirmian-Nals, Tel. 0471/678605, www.gasthof-jaeger.com; p.P. im DZ 39 €, auch HP möglich.
Restaurant Miil, Gampenstraße 1, 39011 Tscherms, Tel. 563733, www.miil.info. Äußerst wohlschmeckende Tiroler Gerichte, Nudeln, vorzügliche Weine.
Hotel Kreuzwirt, 39016 St. Walburg/Ulten, Tel.795479, www.unterpichl.it, p.P. im DZ ab 62 € (HP).
Hotel Waltershof, Dorf 59, 39016 St. Nikolaus/Ulten, Tel. 790144, www.waltershof.it.
Gasthof Eggwirt, 39016 St. Walburg/Ulten, Tel. 795319, www.eggwirt.it, p.P. 45–65 € (saisonbedingt). Keine Kreditkarten.
Gasthaus Arnstein, 39016 St. Gertraud/Ulten, Tel. 798121, www.arnstein.it. Insbesondere bei Einheimischen sehr beliebt, verfeinerte bäuerliche Küche mit regionalen Produkten.
Gasthaus Lärchengarten, 39016 St. Gertraud/Ulten, Tel. 798011. Direkt an den Urlärchen gelegen, gemütliche Bauernstube und schöne Terrasse.
Höchster Hütte, Tel. 798120, www.ultental.it/hoechsterhuette, Anf. Juni bis Ende Okt.
Gasthof Neue Post, Kirchpichl 36, 39040 Proveis, Tel. 0463/530271, www.neuepost.it, p.P. im DZ 35 €.

▲ Karte S. 150

Restaurant zur Lärche, Kirchpichl 39, 39040 Proveis, Tel. 0463/530107.

Gasthaus Waldrast, Stablet 13, 39040 Proveis, Tel. 0463/530155.

Naturcamping Völlan, Zehentweg 6, 39011 Lana-Völlan, Tel. 568056, www. camping-voellan.com.

Pfarrkirche Niederlana, Führungen Anf. April bis Ende Aug. Mo–Sa jeweils 11, 15 und 16 Uhr, Sept. und Okt. 10.30, 11.30, 15, 16 und 17 Uhr.

Südtiroler Obstbaumuseum, 39011 Lana, Brandis-Waalweg 4, Tel. 564387, www. obstbaumuseum.it, Mitte März bis Anf. Nov. Mo–Fr 10–17 Uhr, April, Mai, Sept. und Okt. auch Sa 13–17 Uhr, 5. Sept. und 1. Nov. geschlossen.

Schloss Lebenberg, Lebenbergstr. 15, 39011 Tscherms, Tel. 561425, Ostern bis Allerheiligen, geführte Besichtigung Mo–Sa 10.30 und 14 Uhr.

Ultner Talmuseum, 39016 St. Nikolaus/ Ulten, Tel. 790374, Mai–Okt. Di und Fr 11–12 u. 15–17, So 10–12 u. 15–17 Uhr, März/Apr. nur So.

Gampengallery, Gampenpass, 39010 Unsere Liebe Frau im Walde-St. Felix, Tel. 0463/886321, www.gampengalle ry.it, Juni–Aug. Sa/So 10–12 u. 14–18 Uhr, 4.–26. August außerdem Mo–Fr 14–18 Uhr.

Metzgerei Gruber, 39016 St. Walburg/ Ulten Nr. 206, Tel. 795348, www. metzgereigruberegon.biz. Vorzügliche Wurstwaren, Geräuchertes, warmer Leberkäse etc.

Kräuterreich, Wegleit Nr. 315, 39016 St. Walburg/Ulten, Tel. 795386, www. kraeuterreich.com. Tees, Kräuter, Wolle, Rosenöl.

Biobauernhof Berger, Unterschweig 267, 39016 St. Nikolaus/Ulten, www.uab.it/un terschweig. Spezialität: Kräuterkäsesorten.

Karte: Kompass-Wanderkarte Südtirol 1:50000, Nr. 699, Blatt 1.

Meran und seine Umgebung

Einkehr auf der Schwemmalm

Gegenden nördlich des Alpenhauptkammes sind aus klimatischen
Gründen für Menschen unbewohnbar... Von Juni bis September
regnet es, worauf schnell der Winter einsetzt. Das Aufblühen
einer Zivilisation oder einer Kultur ist völlig ausgeschlossen...
Dagegen Bozen: Auch in der Nacht ist die Stadt von der Hitze des
Tages noch warm... Nur an der Talfer weht kühle Luft aus dem
Sarntal heraus. Sanft überzieht der Duft von Speck, Olivenöl und
Parmesan die Wassermauerpromenade. Der Rosengarten verfärbt
sich in das hinlänglich bekannte Glühen. Die Silhouette des
Mendel zeichnet sich gegen den Himmel in einem unnennbaren
Violett ab. Es ist ein arkadisches Licht...

Herbert Rosendorfer

Der Fennberger See bei Kurtatsch

BOZEN UND DER SÜDEN

Die Stadt Bozen und ihr Umland besitzen seit der Antike eine bedeutsame geopolitische Position: An der Mündung des Eisack und des Talfererbachs in die Etsch kommen die Wege vom Reschenpass und Brenner zusammen, und über diese Wege verlaufen die wichtigsten Verbindungen zwischen Deutschland und Italien. Die deutschen Kaiser mussten auf ihrem Weg nach Rom diese Stelle passieren, genau wie die vielen Italienreisenden aus dem Norden, die eine tiefe Sehnsucht über den Brenner nach Süden trieb. Dass sich zahlreiche Völker um die Herrschaft über diesen Punkt stritten – Kelten, Römer, Langobarden und Bajuwaren –, versteht sich fast von selbst.

Bozen ist über die Jahrhunderte ein wichtiger Handelsknotenpunkt geblieben und die Hauptstadt Südtirols. Zentral werden von hier die Geschicke des Landes gelenkt. Ganz anders als im Umland ist hier das Verhältnis zwischen Italienern und deutschen Südtirolern. Während etwa im Vinschgau und in den kleinen Bergtälern der Anteil der Deutschsprachigen über 90 Prozent beträgt, im mondänen Meran den beiden Ethnien je die Hälfte der Bevölkerung angehört, besteht die Einwohnerschaft Bozens – etwa 105 000 insgesamt – zu gut drei Vierteln aus Italienern und zu einem Viertel aus deutschsprachigen Südtirolern. Überhaupt lebt die große Mehrheit der Südtiroler Italiener in Bozen.

Bozens Umgebung ist dank der zahlreichen Burgen, dem mediterran geprägten Etschtal mit seinen Weinbergen im Süden und insbesondere den Plateaus mit ihren grandiosen Bergschluchten im Norden von erlesener Schönheit.

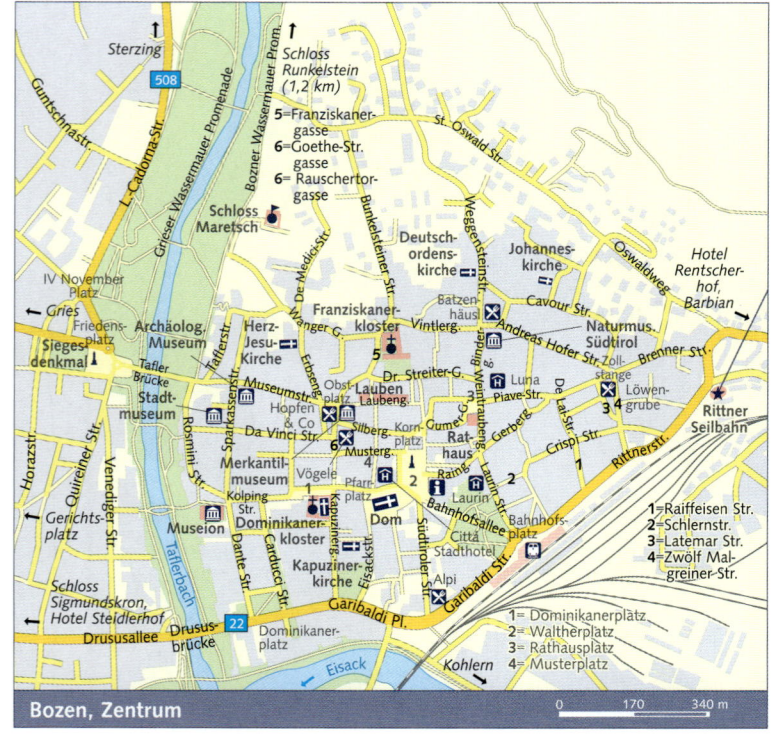

Bozen, Zentrum

Bozen (Bolzano) und sein Umland

Mit einer intakten historischen Altstadt und bedeutenden Bauwerken gesegnet, voller Urbanität, umgeben von großartigen Berglandschaften, während im Talkessel edle Weine reifen können: Bozen ist zweifellos ein Ort mit hoher Lebensqualität. Nicht von ungefähr gehören die Immobilienpreise in Bozen zu den höchsten in Italien und liegen teilweise höher als in Mailand. Bozen ist seit Jahrhunderten das unmittelbare wirtschaftliche Scharnier zwischen Deutschland und Italien.

Aus der Stadtgeschichte

Die Gegend des späteren Bozen am Zusammenfluss dreier Wasserläufe war in der Antike wegen der häufigen Überschwemmungen und des sumpfigen Charakters weitgehend unbewohnt. Allerdings gab es zur Römerzeit ein Militärlager und etwa um das 5. Jahrhundert eine kleine Siedlung mit dem Namen Bauzanum; sie befand sich in der Gegend der späteren Pfarrkirche. Wenig ist über deren Entwicklung bis zum 12. Jahrhundert bekannt, doch wurde irgendwann an einer oberhalb der Sümpfe gelegenen Stelle eine befestigte Ortschaft gegründet. Diese Stelle war als Verkehrsknotenpunkt, der hier schon jahrhundertelang bestand, von Bedeutung. 1170 erhielt ›Bozan‹, wie es inzwischen hieß, das Marktrecht. Es bestand zunächst aber nur aus der späteren Laubengasse und einem Teil des nachmaligen Kornplatzes. Ähnlich wie rund um Meran errichteten auch im Bozener Becken Adelsfamilien der Region eine Vielzahl von Burgen, Sinnbilder ihrer Herrschaft wie auch ihrem Recht auf Rechtsprechung und Steuererhebung. Die heute noch vorhandenen 40 Anlagen aus jenen Jahren machen Bo-

zens nähere Umgebung europaweit zur Region mit der höchsten Burgendichte. Gegen 1200 und nochmals um 1240 erfuhr der Marktflecken zwei Erweiterungen, es entstand das Gebiet um die heutige Dr.-Streiter-Gasse und den Obstplatz. Um die Mitte des 13. Jahrhunderts war Bozen nun ein wichtiger Handelsdrehpunkt zwischen Augsburg und Venedig geworden. Mehrmals jährlich wurden Messen veranstaltet, zu denen Kaufleute aus ganz Europa anreisten. Bozens Ruhm als Messestandort dauert von dieser Zeit bis heute an. Doch 1277 erfolgte ein herber Rückschlag: Wie das ganze Land östlich der Passer befand sich auch Bozen im Machtbereich der Bischöfe von Trient und Brixen. 1027 hatten diese von dem deutschen Kaiser Konrad II. die Fürstenwürde erhalten und konnten damit de facto auch in die Kompetenzen der weltlichen Landesherren eingreifen. Damit gerieten geistliche und weltliche Interessen für Jahrzehnte in Konflikt. Graf Meinhard II., der sich als weltlicher Tiroler Landesfürst von den Bischöfen freimachen wollte, brannte Bozen, das eisern zu den Bischöfen hielt, 1277 nieder. 1291 brach ein Großfeuer aus, das unter anderem die unfertige Pfarrkirche zerstörte. 1347 kam es zu einer erneuten kriegerischen Brandschatzung. Die Landesfürstin Margarete Maultasch hatte gerade ihren Ehemann Johann Heinrich, der sie misshandelte und auch sonst keinerlei fürstliches Betragen zeigte, mit viel Mühen aus dem Land werfen können. Doch sein Bruder, der spätere Kaiser Karl IV., wollte diese Schmach rächen und zog gen Süden, wo er neben Bozen auch Schloss Tyrol belagerte, das sich aber erfolgreich verteidigen konnte. Dank seiner überaus günstigen geopolitischen Lage konnte sich die Stadt von den Rückschlägen immer wieder erholen. Sie erhielt alle Privilegien einer freien Stadt, es entstanden Wechselstuben und Pfandleihhäuser, und Kaufleute aus südlicheren Regionen Italiens ließen sich hier nieder: Markt und Handel bestimmten das Leben in der Stadt. Die Gründung des sogenannten Merkantilmagistrats 1635, ein besonderes Gericht für Wirtschafts- und Handelsangelegenheiten, ist ein besonders augenfälliges Zeichen für diese Bedeutung – eine ähnliche Einrichtung gab es in anderen Handelsstädten nicht.

Bozen verhielt sich gerade auch aus wirtschaftspolitischen Gründen während des Tiroler Freiheitskampfes 1809 zurückhaltend, die Jahre danach ließen seine Bedeutung als Fernhandelsplatz zurückgehen. Doch mit der Liberalisierung im österreichischen Staat nach der Revolution von 1848 kam nach und nach mit dem aufkeimenden Tourismus ein neuer Wirtschaftsfaktor ins Spiel. Nach 1895 erhielt die Stadt unter dem Bürgermeister Julius Perathoner ihr gründerzeitliches Aussehen. Unter seiner Ägide wurden unter anderem das Stadtmuseum (1905) und das Theater (1918) erbaut; der zentrale Waltherplatz erhielt eine neue Gestaltung, Bozen eine Straßenbahn, und entlang seiner Flüsse wurden prächtige Promenaden errichtet.

Die Übergabe Südtirols an Italien 1919 bedeutete die stärkste Zäsur in der Stadtgeschichte. 1922 übernahmen die Faschisten unter Mussolini in Italien die Macht, und Südtirol sollte in rascher und radikaler Weise italianisiert werden, nichts sollte an die jahrhundertelange deutsch-österreichische Geschichte erinnern; Deutsche und Italiener standen sich nun verfeindet gegenüber. Italienische Firmen errichteten große Industriekomplexe um die Stadt, und in den Neubauvierteln im Süden der Stadt wurden in großem Umfang Familien aus Kalabrien und Sizilien untergebracht. Daher rührt, dass heute gut drei Viertel der Bewohner Bozens Italiener sind. Das Siegesdenkmal (1928) und die Drususbrücke (1931) sollten die neue Italianitá

Der Waltherplatz im Herzen der Stadt

Karte S. 164

Bozens dokumentieren. Auf der anderen Seite wurden Denkmäler, die an Figuren der deutschen Geschichte erinnerten, abgebrochen. Diese ›Majorisierungspolitik‹ brachte für die deutschsprachigen Südtiroler sehr große Nachteile und Diskriminierungen.

Im Zweiten Weltkrieg war Bozen ein bedeutender Verschiebebahnhof der Wehrmacht, über den die deutschen Besatzungstruppen einen erheblichen Teil ihres Nachschubs abfertigten. Daher wurde Bozen zu einem bevorzugten Ziel der alliierten Bomberflotten, allein 1944 erfolgten 22 Bombenangriffe. Dabei wurden in der Innenstadt das Gebiet zwischen Bahnhof und Waltherplatz sowie Teile der Pfarrkirche und der Dominikanerkirche zerstört, auch der Norden der Altstadt war schwer betroffen.

Nach dem Krieg setzte sich die italienische Majorisierungspolitik zunächst fort, erreichte der Kampf zwischen Italienern und deutschen Südtirolern in den 1960er Jahren durch Sabotageakte auf beiden Seiten gar einen traurigen Höhepunkt. Das mit großen Anstrengungen erreichte ›Autonomiestatut‹ von 1972 befriedete die Situation weitgehend, schuf es doch für die deutschen Südtiroler sehr viele Verbesserungen ihrer Situation.

Aber bis heute ist Bozen eine Stadt mit zwei Parallelgesellschaften. Zwar sind die Deutschen in Bozen in der Minderheit, aber anders als unmittelbar nach dem Ersten Weltkrieg bestimmen sie – aufgrund des Autonomiestatuts – die Stadtpolitik. Die italienische Bevölkerung lebt daneben, meist ohne große Berührung mit den Deutschen. Es gibt eine deutsche und eine italienische Feuerwehr, deutsche und italienische Schulen, wie überhaupt vieles administrativ geteilt ist. Die Majorisierungspolitik der Faschisten hat sich letztlich vollständig ins Gegenteil verkehrt. Die Italiener nehmen das in-

zwischen eher gelassen hin, denn Bozen und seine Umgebung zählen wie ganz Südtirol zählt zu den wirtschaftlich am besten entwickelten Gegenden Italiens, die Arbeitslosenrate ist mit 4 Prozent sehr gering, dafür die Lebensqualität sehr hoch. In Wirtschaftskreisen denkt man da durchaus globaler: Hier gilt Bozen als einer der Orte, in denen Deutsche und Italiener besonders gut Geschäfte miteinander machen können.

■ **Berühmte Bozener**

Der Raketenpionier **Max Valier** (1895–1930) entwickelte Raketenwagen und -schlitten auf Festtreibstoffbasis. 1929 erzielte er mit einem solchen Fahrzeug auf dem zugefrorenen Starnberger See einen Temporekord – 400 km/h! Beim Testversuch eines anderen Raketenwagens mit Flüssigtreibstoff kam es jedoch am 17. Mai 1930 zu einer Explosion, der Valier zum Opfer fiel. Wernher von Brauns spätere Raketenkonstruktionen sind ohne Max Valiers Pionierarbeiten nicht denkbar.

Ludwig Thuille (1861–1907) wirkte den größten Teil seines Lebens als Komponist und Lehrer in München und war um die Jahrhundertwende einer der bedeutendsten deutschen Komponisten. Nach und nach erfährt er heute eine Renaissance. Vielgespielt war vor dem Ersten Weltkrieg seine Oper ›Lobetanz‹. An seinem Geburtshaus Mustergasse 6 (nahe Waltherplatz) befindet sich eine Gedenktafel.

Aus Bozen-Gries stammt der Schriftsteller **Herbert Rosendorfer** (1934–2012), im Hauptberuf Jurist. Sein Schaffen ist überwiegend der phantastischen Literatur zuzurechnen, sein bekanntestes Werk sind die ›Briefe in die chinesische Vergangenheit‹. Herbert Rosendorfer ist in Gries begraben.

Ebenso kommen aus Bozen der Opern- und Operettentenor **Adolf Dallapozza**

Ludwig Thuille 1899

(geb. 1940) sowie **Hortense von Gelmini** (geb. 1947), in den 1970er Jahren die erste Dirigentin der Musikgeschichte.

Ein Stadtspaziergang

Die Bozner Altstadt mit ihren vielen Sehenswürdigkeiten – Kirchen, Gassen, Denkmälern – bietet eine Reihe von touristischen Attraktionen und dazu eine Fülle von Einkehr- und Einkaufsmöglichkeiten auf engem Raum. Ein Spaziergang durch die Altstadt beginnt zweckmäßig auf dem Waltherplatz, denn er liegt nicht allzu weit vom Bahnhof entfernt, und hier gibt es einige Tiefgaragen; Parken ist in Bozen im Innenstadtbereich ansonsten kaum möglich.

■ Waltherplatz

Der Waltherplatz, Bozens größter Stadtplatz, existiert erst seit Anfang des 19. Jahrhunderts; vorher befanden sich hier Weinberge. Die Ostseite des Platzes wird von Bürgerhäusern aus dem frühen 19. Jahrhundert gesäumt, im Zentrum steht ein **Denkmal** des **Walther von der Vo-**

gelweide (um 1170–1230), dem bedeutendsten deutschen Minnesänger. Er ist vermutlich auf den sogenannten Vogelweiderhöfen geboren; zwei solche Höfe gleichen Namens gibt es bei Klausen und Brixen im Eisacktal. Das Denkmal aus Laaser Marmor wurde 1889 aufgestellt, weniger um Walther zu ehren als vielmehr aus politischen Motiven, sah man ihn doch als Vertreter des Deutschtums an. Und so blickt er als Denkmal nahe der deutsch-italienischen Kulturgrenze ernsten Blicks Richtung Italien. Nach 1895 wurde als Antwort darauf in Trient ein Dantestandbild errichtet: Dante blickt mit abwehrender Hand Richtung Norden, Richtung deutscher Sprachraum. Das Waltherdenkmal war zwischen 1935 und 1981 in eine Ecke des abseits gelegenen Roseggerparks verbannt.

Der Platz, wenngleich er nicht geschlossen ist, bildet neben der Laubengasse das Herz der Stadt. An jedem Wochenende ist hier etwas los – Konzerte, Theater –, und überhaupt trifft man sich hier: zum Rendezvous, zum Bummeln, zum Plaudern. Elegante Cafés an baumbeschatteten Plätzen laden allenthalben dazu ein. Und in den letzten vier Wochen vor Weihnachten wird hier Südtirols größter Weihnachtsmarkt abgehalten (www.christkindlmarktbz.it).

■ Pfarrkirche

Nicht zuletzt ihre buntglasierten Dachziegel verleihen der Pfarrkirche ein markantes Äußeres. Sie ist seit 1964 Bistumskirche und damit Dom. Der Bau war erst gegen 1350 fertiggestellt; man hatte ihn zwar schon um 1270 begonnen, musste ihn aber nach dem großen Stadtbrand 1291 unterbrechen. Ein romanischer Vorgängerbau und Teile aus der ersten Bauphase sind in den spätgotischen Aus- und Neubau integriert. Der Chor ist rein spätgotisch, das Schiff dagegen kombi-

Karte S. 164

niert Romanik und Gotik. Ein Brand 1499 beschädigte den Turm, sein heutiges Aussehen stammt aus dem frühen 16. Jahrhundert. Der kunstvolle Turmhelm blieb 1944 unzerstört. Am Chor wurde 1745 die barocke Gnadenkapelle angebaut, die romanische Marienstatue darin fand man, ohne dass ihre Herkunft festgestellt werden konnte, vor 1700 in einem Sumpf. Die Kapelle beeinträchtigt den spätgotischen Gesamteindruck der Kirche allerdings deutlich. Bomben der Alliierten beschädigten 1944 das Dach des Doms und große Teile der Außenmauern; beim Wiederaufbau wurden bei Grabungen Reste einer römisch-frühchristlichen Kirche unter den Fundamenten gefunden. Das römische Militärlager muss sich also in der Nähe dieser Kirche befunden haben.

Die Kosten des Baus wurden im 13. und 14. Jahrhundert von den Bürgern der Stadt getragen. Das führte dazu, dass die Kirche bis heute die meisten Sitzplätze aller Kirchen im Alpenraum und damit einen sehr großen Innenraum aufweist. Ein **Fresko** an der äußeren Nordwand zeigt einen Pilger, der von einer herabstürzenden Glocke getroffen wird; tatsächlich kam 1390 ein Pilger auf diese Weise um. Rechts oberhalb blickt ein

Fresko an der Außenwand des Doms

seltsamer Kopf als Sockel für eine Statue aus dem Mauerwerk. Links neben dem Fresko befindet sich das **Weintor**, auch Leitacher Törl genannt, mit allerlei Traubenornamenten. Es erinnert an das von den Fürstbischöfen hier erteilte Bozner Weinausschankrecht. Das kleine Tor wird von sehr detailfreudig geformten Steinskulpturen flankiert. An der Westseite der Kirche befindet sich das romanische **Löwenportal**. Es ist nach den Zerstörungen neu erstanden, die Tür stammt aus dem Jahr 1970. Neben dem Löwentor befindet sich die sogenannte ›Plappermadonna‹: Hier beteten Mütter, wenn ihre Kinder nicht sprechen lernen wollten. Die ursprüngliche Wandbemalung im Kircheninneren fiel dem Krieg zum Opfer; daher enttäuscht das Innere etwas. Der gotische Flügelaltar ist auch nicht mehr vorhanden, da er in der Barockzeit durch einen mit acht Säulen allzu überladenen Altar ersetzt wurde.

Weitaus bedeutender ist die **Sandsteinkanzel**, die Hans von Schussenried 1514

Der Dom

schuf. Ungewöhnlich ist an ihr die nur noch teilweise vorhandene Bemalung von Reliefs von Kirchenvätern und Evangelisten. An der Südwand befindet das historische **Herz-Jesu-Bild** von Johann Josef Karl Henrici (1737–1823). Es wird seit 1795 besonders verehrt und regte 1796 die Tiroler Landstände zum berühmten Herz-Jesu-Gelöbnis an. Während der ersten Besetzung des Landes durch Napoleon beriefen sich die Tiroler Truppen in ihrem Kampf auf Gottes und Jesu Beistand. Zum Dank für die erfolgreiche Hilfe durch Christus schworen sie dann dem ›Herzen Jesu‹ ewige Treue. Bis heute feiert man alljährlich im ganzen Land am ›Herz-Jesu-Sonntag‹ die Erinnerung daran, gleichzeitig werden auf sehr vielen Bergspitzen abends Feuer angezündet und Prozessionen durchgeführt. Eine Kopie des Bildes wird bei der alljährlichen Herz-Jesu-Prozession durch die Stadt getragen. Zwischen 1935 und 1960 waren die Herz-Jesu-Feuer und die Prozessionen verboten.

Im Chorumgang und in der Nähe des Altars befinden sich einige **Grabsteine,** so unter anderem das des Rompilgers Wilhelm III. von Henneberg-Schleusingen (1434–1480), der in Salurn während der Rückfahrt nach Deutschland verstarb und bis 1482 hier begraben war, bevor er in seine thüringische Heimat überführt wurde. Der Stein wurde erst 1490 zum Gedenken hier aufgestellt. Beigesetzt geblieben ist dagegen Erzherzog Rainer von Österreich (1783–1853), ein Sohn Kaiser Leopolds II. Er war bis zur Revolution 1848 der Vizekönig von Lombardo-Venetien, musste seine Kompetenzen jedoch auf bloße Repräsentation beschränken. Er starb als botanisierender Privatgelehrter.

Dem Löwenportal gegenüber, an der Stelle, wo sich heute die Hauptpost befindet, stand bis etwa 1900 mit dem Heilig-Geist-Spital das einst größte Pilgerhospiz des Alpenraums. Denn alle Pilger aus Deutschland nach Rom kamen einst durch Bozen. Seit 1750 war das Hospiz ein Krankenhaus.

Pfarrplatz 11, dem Spital gegenüber, ist das Geburtshaus des Raketentechnikers Max Valier (1895–1930).

■ Dominikanerkloster

Der eher unscheinbare Komplex des Dominikanerklosters an der Poststraße weist künstlerisch eine der größten Sehenswürdigkeiten der Stadt auf: Wandgemälde. Das Kloster wurde 1272 gegründet, nach 1643 beherbergte es eine philosophisch-theologische Hochschule, 1785 wurde es im Zuge der josephinischen Reformen aufgehoben. Bomben zerstörten es 1944 weitgehend, bei der Restaurirung allerdings wurden großartige Fresken aufgefunden. Das Langhaus der Klosterkirche, ungewöhnlicherweise in Nord-Süd-Richtung angelegt, wurde in modernen Formen wieder aufgebaut; nur ein Lettnerbogen, der Chor und die westlich anschließende Johanneskapelle blieben erhalten.

In der **Johanneskapelle** befinden sich auch die großartigen **Wandgemälde** aus der Zeit um 1340. Die Kaufmannsfamilie Rossi, eingedeutscht ›Botsch‹ genannt, die aus Florenz nach Bozen gekommen war, wollte die als Familiengrabstätte vorgesehene Kapelle mit Malereien ausschmücken. Am eindrucksvollsten vielleicht ist an der linken Seite der ›Triumph des Todes‹. Ein reitender, schwarzer, geflügelter Tod jagt auf einem dürren Pferd hinter fliehenden Reitern her, denen die ›Todesangst‹ in den Gesichtern geschrieben steht. Diese Darstellung gilt als ein Höhepunkt tirolisch-italienischer Malkunst des 14. Jahrhunderts.

In der Decke der Kapelle erblickt man Darstellungen der vier Evangelisten, der

Karte S. 164 ▲

vier Kirchenväter und von vier alttesta-
mentarischen Propheten. Der oder die
Künstler sind unbekannt, doch ist der
Stil an den berühmten Giotto di Bon-
done angelehnt. Die Südtiroler Spielart
seiner Malweise mit perspektivisch struk-
turierten Räumen, deutlichen Licht- und
Schattenpartien und individueller Figu-
rendarstellung ließ die etwa bis 1430
existierende ›Bozner Schule‹ entstehen.
Die Fresken an der erhaltenen Westwand
des Langhauses der Klosterkirche sind
ebenfalls dieser Schule zuzuordnen. Ein
Blick in den Kreuzgang rundet den Besuch des Dominikanerklosters ab.

■ Vom Dominikanerplatz zum Siegesplatz

Hinter dem Dominikanerplatz beginnt
die **Adolph-Kolping-Straße**. Haus Nr. 1
links ist ein schöner Jugendstilbau von
1906, der 1960 erneuert wurde. Der
Neorenaissancebau an der Ecke zum
Dominikanerplatz stammt aus der faschistischen Zeit, es ist die ehemalige
Staatliche Versicherung von 1933. Gebäude aus jenen Jahren gibt es in diesem Viertel einige, so das sogenannte

Fünfeck-Haus gegenüber der Universität
an der Spitalgasse aus dem Jahr 1928.
Bozens ›Freie Universität‹ ist autonom,
ausschließlich durch Geld der Provinz
finanziert und die einzige Universität in
der EU, in der der Unterricht in Deutsch,
Englisch und Italienisch erfolgt. Dabei
werden die Prüfungen zweisprachig ab-
gelegt, die jeweilige Muttersprache darf
dabei nicht verwendet werden. Vier Fa-
kultäten dieser Universität befinden sich
in Bozen, zwei in Brixen, in Bruneck die
Verwaltung. Die Universität hat bezüglich ihrer Design- und Kunststudiengänge
europaweit einen hervorragenden Ruf.
Die Erlaubnis zur Einrichtung auch einer
medizinischen Fakultät wurde bisher von
Rom unterbunden – aus purer Gehässig-
keit, wie es in Bozen heißt.

Am Ende der Spitalgasse, an der Dantestraße, steht das **Museion**, Bozens berühmtes Museum für moderne Kunst.
Ganz bewusst hat man das Museum wie
auch die Universität an die Talfer gesetzt
– diese Einrichtungen sollen eine Brücke
zwischen deutschen und italienischen
Traditionen und Menschen schlagen.
Denn westlich des Talfers befinden sich

Bozen und der Süden

Wandmalerei in der Johanneskapelle des Dominikanerklosters

Das Museion und die Zweisprachen-Brücke

die großenteils von Italienern bewohnten Ortsteile Bozens. Die Durchlässigkeit der Glasfront von der Flussseite her ist in diesem Zusammenhang symbolisch zu sehen. »Die kubische Form des Gebäudes bietet einen stark visuellen Anreiz, seine transparenten Stirnseiten stehen im Dialog mit der Stadt, indem sie das historische Zentrum mit der Neustadt verbinden. Die Innenräume sind nach dem Prinzip maximaler Flexibilität organisiert: die Räumlichkeiten für Ausstellungen und Veranstaltungen sowie Werkstätten für die Museumsdidaktik und Bibliothek, sind nicht streng voneinander abgegrenzt, sondern fließend miteinander verbunden. Ein besonders suggestiver Anblick bietet sich den Besuchern nachts: die Fassaden des Gebäudes verwandeln sich in leuchtende Projektionsflächen, die mit Kunstwerken bespielt werden« – so offiziell das Museum über sich.

Rechts am Museum vorbei, kommt man auf eine breite Wiese, wo auf zwei Fußgängerbrücken die Talfer überquert werden kann; eine symbolisiert die deutsche Bevölkerung, die andere die italienische. Hier ist die berühmte **Wassermauer-Promenade** erreicht, genau genommen

deren westlicher Part, nach dem hier befindlichen Ortsteil Gries auch Grieser Wassermauer genannt.

■ **Friedensplatz**

Nicht weit von der Wassermauer-Promenade entfernt liegt der frühere Siegesplatz – seit 2002 Friedensplatz –, auf dem sich seit Jahrzehnten das bei der deutschen Bevölkerung verhasste **Siegesdenkmal** erhebt.

Im Jahr 1920 wurde zunächst das an dieser Stelle befindliche alte Kaiserjäger-Denkmal abgerissen. Mussolini persönlich hatte den Wunsch, an einem zentralen Ort in Bozen ein Monument zu errichten, das den Faschismus und gleichzeitig an den von den Österreichern 1916 hingerichteten ›Irredentisten‹ Cesare Battisti verherrlichen sollte. Interne Querelen um die Person des Battisti führten dann zur Umwidmung in ein Siegesdenkmal der italienischen Armee. Das Werk des Architekten Marcello Piacentini wurde 1928 eingeweiht. Nicht nur das Denkmal selbst, auch seine Inschriften – ›Von hier aus bildeten wir die Übrigen durch Sprache, Gesetze und Künste‹ – provozierten die deutschen Südtiroler. In den 1960er Jahren

Karte S. 164
▲

wurde wiederholt versucht, das Denkmal heimlich zu sprengen – ohne Erfolg. Es wird jedoch immer mehr als Relikt des Faschismus angesehen und daher verstärkt sein Abriss gefordert. Allerdings ist es jüngst (2009–2012) renoviert worden. Für ständigen Ärger sorgt auch die Vereidigung von Soldaten des italienischen Heers – und damit auch von deutschen Südtirolern – an dieser Stelle. Geplant ist jetzt, im Untergeschoss des Denkmals eine Ausstellung zum Faschismus in Südtirol einzurichten.

■ Gerichtsplatz

Wer sich für weitere Monumentalarchitektur aus faschistischer Zeit interessiert, wird am Gerichtsplatz südwestlich des Siegesdenkmals fündig. Dort steht das 40 Meter lange und 12 Meter hohe **Gerichtsgebäude**, allerdings baufällig und nur zum Teil zugänglich. An der Südseite des Platzes befindet sich das frühere ›Haus der faschistischen Partei‹ (1942), heute das **Finanzamt**. An der Stirnseite überwältigt ein monumentales Relief aus Travertin an der Freitreppe, ›Mussolini-Relief‹ genannt. Mit 36 Metern Breite und fast 6 Metern Höhe ist es das größte Relief Europas. Es zeigt verschiedene Szenen aus der Geschichte der italienischen Faschisten. Auch der Abriss zumindest des Reliefs wird immer wieder gefordert – und von der Zentralregierung in Rom abgelehnt.

■ Zwischen Talfer und Laubengasse

Überquert man jetzt die Talfer und geht dann links, gelangt man auf die Bozner **Wassermauer-Promenade**. An ihr liegt wenige hundert Meter nordwärts das **Schloss Maretsch** (www.maretsch.info). Es wurde gegen 1200 erbaut und um 1600 mit vier runden Außentürmen umgestaltet. Da es im Inneren nichts besonders zu sehen gibt – das Schloss ist

städtisches Veranstaltungszentrum und nur auf Anfrage zugänglich –, genügt ein Blick auf die durchaus eindrucksvolle Außengestalt. Vom Schloss führt die kleine Maretschgasse zur Wangergasse. Die **Herz-Jesu-Kirche** (1899) dort blieb als einzige aller Bozner Kirchen 1944 unbeschädigt.

In der **Sparkassenstraße** haben sich einige Häuser aus Bozens Gründerzeit erhalten, daneben finden sich auch einige Jugendstilhäuser. An der Ecke zur Museumsstraße lohnt die alte Sparkasse einen Blick. Sie wurde während des Faschismus italianisiert, indem das Neobarock von 1900 entfernt wurde. Im **Archäologischen Museum** gegenüber kann sich die Mumie ›Ötzi‹ der unzähligen Besucher kaum erwehren.

Auf dem **Obstplatz** wird, natürlich, jeden Tag bis in die Abendstunden der berühmte Obstmarkt mit seinem reichen Angebot abgehalten. An der Ecke rechts befand sich früher der traditionelle Gasthof ›Zur Sonne‹, in dem schon Goethe abgestiegen war, links steht das markante Törgglhaus mit seinem Turm.

Am Ende der Franziskanergasse liegt das **Franziskanerkloster**. Es wurde 1221 begründet, die Kirche 1300 und 1450 erweitert, 1944 zerstört, in den 50er

Auf dem Obstplatz

Jahren aber wieder aufgebaut. Es heißt, dass sich unmittelbar nach Kriegsende Adolf Eichmann hier versteckt gehalten hat. Der Turm der Kirche ist 44 Meter hoch. Die größte Sehenswürdigkeit ist der Schnitzaltar von Hans Klocker (vor 1474–nach 1500) aus der Zeit um 1500. Er zeigt eindrucksvolle Szenen der Geburt Christi und der Anbetung der Könige. Eine mystische Stimmung verbreitet sich im kleinen **Kreuzgang** mit seinen auffallenden gotischen Kleeblattbögen. Die **Bindergasse** gehört zu den ältesten Straßen der Stadt und entstand mit der zweiten Erweiterung der Altstadt nach Norden und Nordosten gegen 1240. Richtung Norden, hinter der Kreuzung mit der Vintlergasse/Andreas-Hofer-Str., erreicht man die gotische Deutschordenskirche (Deutschhauskirche). Bemerkenswert sind im Inneren die vielen Lanzenfahnen und besonders die runden Aufschwörschilde mit gemalten Wappen

In der Bindergasse

und Inschriften an den Wänden. Sie erinnern an die feierlichen Ordensgelübde der in Bozen einst residierenden Ordenskomture – sie waren Mönchsritter –, von denen viele auch in der Kirche beigesetzt sind.

Das traditionsreiche **Gasthaus Batzenhäusl** in der nahen Batzenhäuslgasse ist die alte Ordensschenke. Um 1900 war es ein österreichweit bekannter Künstlertreffpunkt, heute ein rustikales Wirtshaus mit eigener Brauerei. In der Nähe, an der St.-Johann-Gasse, liegt die kleine **Johanneskirche**. Sie ist die älteste der Bozner Kirchen, ihr Inneres mit Fresken der Bozner Schule ist im allgemeinen unzugänglich.

Geht man in der Bindergasse Richtung Süden, kommt man bald zum **Rathausplatz** mit dem 1907 in modifiziertem Jugendstil errichteten **Rathaus**.

In der Nähe führt die etwas düstere **Waaggasse**, erkennbar an ihren Schwibbögen, zum **Kornplatz**, dem ältesten Marktplatz der Stadt. Hier befand sich auch die mittelalterliche Bischofsresidenz. Haus Kornplatz Nr. 4 war Standort der im 18. Jahrhundert abgerissenen Andreaskirche.

Karte S. 164

▲ *Am Kornplatz*

■ Laubengasse

Diese Laubengasse, auch als Bozner Lauben bekannt, ist sicherlich die berühmteste der Bozner Gassen. Dieser uralte Ost-West-Weg war der Kern der Stadt unmittelbar nach ihrer Gründung. Die Gasse ist in für das frühe 13. Jahrhundert typischer Weise angelegt: Im Erdgeschoss wurden die Waren innerhalb der Laubengänge oder auf heute nicht mehr vorhandenen niedrigen Mauern zwischen Straße und Lauben selbst angeboten, in den Gewölben dahinter wurden sie gelagert. In den Stockwerken darüber lebten die Kaufleute. Das Haus war um einen Innenhof angelegt, der allen Räumen Sonnenlicht spenden sollte. Jedes Haus durfte an der Laubenseite gemäß der mittelalterlichen Bauordnung maximal vier Meter Breite aufweisen, dementsprechend baute man in die Tiefe oder hob mehrgeschossige Keller aus. Wo es geht, sollte man versuchen, in die Innenhöfe und Keller einen Blick zu erhaschen, etwa in Nr. 64/66 oder Nr. 51 mit seinem schönen Biergarten im Hof. Es ist deutlich erkennbar, wo italienische (›welsche‹) und wo deutsche Kaufleute gelebt haben: Ein Erker in der ersten Etage ist immer ein typisch deutsches Architekturelement. Laubengasse 37/39, ein 1770 aus einem älteren Gebäude entstandener barocker Palazzo, ist der Sitz des alten **Merkantilgerichts**, also des Handelsgerichtshofs. Der Palazzo, heute auch Sitz der regionalen Handelskammer, hat zwei Innenhöfe. Der erste ist, wie man etwa an den vergitterten Fenstern und den Rundbögen erkennen kann, deutlich in italienischer Renaissance gehalten, im zweiten Hof befindet sich ein Museum zum Thema Handel in Bozen.

Die Laubengasse bildet eine Fülle an Einkaufsmöglichkeiten, und trotz aller Globalisierung haben sich zahlreiche interessante Geschäfte mit lokalem und individuellem Warenangebot gehalten.

Sehenswürdigkeiten außerhalb der historischen Innenstadt

Der Ortsteil Gries sowie einige herausragende Burgen um Bozen herum sind keineswegs weniger anziehend als die Altstadt: Gries, einst ein bedeutender Kurort, besitzt mit dem Pacher-Altar in der Pfarrkirche ein Kunstwerk überregionaler Bedeutung.

■ Gries

Der Stadtteil Gries liegt westlich der Talfer und wurde erst 1925 eingemeindet. Zuvor war es ein eigenständiger Kurort. Die Geschichte des Ortes begann 1802, als hier ein Johann von Aufschnaiter ein elegantes Haus erbauen ließ, das vermögenden Reisenden Unterkunft und Essen anbot. Daraus erwuchs rasch ein Treffpunkt internationaler Großbürgerlichkeit.

Stets beschattet: die schmale Laubengasse

Bis zum Ende des 19. Jahrhunderts war Gries (gesprochen Gri-es) ein regulärer Kurort mit Bädern, Kliniken und vornehmen Hotels geworden. Unter anderem Thomas Mann und Gerhart Hauptmann hielten sich hier auf, der todkranke Christian Morgenstern verbrachte seine letzten Tage in Gries, bevor er sich bei einer befreundeten Familie in Meran zum Sterben niederlegte und am 31. März 1914 als bekennender Anthroposoph in die Geistwelt übertrat.

Die einst aufgelockerte Villensiedlung hat nach 1919 aufgrund intensiven Mietshausbaus deutlich ihr Gesicht geändert. Doch spürt man auch heute noch das einst mondäne Flair von Gries.

Zentrum von Gries ist der Grieser Platz, ein besonders in den Sommermonaten sehr attraktiver Ort. An seiner Ostseite befindet sich das **Kloster Muri**. Es war ursprünglich eine mittelalterliche Burg – der ehemalige Bergfried ist jetzt der Glockenturm –, die 1406 Augustinerchorherren aufnahm und in das 1845 Benediktiner einzogen. Noch heute leben hier Angehörige dieses Ordens, weshalb man daher nur die Stiftskirche (1769–1771) besichtigen kann, eine der schönsten Barockkirchen Südtirols. Beeindruckend ist vor allem das 23 Meter lange Deckenfresko im Langhaus. In illusionistischer Weise tritt Christus auf einer Wolke auf und steht dem Kirchenvater Augustinus bei, der gerade eine Gruppe Ketzer nach unten, geradezu aus dem Bild stößt – ein ungewöhnlicher und aufwühlender Effekt.

Etwas oberhalb des Platzes liegt die **Grieser Pfarrkirche**. Mit dem Marienkrönungsaltar des Michael Pacher (um 1430–1498) enthält sie einen der bedeutendsten Altäre des Alpenraums. Der Künstler vollendete ihn um 1475. Immer wieder wird darauf hingewiesen, wie kunstvoll Pacher dreidimensional

Schloss Sigmundskron

perspektivisch seine Figuren zu drapieren verstand, so dass ein Relief mit verschiedenen Raumtiefen entstehen konnte und Pacher somit eine Art Altarbühne geschaffen hat. Man sollte diesen Altar genau gesehen haben wie auch ein weiteres Kunstwerk der Kirche, ein romanisches Kruzifix aus der Zeit um 1200. Oberhalb des Grieser Platzes zieht sich die **Guntschna-Promenade** zum gleichnamigen Dörfchen hinauf. Sie bietet inmitten markanter Felsen und mediterraner Vegetation schöne Blicke auf Bozen.

■ Schloss Sigmundskron (Castel Firmiano)

In mancherlei Hinsicht ist Schloss Sigmundskron, etwa fünf Kilometer westlich der Innenstadt und oberhalb der Mündung des Eisack in die Etsch gelegen, eine der bedeutsamsten Burgen Südtirols. Sie entstand im 10. Jahrhundert, kam danach in den Besitz der Trienter Bischöfe und hieß zunächst Burg Firmian. Herzog Sigmund der Münzreiche erwarb sie 1473 und gab ihr ihren heutigen Namen. Die Burg verfiel nach Sigmunds Tod, wechselte wiederholt den Besitzer und gehört seit 1996 der Provinz Südtirol. Reinhold Messner erhielt 2003 die Erlaubnis, in ihr einen Teil seines berühmten **Messner Mountain Museum** einzurichten. Dazu wurden Teile der Ruine ausgebaut und mit modernen Konstruktionen aus Stahl und Glas kombiniert. Die Filiale auf Burg Sigmundskron widmet sich dem Thema Berg und Mensch.

Unter Führung des späteren Landeshauptmanns Silvius Magnago fand auf Schloss Sigmundskron 1957 die größte Demonstration in der Landesgeschichte seit 1919 statt. 30 000 Südtiroler forderten Autonomie und Loslösung von Italien.

MMM Firmian, Schloss Sigmundskron, Sigmundskroner Str. 53, Tel. 631264, www.messner-mountain-museum-it, 1. So im März bis 3. So im Nov. Fr–Mi 10–18 Uhr.

■ **Kohlern**

Südöstlich und oberhalb Bozens liegt auf 1100 Metern Kohlern, gut zu erreichen mit einer Seilbahn und über eine acht Kilometer lange und kurvenreiche Bergstrecke. Es ist ein winziger Villenort mit **Jugendstilhäusern**, gewissermaßen als Sommerfrische das kleinere Pendant zum Ritten (→ S. 178). Lohnend ist schon die Einkehr an der Bar der Bergstation, Kenner wissen die Güte des hier handfiltergepressten Kaffees zu schätzen.

Schöne **Wandermöglichkeiten** gibt es auch: von hier südwärts um die Rotwand herum, hoch zur Titschenwarte und über einen der vielen Wege zurück. Von der Bergstation kann man mit dem Auto sogar noch etwas höher fahren, bis zur Hütte Schneiderwiesen (1372 m). Von dort empfiehlt sich der Spaziergang entlang der steil abfallenden Rotwand bis zum Biotop Totes Moos am Rotenstein (1506 m). Um Kohlern gibt es nur geringe Höhenunterschiede – ideal für Wanderer mit etwas geringerer Kondition.

🛈 Bozen

Vorwahl: 0471.
Postleitzahl: 39100.
Die **Bolzano Bozen Card** ermöglicht freien Eintritt in 8 Bozener und 80 weitere Südtiroler Museen sowie die kostenlose Benutzung aller Südtiroler öffentlichen Verkehrsmittel. Sie gilt jeweils für drei aufeinander folgende Tage und kostet für Erwachsene 28 €, für Kinder von 6 bis 14 Jahren 16 € und ist beim Verkehrsamt erhältlich.
Tourismusamt Bozen, Waltherplatz 8, Tel. 307000, www.bolzano-bozen.it.

Parkhotel Luna Mondschein, Piavestr. 15, Tel. 975642, www.hotel-luna.it, p. P. im DZ ab 75 €. Stilvolles Haus im Zentrum, Zufahrt nur über die Mühlgasse (Via Molini), dort Parkgarage auch für Nichthotelgäste.

Hotel Alpi, Südtiroler Str. 35, Tel. 970535, www.hotelalpi.info, p. P. im DZ 70–95 €.
Parkhotel Laurin, Laurinstr. 4, Tel. 311000, www.laurin.it, p. P. im DZ 70–180 €. Erste Adresse am Ort.
Cittá Stadthotel, Waltherplatz 21, Tel. 975221, www.hotelcitta.info, p. P. im DZ 75–115 €.
Hotel Steidlerhof, Amalfistr. 20, Tel. 918252, www.hotelsteidlerhof.it, p. P. im DZ 45–60 €.
Hotel Rentschnerhof, Rentscher Str. 70, Tel. 975346, www.rentschnerhof.com, p. P. im DZ 50–65 €.

❌

Gasthaus Haselburg, Kuepachweg 48, Tel. 402130, www.haselburg.it. Restaurant und Weinkeller auf mittelalterlicher Burg im Süden Bozens, etwa vier Kilometer außerhalb des Zentrums.

Bozen und der Süden

Wirtshaus Vögele, Goethestr. 3, Tel. 973938, www.voegele.it. Rustikales Traditionslokal am Obstmarkt.

Restaurant Löwengrube, Zollstange Nr. 3, www.loewengrube.it. Gehobene Gastronomie, Enothek mit über 1000 Weinetiketten.

Hopfen & Co., Obstplatz 17, Tel. 300788, www.boznerbier.it. Gut essen und trinken inmitten der Altstadt, eigene Brauerei – das ›Bozner‹ ist ein Hochgenuss.

Gasthaus Batzenhäusl, Andreas-Hofer-Str. 30, Tel. 050950, www.batzen.it. Über 600-jährige Einkehrmöglichkeit, selbstgebraute Biere, vor 100 Jahren Treff der Bohème.

Cocktailbar Grifoncino, Waltherplatz, Tel. 318000, www.greif.it/de/bar-und-restaurant/cocktail-bar-grifoncino. Hippes multimediales Design im Hotel ›Greif‹ am Waltherplatz. 17–24 Uhr, So geschlossen.

Südtiroler Archäologiemuseum, Museumstr. 43, Tel. 320100, www.iceman.it, Di–So 10–18 Uhr, Juli/Aug./Sept. Mo–So 10–18 Uhr, Heiligabend und Silvester 10–15 Uhr. Vielbesucht, oft gehen die Warteschlangen an den Kassen über 100 Meter weit. Hauptattraktion: die Gletschermumie ›Ötzi‹.

Naturmuseum, Bindergasse 1, Tel. 4129-64, www.naturmuseum.it, ganzjährig Di–So 10–18 Uhr. Sehr beeindruckende geologisch-biologische Thematik. Dauerausstellung ›Lebensräume Südtirols‹.

Museion – Museum für moderne und zeitgenössische Kunst, Dantestr. 6, Tel. 223-411/-413, www.museion.it, Di–So 10–18, Do 10–22 Uhr, ab 18 Uhr freier Eintritt.

Stadtmuseum, Sparkassenstr. 14, Tel.

997960, www.gemeinde-bozen.it/stadtmuseum, ganzjährig Di–Fr 10–16, Sa/So 10–18 Uhr. Ältestes Museum Südtirols. Archäologische Sammlungen, romanische, gotische und barocke Gemälde und Skulpturen, Trachten des 19. Jahrhunderts, Stadtgeschichte.

Merkantilmuseum, Laubengasse 39, Tel. 945702, www.handelskammer.bz.it, ganzjährig Mo–Sa 10–12.30 Uhr. Wirtschaftsgeschichte der Stadt.

Domschatzkammer, Alte Propstei, Pfarrplatz 27, Tel. 978676, ganzjährig Mo–Fr 10–12 Uhr. Große Sammlung barocken Kircheninventars.

Technikmuseum, Laubengasse 71, Tel. 301401, www.technikmuseum.it. U.a. virtuelle Trips in den Berg-, Straßen- und Eisenbahnbau. Öffnungszeiten wechselnd.

Thaler Perlé, Laubengasse 69, Tel. 313000, www.thaler.bz.it. Mondänes Kosmetik- und Parfümgeschäft.

Lern-Camping Moosbauer, Moritzinger Weg 83 (Zufahrt: Meraner Str. 101), Tel. 918492, www.moosbauer.com.

Weingut Pfannenstielhof, Pfannenstielweg 9 (mit Navigationssystem über den Mitterweg zu erreichen, dann gelbem Schild folgen), Tel. 970884, www.pfannenstielhof.it. Weinverkostung und -verkauf. Spezialitäten: St. Magdalener, Blauburgunder, Lagrein. Unbedingt einen Besuch wert, gelegen am östlichen Ortsrand von Bozen unterhalb des Ortsteils St. Magdalena.

Der Ritten (Renon)

Der Ritten beginnt einige Kilometer nordöstlich von Bozen. Er bildet ein durchschnittlich auf 1000 bis 1200 Meter Höhe gelegenes Plateau, das der Eisack im Osten und das Sarntal im Westen begrenzt. Der Ritten erstreckt sich nordwärts gute 20 Kilometer bis in die Gegend von Barbian. Das beliebte Wandergebiet und gleichzeitig der Hausberg Bozens ist seit 1907 über eine Zahnradbahn und seit 2009 ganzjährig über eine Seilbahn von der Rittner Straße aus bequem erreichbar (www.ritten.com).

Die Bergstation liegt am Dorf Oberbozen (Soprabolzano), die Auffahrt ist aber auch mit dem Pkw möglich: von Bozen aus über Unterinn – vom Eisacktal aus gelangt man nur bis Barbian. Obwohl der Ritten eine sehr stark besuchte Region ist, findet man hier weltferne Orte; Wangen ist einer davon, ein Platz völliger Ruhe. Er liegt ganz im Westen des Ritten, wo die Straße sich hinunter ins Sarntal schlängelt.

Der Ritten war und ist ein beliebtes Ziel für Sommerfrischler; diese Art der Ferien soll hier sogar erfunden worden sein. Es war und ist es auch heute noch Sitte vieler vermögender Bozner, dass man am 29. Juni, dem Tag Peter und Pauls, in die ›Frisch‹ geht – für 72 Tage. Fremde kamen ebenso hierher, unter anderem Sigmund Freud, an den ein Wanderweg zwischen Oberbozen und Klobenstein erinnert, und der Dichter Otto Flake (1880–1963). Sein 1927 erschienener Roman ›Sommerroman‹ ist in Klobenstein, dem größten Ort auf dem Ritten, entstanden; die Romanhandlung spielt sich ausschließlich auch dort ab.

Am Bahnhof der Rittnerbahn in Oberbozen beginnt ein **Themenweg**, der auf 5,3 Kilometer Länge sowohl zu Erdpyramiden als auch zu der kleinen Kirche St. Georg und Jakob führt. Die Rittnerbahn ist eine elektrisch betriebene Schmalspurbahn, die von Oberbozen über Wolfsgruben und Lichtenstern bis Klobenstein verläuft. Sie ist ganzjährig in Betrieb. Sie fuhr übrigens bis 1966 direkt aus dem Zentrum Bozens über die Gleise der Zahnradbahn auf den Ritten.

■ Die Erdpyramiden

Viel bestaunt werden in den Schluchten des Ritten die Erdpyramiden. Dabei handelt es sich um besondere geologische Bildungen von länglicher oder kegelähnlicher Form. Sie entstehen dadurch, dass Lockermaterial vom Wasser erodiert wird, jedoch in einzelnen kleineren Bereichen aufgrund auflagerndem härterem und somit schwerer verwitterbarem Material geschützt wird. Im Falle des Rittens ist das Lockermaterial Lehm der letzten Eiszeit, der bei Regen aufquillt und sich bergab bewegt. Liegen aber große Felsbrocken im Lehm, bleibt der Bereich direkt unterhalb vom Fließen geschützt und wird letztlich als schmale Form herauserodiert. Auch jen-

Sonnenaufgang über dem Ritten

Bozen und der Süden

seits des Sarntals, bei Jenesien, treten solche Erdpyramiden auf. Am besten kann man die Erdpyramiden im Finsterbachtal zwischen Lengmoos und Maria Saal bestaunen, ebenso im Katzenbachtal unterhalb von Oberbozen sowie im Tal des Gastererbachs bei Unterinn.

■ Rittner Horn

Höchster Berg des Rittens ist das Rittner Horn (2260 m). Berühmt ist die kolossale Fernsicht vom Berg über die Dolomiten bis hin zum Großglockner. Im Winter ist die nähere Gegend um das Rittner Horn als Familienskigebiet sehr beliebt (www.ritten.com). Vom Parkplatz ›Zum Zirm‹ (1530 m) oberhalb von Klobenstein geht eine Bergbahn bis zur Schwarzseespitze (2068 m). Von hier geht man ein kleines Stück hinab bis zum Gasthof ›Unterhorn‹ (2044 m) und dann über einen Panoramaweg zurück zur Bergstation der Seilbahn. Vom ›Unterhorn‹ geht es dann hoch zum Rittner Horn. Diese Wanderung ist ebenfalls nicht allzu schwer, doch sollte man Trittsicherheit und Schwindelfreiheit mitbringen (1 Std.).

■ Kultur

Neben der Natur gibt es aber auch viel Kulturelles zu bewundern: Im Dorf **Wolfsgruben** präsentiert ein kleines **Bienenmuseum** die Kunst des Honigmachens. In **Lengmoos** existiert eine **Kommende** des Deutschen Ordens. Sie wurde als Hospiz im 13. Jahrhundert errichtet, als der Weg von Deutschland nach Italien noch nicht durch das Eisacktal, sondern über den Ritten verlief. Das Gebäude hat seine heutige Form seit 1650 und birgt ein **Regionalmuseum**, gleichzeitig fungiert es als Veranstaltungsort: Im Innenhof finden jeden Sommer Freilichtaufführungen statt.

 Der Ritten

Vorwahl: 0471.
Tourismusverein Ritten, Dorfstr. 5, 39054 Klobenstein-Collalto, Tel. 356100, www.ritten.com.

Hotel Am Hang, Wolfsgrubener Str. 9, 39054 Oberbozen, Tel. 345222, www.hotelamhang.it, p. P. mit Halbpension ab 64 €.
Hotel Rinner, Wolfsgrubener Str. 7, 39054 Oberbozen, Tel. 345156, www.hotel-rinner.it, p. P. im DZ mit Halbpension ab 53 €.
Hotel-Restaurant Ansitz Kematen, Kemater Str. 29, 39054 Klobenstein, Tel. 356356, www.kematen.it, p. P. im DZ mit Halbpension bei einem Aufenthalt von mind. 3 Tagen ab 40 €.
Hotel Bemelmans Post, Dorfstraße 8, 39054 Klobenstein, Tel. 356127, www.bemelmans.com, p. P. im DZ mit Halbpension ab 80 €. An der Stelle des Hotels existierte schon im 14. Jahrhundert eine Poststation, hier wohnte Sigmund Freud 1924.

Gasthaus Egarter, 39054 Klobenstein, Ortsteil Mittelberg, Tel. 356717. Uriges Landgasthaus mit herrlichem Panoramablick, Spezialität: Forellen.
Rielinger Hof, Siffianer Leitach 7, 39054 Klobenstein/Ortsteil Siffian, Tel. 356274, www.rielinger.it, p. P. im DZ 30–40 €, Ferienwohnung für 2–4 Personen 54–95 €. Ferien auf dem Bauernhof, Buschenschenke, eigener Weinanbau, Jausenstation. Tipp des Autors.

Imkereimuseum Plattnerhof, Wolfsgruben 15, 39054 Oberbozen, Tel. 345350, www.museo-plattner.it, Ostern bis Ende Okt. tgl. 10–18 Uhr. Historische Imkergeräte, Entwicklung der Bienenzucht in Südtirol, Freigelände mit Lehrpfad und Bienenständen.

Karte: Kompass-Wanderkarte 1:50 000 Südtirol (Nr. 699), Blatt 2.

Burg Runkelstein 1898

Das Sarntal

Das auf Landkarten deutlich erkennbare Oval der Sarntaler Alpen wird im Westen von der Passer und im Osten vom Eisack begrenzt, im Nordwesten bildet in etwa der Verlauf der Jaufenpassstraße die Grenze. Am Penserjoch entspringt auf 2211 Metern die Talfer, die von hier südwärts fließt und sich bei Bozen in die Etsch ergießt. Ihr oberer Talabschnitt heißt Pensertal, der untere – beginnend einige Kilometer oberhalb von Sarnthein – ist dabei das eigentliche Sarntal. Es ist kein Wunder, dass das Sarntal immer weitaus abgeschiedener blieb als andere Südtiroler Täler: Die Straße von Bozen war im Winter der einzige Zugang zum Tal; sie ist es heute noch immer dann, wenn der Weg von Sterzing über das Penserjoch gesperrt ist. Traditionen und Volksfrömmigkeit haben sich daher im Sarntal stärker erhalten als in vielen anderen Regionen. Kein Wunder, dass hier Südtirols größtes Volksfest, der Sarntaler (Sarner) Kirchtag gefeiert wird. Es findet stets am ersten Septemberwochenende in Sarnthein statt und ist eine großartige Symbiose von Brauchtum, Markt, Tanz und Gesang und tiefver-wurzelter Volksfreude. Auch handwerkliche Traditionen haben sich erhalten: Federkielstickerei und Holzbildhauerei ernähren hier viele der Talbewohner. Viele Bräuche wie das ›Klöckeln‹ zur Adventzeit sind noch sehr lebendig. Das Öl der Latsche, dem wichtigsten Baum des Sarntals, wird zu Körperpflegemitteln verarbeitet.

Verlässt man Bozen nun Richtung Sarntal, kommt man zunächst an der Talstation der Seilbahn vorbei, die nach Jenesien (San Genesio Atesina) verkehrt. Der Ort liegt oberhalb des Talfertals auf fast 1100 Metern. Im Tal befindet sich links die unzugängliche Ruine der **Burg Rafenstein**, bald erhebt sich rechts im Talgrund, strategisch eher ungünstig gelegen, die pittoreske Burg Runkelstein.

■ Burg Runkelstein

Einen ungemein eindrucksvollen Anblick bietet Burg Runkelstein: Sie liegt auf einem gewaltigen Felsblock inmitten des Talfertals. Die Burg wurde gegen 1240 erbaut und in den folgenden drei Jahrhunderten mehrmals zerstört, wieder aufgebaut und erweitert. Ein Brand 1672 brachte dann ihr Ende. Sie befand sich zu dieser Zeit im Besitz der Trienter Bischöfe, verfiel aber im 18. Jahrhundert zusehends. Ein prominenter Besucher war 1833 der bayerische König Ludwig I. Der Habsburger Erzherzog Johann Salvator erwarb die Ruine 1880 und ließ sie instand setzen, schenkte sie aber 1893 der Stadt Bozen.

Wie Schloss Tyrol gilt **Burg Runkelstein** als ein Wahrzeichen Südtirols. Zum Ausgang des Mittelalters sah sie sich als Hort der Künste, als Mittelpunkt höfischen Gesellschaftsleben, wo Dichter und Musiker ihre Kunst zeigten – darin den Verwaltungs- und Herrschaftssitz Tyrol ergänzend. Und dieser Kunstsinn der Brüder Franz und Niklaus Vintler, die

Burg Reinegg oberhalb von Sarntheim

Maximilian I. (1459–1519). Des weiteren gibt es ein **Tristan-Zimmer**, das die Begebenheiten aus diesem berühmten Epos darstellt. Ein angrenzender **Kaminsaal** zeigt Szenen aus dem Sagenkreis um König Artus und den Gral. Die Fresken des **Ostpalas** sind bis auf einige wenige in der romanischen Burgkapelle zerstört. Die zahlreichen, unvergleichlich feinsinnigen Einzelheiten der Fresken können aus Platzgründen hier nicht weiter erläutert werden. Ihre Einzigartigkeit aber lässt die Burg zu einem Muss bei einem Besuch der Bozner Gegend werden.

■ Zwischen Runkelstein und Sarnthein

Runkelstein 1385 übernahmen, ließ in ihr den größten profanen **Freskenzyklus** des Mittelalters überhaupt entstehen. Seltsam, dass sein Maler nicht bekannt ist. Nicht nur äußerlich entzückt die Burg, auch ihr Inneres fasziniert schon beim Betreten des Burghofs. Der **Westpalas** präsentiert in verschiedenen Räumen einen ersten Teil der Fresken: In der umlaufenden Arkadengalerie sehen Adelige Gauklern und Fabelwesen zu, der Rittersaal im Westpalas weist großartige Turnierbilder auf, darunter die reizvollen Darstellungen ›Reigentanz‹ und ›Ballspiel‹. Über einen Wehrgang geht es zum Obergeschoss des **Sommerhauses**. Ein 600 Jahre altes Spruchband – ›Ir herrn und gest, ir sollt mit all willkummen sein‹ –, mit dem in einem Wandbild neben der Tür des Sommerhauses eine Adelige Besuchern einen Becher mit kühlem Wein entgegenhält, beweist, dass Runkelstein ein Ort höfisch-künstlerischer Begegnung war.
Im **Sommerpalast** zeigen die sogenannten ›Triaden‹ in Monumentaldarstellungen, in Dreiergruppen gegliedert, historische und mythische Gestalten. Dieser Raum war einst Jagdzimmer des Kaisers

Gleich hinter Runkelstein kommt man einem weiteren mittelalterlichen Bauwerk im Talferbett vorbei, der kleinen **Burg Ried** (Castel Novale). Sie ist auch bequem von Bozen aus zu Fuß in etwa einer Dreiviertelstunde über die Wassermauer-Promenade erreichbar.
Hinter Burg Ried verengt sich das Tal sehr stark, gewaltige Felsüberhänge säumen

Runkelstein, Detail im Freskenzimmer

Karte S. 233 ▲

Johann Felderer und seine Frau

230 Meter aus der Schlucht heraus. Auf ihm steht auf den Resten einer frühmittelalterlichen Burg die kleine **Johanniskapelle**. Empfindsame Besucher schildern den Johanniskofel als Ort starker positiver Energie. Der Aufstieg zu ihm beginnt an einer Bus-Bedarfshaltestelle nach dem 12. Tunnel der alten Sarntalstraße, allerdings gibt es hier keinen Parkplatz. Für den leichten Auf- und Abstieg (190 Höhenmeter) braucht man knapp zwei Stunden.

■ **Sarnthein (Sarentino)**
Bei Sarnthein (Sarentino) hat sich das Tal wieder weit geöffnet. Auf seiner östlichen Seite wird es von der – nicht besuchbaren – Burg Reinegg überkrönt. Die **St.-Cyprians-Kirche** am östlichen Ortsrand nahe der Umfahrungsstraße zeigt an der nördlichen Langhauswand Fresken, die man zu den bedeutendsten der Bozner Schule zählt. Sehr zu empfehlen ist der Besuch des **Gasthofs zum Hirschen**. Seine Gaststube zeigt eine gotische Balkendecke und holzgetäfelte Wände und damit eine historisch unveränderte Tiroler Gaststube, wie man sie kaum noch findet.

Anton Oberhöller stellt in einem Einmannbetrieb hervorragende Schokoladen her – sie werden international als regionale Delikatesse gehandelt. Für Gruppen gibt es Führungen nach Voranmeldung. Einige Kilometer nördlich von Sarnthein liegt links an der Straße das Haus Essenberg Nr. 15. Hier betreibt Johann Felderer seine sehr individuelle **Kunstdrechslerei**.

Ein fast mystischer Ort befindet sich westlich von Sarnthein, nahe des Auener Jochs auf 2000 Meter Höhe. Auf dieser weiten unbewaldeten Hochebene trifft man auf die merkwürdigen **Stoanernen Mandln**, kleinere und größere von Menschen errichtete, teils fast zwei Meter

den Weg, fast kann man schon von einer Schlucht reden. Man kann sich gut vorstellen, wie unheimlich noch vor 150 Jahren der Weg durch das Tal auf seine Benutzer gewirkt haben muss.

Der Weg führt nun auf die halbe Höhe der Schlucht herauf, dann geht es durch über 20 Tunnel. Zur Zeit wird eine neue Trasse der Sarntalstraße gebaut, die breiter angelegt ist und vor allem durch einen einzigen Tunnel von gut vier Kilometern Länge gleich hinter Runkelstein in die Berge hineinführt, erst bei Johanniskofel wieder herauskommt, um sogleich wieder in mehreren kürzeren und längeren Tunnels im Gestein zu verschwinden.

Bis zur Bushaltestelle Sarner Imbiss, wo ein im Winter gesperrter Weg hoch zum Ritten führt, wird diese neue Trasse verlaufen. Zwar wird es nun einfacher und weniger gefährlich sein, das Sarntal zu durchfahren, aber mit dem Bau werden die landschaftlichen Eindrücke der alten Strecke für den Reisenden verloren gehen.

Eine Besonderheit stellt der **Johanniskofel** oberhalb des Steinmannhofs dar, gut sechs Kilometer nördlich von Burg Runkelstein. Dieser markante Fels ragt

Bozen und der Süden

Am Durnholzer See

hohe Steintürme. Wer damit begann, wozu es diente, ist unklar; man weiß aber, dass schon zur Keltenzeit solche Steintürme bestanden haben. Heute ist es ein beliebter Brauch bei Wanderern, einen solchen Steinturm zu bauen. Um zu diesen Mandln zu kommen, fährt man mit dem Auto nach Westen aus Sarnthein heraus, am Ortsteil Auen vorbei, bis zum Parkplatz an der Sarner Skihütte. Von dort sind es noch etwa 3,5 Kilometer zu Fuß. Auf den Wanderkarten sind die ›Mandln‹ eingezeichnet.

■ Das Durnholzer Tal (Valdurna)

Das Durnholzer Tal (Valdurna) ist mit zwölf Kilometern das längste Seitental des Sarntals, wenig besucht und ein Geheimtipp. Es beginnt bei Astfeld und endet in Durnholz am Durnholzer See auf 1560 Metern Meereshöhe. Wer das Tal besucht, sollte etwa anderthalb Kilometer nach dem Abzweig nach links Richtung Messnerhof und **Kirche St. Valentin** hochfahren. Von dort hat man einen wunderbaren Blick über Sarn- und Durnholzer Tal. Die Kirche weist außen

Fresken auf und eine ländlich-derbe Bemalung von Apsis und Chorbogen.

Einige Kilometer weiter zweigt der Weg nach rechts Richtung Reinswald ab, wo es ein kleines Skigebiet gibt; von dort gibt es eine Seilbahn in die Berglandschaft um das Plankenhörndl (2383 m). Von der Bergstation dieser Bahn – hier befindet sich auch das Gasthaus ›Pichlberg‹ – empfiehlt sich die Wanderung zur Pfnatschalm (2078 m) und bei guter Kondition weiter hoch zum Dolomitenrundblick auf 2491 Metern oberhalb des Plattsees. Vom ›Pichlberg‹ kann man auch bequem zur Talstation nach Reinsberg spazieren.

Durnholz selbst ist ein hübsches ländliches Dorf, autofrei und wird von der markanten gotischen **Pfarrkirche** beherrscht. Auch sie zeigt im Inneren schöne Fresken aus dem 15. Jahrhundert. Lohnend ist ein Rundgang um den **See**, eine Einkehr im Pfarrgasthof bietet sich ebenso an.

Von Durnholz kann man – zunächst über Weg 16, dann über Weg 5 – in Richtung der Großalmhütten (2054 m) und weiter zum Latzfonser Kreuz (2311 m) aufstei-

Karte S. 233

▲

gen. Die Hütte hier ist zwischen Juni und Oktober geöffnet (Tel. 0472/545017) Der Steig ist nicht allzu steil, doch geht es längere Stücke über Blockfelder hinweg. Vom Latzfonser Kreuz geht es entweder über die Getrumalm (Hütte Tel. 348/4789091, Ende Mai bis Ende Oktober) nach Reinswald hinab oder für gute Bergwanderer über das Getrumjoch direkt nach Durnholz. Grundsätzlich sollte man einen ganzen Tag einplanen. Wandermöglichkeiten in allen Schwierigkeiten gibt es um Durnholz und Reinswald genug. Vor allem gibt es Wanderbusse, die flächendeckend Sarntal und Durnholzer Tal befahren (Info unter www.sarntal.com).

■ **Das Pensertal**

Der nördlichste Abschnitt des Sarntals wird Pensertal genannt. Etwa in der Gegend des Weilers Essenberg endet geographisch das Sarntal. Die Straße führt dann hoch zum Penserjoch (2211 m), die Passstraße ist von Mitte Oktober bis Mitte März im allgemeinen gesperrt. Die Route über das Penserjoch (Passo die Pennes) und durch das Sarntal ist die kürzeste Verbindung zwischen Innsbruck und Bozen, doch beileibe nicht die schnellste und bequemste.

Vom Penserjoch geht es hinab Richtung Sterzing, wo man das Eisacktal erreicht (→ S. 202).

 Das Sarntal

Vorwahl: 0471 (immer mit 0, auch bei Anrufen aus dem Ausland).

Tourismusverein Jenesien, Schrann 7, 39050 Jenesien, Tel. 354196, www.jenesien.net.

Tourismusverein Sarntal, Kirchplatz 9, 39058 Sarnthein, Tel. 623091, www.sarntal.com.

🛏 ✕

Jausenstation und Pizzeria Santer Hof, Trienbach 9, 39058 Sarnthein, Tel. 625177.

Gasthof zum Hirschen, Reineggweg 8, 39058 Sarnthein, Tel. 623116. Originales spätmittelalterliches Ambiente.

Gasthof Bad Rungg, Griesplatz 17, 39058 Sarnthein, Tel. 623123.

Pfarrgasthof, 39058 Durnholz, Tel. 625142. Einfache und unverfälschte Südtiroler Gerichte in beachtlichen Portionen.

🏛

Schloss Runkelstein, St.-Anton-Weg 15, 39010 Bozen, Tel. 329808, www.runkelstein.info, ganzjährig Di–So 10–18 Uhr, jeweils um 15 Uhr gibt es eine Führung in deutscher Sprache. Vom Waltherplatz in Bozen gibt es einen Shuttle-Bus (Tel. 329808) – touristisch gehört die Burg zum Tourismusverein Bozen.

Rohrerhaus, Runggener Str. 10, 39058 Sarnthein, Tel. 622786, www.rohrerhaus.it, Mitte Juni bis Ende Okt. Do 15–18 u. 20–22, Fr–So 15–18 Uhr. Originales Bauernhaus mit musealem Charakter.

Botenhof, Steet 16, 39058 Sarntal, Tel. 623377, www.botenhof.com. Ferien auf dem Bauernhof, selbstgebackenes Brot, hofeigene Produkte, gemütliche barocke Familienstube. Südlich von Sarnthein unweit der Burg Reinegg.

Anton Oberhöller Schokoladenmanufaktur, Runggener Str. 26, 39058 Sarnthein, Tel. 622016, www.oberhoeller.com. Die Nuss-Nougat-Creme aus Meister Oberhöllers Hand ist ein großartiges Geschmackserlebnis.

Johann Felderer, Essenberg 15, 39058 Sarnthal, Tel. 622425. Ein absoluter Geheimtipp: Die Werke des Drechslers und Holzuhrenmachers Felderers sind einzigartig, besonders die Teufelsgeigen. Er freut sich auf den Besuch interessierter Kunden.

Karte: Kompass Wanderkarte 1:50 000 Südtirol Nr. 699, Blatt 2.

Überetsch und Unterland

Die Gegend südlich von Bozen bis zur Provinzgrenze bei Salurn wird oft als Südtiroler Unterland bezeichnet; sie zieht sich links und rechts an der Etsch entlang. Überetsch im eigentlichen Sinn werden die westlich der Etsch höhergelegenen Regionen um Eppan und Kaltern genannt, unterhalb des mächtigen Mendelstocks. Überetsch wird durch das jäh ins Tal abfallende Massiv des Mitterbergs von Unteretsch getrennt. Beides sind berühmte Weinanbaugebiete, Überetsch überhaupt Südtirols bedeutendstes, aus dem Unterland stammt der bekannte Gewürztraminer. Die Südtiroler Weinstraße schlängelt sich durch beide Gebiete hindurch. Sie beginnt in Nals und endet an Südtirols Grenze in Salurn.

Im Norden der Südtiroler Weinstraße

Zwischen Meran und Bozen, entlang der Etsch, beginnt Südtirols größtes Weinanbaugebiet. Der Weinbau endet aber nicht an der Provinzgrenze bei Salurn, sondern wird weiter flussabwärts bis tief ins Trentino hinein fortgeführt.

Die Gegend um die berühmten Weinorte Terlan und Andrian zählt eigentlich nicht zu Überetsch und Unterland, wird aber wegen der geographischen Nähe hier behandelt.

Auffällig ist die Burgendichte zwischen Bozen und Meran. Oberhalb des Terlaner Ortsteils Siebeneich stößt man gleich auf die erste Burg, die **Ruine Greifenstein**, auch Sauschloss genannt. Vom Tal kann man nicht erkennen, dass es sich dabei um eine große Anlage handelt. Sie entstand um 1160. Berühmt wurde sie, als Herzog Friedrich IV. (1382–1439), genannt ›der mit der leeren Tasche‹, sie 1423 mehrere Wochen im Zuge der Niederschlagung einer Revolte des lokalen

Adels belagerte. Unter den Belagerten befand sich der Minnesänger und Politiker Oswald von Wolkenstein, der über die Historie ein Gedicht verfasste. Man warf damals ein gebratenes Schwein aus der Burg zu den Belagerern hinunter, um zu zeigen, dass man keineswegs ausgehungert werden könne. Der Herzog zog daraufhin ab, nicht wissend, dass das Schwein das letzte war, was an Essvorräten in der Burg noch vorhanden gewesen war. Durch diesen Vorfall erhielt sie den Namen Sauschloss. Sie ist mit dem Auto bequem über die Straße Bozen–Jenesien bis zu einem Parkplatz zugänglich, dann muss man noch etwa 20 Minuten zu Fuß gehen. Oberhalb von Siebeneich liegt mit der **Helfenburg** eine weitere Ruine; sie besitzt mindere Bedeutung.

Die **Ruine Maultasch** direkt oberhalb von Terlan hat einen fünfeckigen Bergfried. Sie wurde um 1210 erbaut, mehrmals zerstört und neu aufgebaut. Hier soll sich Tirols Fürstin Margarete Maultasch oft aufgehalten haben. Von der Burgruine hat man einen sehr schönen Blick auf das Etschtal. Von Terlan ist die Burg zu Fuß in einer halben Stunde zu erreichen. **Burg Festenstein** auf der anderen Etschseite, oberhalb von Andrian, weist eine interessante Konstruktion auf: Der Zugang zum ersten Burgtor war nur über ein ausgeklügeltes Zugbrückensystem möglich. Leider ist die Burg nicht zugänglich.

Terlan (Terlano)

Terlan (Terlano), ein bis in das 15. Jahrhundert bedeutender Silber-Bergbauort, weist mit seiner **Pfarrkirche** einen der größten kunstgeschichtlichen Schätze Südtirols auf und wird dennoch nur wenig besucht. Die gotische Kirche entstand im 14. Jahrhundert, von einem älteren Bau rührt der kleine romanische Seitenturm

▲ Karte S. 187

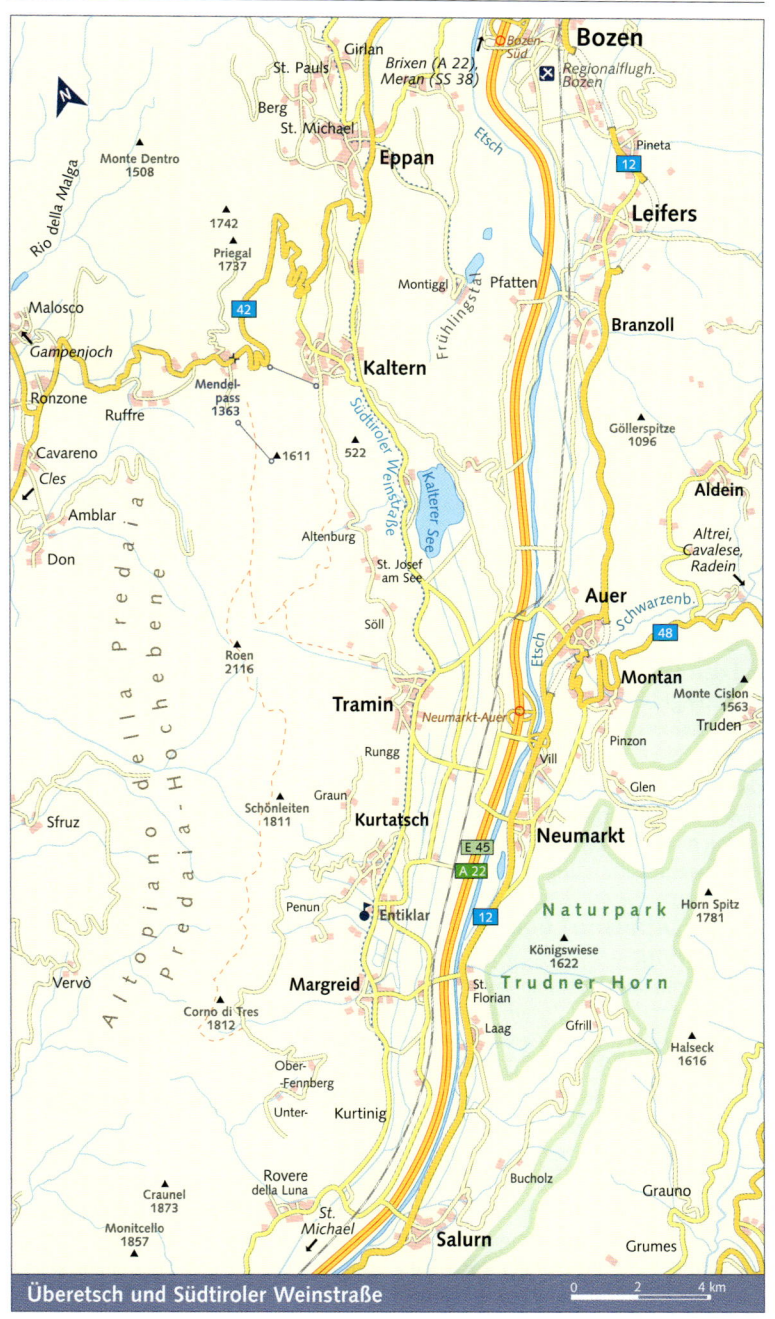

Überetsch und Südtiroler Weinstraße

her. Ungewöhnlich ist das Dach aus buntglasierten Ziegeln. Mit 75 Metern ist der Terlaner Kirchturm einer der höchsten in Südtirol. Er wurde mehrmals abgerissen und neu aufgebaut, da er aufgrund von Senkungen des Untergrunds immer wieder einzustürzen drohte. Eine Besonderheit ist die Turmuhr, denn auf ihr zeigt der große Zeiger die Stunden und der kleine die Minuten an. Bedeutsam ist das Kircheninnere. In Chor, Langhaus und Seitenschiff trifft man hier auf das größte zusammenhängende sakrale Kunstwerk der Bozner Schule. Die lange Reihe der Wandgemälde zeigen Szenen aus dem Marienleben und der Kindheit Christi. Noch bedeutsamer ist die gemeißelte, 1380 entstandene Marienkrönungsgruppe auf dem Altar des Seitenschiffs – Sandsteinplastiken von besonderer Schönheit. Nicht zu vergessen sei, dass Terlan das Südtiroler Spargeldorf schlechthin ist; bereits im April kommt er hier erntefrisch auf den Tisch.

Unbedingt besuchen sollte man das unweite **Mölten** (Meltina). Hier besteht Europas höchstgelegene Sektkellerei, in der seit 1979 der bekannte Südtiroler Sekt ›Arunda‹ hergestellt wird. Lohnend ist auch der Besuch des kleinen **Fossilienmuseums** im Rathaus.

Eppan (Appiano) und Umgebung

Eppan (Appiano) ist kein eigenständiger Ort, sondern ein Zusammenschluss zahlreicher verstreuter Dörfer, von denen St. Pauls und St. Michael die größten und bedeutendsten sind. Rund um Eppan erstreckt sich Südtirols größtes Weinbaugebiet. Auf rund 1050 Hektar Anbaufläche werden hier jährlich über 100000 Hektoliter Wein erzeugt. Überall kann man bei Winzern an Verkostungen teilnehmen und die Weine auch erwerben. Und es gibt einen weiteren Super-

Weinstöcke bei Terlan

lativ: Das Überetsch gilt als Gebiet mit der höchsten Burgendichte ganz Europas. Es gilt als klassisches Burgenpanorama. Neben den über 20 Burgen und Schlössern finden sich gut 200 weitere Architekturdenkmäler wie Ansitze, Kirchen und Kapellen. Die Burgen dienen alljährlich als Kulisse des Eppaner Burgenritts, einem Freizeitreiter-Turnier (www.burgenritt.com).

■ Burg Hocheppan

Wer von Terlan über Andrian ins Eppaner Gebiet kommt, passiert etwa zwei Kilometer südlich von Andrian Burg Hocheppan. Diese hochromanische Ritterburg fällt durch ihre Größe und Lage auf, vor allem zeigt die Burgkapelle eine der besterhaltenen und künstlerisch bedeutendsten romanischen Freskenzyklen. Im 16. Jahrhundert wurde die Burg den Verteidigungserfordernissen jener Zeit angepasst, Torzwinger und Batterietürme sowie das offene Rondell jenseits des Burggrabens stammen aus dieser Zeit. Die Burg in ihrer ersten Form wurde um 1125 von den Grafen von Eppan erbaut, die wegen ständiger Fehden mit den Grafen von Tirol einen besser zu verteidigenden Burgplatz suchten.

Karte S. 187

Die Burg weist wie die Ruine Neuhaus einen fünfeckigen Bergfried auf. Größte Attraktion ist die **Burgkapelle** mit ihren erst 1926 entdeckten Fresken, die zwischen 1180 und 1230 entstanden. Alle vier Innenwände sind bemalt, auffallend ist der byzantinische Einfluss der Malweise, einige Darstellungen wirken wie Ikonen. An den Langhauswänden fanden einige regionale Humorismen Eingang, so etwa eine typisch tirolerische Knödelesserin im Bild der Geburt Christi an der Südwand. Aus der Fülle der Motive seien noch erwähnt: an der nördlichen Außenwand eine Jagdszene, im Inneren an der Altarwand in der mittleren Apsis die thronende Gottesmutter mit einem segnenden Christuskind, links darunter die klugen, rechts die törichten Jungfrauen. Unterhalb der Burg steht der **Kreidenturm**, der letzte von vier mittelalterlichen Wehrbauten. Er ergänzt das Burgenpanorama auf das Schönste. Zur Burg kommt man über den Weiler Missian, oberhalb davon gibt es einen Parkplatz, dann sind es noch einige Gehminuten.

■ **Weitere Sehenswürdigkeiten**
Von diesem Parkplatz ist es nicht weit zum **Schloss Korb** und zur Ruine Boymont. Schloss Korb besteht im Kern aus einem Wohnturm des 13. Jahrhunderts, dem 1839 Anbauten im Stil jener Jahre angefügt wurden. **Ruine Boymont**, nicht weit entfernt, weist einen rechteckigen Grundriss auf und wurde um 1230 erbaut. Sie besitzt einen prächtigen Palas, dessen romanische Fensterbögen von großer Schönheit sind. Seit 1425 ist die Burg Ruine.
Die **Pfarrkirche St. Paulus** im Ortsteil **St. Pauls** besitzt der höchsten Kirchtürme im Land (86 m), der zudem durch die spitz zulaufende Zwiebelhaube auffällt. Im Turm befindet sich Südtirols größte Glocke. Sie hat einen Durchmesser von

183 Zentimetern und wiegt über 3800 Kilogramm. Das monumentale Gotteshaus, in der Literatur auch ›Dom auf dem Lande‹ genannt, entstand zwischen 1461 und 1552; sehenswert ist auch der **Friedhof** vom Ende des 16. Jahrhunderts. Er ist einem italienischen Arkadenfriedhof nachgebildet.
Von St. Pauls gelangt man über eine längere Strecke in nordwestlicher Richtung über Perdonig zum Weiler **Gaid**, der sich direkt oberhalb von Andrian befindet, jedoch von dort aus nicht erreichbar ist. Unweit liegt das 1019 Meter hohe **Burgstalleck** in großer Ruhe. Dieser Gipfel trägt ganz überraschend keine Burg und wirkt seltsam geisterbehaftet. »Wer einen Augenblick voller Sehnsucht und Wehmut erfahren möchte, muss im Herbst die Abenddämmerung am Burgstalleck suchen«, so der Fotograf und Autor Christjan Ladurner. Vom Parkplatz in Gaid – hier gibt es die Jausenstation ›Moarhof‹ (Tel. 660035) – folgt man der Markierung nach Burgstalleck. Man kann jedoch auch noch bis zum Abzweig zum Tinnerhof fahren; von dort sind es nur 20 Minuten Fußweg bis zum Gipfel.

■ **St. Michael und Umgebung**
Der Ortsteil St. Michael ist das Verwaltungszentrum von Eppan. Er besitzt ein bezauberndes Ortsbild, erwähnenswert sind einige sehr schöne Bürgerhäuser wie das Wohlgemuth-Haus und der Ansitz Thalegg. Sehenswert ist auch die doppeltürmige Gleifkapelle.
Die **Eppaner Eislöcher** befinden sich südwestlich von St. Michael im Ortsteil Gand am Gandberg. Diese Naturdenkmäler entstanden durch lokale Kaltluftströmungen innerhalb von Hohlräumen im Gestein. Warme Luft strömt in den oberen Regionen des Bergs ein und gelangt auf etwa 7 Grad abgekühlt unten wieder heraus. Dabei bleibt die Luft, da sie kalt schwe-

Bozen und der Süden

Burg Hocheppan bei Nacht

rer ist als erwärmt, in einer 200 Meter langen und 50 Meter breiten Mulde innerhalb des Felsens liegen. Das Temperaturphänomen gab zu verschiedenen Spekulationen Anlass; man vermutete sowohl einen unterirdischen Wasserlauf als auch einen Rest eines noch vorhandenen Eiszeitgletschers im Untergrund. Erklärt wird alles aber einzig durch konvektive Windströmungen. Die Kälte hat hier zur Ausbildung ganz besonderer hochalpiner Vegetation geführt, so wächst hier unter anderem die Alpenrose.

Mehrere Burgen und Schlösser, teils ruinös, umgeben St. Michael. Erwähnt sei insbesondere **Schloss (Ansitz) Moos**, das aber eher ein schmuckloser Bau ist und ursprünglich nur ein Wohnturm war. Es befindet sich im Besitz einer Stiftung und beherbergt heute ein Museum für mittelalterliche Wohnkultur (Tel. 660139, Di–Sa 10–17 Uhr, Ostern bis Ende Oktober). Sehenswert sind die Wandgemälde in der Eingangshalle.

Das ebenfalls mittelalterliche **Schloss Freudenstein** wurde im 16. Jahrhundert – wie fast alle Schlösser in Überetsch – umgebaut und ist heute ein nobles Hotel. Nicht zu vergessen sei **Schloss Englar**

oberhalb von Schloss Moos. Es ist ebenfalls ein Hotel und liegt in einer bezaubernden Parkanlage. Es war einst Sitz der Adelsfamilie Firmian und stammt ausnahmsweise nicht aus dem Mittelalter: 1528 vollendet, präsentiert es sich als spätgotische Anlage.

Südöstlich von St. Michael liegen der große und kleine **Montiggler See**. Sie besitzen keinen Zufluss, sind daher stets warm und beliebte Badeseen. Sie befinden sich mitten im Wald des Mitterbergs. Westlich von St. Michael geht es über den 1363 Meter hohen Mendelpass (Passo di Mendola) ins Trentino hinein. Der Pass bildete von jeher die Sprachgrenze zwischen dem deutschsprachigen Südtirol und dem italienisch geprägten Trentino. Von der Passhöhe genießt man einen kolossalen Blick. An der Passstraße liegt **Schloss (Villa) Matschatsch**, ein Bau aus dem 16. Jahrhundert, im 19. Jahrhundert zur Sommervilla umgebaut. Es befindet sich im Besitz der Gemeinde und dient unterschiedlichsten Zwecken. Die Mendel, wie man die Passhöhe kurz oft nennt, war um 1900 ein internationaler Luftkurort. Unter anderem Karl May und Arthur Schnitzler hielten sich hier auf.

Karte S. 187 ▲

Im Norden der Südtiroler Weinstraße

Vorwahl: 0471.

Tourismusverband Südtirols Süden, Pillhofstr. 2, 39057 Frangart (Gemeinde Eppan), Tel. 633488, www.suedtirols-sueden.com.

Tourismusverein Terlan, Dr.-Weiser-Platz 2, 39018 Terlan, Tel. 257165, www.terlan.info.

Tourismusverein Eppan, Rathausplatz 1, 39057 Eppan, Tel. 662206, www.eppan.com.

An der Südtiroler Weinstraße gibt es seit 2013 für Weininteressierte und Weinliebhaber den **Winepass**. Diese Gästekarte ermöglicht es, in den jeweiligen Mitgliedskellereien bzw. Restaurants aus über 40 Angeboten rund um den Wein ein individuelles Weinprogramm zu erstellen und an drei bzw. sieben aufeinanderfolgenden Tagen Wein in den Weinorten, Kellereien und in Weinbergen zu erleben. Zusätzlich können alle öffentlichen Verkehrsmittel des Südtiroler Verkehrsverbundes unbegrenzt genutzt werden. 35 bzw. 40 €, weitere Infos unter www.suedtiroler-weinstrasse.it.

Gasthof Steinegger, Matschatscherweg 9, 39057 Eppan/Ortsteil Berg, Tel. 662248, www.steinegger.it, p. P. mit Halbpension ab 59 €. Seit 1669 von der gleichen Familie bewirtschaftet. Ausgangspunkt für Wanderungen zu den Eislöchern.

Restaurant Ansitz Pillhof, Bozner Str. 48, 39057 Frangart, Tel. 633100, www.pillhof.com.

Restaurant Gasthof Turmbach, Turmbachweg 4, 39057 Eppan/Ortsteil Berg, Tel. 662339, www.turmbach.com.

Restaurant Hotel Weingut Stroblhof, Pigenoer Weg 25, 39057 Eppan/St. Michael, Tel. 662250, www.stroblhof.it, p. P. mit Halbpension ab 90 €.

Restaurant Eppaner Hof, J.-G.-Plazer-Str. 50, 39057 Eppan/St. Michael, Tel. 662156, www.eppanerhof.com, Ferienwohnungen für 2 bis 4 Personen ab 55 €.

Fossilienmuseum (Dorfmitte, am Rathaus), 39010 Mölten, Tel. 668282 (Tourismusverein), www.moelten.net, ganzjährig ohne Beschränkung frei zugänglich. Versteinerte Lebewesen aus Südtirol.

Burg Hocheppan, 39050 St. Pauls/Missian, Tel. 636081, www.hocheppan.com, Apr. bis Nov. Do–Di. 10–18 Uhr.

Ruine Boymont, Tel. 636000, April bis Nov. Mo–So 10–17 Uhr.

Auf beiden Burgen gibt es Einkehrmöglichkeiten.

Sektkellerei Arunda, Prof.-Josef-Schwarz-Str. 18, 39100 Mölten, Tel. 668033, www.arundavivaldi.it, Mo–Fr 8–12 u. 14–18, Sa 8–12 Uhr, Führungen Mi 11 Uhr.

Karte: Kompass-Wanderkarte 1:50000 Südtirol Nr. 699, Blatt 4.

Von Kaltern nach Salurn

Hier befindet man sich im südlichen Abschnitt der Südtiroler Weinstraße. Das sonnenreiche milde Klima und der Kalterer See, der als wärmster Badesee der Alpen überhaupt gilt, sowie die Genussmöglichkeiten entlang der Weinstraße machen diese Region besonders attraktiv. Kaltern selbst ist einer der beliebtesten Touristenorte Südtirols

■ Kaltern (Caldara)

Nicht von ungefähr ist Kaltern am See (Caldara sulla Strada del Vino) ein vielbesuchter Ort. Schon seine Lage ist bezaubernd: Auch hier säumen unzählige Burgen die Landschaft, im Süden glänzt wie eine Perle der Kalterer See, den die Ruine Leuchtenburg überragt. Die architektonische Geschlossenheit des Ortsbilds mit vielen schönen Weinlokalen und Restaurants, der weite Marktplatz mit seinem Barockbrunnen sowie die Marktstraße mit ihren Erkern und Ornamenten erzeugen das Bild eines intakten Städtchens der Lebensfreude.

Die **Pfarrkirche Maria Himmelfahrt** erhielt ihre heutige Form gegen 1795, doch ist die ursprünglich gotische Bauweise noch im Langhaus erkennbar. Die Kirche ist eine der ganz wenigen klassizistischen Kirchen in Südtirol. Das gotische **Schloss Kampan** etwas nördlich des Zentrums ist architektonisch von besonderem Reiz: Es ist im ›Überetscher Stil‹ ausgeführt, einer Bauweise, die in der Region nur kurz in der ersten Hälfte des 17. Jahrhunderts populär war und an die Architektur der Toskana erinnert. Denn die damalige Tiroler Erzherzogin und Landesfürstin Claudia de Medici (1604–1648) stammte von dort. Das Schloss kann leider nicht besichtigt werden.

Südlich des eigentlichen Kaltern liegt der Ortsteil **Altenburg** mit der reizvollen gotischen **Kirche St. Vigilius** mit ihrem

Die Ruine Leuchtenburg scheint den Kalterer See zu bewachen

buntglasierten Dach. Von der Kirche gelangt man über einen Steig zu den Ruinen einer der ältesten Tiroler Kirchen, **St. Peter**, die auf einer prähistorischen Wallburg errichtet wurde. Im Mittelalter führte ein hölzerner Steg hinüber zur Kirche, heute geht man über eine Treppe hinab und dann wieder hoch.

Von St. Peter führt ein ›Friedensweg‹ – mit Kunstwerken versehene Besinnungsstationen – über das Biotop Rastenbachklamm hinab nach Kaltern zur Kirche des Ortsteils **St. Anton**, die durch ihren ornamental reich geschmückten Chor und durch eigenartige Wandmalereien sehr sehenswert ist.

Von Kaltern führt die 1903 eröffnete Mendelbahn auf den **Mendelpass**. Dabei werden 850 Höhenmeter überwunden. Der Tourismusverein bietet im Frühjahr und Sommer besondere Fahrten mit Führungen an.

■ Das Frühlingstal

Natürlich erreicht man die beiden Montiggler Seen auch von Kaltern aus. Eine Besonderheit, gleichsam ein Gegenstück zu den Eppaner Eislöchern, ist das Frühlingstal südlich von Montiggl. Hier blüht

Karte S. 187

▲ *Ein Weinfest an einem lauen Sommerabend*

die Natur – darunter Schneeglöckchen, Veilchen, Scharbockskraut – schon ab Mitte Februar. Der Talbach ist von einem Schilfgürtel gesäumt und hat eine reiche Fauna ausgebildet. Ausgangspunkt für die Wanderung durchs Frühlingstal ist am besten der Parkplatz am großen Montiggler See. Man kann von hier bis zum Nordende des Kalterer Sees spazieren, wo das Tal endet (Hin- und Rückweg 3 Std.).

■ Kalterer See

Der Kalterer See, mit Wassertemperaturen bis zu 28 Grad Südtirols wärmster Badesee und einer der größten Seen des Landes, liegt in einer Senke, durch die die Etsch vor der Eiszeit floss. Er erreicht etwa fünf Meter Tiefe, ist knapp zwei Kilometer lang und etwa einen Kilometer breit. Unbedingt sollte man den See einmal umwandern – um ihn liegt das größte Feuchtgebiet Norditaliens. Am See gibt es eine Fülle von Restaurants und Hotels, hier finden auch alljährlich im Sommer die Kalterer Seefestspiele mit Musicals und Konzerten statt. Man badet hier, man fährt Tretboot oder rudert – die Möglichkeiten zu aktiver Entspannung sind groß.

Die **Ruine Leuchtenburg** (576 m), auf dem Kamm des Mitterbergs oberhalb des Kalterer Sees gelegen, ist über einen bequemen Waldweg zu erreichen. Von oben überblickt man das Etschtal, den Kalterer See und den Mendelstock. Die Burg, die um 1200 errichtet wurde, ist ganz ungewöhnlich mit einer hohen Ringmauer umgeben. Die diente weniger der Verteidigung – die Burg liegt an einer nur schwer zu erobernden Stelle – als vielmehr, Macht und Ansehen ihre Besitzer zu repräsentieren. Die Wohngebäude waren von innen an diese Mauer angebaut. Ungewöhnlicherweise fehlt ein Brunnen. Warum die Burg auf dem wasserlosen, strategisch eher ungünstig gelegenen Berg erbaut wurde, ist unbekannt.

■ Tramin (Termeno)

Dieser kunsthistorisch bedeutendste Ort im Unterland besitzt wie Kaltern einen idyllischen Dorfkern und ist besonders zur Zeit der Weinlese einen Besuch wert. Viele Weinfeste finden hier auch bereits während der Sommermonate statt. Die ganze Umgebung mit ihren Zypressenhainen atmet mediterrane Luft. Von hier stammt der berühmte Gewürztraminer, ein Weißwein aus rötlich gefärbten Beeren. Seit dem 11. Jahrhundert wird der Traminer nachweislich angebaut.

Gewürztraminerfest in Tramin

Tramin war bereits im Mittelalter ein bedeutender Ort, wie seine Kirchen bezeugen. Die dreischiffige **Pfarrkirche St. Quricus und St. Julitta** besitzt einen 93 Meter hohen, 1492 vollendeten Turm. Das Kirchenschiff selbst ist im neogotischen Stil gehalten (1910), sehr sehenswert ist der Chor (um 1400) mit seinen umfangreichen Freskenzyklen. An der rechten Chorwand ist das Martyrium der Kirchenpatrone dargestellt: Die heilige Julitta wurde gefoltert, ihr dreijähriger Sohn Quiricus ermordet. Sehenswert ist der Schnitzaltar (um 1490) von Hans Klocker, der auch den Krippenaltar in der Bozner Franziskanerkirche geschaffen hat.

Etwas oberhalb der Ortsmitte steht die rebenumrankte **Kirche St. Jakob in Kastellaz** mit dem bedeutendsten Freskenzyklus im Unterland. Sie ist zu Fuß von der Pfarrkirche in etwa 20 Minuten erreichbar. Die romanische Kirche aus der Zeit um 1150 besitzt eine große Apsis und einem Turm; ungewöhnlich ist, dass um 1400 ein paralleles Kirchenschiff angebaut wurde. Der Eingang an der Südwand führt zunächst ins gotische Schiff, das vollständig mit Fresken aus der Zeit um 1440 ausgemalt ist: Szenen aus dem Leben des heiligen Jakob und die ›Hühnerlegende‹. Sie berichtet, dass ein zu Unrecht hingerichteter junger Mann wieder lebend bei seinen Eltern erschienen sei. Sie seien zum Richter gegangen, der den Jüngling verurteilt hatte, um das ungerechte Urteil aufzeigen. Der Richter habe gelacht und geantwortet, der junge Mann sei so tot wie die gebratenen Hühner, die er gerade vor sich auf dem Teller liegen hat — worauf diese sich erhoben hätten und davongeflattert seien. Ambrosius, der Gehilfe Hans Klockers, schuf die gotischen Fresken.

Im romanischen Kirchenteil befinden sich die wertvolleren Darstellungen. An

In Margreid: die älteste datierte Weinrebe Südtirols

der Ostwand ist in der Sockelzone ein Pandämonium dargestellt: Fabelwesen, Tiermenschen und andere groteske Wesen kämpfen miteinander, fast denkt man an ein Gemälde von Hieronymus Bosch. Diese höllenartige Szenerie steht den himmlischen Gefilden der Apsis gegenüber, wo oben in der Kuppel Christus in der Mandorla zu sehen ist.

Freunde frühgotischer Freskenkunst kommen in der **Kirche St. Valentin** auf ihre Kosten. Sie steht am südlichen Ortsende unmittelbar an der Straße. In 23 Szenen ist das Leben Jesu dargestellt.

■ Südtirols südlichste Orte

Kurtatsch (Cortaccia), Margreid (Magrè) und Kurtinig (Cortina) sind auf der linken Etschseite Südtirols südlichste Siedlungen. Mit ihren malerischen Ortskernen und ihrer Lage auf einem kleinen Höhenzug bilden sie gleichsam die Sonnenterrasse in Südtirols Süden.

Unbedingt sollte man von Kurtatsch auf einer aussichtsreichen Straße hoch zum Fennberg und nach **Unterfennberg** fahren. Auf über 1000 Metern Meeres-

Karte S. 187 ▲

höhe liegen dort die **Wallfahrtskirche St. Leonhard** (Gotische Fresken), der **Fennberger See** und das **Fenner Moos** – Geheimtipps für stille Naturerlebnisse. Es ist gleichsam eine verborgene, nostalgische Welt. Der ›Plattenhof‹ bietet dazu eine adäquate Küche. In Fennberg kam Franz Philipp von Fenner (1759–1824) zur Welt, der Begründer der berühmten Tiroler Kaiserjäger, einer Infanterieeinheit der k.u.k. Armee.

An der Straße Kurtatsch–Margreid, kurz vor Margreid, liegt der **Regenstein**, ein seltsames Naturdenkmal. Aus ihm quillt Wasser wie aus einem Schwamm. Der Regenstein besteht aus normalen Kalktuff, einem sehr porösen Süßwasserkalk, der sich über einer Quelle bilden konnte. Der Quelltuff kann Wasser auch speichern, das aufgrund des hohen Porenvolumens aus vielen kleinen Öffnungen ständig herausfließt.

In **Margreid** kann man in der Ortsmitte neben der Kellerei Lageder (Grafengasse) die älteste datierte Weinrebe Südtirols bestaunen. Sie wurde nachweislich 1601 gepflanzt. Bis heute reifen an ihr pro Jahr 80 Kilogramm Trauben. Margreid ist mit dem nahen Kurtatsch über einen **Weinlehrpfad** verbunden, entlang dessen man den Lebensweg einer Rebe von der Pflanzung bis zur Verkostung nachvollziehen kann. Es liegt am Hang eines Schuttkegels, der aus einer kleinen Bergschlucht herausgespült wurde. Margreid besitzt nicht zuletzt durch seinen wuchtigen **Ansitz** einen archaischen Charakter und gilt als eines der schönsten Weindörfer Südtirols. Freunden guter Gastronomie sei das Restaurant ›Paradeis‹ und das zugehörige Weingut Alois Lageder ans Herz gelegt. Beide werden weit über die Landesgrenzen hinaus als Orte gehobener Kulinarik und Weinkultur geschätzt.

Kurtinig liegt auf einer Sandbank im Etschtal und wurde daher oft als Klein-Venedig bezeichnet – zumindest von den Tourismusverbänden. Die Etsch hat in diesem Teil Südtirols in den letzten Jahrzehnten immer wieder ihr Umland überschwemmt, so auch 1981, wodurch Kurtinig wie auch Margreid schwere Schäden erlitten.

Hinter Kurtinig verengt sich das Etschtal. Mit dem 1084 Meter hohen Geiersberg rücken die Berge unmittelbar an die Etsch heran. Das ist die Salurner Klause, die alte deutsch-italienische Sprachgrenze und Grenze Südtirols. Mit 212 Metern ist der tiefstgelegene Punkt ganz Südtirols erreicht. Hinter Kurtinig überquert man am Bahnhof Salurn die Etsch und gelangt nach Salurn, Südtirols südlichster Gemeinde.

---

i | **Von Kaltern nach Salurn**

Vorwahl: 0471.

Tourismusverband Südtirols Süden, Pillhofstr. 2, 39057 Frangart (Gemeinde Eppan), Tel. 633488, www.suedtirolssueden.com.

Tourismusverein Kaltern, Marktplatz 8, 39052 Kaltern a.d.W., Tel. 963169, www.kaltern.com.

Verein Südtiroler Weinstraße, Tel. 860659, www.suedtiroler-weinstrasse.it.

Tourismusverein Tramin, Mindelheimer Str. 10a, 39040 Tramin, Tel. 860131, www.tramin.com.

Tourismusverein Südtiroler Unterland, Hptm.-Schweiggl-Platz 8, 39040 Kurtatsch, Tel. 880100, www.suedtirolerunterland.it.

Restaurant Siegi´s, Oberplanitzing Nr. 56, 39052 Kaltern, Tel. 665721, www.siegis.it. Preiswerte und gute Einkehrmöglichkeit. **Seehofkeller**, St. Josef am See Nr. 60, 39052 Kaltern, Tel. 960020, www.seehofkeller.com. Historischer Winzerhof aus dem 16. Jahrhundert, hoch über dem Kalterer See gelegen.

Restaurant Gretel am See, St. Josef am See Nr. 18, 39052 Kaltern, Tel. 960273, www.gretlamsee.com. Einzigartig privilegierte Lage direkt am See.

Hotel Weingut Klosterhof, Prey-Klavenz Nr. 40, 39052 Kaltern, Tel. 961046, www.weingut-klosterhof.it (Hotel unter www.klosterhof.it), p. P. im DZ 46–60 €.

Hotel Remichhof, St. Josef am See Nr. 27, 39052 Kaltern, Tel. 960144, www.remichhof.it, p. P. im DZ ab 45 €. Gute und günstige Frühstückspension.

Restaurant Herrnhof, Bahnhofstr. 18, 39052 Kaltern, Tel. 964222, www.kaltern.com/de/castel-herrnhof.html., Italienische und Südtiroler Küche, Meeresfische, Südtiroler Fleisch etc.; heimelige Bauernstube und idyllischer Garten.

Hotel Traminerhof, Weinstr. 43, 39040 Tramin, Tel. 860384, www.hotel-traminerhof.it, p. P. im DZ ab 80 €. Edles Vier-Sterne- und Bikerhotel.

Ansitz Romani, Andreas-Hofer-Str. 23, 39040 Tramin, Tel. 860010, www.ansitzromani.com. Das Gebäude stammt in seinen Ursprüngen aus dem 14. Jahrhundert, war ein bedeutender Adelssitz und steht heute unter Denkmalschutz. Die historische Bausubstanz wurde bewahrt und durch zeitgemäße unaufdringliche Einrichtung und Ausbauten ergänzt. Während sich im oberen Teil des Ansitzes Ferienapartments befinden, sorgt die Taberna im Keller für kulinarische Gaumenfreuden. Regionale Gerichte mit italienischer Raffinesse.

Gasthof-Hotel Terzer, Obergasse 5a, 39040 Kurtatsch, Tel. 880219, www.gasthof-terzer.it, p. P. im DZ ab 43 €, günstige Wochenpauschalen.

Hotel Schwarz Adler Turmhotel, Kirchgasse 2, 39040 Kurtatsch, Tel. 880600, www.turmhotel.it, p. P. im DZ mit Halbpension ab 70 €.

Restaurant Schwarz Adler, Hauptmann-Schweiggl-Platz 1, 39040 Kurtatsch, Tel. 096405, www.schwarzadler.it.

Restaurant Rose, Endergasse 2, 39040 Kurtatsch, Tel. 880116, www.baldoarno.com. Sehr gelungene Verwandlung gedie-

gener Hausmannskost in einen zeitgemäßen, dennoch delikaten Kochstil, international gewürdigt.

Buschenschank Santlhof, www.santlhof.it, für 2 Pers. bei mind. vier Nächten pro Nacht ab 50 €. Ferienwohnungen innerhalb von Weinbergen.

Gasthof Plattenhof, Fennberg 16, 39040 Margreid, Tel. 880356/881991, Ostern bis November, Di geschlossen. Landesweit geschätzte gegrillte Schweinshaxe.

Restaurant und Vineria Paradeis, St.-Gertraud-Platz 10, 39040 Margreid, Tel. 809580, Mo–Sa 10–18 Uhr, Küche 12–16 Uhr. Schöner Gastgarten innerhalb des Renaissance-Ansitzes Hirschprunn (Grundmauern aus dem 13. Jahrhundert). In der warmen Jahreszeit wird man vom Duft von Zitronen und Orangen, Jasmin und Granatäpfel umweht. Leichte, doch genussvollendete Gerichte. Zum Anwesen gehört ein beeindruckender Garten (Führungen möglich), wo durch den ständigen Halbschatten des dichten Baumbewuchses eine besondere Flora gedeiht.

Camping St. Josef am Kalterer See, Weinstraße 75, 39052 Kaltern, Tel. 960170, www.camping-kalterersee.com.

Camping am Obstgarten, Breitbach Nr. 9, 39040 Kurtatsch, Tel. 880709, www.camping-obstgarten.it.

Club Castello, Bahnhofstr. 18, 39052 Kaltern, Tel. 964222. Kultivierte ›American bar‹ in elegantem Ambiente.

Südtiroler Weinmuseum, Goldgasse 1, 39052 Kaltern, Tel. 963168, www.provinz.bz.it/volkskundemuseen, Di–Sa 10–17, So 10–12 Uhr. Im Keller des einstigen landesfürstlichen Gutshofs werden die Geschichte des Weinbaus, das Brauchtum um die Winzerei sowie alte Werkzeuge etc. dokumentiert. Auch gibt es am Museum einen Weinlehrpfad. Besondere Führungen

▲ Karte S. 187

mit Verkostung des regionalen ›Vernatsch‹ auf Voranmeldung. Die Vernatschrebe ist die meistangebaute rote Sorte in Südtirol. Es gibt sie in zahlreichen Varianten.

Dorfmuseum Tramin, Rathausplatz 9, Tel. 328/5603645, Ostern bis Okt. Di und Fr 10–12, Mi 10–12 u. 16–18 Uhr. Handwerkliche und landwirtschaftliche Geräte, Umzüge und Bräuche.

Museum Zeitreise Mensch, Botengasse 2, Ansitz am Orth, 39040 Kurtatsch, Tel. 880702, www.museumzeitreisemensch.it, Besichtigung nur mit Führung, Ostern bis Allerheiligen Fr 10 Uhr, andere Führungstermine nach Vereinbarung Mo–So 8–20 Uhr. Die Menschheitsgeschichte von der Steinzeit bis zum modernen Konsumterror.

Weingut Alois Lageder, Löwengang, Grafengasse 9, 39040 Margreid, Tel. 809500, www.aloislageder.eu. Sicherlich die erste Adresse in Südtirols Süden, was Weinkultur betrifft.

Weinhof Kobler, Weinstr. 36, 39040 Margreid, Tel. 809079, www.kobler-margreid.com. Weingut mit Verkostungsräumen in betont sachlich-traditionslosem, zeitgenössischem Ambiente. Voranmeldung empfehlenswert.

Karte Kompass-Wanderkarte 1:50 000 Südtirol Nr. 699, Blatt 4.

Von Salurn nach Bozen

Fährt man auf der linken Etschseite von Salurn zurück nach Bozen, bleibt man weiterhin im Unterland. Mit Castelfeder trifft man hier auf die archäologisch sicherlich geheimnisvollste Stelle ganz Südtirols.

■ **Salurn (Salorno)**

Salurn wurde auf einem Schuttkegel eines Bergbachs erbaut, um vor den ständigen Überschwemmungen der Etsch sicher zu sein. Das große Hochwasser 1981 konnte dennoch auch Salurn schwer zusetzen.

Der Ort besitzt einen hübschen **Ortskern**, dem man deutlich seine Lage auf diesem Kegel ansieht: Die Straßen führen von dort fächerförmig abwärts. Die ständigen Überschwemmungen machten den Talgrund sehr sumpfig und manchmal unpassierbar – ihn hier zu kontrollieren, war von strategischer Bedeutung. Denn alle Reisenden mussten in jedem Fall unmittelbar an Salurn vorbei – eine Alternativroute zum sumpfigen Etschtal verlief östlich des Trudner Horns am Hang des Cembra-Tals, von wo man nur mit

Umwegen bei Auer wieder zum Etschtal gelangen konnte. Die Unpassierbarkeit der Wege entlang des sumpfigen Flussufers zwang Albrecht Dürer auf seiner Italienreise 1494, dem Talweg auszuweichen – daher heißt heute ein Wanderweg oberhalb der Etsch, am Fuß des Trudner Horns bis nach Neumarkt hin, Dürer-Weg. Ob der Maler seinerzeit aber entlang genau dieser Route wanderte, ist unbekannt. Zumindest scheint er südlich von Salurn über die Berge gegangen zu sein, denn Motive dieser Gebiete lassen sich auf seinen Zeichnungen dieser Reise finden.

In den Bergen oberhalb Salurns befindet sich der **Naturpark Trudner Horn** (www.trudnerhorn.com) mit seiner submediterranen Flora. Er ist von Gfrill nordöstlich von Salurn gut zugänglich; die Straße nach Gfrill ist außerordentlich reizvoll. Überhaupt bietet der Naturpark eine Fülle nicht beschwerlicher Tal- und Höhenwanderungen.

Überkrönt wird Salurn von der **Haderburg**, die schier atemberaubend aus einer Felsnase emporwächst (in den Sommermonaten Mi–So Gaststättenbetrieb).

Die Reste der Haderburg

Die Burg befindet sich an der Stelle einer alten rätischen Festung – in der Literatur wird ihr Äußeres zurecht immer als düster, drohend, finster, unheilverheißend beschrieben. Die Burg erhebt sich 125 Meter oberhalb des Tals auf 353 Metern und ist über einen verhältnismäßig steilen Weg zu Fuß zu erreichen. Vermutlich um die Mitte des 11. Jahrhunderts von den Grafen von Eppan erbaut, wurde die Burg durch einen berüchtigten Überfall bekannt, bei dem 1158 eine päpstliche Gesandtschaft, die nach Deutschland zu Kaiser Friedrich Barbarossa unterwegs war, überfallen und in Geiselhaft genommen wurde. Barbarossa schickte den Braunschweiger Herzog Heinrich den Löwen nach Salurn. Wie die Geschichte genau ausging ist nicht bekannt, doch war die Macht der Eppaner seither gebrochen. Zu Beginn des 16. Jahrhundert wurde die mittelalterliche Burg festungsartig umgebaut. Doch verfiel sie ab dem 17. Jahrhundert – als strategischer Wächter war sie im inzwischen vergrößerten Habsburgerraum an dieser Stelle überflüssig geworden. Sie ist Schauplatz der düsteren Sage ›Der alte Weinkeller von Salurn‹, die die Brüder Grimm in ihre ›Deutschen Sagen‹ aufnahmen:

■ **Der alte Weinkeller von Salurn**
Ein Mann namens Christoph Patzeber kam im Jahr 1688 an den Trümmern der alten Salurner Burg vorbei. Als er die Burg besichtigte, fand er einen unterirdischen Weinkeller mit 18 Fässern vor, in denen köstlicher Wein lagerte. Der Mann bediente sich davon. Als er gehen wollte, sah er drei alte Männer, die an einem kleinen Tisch saßen, auf dem eine mit Kreide beschriebene Tafel lag. Sie erlaubten dem Bürger Patzeber zu gehen und sich immer vom Wein zu bedienen, was er dann auch ein Jahr lang tat. Einmal besuchten ihn drei Nachbarn und tranken vom Wein. Sie glaubten, er habe den Wein auf unrechtem Wege erhalten, und verklagten ihn. Patzeber erzählte dem Gericht, wie er zum Wein gekommen war und wurde daraufhin freigesprochen. Als er dann wieder zur Burg ging, um neuen Wein zu holen, fand er den Keller nicht mehr. Er wurde stattdessen von unsichtbarer Hand geschlagen, worauf er halbtot zu Boden fiel. Patzeber sah, nachdem er wieder zu sich gekommen war, erneut die drei alten Männer, die ein Kreuz auf die Tafel malten. Er raffte sich auf und schleppte sich in die Stadt zurück, wo er nach zehn Tagen verstarb.

■ **Laag (Laghetti)**
Die **Kirche St. Florian** in Laag, Margreid genau gegenüber, versteckt sich etwas hinter einer Mauer und zwischen Apfelbäumen. Sie ist nicht zugänglich, doch lohnt der Blick auf die sehr schöne romanische Apsis.
Gut einen Kilometer weiter liegt rechts oberhalb der Straße am Waldrand das **Klösterle** (Convento), ursprünglich ein Pilgerhospiz aus dem 12. Jahrhundert und trotz des ruinösen Zustands fast vollständig erhalten. Es soll demnächst zu einem Museum werden.

Karte S. 187
▲

■ Neumarkt (Egna)

Das 1189 gegründete Neumarkt bietet das nur wenig veränderte Bild eines wohlhabenden Handelsorts des 17. Jahrhunderts. Sehenswert sind die **Laubengänge** entlang der Hauptstraße, typisch deutsche Erker wechseln mit venezianischen Stilelementen ab. Sehenswert ist besonders die zweite Pfarrkirche im Ortsteil Vill im Norden. Sie ist eine der schönsten gotischen Kirchen Südtirols. Oberhalb Neumarkts befindet sich die **Ruine Kaldiff**, keine allzu große Sehenswürdigkeit, obwohl es in ihren Mauern einige interessante Freskenreste gibt. Sie ist direkt von Neumarkt aus auf einem alten Pflasterweg zu erreichen.

■ Montan (Montagna)

Sehr sehenswert ist die **Kirche St. Stephan** in Montan (Ortsteil Pinzon) mit ihrem bedeutenden Flügelaltar (um 1500) von Hans Klocker. Bei einem Einbruch 1971 wurde St. Stephan vieler Kunstwerke beraubt, einzelne Figuren des Altars kamen ebenso abhanden. Dennoch lohnt der Besuch für kunstinteressierte Reisende sehr, denn die Detailfülle des Altars sucht ihresgleichen.

Das markante Schloss Enn, seit 1648 im Besitz der Familie Zenobio und ihrer Nachkommen, kann leider nicht besucht werden. Nur einmal im Jahr, im August, steht es Besuchern offen: Dann gibt hier die Musikkapelle Montan ein Konzert. Besucher schildern begeistert die einzigartige Atmosphäre des Schlosses.

Politische Brisanz verbindet sich mit einem Grab auf dem **Friedhof** von Montan. Hier liegt der italienische Nationalist Ettore Tolomei (1865–1952) begraben, der bis 1914 in Montan lebte. Schon vor 1918 propagierte er von Rom aus die Annexion Südtirols bis zum Brenner. Italienische Neofaschisten legen sehr oft an seinem Grab Kränze nieder und halten Kundgebungen ab – was im Gegenzug immer wieder zu Grabbeschädigungen seitens der Südtiroler führt. Das Grab wird daher von Carabinieri besonders geschützt.

An der Straße nach Auer (Ora), unterhalb von Castelfeder, liegt die kleine **Kirche St. Daniel am Kiechlberg**. Sie zeigt an der Nordwand eine beeindruckende Darstellung von Daniel in der Löwengrube, sehenswert ist auch der Flügelaltar von 1525. **Auer** (Ora) selbst weist wie

Die reizvollen Laubengänge in Neumarkt

Bozen und der Süden

Neumarkt einen sehr hübschen Ortskern auf, vielleicht sind seine Gassen sogar noch enger und verwinkelter.

■ Castelfeder

An der Straße von Montan nach Auer liegt links ein Hügelplateau mit einigen **Ruinen**. Das ist Castelfeder, ein ungewöhnlicher Ort. Das kleine Porphyrmassiv dieses Plateaus gehört geologisch zum Mitterberg, der aber unterhalb von Castelfeder von der Etsch durchstoßen und somit in zwei Teile zerschnitten wurde. Ungewöhnlich sind hier die karge Vegetation wie auch die seltsamen baulichen Relikte aus längst vergangenen Epochen. Ausmachen lassen sich eine Art ›Oberburg‹ und am oberen Teil des Plateaus Reste einer vormittelalterlichen Ringmauer mit Wehrgang an der Innenseite, die die Reste einer Burg und einer Kapelle umschließen. Die Oberburg gehörte vermutlich zu einem langobardischen Kastell, dem ›castrum ennemase‹, das um das Jahr 600 datiert ist.

Etwas tiefer gelegen sind Reste einer vermutlich prähistorischen Ortschaft am Südwesthang. Über 150 Häuser konnten nachgewiesen werden, doch ist deren Datierung nicht möglich. Einzelne Theorien sprechen vom zweiten vorchristlichen Jahrtausend, da man auch Urnenfelder mit Grabbeigaben aus jener Zeit aufgefunden hat.

■ Altrei und das Fleimstal

Über Montan geht die Straße weiter durch das Tal des Schwarzenbachs ins Fleimstal (Val di Fiemme), schon im Trentino gelegen und eines von Italiens bedeutendsten Wintersportgebieten. Sein unterer Abschnitt ist das bereits erwähnte Cembratal; wichtigste Orte im Fleimstal sind Predazzo und Cavalese, dieses bekannt durch das tragische Seilbahnunglück vom 3. Februar

1998, bei dem ein US-Kampfflugzeug im Tiefflug das Seil durchtrennte und 20 Personen den Tod fanden. Von Molina im Fleimstal führt eine Straße empor nach Altrei (Anterivo), wieder auf Südtiroler Gebiet gelegen, doch direkt von Neumarkt bzw. dem Etschtal nicht erreichbar. In diesem Ort, unweit des lärmenden Fleimstals, doch dennoch weitab jedes Touristenrummels, wird ungewöhnlicherweise Kaffee angebaut, hier gibt es auch mit der lärchenbestandenen **Krabesalm** (1540 m) Südtirols südlichste Alm überhaupt. Sie liegt nördlich von Altrei und ist bequem (mit Abstecher zum Bergwiesenbiotop Langes Moos auch mit dem Pkw und einer dreiviertel Stunde Fußweg zu erreichen (Jausenstation Tel. 882104).

■ Aldein (Aldino)

Aldein (Aldino) mag als Ort nicht sonderlich interessant sein, doch sind sein **Dorfmuseum** und insbesondere der nahe **GeoParc Bletterbach** um so beeindruckender. Die **Bletterbachschlucht** gehört zum UNESCO-Naturerbe. Die acht Kilometer lange und 400 Meter tiefe Schlucht, durch Erosion während der letzten 15 000 Jahre entstanden und bereits am Westsaum der Dolomiten gelegen, ist gleichsam der Grand Canyon Südtirols. Den Vulkaniten und Sandsteinen in den unteren Lagen folgen weiter oben die unterschiedlichen Folgen typischer Karbonatserien der Dolomiten, teils sind sie fossilführend. Es ist ein großartiges Landschaftserlebnis. Neben dem Geo-Pfad, der durch den GeoParc führt, gibt es auch einen Waldlehrpfad. Er informiert über die Pflanzen- und Tierwelt der Schlucht.

Im Gemeindegebiet bestehen um den Thal-Bach mehrere reaktivierte **Mühlen**, die zusammen ein besichtigenswertes Ensemble bilden.

Karte S. 187
▲

■ Radein

Das auf 1550 Metern gelegene Radein (Redagno) ist eine weit hingestreckte Streusiedlung. Im Ortsteil Oberradein, nahe der St. Wolfgangskirche, gibt es das **GeoMuseum** (www.museum-aldein. com, geöffnet wie der GeoParc Bletterbachschlucht).

Viele Reisende, die nur aus Versehen in Radein ankommen und eigentlich gleich wieder umkehren wollen, bleiben dennoch – so zauberhaft ist der Ort. Der große Physiker Max Planck (1858–1947) entwickelte hier in in den 1920er Jahren vielleicht nicht ganz zufällig zu erheblichen Teilen seine große, bahnbrechende Teilchentheorie.

Das **Weißhorn** (2313 m) ist von Radein aus einfach zu besteigen, insbesondere vom Parkplatz am Jochgrimm aus.

■ Leifers (Laives)

Leifers (18 000 Einwohner) ist neben Bozen die Südtiroler Stadt mit dem größten Anteil muttersprachlicher Italiener (71,5 %) und die viertgrößte der Provinz. Wahrzeichen ist die neue **Pfarrkirche**, genau genommen der 2004 erfolgte Anbau an die alte. Diese wurde dabei an der Nordwand an drei Stellen geöffnet, dabei die Zugänge für ein neues Schiff geschaffen, das im rechten Winkel zum alten angebaut wurde. Der Turm der alten Kirche stammt aus dem Jahre 1250. In ihr befindet sich seit 1787 das originale Gnadenbild aus der Wallfahrtskirche Maria Weißenstein.

Ein weiteres Wahrzeichen von Leifers ist die im Kern romanische **Peterköfele-Kapelle** hoch über der Stadt, Teil der nicht mehr vorhandenen Burg Liechtenstein.

 Von Salurn nach Bozen

Vorwahl: 0471.

Postleitzahl: 39040 (Leifers 39055).

Tourismusverein Auer-Montan-Neumarkt-Salurn, Hauptplatz 5, Auer, Tel. 810231, www.castelfeder.info.

Tourismusbüro Altrei, Rathausplatz 1c, Altrei, Tel. 882077, www.trudnerhorn. com.

Tourismusverein Aldein-Radein, Dorf 34, Aldein, Tel. 886800, www.aldein-rad ein.com.

Naturparkhaus Trudner Horn, Am Kofl 2, Truden, Tel. 869247, www.provinz. bz/naturparke.

Gasthof Fichtenhof, Gfrill, Tel. 889028, mobil 338/3028653, p.P. im DZ 35–38 €, www.fichtenhof.it. Gepflegte Gastronomie mit Bioprodukten und großartigem Talblick.

Camping Markushof, Truidnstraße 1, 39040 Auer, Tel. 810025, www.camping markushof.it.

Camping-Park Steiner, John-F.-Kennedy-Str. 32, 39055 Leifers, Tel. 950105, www. campingsteiner.com.

Besucherzentrum GEOPARC Bletterbach, Lerch 40, Aldein, Tel. 886946, www.bletterbach.info, Mai bis Okt. tgl. 9.30–18 Uhr.

Dorfmuseum Aldein, Dorfplatz 41, 39040 Aldein, Tel. 886619, www.museum-aldein. com, Mai–Okt. Mi 15–17, Sa 17–19 Uhr, Juli/Aug. auch Fr 17–19 Uhr.

Weingut Pfitscher, Dolomitenstr. 17, 39040 Montan, Tel. 1681317, www. pfitscher.it. Paradebeispiel für das Zusammenspiel aus Energieeffizienz, moderner Architektur und biodynamischem Wein. Das Weingut wurde als erste Kellerei Italiens mit dem Qualitätssiegel ›KlimaHaus Wine‹ ausgezeichnet, das die Südtiroler KlimaHaus Agentur vergibt.

Karte Kompass-Wanderkarte 1:50 000 Südtirol Nr. 699, Blatt 4.

Für die meisten Touristen bildet das Eisacktal zwischen dem Brenner und Bozen den Zugang nach Südtirol. Dieses Tal ist jedoch nicht nur als Verkehrsader von Bedeutung: Es beeindruckt mit stillen Nebentälern, romantischen Burgen, Schlössern und Festungen sowie einigen historischen Stadtbildern. Besonders Sterzing und Brixen lohnen wegen der Fülle von baulichen und kulturellen Schätzen einen längeren Aufenthalt.

Am Tribulaun im Pflerschtal

DAS EISACKTAL

Durch das Eisacktal läuft einer der großen alten Verkehrswege Europas. Seit der Antike ist es die wichtigste Verbindung zwischen Deutschland und Italien. Schon die römischen Heere zogen entlang des Eisack nach Germanien, die Kaiser des Mittelalters nahmen ihren Weg zur Kaiserkrönung in Rom durch dieses Tal, genau wie die Kaufleute der Fugger, und dann durchzogen es im 20. Jahrhundert die Millionen deutscher Adria- und Riviera-Reisender, um zu ihren Urlaubsorten zu gelangen – kaum eine Alpenroute war und ist von solch großer kulturhistorischer und wirtschaftlicher Bedeutung.

Die knapp 100 Kilometer Talstrecke, die der Eisack zwischen Brenner und ihrer Mündung bei Bozen durchfließt, sind die Hauptschlagader Südtirols. Trotz der Strecken über den Reschenpass und durch das Pustertal nach Osttirol ist kein Verkehrsweg so wichtig wie das Eisacktal. Die Autobahn und die allen älteren Italienurlaubern gut vertraute Staatsstraße 12 versuchen die gewaltigen Verkehrsströme zu bewältigen, die sich durch das Tal mühen und vom niedrigsten Pass über den Alpenhauptkamm her kommen, dem Brenner. Aber das Eisacktal ist nicht nur Verkehrsweg. Es bietet, sofern man es nicht auf der Autobahn durchbraust, eine Fülle sehr lohnender Sehenswürdigkeiten sowie historische Städte wie Sterzing, Brixen und Klausen. Seine Seitentäler sind meist vom Massentourismus wenig berührt und daher voll intensiver landschaftlicher Eindrücke.

Das obere Eisacktal

Der Eisack (Isarco) entspringt westlich oberhalb des Brenners, südlich des Sattelbergs, auf 1990 Metern Höhe. Der Name des Flusses ist vom indogermanischen ›is‹ oder ›es‹ abzuleiten, was ›(fließendes) Wasser‹ bedeutet. Das obere Eisacktal erstreckt sich etwa vom Brenner bis nach Brixen.

Vom Brenner bis Sterzing

Das oberste Eisacktal zwischen Brenner und Sterzing heißt Wipptal. Im engeren Sinn versteht man unter Wipptal ganz ungewöhnlich den Doppel-Talzug Innsbruck–Brenner entlang des Flusses Sill und weiter bis Sterzing entlang des Eisack. Einen Fluss Wipp gibt es nicht. Der Name leitet sich von der römischen Siedlung Vipitenum ab, die um Christi Geburt von dem römischen Heerführer Drusus als Militärstützpunkt für dessen Germanenzüge errichtet wurde und gegen das Jahr 450 unterging.

■ **Der Brenner (Brennero)**
Seit 1919 verläuft hier, auf 1370 Metern Höhe, die Grenze zwischen Italien und Österreich. Wer den Pass auf der Landstraße passiert, erblickt gleich rechts nach der Grenze die im typischen Stil des italienischen Faschismus errichteten Kasernen der italienischen Grenztruppen und hässliche Mietshäuser aus der gleichen Zeit. Wenngleich schon seit 1998 keine Grenzkontrollen mehr stattfinden, halten viele Reisende noch immer hier an – zum Auftanken, ist doch das Benzin auf österreichischer Seite etwa 40 Cent billiger als in Italien. Beidseits der Grenze stehen auf engstem Raum Buden und Geschäfte mit den jeweiligen Landesprodukten, insbesondere zieht das ›Designer Outlet Brennero‹ viele Käufer an.

Auf der Passhöhe befindet sich auch der **Bahnhof Brenner.** Hier trafen sich 1940 Hitler und Mussolini, um das seit über 20 Jahren schwelende Südtirolproblem für

Karte S. 205 ▲

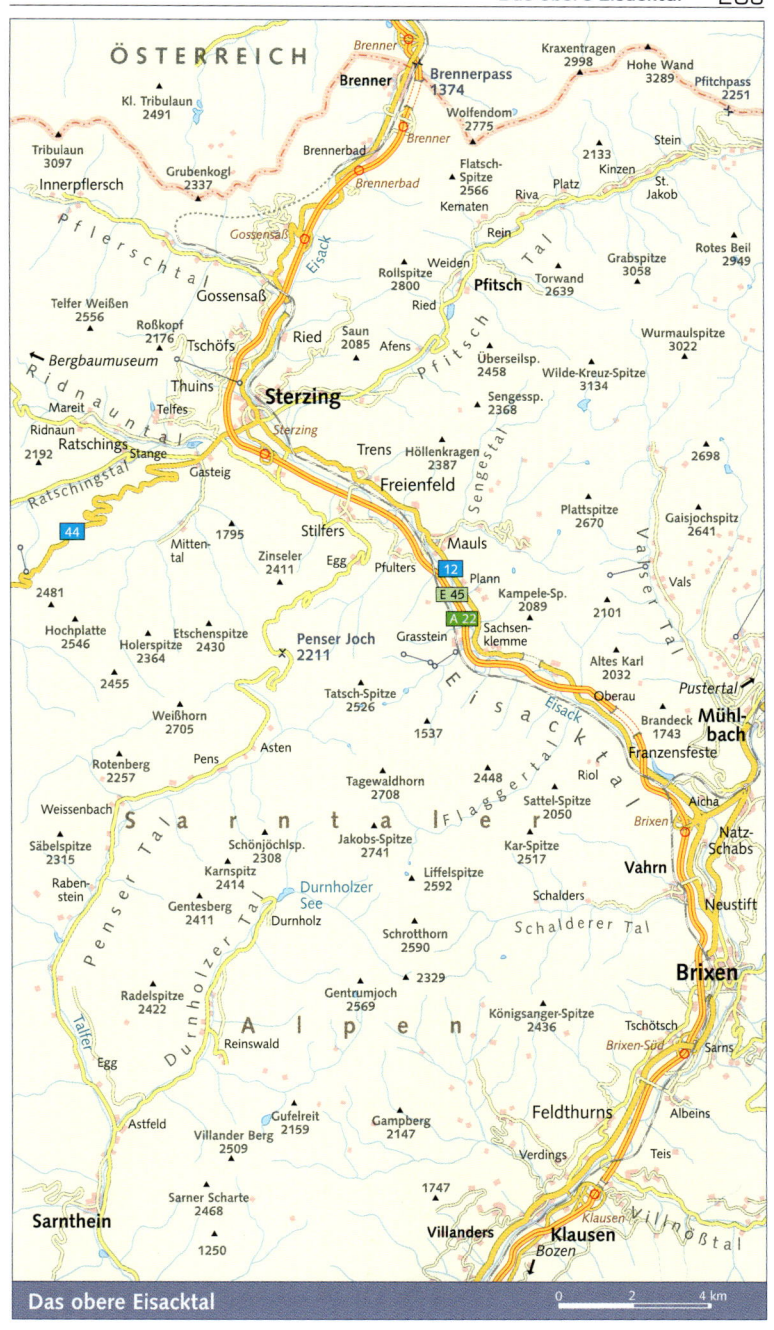

ÖSTERREICH

Brenner

Brenner

Brennerpass
1374

Kl. Tribulaun
2491

Kraxentragen
2998

Hohe Wand
3289

Pfitschpass
2251

Wolfendom
2775

Tribulaun
3097

Grubenkogl
2337

Brennerbad

Brennerbad

Brenner

Brennerbad

Flatsch-
Spitze
2566

Stein

2133

Kinzen

St.
Jakob

Innerpflersch

Kematen

Riva

Platz

Rollspitze
2800

Weiden

Rein

Grabspitze
3058

Rotes Beil
2949

Gossensaß

Eisack

Pfitsch

Pflerschtal

Telfer Weißen
2556

Roßkopf
2176

Ried

Saun
2085

Afens

Ried

Torwand
2639

Wurmaulspitze
3022

Gossensaß

Tschöfs

Bergbaummuseum

Ried

Pfitsch Tal

Überseilsp.
2458

Wilde-Kreuz-Spitze
3134

Ridnauntal

Thuins

Telfes

Sterzing

Sengess.
2368

Mareit

Sengestal

Ratschings

Ridnaun
2192

Stange

Sterzing

Trens

Höllenkragen
2387

2698

Ratschingstal

Gasteig

Freienfeld

Plattspitze
2670

Gaisjochspitz
2641

Stilfers

Mauls

44

1795

Mitten-
tal

Zinseler
2411

Egg

Pfulters

Plann

Vals

2481

Kampele-Sp.
2089

E 45

Vals

Hochplatte
2546

Holerspitze
2364

Etschenspitze
2430

Penser Joch
2211

Grasstein

A 22

Sachsen-
klemme

2101

2455

Tatsch-Spitze
2526

Altes Karl
2032

Pustertal

Weißhorn
2705

1537

Oberau

Brandeck
1743

Mühl-
bach

Asten

Eisacktal

Eisack

Franzensfeste

Rotenberg
2257

Pens

Tagewaldhorn
2708

2448

Riol

Aicha

Weissenbach

Sarntaler

Flaggertaler

Sattel-Spitze
2050

Brixen

Natz-
Schabs

Säbelspitze
2315

Schönjöchlsp.
2308

Jakobs-Spitze
2741

Kar-Spitze
2517

Vahrn

Penser Tal

Karnspitz
2414

Durnholzer
See

Liffelspitze
2592

Schalders

Neustift

Raben-
stein

Gentesberg
2411

Durnholz

Schrotthorn
2590

Schalderer Tal

Brixen

Radelspitze
2422

Durnholzer Tal

2329

Gentrumjoch
2569

Königsanger-Spitze
2436

Tschötsch

Egg

Alpen

Reinswald

Brixen-Süd

Sarns

Gufelreit
2159

Gampberg
2147

Feldthurns

Albeins

Astfeld

Villander Berg
2509

Verdings

Teis

Talfer

Sarner Scharte
2468

1747

Villnößtal

Sarnthein

1250

Villanders

Klausen

Klausen

Bozen

Das Eisacktal

0   2   4 km

alle Zeiten aus dem Weg zu räumen – geklärt wurde es wegen des weiteren Kriegsverlaufs aber nicht. Der Bahnhof gehört zur von 1864 bis 1867 erbauten Brennerbahn, einem Teilstück der österreichischen ›Südbahn‹ zwischen Kufstein und Verona. Die Brennerbahn verläuft auf Südtiroler Gebiet entlang des Eisacktals bis Bozen und dann weiter entlang der Etsch. Das schmale Eisacktal muss also heute drei mächtige Verkehrswege aufnehmen: die Bahnlinie, die Staatsstraße und die seit den späten 1960er Jahren bestehende Autobahn.

Viele Reisende übersehen in ihrer Eile, dass die Berge unmittelbar in Passnähe sehr attraktiv sind. So lohnen sehr der Aufstieg zu **Sattelberg** (2113 m) und **Kreuzjoch** (2143 m) direkt von der Passhöhe aus. Sie können auf einer ganztägigen Rundwanderung gut hintereinander erwandert werden, es gibt allerdings einige steile Abschnitte. Aufgrund ihrer vorgeschobenen Lage bieten sie großartige Rundblicke in alle Richtungen.

Wer als Reisender Zeit hat, sollte ab dem Brenner unbedingt über die Staatsstraße das Eisacktal hinab fahren, also am besten schon an der letzten Ausfahrt auf österreichischer Seite die Autobahn verlassen. Bald hinter dem Pass passiert

man rechts den alten **Gasthof Wolf**, auch bekannt als Brennerwolf. Von hier kann man über die Luegerhütte zur Enzianhütte (1903 m) aufsteigen, es ist eine sehr schöne, kaum begangene Strecke in einsamer Bergwelt. Dieser ›Ziroger Höhenweg‹ führt weiter bis Sterzing.

■ Brennerbad (Terme del Brennero)

Das Brennerbad (Terme del Brennero) befindet sich auf 1319 Metern Höhe. Das winzige, ehemalige Bauernbad existierte an einer 20 Grad warmen Quelle schon im Mittelalter, an der der Reichspfennigmeister Zacharias Geizkofler (nomen est omen) zu Beginn des 17. Jahrhundert einen regulären Badebetrieb begründete. Hier gab es auch eine Art Kurhotel, das 1922 durch Sabotage abbrannte; inzwischen werden aber wieder Kuranwendungen angeboten.

Auch vom Brennerbad kann man zur Enzianhütte (Juni bis Ende Okt., Tel. 0472/631224) aufsteigen, vier Stunden braucht man für den Hin- und Rückweg. Diese recht bequeme Tour ist im Gegensatz zu der erwähnten vom Brennerwolf aus viel begangen und kann auch als **Rundwanderung** via Zirogalm gemacht werden. Beliebt ist auch die Tour zur Flatschspitze (2566 m); man braucht etwa drei Stunden ab Enzianhütte. Diese Wanderung lohnt durch ihre Blicke auf die Zillertaler Gletscher und ins Pfitschertal. Etwas Trittsicherheit und Schwindelfreiheit sind erforderlich, doch ist die Tour nicht schwer.

■ Gossensaß (Colle Isarco)

Erste größere Siedlung nach dem Brenner ist Gossensaß (1098 m). Vor dem Bau der Brennerautobahn Ende der 1960er Jahre quälten sich die Autoschlangen der Urlauber durch die engen Straßen des einst noblen Luftkurorts, wo auch das Wasser der Brennerbadquelle Anwen-

Am Bahnhof Brenner

Karte S. 205

dung fand. Der norwegische Dichter Henrik Ibsen (1828–1906) erklärte Gossensaß zu seinem Lieblingsurlaubsort und schuf hier einige seiner Dramen, so unter anderem ›Hedda Gabler‹. Gossensaß war im 14. und 15. Jahrhundert durch den Silberbergbau sehr reich geworden und erhielt seinen Namen auch daher: ›gotzen‹ ist ein altes Wort für Bergknappen. Gegen 1600 versiegte der Bergbau, Gossensaß nahm an Bedeutung ab – erst der Tourismus Ende des 19. Jahrhunderts brachte wieder Wohlstand.

Sehenswert ist die auf einem Felsen oberhalb der Pfarrkirche gelegene **Barbarakapelle** – die heilige Barbara ist die Schutzpatronin der Bergleute. Der Flügelalter von 1520 zeigt geistliche, ins übertragene Bergbauleben Szenen. Leider fehlen einige der Altarstatuen, wegen zunehmender Kunstdiebstähle sind sie nicht mehr in der Kirche aufgestellt. Die Pfarrkirche ist von außen eher schlicht gehalten, birgt aber im Inneren einen großen barocken Freskenzyklus (um 1750) des Augsburgers Matthias Günther. Besonders eindrucksvoll ist hierbei die Darstellung des Drachens, der vom heiligen Georg erstochen wurde und gleichsam aus dem Bild heraus den Betrachter verschlingen will.

Nach Gossensaß passiert man **Ried** (Novale). Oberhalb des Dorfes ragt die **Ruine Straßberg** auf. Die 1971 renovierte Anlage aus der Zeit um 1200 zeigt am Bergfried ein seltsames eingemeißeltes Sonnenrad.

■ Das Pflerschtal (Val di Fleres)

Von Gossensaß zieht sich auf etwa 15 Kilometer das Pflerschtal nach Westen in die Stubaier Alpen hinein. Wie so viele Südtiroler Täler ist auch dieses touristisch vergleichsweise wenig erschlossen, doch dafür um so reizvoller. Man sollte unbedingt einmal hoch bis **Innerpflersch** (St.

Die Barbarakapelle in Gossensaß

Anton) fahren – der dortige Talschluss mit dem alles überragenden **Pflerscher Tribulaun** (3096 m) ist überwältigend. Die **Tribulaunhütte** (Juli–Sept., Tel. 0472/632470) am Sandessee (2368 m) ist zu Fuß vom letzten, obersten Parkplatz im Tal am Hinterstein (Hölle) in vier Stunden zu erreichen. Es ist zwar eine etwas anstrengende Tour, doch lohnt der Blick. Der See wird nochmals um 700 Meter vom Tribulaun überragt. Alternativ dazu wandert man vom gleichen Parkplatz aus zum 80 Meter hohen **Pflerscher Wasserfall**. Diese Strecke ist weitaus weniger anstrengend und dennoch erlebnisreich (Hinweg 1 Std.).

Sterzing (Vipiteno) und Umgebung

Mit 6400 Einwohnern ist Sterzing (Vipiteno) der bedeutendste Ort des oberen Eisacktals. Sein Zentrum besteht eigentlich nur aus einer einzigen langen Straße, besitzt aber eines der reizvollsten Stadtbilder Südtirols. Sterzing ist ein kleinerer Verkehrsknotenpunkt: Hier kommen Ridnauntal, Jaufenpassstraße, Pfitschertal und Eisacktal zusammen. So ist es kein Wunder, dass schon zur Römerzeit hier eine Militärstation – Vipitenum – bestan-

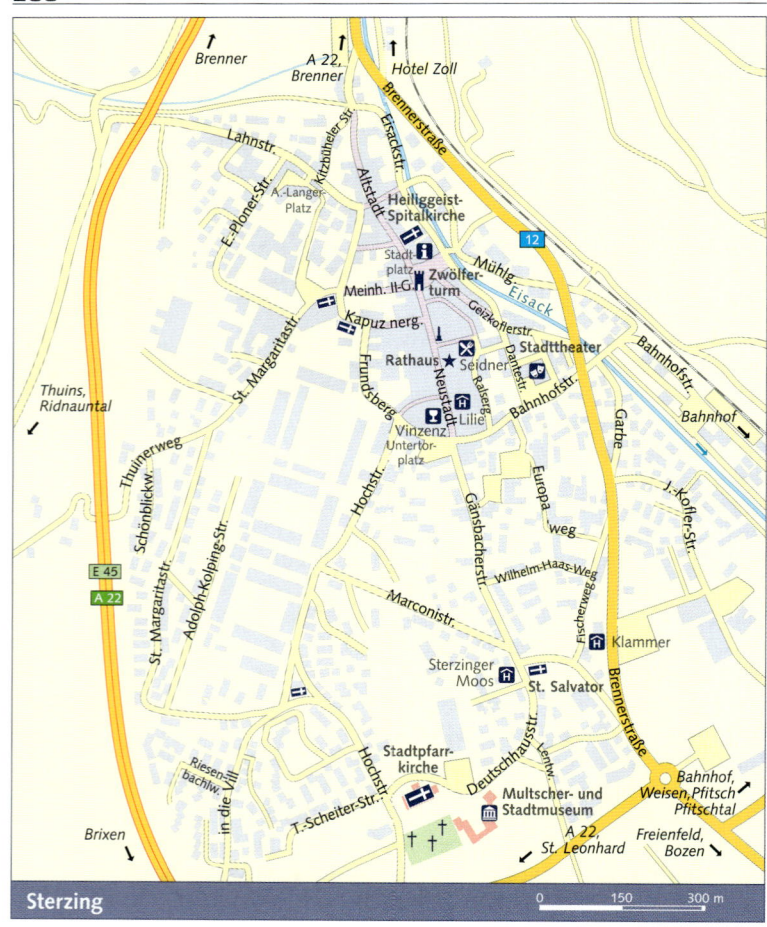

Sterzing

den hat. Aller Handel zwischen Venedig und Süddeutschland lief über Sterzing, der Ort wurde schnell sehr reich, der wie im nahen Gossensaß auch hier seit 1400 wachsende Silberbergbau trug dazu bei. Viele Firmen errichteten hier Niederlassungen, unter anderem die Fugger aus Augsburg – nicht von ungefähr spricht man oft vom ›Fuggerstädtchen‹ Sterzing. Einen vorübergehenden Stillstand brachte der Stadtbrand von 1443. In den Jahren danach musst Sterzing vollständig neu aufgebaut werden. Das Straßen-

netz und fast alle historischen Gebäude entstammen dieser Wiederaufbauzeit. Sterzing erholte sich schnell, allerdings versiegten die Silberadern gegen 1600 auch hier. Als Handelsstützpunkt aber blieb Sterzing weiterhin bedeutsam, und der Tourismus brachte der Stadt im 20. Jahrhundert einen weiteren Schub. Sterzing liegt inmitten einer großartigen Bergregion, die alle Arten von Sport- und Wandermöglichkeiten bietet. An Regentagen ist der Ort übervoll mit Touristen, die das schlechte Wetter zum Einkaufsbummel nutzen. Berühmt ist der Sterzinger Weihnachtsmarkt. Viele Busladungen an Besuchern werden alljährlich im Dezember hier herangekarrt.

■ Stadtzentrum

Der markante Zwölferturm teilt die große, laubenhausgesäumte Hauptachse des historischen Zentrums in eine nördliche Hälfte, die Altstadt, und einen südlichen Teil, die Neustadt. Wegen des schöneren Gesamtbilds sollte man das historische Zentrum von Süden her betreten. So kommt man aus dieser Richtung erst am **Rathaus** vorbei. Auffallend ist sein zinnengekrönter Erker. Im Innenhof lässt sich der berühmte Mithrasstein sowie ein römischer Meilenstein bestaunen. Er stammt aus dem 2./3. Jahrhundert, als hier eine Römerstraße angelegt wurde. Der Mithrasstein ist ein Altarstein, der zu dem männerbündischen Mithraskult gehörte. Dieser war im Alpenraum in der Antike weit verbreitet. Der Stein wurde in einer Felsenhöhle bei Mauls, einige Kilometer südlich von Sterzing gefunden, der Kilometerstein bei Grabungen im Sterzinger Zentrum 1979. Sehenswert im Rathausgebäude selbst ist die Versammlungsstube mit ihren Täfelungen und einer Balkendecke. Das Rathaus wurde 1472 vollendet, gut 30 Jahre nach dem großen Brand.

Am Rathaus liegt auch das **Nepomuk-Denkmal** (1739). Der Patron gegen die Wassernot soll die Stadt vor den bis in die jüngste Zeit immer wiederkehrenden Eisackhochwassern schützen. Schräg gegenüber befindet sich das Geburtshaus von Vigil Raber (1490–1552), einem Verfasser von Fastnachtsspielen sowie geistlichen Theaterstücken.

Der **Zwölferturm**, ein 46 Meter hohes und schlankes Bauwerk, wurde wie das Rathaus 1472 vollendet, erhielt den Treppengiebel an der Spitze aber erst nach einem Brand 1867. Der Turm ist das Wahrzeichen der Stadt und kann bestiegen werden.

Dahinter öffnet sich der idyllische, baumumstandene **Stadtplatz**. An seiner Nordseite befindet sich die kleine, durchaus zu übersehende **Heiliggeist-Spitalkirche** (1399). Sie trägt einen kleinen Glockenturm als Dachreiter. Sehr beeindruckend sind die Fresken im Inneren, die Hans von Bruneck um 1415 schuf. An der Altarwand ist eine Verkündigung dargestellt, unter ihr unter anderem Kreuztragung und Auferstehung, von düsterer Großartigkeit ist das Jüngste Gericht an der Westseite. Dabei fällt auf, dass unter den Verdammten sehr viele Geistliche sind und von den Teufeln zum Höllenrachen geschleppt werden. Von großer Ausdruckskraft ist auch eine spätgotische Statue des pfeildurchbohrten heiligen Sebastian.

■ Außerhalb des Zentrums

Etwas südlich des Zentrums befindet sich die kleine **Salvatorkirche**, Kreuzkirchl genannt, eine frühbarocke Schöpfung von 1630. Ganz in der Nähe lohnen zwei großartige Sehenswürdigkeiten Sterzings den Besuch: Deutschordenskommende und Pfarrkirche.

Ein Bummel in Sterzings Neustadt

Das Eisacktal

Die alte **Deutschordenskommende** beherbergt das **Multscher- und Stadtmuseum**. Sein größtes Kleinod ist der Flügelaltar des Hans Multscher aus dem Jahr 1459. Er ist nicht ganz vollständig – einige Figuren befinden sich beispielsweise in München, andere in der unweiten Pfarrkirche –, aber die Flügel mit ihren acht Bildern, sein wesentlicher Bestandteil, sind hier aufbewahrt. Das auch Sterzinger Altar genannte Kunstwerk schuf der Ulmer Meister Hans Multscher (um 1400–um 1467). Es befand sich ursprünglich in der nahen Stadtpfarrkirche, musste aber 1779 einem bedeutend prunkvolleren Barockaltar weichen. Im 20. Jahrhundert wurden die gotischen Altarflügel im Sterzinger Rathaus aufbewahrt – bis 1940 Mussolini den Einfall hatte, sie seinem lieben Freund Hermann Göring als Geschenk zu überreichen. Im Gegenzug erhielt die Stadt Sterzing geringwertige Staatspapiere. 1959 kehrte der Altar auf seltsamen Irrwegen nach Sterzing zurück. Die Altarbilder sind voller hochgenau wiedergegebener Details. Der Naturalismus der Darstellungen ist ganz ungewöhnlich: Die Innenseiten schildern das Marienleben: Verkündigung, Geburt Christi, Anbetung der Könige, Marientod, die Außenseiten die Passion Christi. Schöne Einzelheiten sind dabei unter anderem: Joseph, der sich bei der Geburt Christi die Füße trocknet, sein Stock und Rucksack stehen dabei in der Ecke; ein Soldat, der der trauernden Maria bei der Kreuztragung eine Grimasse schneidet; die Häscher, die bei der Ölbergszene über einen Zaun klettern.

Gleich neben dem Deutschordenshaus, ungewöhnlich weit von der Innenstadt entfernt, steht die Pfarrkirche **Unsere Liebe Frau im Moos**. Der 1525 vollendete spätgotische Bau mit seiner monumentalen dreischiffigen Halle wirkt für die ländlichen Verhältnisse riesig. Der Chor entstand bereits um 1455. Sterzing war in jenen Jahren eine sehr reiche Stadt und benötigte auch eine entsprechende Pfarrkirche, insbesondere nach dem Brand von 1443, von dem es sich schnell wieder erholt hatte. Das Innere wirkt trotz aller Monumentalität der Architektur zwiespältig, denn die um 1760 vorgenommene Barockisierung unter Leitung des Wiener Malers Joseph Adam Mölk (1718–1794) brachte keine künstlerische Verbesserung. Die ganze gotische Ausstattung wurde entfernt, die Gewölberippen wurden abgeschlagen, um das

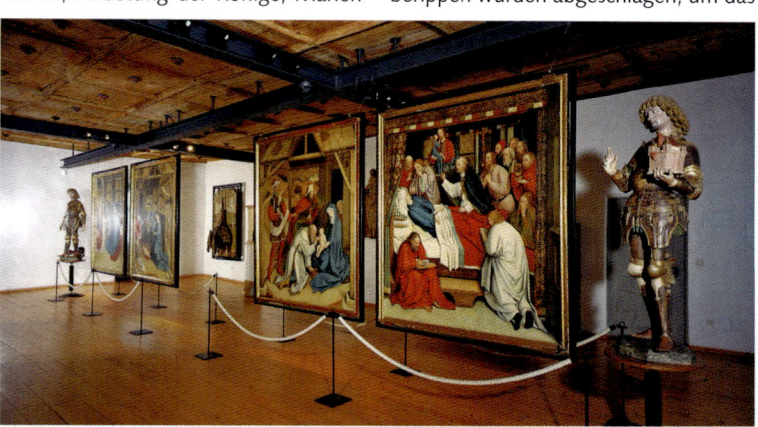

Der berühmte Multscher-Altar

Burg Reifenstein

Deckenfresko anzubringen, die Marmorsäulen mit Gipskapitellen versehen, und die Gewölbe der drei Schiffe zählen nicht zu den besten Werken des Joseph Adam Mölk. Immerhin sind von Multschers Altar fünf große Schreinfiguren erhalten, die im neogotischen Hochaltar einen Platz gefunden haben. In der linken Ecke der Nordwand der Kirche gibt es des weiteren einen römischen Grabstein einer Dame namens Postumia Victorina und eines Claudius Raeticianus. Man fand sie 1497 während der ersten Grabungsarbeiten zur Errichtung des Langhauses.

■ Die Umgebung

Schnell ist mit einem Lift vom nördlichen Stadtrand aus der 2176 Meter hohe **Roßkopf** (Monte Cavallo) erreichbar, Sterzings Hausberg. Dort bieten sich unzählige kleinere Wanderrouten an, auch kann man Paragliding betreiben (www.rosskopf.com). Im Winter findet man besonders für Familien geeignete Rodel- und Skisportmöglichkeiten. An der Talstation gibt es auch einen Hochseilgarten (www.skytrek.it).

Sehr sehenswert ist die gut erhaltene **Burg Reifenstein**, etwa drei Kilometer südlich des Zentrums. Sie gehört zu den ältesten Burgen Südtirols und kann als Musterbeispiel einer mittelalterlichen Gebirgsburg mit Ringmauern, Wehrgängen, Burgräumen und -mauern aus der romanischen Zeit gelten. Die Anlage ist seit 200 Jahren im Besitz der Familie Thurn und Taxis. Ursprünglich war die Burg auf einer Insel im Sterzinger Moos erbaut; diese Tiefebene südlich der Stadt war zur Zeit ihrer Erbauung ein großer sumpfiger See. Daher konnte sie zu keiner Zeit erobert oder zerstört werden. Der Baubeginn geht auf die Zeit um 1100 zurück, das heutige Gesicht erhielt die Burg erst gegen Ende des 15. Jahrhunderts. Von den Innenräumen sind das Kapitelzimmer mit seiner gotischen Zirbenholztäfelung und der Grüne Saal mit seiner den ganzen Raum füllenden Ausmalung mit grüner Ornamentik mit illusionistischen Effekten sehenswert. Am Burgberg befindet sich auch das Kirchlein **St. Zeno**, das, wie Särge aus dem 6. Jahrhundert zeigen, auf einem frühmittelalterlichen Vorgängerbau errichtet wurde.

Etwas mehr zur Stadt hin steht die **Thumburg**, eigentlich nur ein Ansitz – heute

Das Eisacktal

Im hübschen Pfitschtal

gibt es hier Ferienwohnungen – und gegenüber auf der anderen Seite des Eisack die **Burg Sprechenstein** mit ihrem auffälligen Rundturm. Sie befindet sich seit 1775 in Besitz der Familie von Auersperg-Trautson. Die Familie lebt auch hier, so dass die Burg nicht für Besucher zugänglich ist.

■ Das Pfitschtal (Val di Vizze)

Das Pfitschtal (Val di Vizze) zieht sich von Sterzing knapp 40 Kilometer ostwärts in die Zillertaler Alpen hinein. Es endet am Pfitscher Joch, über das man zu Fuß oder mit dem Fahrrad nach Österreich gelangen kann – das Pfitschtal gilt allgemein als Paradies für Radfahrer. Wie das Pflerschtal ist es recht wenig besucht, doch lohnt die Fahrt dorthin genauso wegen der eindrucksvollen Bergkulisse, die das Tal einrahmt.

Oberster Talort ist **Stein**, ein Punkt der vollkommenen Ruhe und Abgeschiedenheit. Obwohl er auf nur 1510 Metern liegt, herrscht hier ein recht hochalpines Klima. Wer kontemplative Einkehr sucht, ist überhaupt im Pfitschtal bestens aufgehoben. Und bequem lassen sich einige direkte Begegnungen mit der Gletscherwelt machen: Vom Parkplatz Kaser auf 1730 Metern – dritte Kehre der Pfitscher-Joch-Straße nach Stein – steigt man auf bezeichneten, von gewaltigen Felswänden gesäumten Wegen und Pfaden durch das Unterbergtal langsam aufwärts, bis man nach knapp drei Stunden auf 2429 Metern das Günther-Messner-Biwak erreicht. Es ist nach dem Bruder des Reinhold Messner benannt, der 1970 im Himalaya bei einer Bergtour starb. Die Tour bietet keine Einkehrmöglichkeiten, doch grandiose Landschaftseindrücke. Tiefer im Tal kann man um **St. Jakob in Pfitsch** (1449 m), links und rechts des Pfitschbachs, zwischen Rain und Stein die bäuerliche Talkultur geradezu erwandern.

■ Das Ridnauntal (Val Ridanna)

Ganz anders als das stille Pfitschtal präsentiert sich das Ridnauntal (Val Ridanna): Es gehört zu den meistbesuchten Tälern im Norden Südtirols. Das Ridnauntal zieht sich 18 Kilometer lang von Sterzing westwärts bis Schneeberg an den Fuß des 2759 Meter hohen Hochecks. Die Bergwerke in diesem Tal waren die Ursache für Sterzings Wohlstand.

Erster Ort im Tal ist **Gasteig**, wo die Straße über den Jaufenpass (Passo di Monte Giovo, 2094 m) ins Passeiertal Richtung Meran abzweigt. Es ist die kürzeste Verbindung zwischen Brenner und Meran. In Gasteig beginnt der **Panoramaweg Jaufental** (17 B). Ihn geht man hoch bis Mittertal, von dort mit Shuttle- oder Linienbus zurück. Die landschaftlich schöne Wanderung ist nicht anstrengend (nur 350 Höhenmeter), in 1,5 Stunden hat man Mittertal erreicht.

Bleibt man im Ridnauntal, ist die nächste Siedlung **Stange**, wo das Ratschingstal ins Ridnauntal mündet.

■ Schloss Wolfsthurn

Das große Schloss Wolfsthurn steht an der Stelle eines älteren Baus aus dem 13. Jahrhundert, der unter dem neuen Besitzer Franz von Sternbach gegen 1730 abgerissen wurde. Der Bergfried aber blieb erhalten und wurde in den Bau der neuen Schlossanlage einbezogen. Wolfsthurns Barockfassade zählt zu den schönsten und ungewöhnlichsten Schlosspanoramen Südtirols: Es ist barock ausgeführt, und es gibt so gut wie keine weitere barocke Schlossanlage im Land. Der Haupttrakt ist dreigeschossig, mit Türmen und Mittelrisalit, dazu gehört noch ein niedriger Trakt mit sogenannten Kavaliersbauten. Besichtigt werden können die barocken Wohnräume, in ihnen kann man **Sammlungen zum Jagd- und Fischereiwesen** bewundern.

Schloss Wolfsthurn

Ein ›Wald- und Wasser-Wanderweg‹, ein naturkundlicher **Lehrpfad**, verbindet das Schloss mit der Pfarrkirche im nahen Dörfchen **Mareit**, das irgendwie altertümlich wirkt und an der weißgetünchten Bergmannskirche erkennbar ist. In dieser Kirche gibt es einen gotischen Schnitzaltar, der Szenen aus dem Knappenleben zeigt.

■ Das obere Ridnauntal

Von **Gasse** (1357 m) aus kann man auf bezeichneten Wegen in gut vier Stunden zur Einachtspitze (2305 m) aufsteigen; auf dem Weg eröffnen sich schöne Ausblicke ins Tal und zu den Stubaier Alpen. Von **Ridnaun** aus (1342 m) erklimmt man in 4,5 Stunden die Zünderspitze (2445 m), unterwegs gibt es auf der Gewingesalm von Mitte Juni bis Mitte September eine Einkehrmöglichkeit. Von beiden Gipfeln hat man eine gute Sicht hinüber in die Stubaier Alpen und ins Ridnauntal.

Am Ende des Ridnauntals, in **Maiern**, befindet sich das **Südtiroler Bergbaumuseum**. Hier, am historischen ›Schnee-

berg‹, einst eines der höchstgelegenen Bergwerke Europas, dokumentiert dieses Museum seit 1995 eine 900-jährige Bergbaugeschichte, die erst 1978 wegen Unrentabilität endete. In den alten Stollen wurde ein Besucherbergwerk eingerichtet. Es bietet neben einer ›normalen‹ Führung von etwa 2,5 Stunden Dauer auch eine gut fünfstündige an, bei der man mit der Grubenbahn einfährt und detailliert den Alltagsablauf eines Bergmanns unter Tage kennenlernt. Für ganz Unerschrockene gibt es auch eine zehnstündige Führung, teilweise übertage, mit Wanderung durch Schluchten und Täler, so beispielsweise durch das Lazzacher Tal, zum Poschhausstollen (Befahrung im Rahmen der großen Führung), über den die Verbindung zum Erlebnisbergwerk Schneeberg unterhalb des Timmelsjochs hergestellt ist. Über Tage gibt es aus diesem Tal heraus einen **Lehrpfad** hinüber zum Erlebnisbergwerk und für Kinder gibt es eine besondere, kürzere Tour (2–3 Stunden). Für geologisch Interessierte ist ein Besuch dieses Museums unverzichtbar!

Am Bergwerk beginnt ein Wanderweg, der durch die Burkhardtsklamm auf die **Aglsbodenalm** (1717 m) führt. Für den Aufstieg sollte man wenigstens 1,5 Stunden ansetzen. Auch hier kann man brausende Wasserfälle bestaunen. An der Aglsbodenalm gibt es eine Sperre aus dem 19. Jahrhundert. Sie sollte verhindern, dass der Gletschersee der damals bis hier reichenden Gletscherzunge des Übeltalferners, des größten Südtiroler Gletschers übrigens, sich in zerstörender Form ins Ridnauntal begibt.

Aus dem Ridnauntal stammte Maria Fassnauer (1879–1917). Sie wurde die ›Tiroler Riesin‹ genannt und galt zu Lebzeiten mit 227 Zentimetern Körpergröße als größte Frau der Welt. Ihr Körpergewicht soll zwischen 170 und 200 Kilogramm betragen haben.

■ **Das Ratschingstal**

Von Stange erfolgt der Zugang zu einer der größten Sehenswürdigkeiten des Sterzinger Landes, zur **Gildenklamm**. Die ehemalige Kaiser-Franz-Josef-Klamm ist auf ihrer gesamten Länge in weiße Marmorfelsen eingeschnitten. Bei der Wanderung durch die Klamm hoch bis Jaufensteg müssen 175 Höhenmeter zurückgelegt werden, etwa eine Stunde Wanderzeit ist dazu nötig. Der Ratschingser Bach überwindet innerhalb der Klamm auf zahlreichen Wasserfällen die Geländeunterschiede (Klamm: Anf. Mai bis Anf. November).

Der **Ratschinger Almenweg** ist ein neu angelegter Erlebniswanderweg. Ihn erreicht man am besten von Bichl (Colle) über eine Kabinenbahn, geht dann westwärts bis zur Klammalm oberhalb von Fladings und entweder entlang der Talstraße oder auf gleichem Wege zurück zur Bergstation der Seilbahn. Etwa vier Stunden dauert die Wanderung als Rundweg. An der Bergstation der Seilbahn gibt es besonders für Familien mit Kinder die **BergerlebnisWelt**, einen Erlebnisweg mit Kuschelzoo, Wasserspielgarten und Klettergerüsten. Der Parcours ist in knapp einer Stunde zu begehen.

Fladings ist der oberste Talort. Hier kann man die Ruine bewundern, in der angeblich der ›Pfeifer Huisele‹ gewohnt haben soll, eine mythische Gestalt, eine Mischung aus Rübezahl und Till Eulenspiegel. Zahlreiche Legenden ranken sich um die Figur. Ob der ›Pfeifer Huisele‹ tatsächlich gelebt hat, ist umstritten – zumindest ist ein Pfeifer Hänssle 1680 in Meran als Hexer verbrannt worden.

ℹ Sterzing und Umgebung

Vorwahl: 0472.

Eine **TourCard** für Sterzing und Umgebung – 30/40 € (3/5 Tage) – ist beim Tourismusverein und den Übernachtungsbetrieben erhältlich. Sie ermöglicht freien Eintritt bz. kostenlose Benutzung von öffentlichen Verkehrsmitteln, Museen, Seilbahnen etc. in der Region (www.tourcard.it).

Tourismusverein Gossensaß, Ibsenplatz 2, 39041 Gossensaß, Tel. 632372, www.gossensass.org.

Tourismusverein Sterzing-Freienfeld-Wiesen-Pfitschtal, Stadtplatz 3, 39049 Sterzing, Tel. 765325, www.sterzing.com.

Tourismusverein Ratschings, Jaufenstr. 1, 39040 Gasteig, Gem. Ratschings, Tel. 760608, www.ratschings.info.

Rathaus, Innenhof Mo–Fr 8–18 Uhr, Rathausstube Mo–Do 8.15–12.30 u. 16–17, Fr 8.15–12.30 Uhr.

🛏 ✕

Hotel Restaurant Zoll, Ried 30, 39049 Sterzing, Tel. 765651, www.hotel-zoll.com, p. P. im DZ 37–52 € (Sommer). Einige Kilometer nördlich von Sterzing, an der Brennerstraße.

Hotel-Restaurant Lilie, Neustadt 49, 39049 Sterzing, Tel. 760063, www.

Das Eisacktal

hotellilie.it, p. P. im DZ ab 70 €. Gasthof seit 1461, einer der schönsten mittelalterlichen und denkmalgeschützten Bauten in Sterzing.

Hotel Sterzinger Moos, Moosweg 4, 39049 Sterzing, Tel 765542, www.sterzinger moos.com, p. P. im DZ ab 40 €. Etwa 500 Meter außerhalb des Zentrums gelegen; Sauna, Solarium und Kneippbecken.

Gasthof-Hotel Klammer, Brennerstr. 42, 39049 Sterzing, Tel. 765186, www.hotelklammer.com, p. P. im DZ ab 40 €. Sehr angenehme Atmosphäre.

Restaurant-Pizzeria Seidner, Raisergasse 1, 39049 Sterzing, Tel. 765437.

Gasthof Zum Lex, Wiesen 104, 39049 Wiesen/Pfitsch, Tel. 764039, www. gasthauslex.it. Bodenständige einheimische Küche in gepflegtem Dorfgasthaus, etwa zwei Kilometer östlich von Sterzing, Richtung Pfitschtal.

Landhaus Rainer, Ried 5, 39040 Ridnaun, Tel. 0472/656238, www.residence-rainer. com; p.P. im DZ 35–44 €. Preisgünstige und sehr gute Unterkunftsmöglichkeit, Restaurant, für Familien mit Kindern besonders geeignet, spezielle Kinderermäßigungen.

Camping Gilfenklamm, 39040 Ratschings/Gasteig, Tel.779132, www. camping-gilfenklamm.com.

Multschermuseum mit Stadtmuseum, Deutschhausstr. 11, 39049 Sterzing, Tel. 766464, April bis Okt. Di–Sa 10–13 u. 13.30–17 Uhr.

Burg Reifenstein, 39040 Freienfeld/Ortsteil Elzenbaum, Tel. 339/2643752, Führungen ab Anf. April bis Anf. Nov. So–Fr 10.30, 14 und 15 Uhr.

Schloss Wolfsthurn, Südtiroler Landesmuseum für Jagd und Fischerei, Kirchdorf 25, 39040 Ratschings, Tel. 758121, www. wolfsthurn.it, April bis 15. Nov. Di–Sa 10–17, So 13–17 Uhr.

BergbauWelt Ridnaun-Schneeberg, Maiern Nr. 48, 39040 Ridnaun, Tel. 656364, www. ridnaun-schneeberg.it, April bis Anf. Nov. Di–So 9.30–16.30 Uhr, im August und an Feiertagen ist auch montags geöffnet.

Vinothek Vinzenz, Neustadt 4, 39040 Sterzing, Tel. 760342, www.vinzenz.it.

Zwischen Sterzing und Brixen

Südlich von Sterzing wendet sich der Eisack nach Südosten. In dieser Richtung steigt aus dem Sterzinger Moos nun auch die Straße zum Penserjoch (2211 m) und weiter durch das Sarntal auf (→ S. 181). Das ist zwar keineswegs die schnellste, landschaftlich aber sicherlich die aufregendste Verbindung zwischen Sterzing und Bozen. Obacht: Das Penserjoch ist meist von Ende November bis Ende März gesperrt.

■ Freienfeld (Campo di Trens)

Etwas oberhalb von Freienfeld (Campo di Trens) liegt die Wallfahrtskirche **Maria Trens**. Der Weg hoch zu ihr zweigt von der Staatsstraße an der sogenannten Reiterkapelle ab. Hier wurden 1797 napoleonische Kavallerietruppen von Tiroler Schützen zurückgeschlagen, wie eine Inschrift verrät. Die Wallfahrtskirche selbst stammt von 1498, ihr Inneres hat Joseph Adam Mölk um 1750 mit barocken Fresken versehen. Die spätgotische Madonnenfigur von 1510 hat Maria Trens zum zweitbedeutendsten Südtiroler Wallfahrtsort nach Maria Weißenstein in den Eggentaler Dolomiten gemacht. Von der Wallfahrtskirche kann man auf dem **Trenser Pilgerweg** hinüber entlang verschiedener meditativer Stationen zur Burg Sprechenstein wandern, als Rundweg – zurück geht es entlang des Eisack – braucht man dazu etwa zwei Stunden. Es empfiehlt sich, von Freienfeld mit dem Auto bis zum Ortsteil **Partinges** (1384 m) hochzufahren. Hier stehen einige alte

Bauernhöfe, und jeder besitzt eine eigene Kapelle. Reizvoll ist von Partinges der Spaziergang über den sogenannten **Lottersteig** (Wanderweg 4) westwärts zum Weiler Gschließ und von dort empor, bis man auf den Pfunderer Höhenweg trifft, auf diesem ostwärts bis zur Plitschalm (1820 m) – dort ist ein Abstecher zur Trenser-Joch-Hütte möglich – und wieder hinab nach Partinges. Allerdings braucht man dafür gute sieben Stunden, wenngleich es nicht sehr schwierig ist. Schöne Aussichten entschädigen allemal. Die Trenser-Joch-Hütte ist nicht bewirtschaftet, nur Notunterkunft.

Ein bequemer Spaziergang ist der **Höhenweg** (Nr. 2A) von Trens – nicht weit von der Dorfmitte Freienfelds entfernt – Richtung Flans (2,5 Std.).

■ Mauls (Mules)

Kurz vor Mauls steht rechts an der Straße die **Burg Welfenstein**. Sie geht auf das Jahr 1271 zurück und diente dazu, eine Engstelle des Eisacktals zu kontrollieren. Sie war zwar um 1600 zerfallen, entstand aber 1895 in neogotischer Form

annähernd vollständig neu und mit vielen originalen mittelalterlichen Gegenständen ausgestattet. Sie fiel im August 1918 zur Gänze einem Brand zum Opfer und wurde nur zum Teil wieder aufgebaut. So wirkt sie ziemlich unauthentisch. Sie kann nicht besucht werden.

An der Staatsstraße befindet sich an der Einfahrt ins etwas oberhalb gelegene Zentrum von Mauls, gegenüber der alten Eisackbrücke, der einst bei allen Adriatouristen bekannte **Gasthof Stafler**. Er geht in seinen Grundmauern auf das 13. Jahrhundert zurück. Mit zum Teil originaler mittelalterlicher Einrichtung zählte er zu den stil- und stimmungsvollsten Gasthöfen des Landes. Ein großer Teil der knorrigen mittelalterlichen Atmosphäre wich inzwischen zeitgenössischer Vier-Sterne-Anmutung, über die man geteilter Meinung sein darf.

Oberhalb von Mauls liegt das schmale **Sengestal**. Von einem Wanderparkplatz am Taleingang aus (Flaner Säge, 1396 m) kann man eine beschauliche Wanderung entlang grüner Talhänge auf gut markierten Wegen empor zur **Simile**

Das Eisacktal

Das Gnadenbild in der Wallfahrtskirche Maria Trens

Mahdalm (2011 m) machen. Gut drei Stunden benötigt man bis dorthin. Die Hütte ist von Juli bis September geöffnet (Tel. 647162). Der weiter oben gelegene **Wilde See** ist von der Mahdalm ohne größere Schwierigkeiten erreichbar und als Wanderziel fast ein Geheimtipp. Doch sollte man dabei eine Zwischenübernachtung auf der Mahdhütte einlegen.

■ Die Sachsenklemme

Gut fünf Kilometer unterhalb von Mauls, ebenfalls an einer Verengung des Eisacktals, liegt die Sachsenklemme. Dieser Ort besitzt geschichtlicher Bedeutung. Hier rückte von Sterzing her am 4. August 1809 der französische General Lefebvre an. Seine Truppen wurden an dieser Stelle von 500 Tiroler Schützen unter dem legendären Wirt und Freiheitskämpfer Peter Mayr (1767–1810) vernichtend geschlagen. Der Name Sachsenklemme rührt daher, dass sich unter den Truppen des Generals auch sächsische Infanterieeinheiten befunden haben.

Ein markanter, schlossähnlicher **Gasthof** aus Naturstein lädt zur Einkehr. Das hier gebraute, ausnehmend süffige Andreas-Hofer-Bier erhält man im Rest Südtirols leider nur selten. Unbedingt probieren sollte man auch den hier hergestellten Bierlikör. Vom Weiler **Grasstein** auf der anderen Seite des Eisack lässt sich eine wunderbare Tour zu einem urtümlichen Bergsee unternehmen – ein echter Geheimtipp, allerdings erfordert die Wanderung etwas Kondition. Ausgangspunkt sind die Puntleider Höfe (1188 m) oberhalb von Grasstein, wo die öffentliche Fahrstraße endet. Von hier geht es über Weg 14 empor zur Puntleider Alm (1777 m) und dann zum **Puntleider See** (1900 m). 2,5 Stunden braucht man dorthin, der Rückweg kann alternativ auf etwas weiterer Strecke über die Sulzenalm und durch das Berglertal genommen werden.

Franzensfeste (Fortezza)

Die Gemeinde Franzensfeste und die namensgebende Festungsanlage liegen an einem seit der Antike bedeutsamen strategischen Punkt. Hier, an der Mündung des Pustertals ins Eisacktal, zog die Bernsteinstraße vorbei, hier kamen später die Bahnlinien durch die beiden Täler und natürlich auch die Straßenverbindungen zusammen. Wer diese Stelle beherrscht, bewacht den Weg nach Norden und nach Süden.

Bei Franzensfeste baut man seit einigen Jahren am südlichen Portal des sogenannten Brennerbasistunnels, einem österreichisch-italienischen Gemeinschaftsprojekt. Auf der Linie Innsbruck–Verona sollen auf einer Länge von 55 Kilometern die Alpen unterquert werden. Damit wäre es nach dem Gotthardtunnel der zweitlängste Tunnel der Welt. Integriert wäre das Ganze in die 2200 Kilometer lange Eisenbahn-Hochgeschwindigkeitsstrasse Berlin–Palermo, deren Bau die EU innerhalb des TEN-Projekts (Trans-European Networks) fördert.

Die Franzensfeste selbst ist an der Straße durch das Eisacktal sicherlich das eindrucksvollste Bauwerk. 1832 befahl Kaiser Franz I. (1768–1835) den Bau als militärische Sperrfestung an strategisch wichtigem Punkt; der Ingenieurgeneralmajor Franz Scholl übernahm die Planungen. Die zweite französische Revolution in Frankreich 1830 und die gegen Österreich gerichtete aufständische italienische Einigungsbewegung in der Lombardei gaben dazu den Anlass. Im südlichen Etschtal entstand das berühmte Festungsquadrat von Verone, Peschiera, Manutau und Legnago, bei Nauders am Reschenpass die gewaltige Sperrfestung und im Eisacktal eben die Franzensfeste. Kaiser Franz erlebte die Vollendung nicht mehr, erst 1838, unter seinem Nachfolger Ferdinand I., war die gewaltige

Festung fertiggestellt. Durchschnittlich hatten etwa 4000 Arbeiter an dem Bau mitgewirkt. Die Franzensfeste stellt ein Kunstwerk österreichischer Kriegsarchitektur dar. Der höher gelegene Festungskomplex, das **Höhenwerk**, diente dabei einerseits als Munitionsdepot, andererseits sollte von dort aus im Kriegsfall die Talstraße unter Beschuss genommen werden. Eine teils unterirdisch angelegte Treppe mit 451 Stufen verband das Höhenwerk mit der **Hauptfestung**, in der 1000 Soldaten im Kriegsfalle untergebracht werden konnten. Es wird immer wieder darauf hingewiesen, dass die große Anlage zu keiner Zeit Kriegsschauplatz war, weder zwischen 1915 und 1918 und auch nicht 1944/45. »Erbaut für einen Feind, der nie kam«, ist ein häufig gehörtes Wort in diesem Zusammenhang. 1867, als die Brennerbahn erbaut wurde, war die für die Ewigkeit gebaute Festung bereits der modernen Zeit im Weg. Denn neben der Festung war für die Gleise kein Raum mehr. Kurzerhand schleifte man eine der Mauern und legte die Bahnlinie zwischen mittleres Fort und Höhenwerk.

Während des Faschismus wurde die Festung ein wenig erweitert und den damaligen militärischen Bedingungen angepasst. Die Gegend um das Dorf Unterau unterhalb der Anlage wurde durch einen Stausee geflutet. Allerdings war geplant, durch den Bau einer völlig neuen unterirdischen Festung am östlich gelegenen Ochsenbühl die alte militärisch aufzugeben. Der Kriegsverlauf vereitelte dieses

Die neogotische Festungskapelle

Vorhaben. In den letzten Kriegsjahren diente die Franzensfeste als Versteck für die Goldreserven der Banca d´Italia. Am 16. Dezember 1943 kam ein von SS-Truppen bewachter Zug mit Holzkisten aus Rom an. Mussolini war es einige Monate vorher gelungen, noch vor seiner völligen Absetzung Ende Juli 1943 das Gold der italienischen Staatsbank nach Mailand zu bringen und damit aus den Händen der künftigen Regierung des Marschalls Badoglio zu reißen, die mit den Alliierten paktierte. Die deutschen Truppen besetzten nach dem Seitenwechsel der Italiener im September 1943 ganz Norditalien, übernahmen das Gold und brachten es in die Franzensfeste. Als die alliierten Truppen immer weiter nordwärts vordrangen, war das Gold auch in der Franzesfeste nicht mehr sicher. Zwischen Februar und Oktober 1944 wurden insgesamt 104 Tonnen Gold weggeschafft, davon 24 Tonnen zu Schweizer Banken und 80 Tonnen nach Berlin. Doch deren Spuren verlieren sich im Chaos der letzten Kriegsmonate. Amerikanische Truppen entdecken am 17. Mai 1945 in der Franzensfeste noch 25 Tonnen Gold, die eigentlich gar nicht mehr hätten dort sein dürfen. Gerüchte entstanden: Haben die Transporte vielleicht die Franzensfeste nie verlassen? Ist dort immer noch Gold versteckt? Bis heute ist der Verbleib des restlichen Goldes ungeklärt.

In den Kasematten der Festung

Bis vor wenigen Jahren war die Festung für die Öffentlichkeit unzugänglich, da sie als Depot für die italienische Armee diente. Erst seit 2005 kann sie besucht werden. Und ihr Labyrinth aus Stollen, Munitionslagern und Gefechtskammern ist ungemein faszinierend. Oft dient die Festung als Ort für Veranstaltungen oder Ausstellungen.

 Zwischen Sterzing und Brixen

Vorwahl: 0472.
Tourismusverein Brixen, Regensburger Allee 9, Tel. 836401, www.brixen.org.

Gasthof-Hotel Stafler, 39040 Mauls/Freienfeld, Tel. 771136, www.stafler.com, p. P. im DZ ab 60 €.
Gasthof Sachsenklemme, Sackweg 1, 39045 Franzensfeste, Tel. 837837, www.

sachsenklemme.it, p. P. im DZ ab 40 €. Eine wirkliche Empfehlung.

Festung Franzensfeste, 39045 Franzensfeste, Tel. 458698, www.festung-franzensfeste.it, ein Besuch ist auch ohne Führungen möglich, Gruppenführungen jedoch nur mit vorheriger Reservierung, Mitte April bis Ende Okt. Di–So 10–18 Uhr, einzelne historische Sonderführungen So 15 Uhr.

◀ Karte S. 205

Brixen und seine Umgebung

Brixen, etwa in der Mitte zwischen Brenner und Bozen gelegen, ist historisch einer der wichtigsten Orte Südtirols. Sein wunderbares Stadtbild und das nahe, großartige Kloster Neustift machen es zurecht zu einem vielbesuchten Punkt.

Brixen (Bressanone)

Der Hauptort des Eisacktals ist mit 21 000 Einwohnern Südtirols drittgrößte Siedlung und spielte landesgeschichtlich als Bistumssitz 1000 Jahre lang eine bedeutsame Rolle. Brixen besitzt den sicherlich prächtigsten Stadtplatz aller Südtiroler Orte: Das Ensemble mit Dom und Stadtpfarrkirche sucht an Eindrücklichkeit wie auch die historischen Gassen seinesgleichen. Allein damit zählt die Stadt zu den sehenswertesten Zielen im Land.

■ Stadtgeschichte

Im Gebiet des späteren Südtirol befand sich der erste Sitz eines Bischofs auf der Burg Säben oberhalb von Klausen, etwa zehn Kilometer südlich von Brixen. Womöglich wurde es den geistlichen Herren auf diesem zugigen Felsen zu ungemütlich, jedenfalls zogen sie um 990 in den Meierhof Prichsna um, den die Bischöfe um 910 vorher von dem deutschen König Ludwig IV. (893–911) als Geschenk erhalten hatten. Dort legte man bald systematisch eine Residenzstadt an, auch eine Bischofskirche entstand. 1027 erhielten die Bischöfe von Brixen, ebenso wie die von Trient, von Kaiser Konrad II. mehrere Grafschaften als Geschenk. Der Kaiser sah sich auf seinem Weg von und nach Rom einer Fürstenverschwörung ausgesetzt und wollte seinen Reiseweg über die Alpen sichern, indem er die Bischöfe zu Reichsfürsten machte; eine Regelung, die auch für deren jeweilige Nachfolger gelten sollte. Denn insgesamt zogen über die Jahrhunderte 66 deutsche Könige durch das Eisacktal, um in Rom die Kaiserkrone zu erhalten. Dadurch wurde Brixen zu einem bedeutenden Ort, und seine einflussreichen Bischöfe waren allgemein geachtet, ja gefürchtet.

Überall im Land kann man ihr Wappen – das Gotteslamm mit einer rotbekreuzten Fahne, die es mit dem linken Vorderlauf hält – finden. 1048 konnte der Brixner Bischof Poppo als Damasus II. sogar selber Papst werden. Überhaupt begann Brixen eine immer wichtigere Rolle zu spielen: 1080 wurde hier ein Konzil abgehalten, bei dem es um die Wahl eines Gegenpapstes innerhalb des Investiturstreits ging. 1125 erhielt Brixen die Stadtrechte, somit ist es die älteste Stadt ganz Tirols. Der Mathematiker, Astronom und Theologe Nikolaus von Cues (oder Cusanus, 1401–1464) wurde 1450 Bischof in Brixen, wodurch die Stadt zu einem Zentrum des geistigen und wissenschaftlichen Austausches wurde. Die Bauernaufstände im ersten Drittel des 16. Jahrhunderts machten auch vor Tirol nicht halt. Nachdem 1525 eine große Zahl von aufrührerischen Bauern in Brixen hingerichtet worden war, stürmten 5000 Bauern Brixen und nahmen es ein. Zwei Monate lang konnte es gehalten werden, war Hauptquartier des (Süd-)Tiroler Bauernaufstands, doch die Bauernmacht war nicht von Dauer. Noch vor Jahresende wurden die Anführer hingerichtet.

Die geographisch günstige Lage Brixens brachte immer wieder bedeutende Persönlichkeiten in die Stadt. Kaiser Karl V. hielt sich 1530 hier ebenso auf wie 1532, als er vor den Truppen des protestantischen Kurfürsten Moritz von Sachsen aus Innsbruck geflohen war. 1551 kam Erzherzog Maximilian von Österreich nach Brixen und führte im Tross

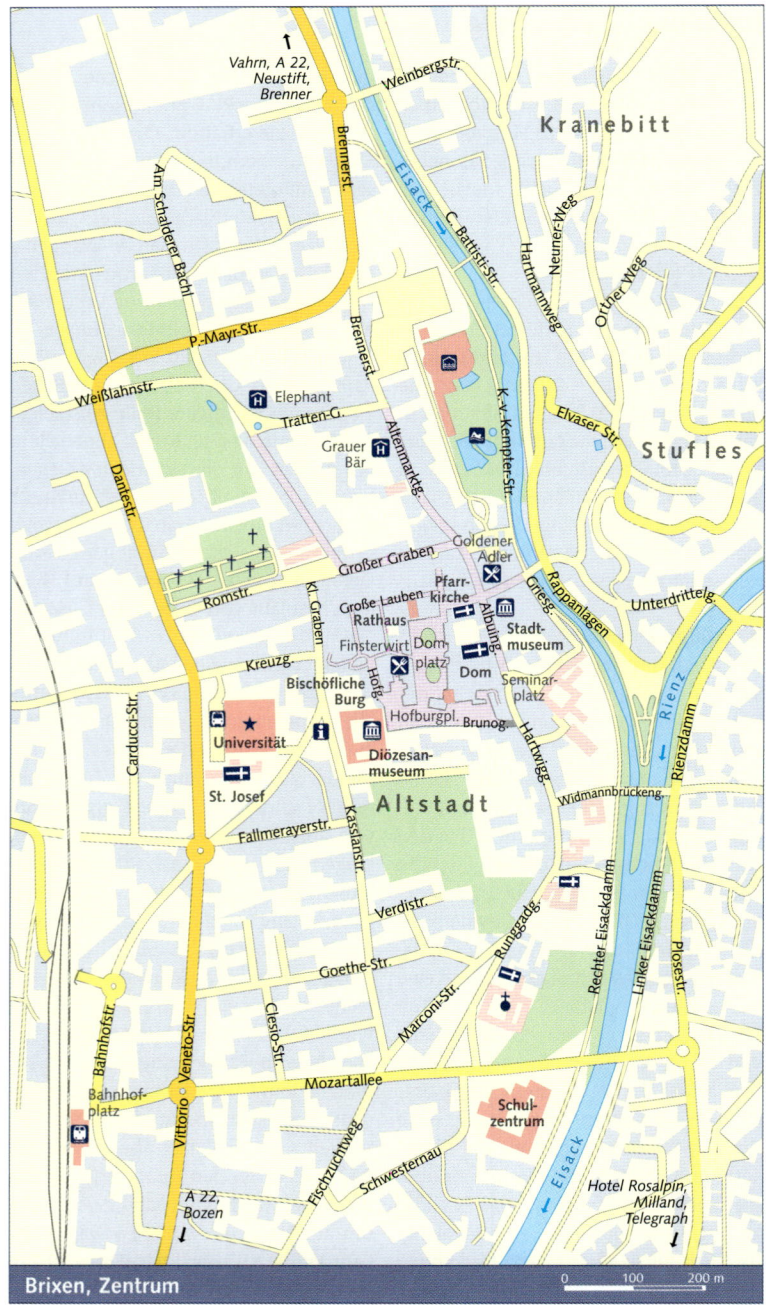

Vahrn, A 22,
Neustift,
Brenner

Weinbergstr.

Kranebitt

Am Schalderer Bachl

P.-Mayr-Str.

Brennerst.

Brennerst.

Eisack

C. Battisti-Str.

Hartmannweg

Neuner-Weg

Orther Weg

Elvaser Str.

Stufles

K.-v.-Kempter-Str.

Weißlahnstr.

Elephant

Tratten-G.

Dantestr.

Grauer
Bär

Altenmarktg.

Romstr.

Großer Graben

Kl. Graben

Goldener
Adler

Rappanlagen

Unterdrittelg.

Pfarr-
kirche

Große Lauben

Rathaus

Finsterwirt

Kreuzg.

Carducci-Str.

Universität

St. Josef

Bischöfliche
Burg

Dom-
platz

Dom

Albuin g.

Gries g.

Stadt-
museum

Seminar-
platz

Rienz

Rienzdamm

Hofg.

Hofburgpl.

Brunog.

Hartwigg.

Diözesan-
museum

Altstadt

Widmannbrückeng.

Rechter Eisackdamm

Linker Eisackdamm

Plosestr.

Fallmerayerstr.

Kassianstr.

Verdistr.

Runggadg.

Goethe-Str.

Clesio-Str.

Marconi-Str.

Bahnhofstr.

Vittorio Veneto-Str.

Mozartallee

Schul-
zentrum

Bahnhof-
platz

Fischzuchtweg

Schwesternau

Eisack

Hotel Rosalpin,
Milland,
Telegraph

A 22,
Bozen

0   100   200 m

einen Elefanten mit, ein Geschenk des portugiesischen Königs an Maximilian. Das Gasthaus, wo der Fürst mitsamt dem Tier Quartier nahm, änderte deshalb bald seinen Namen. Brixens erstes Traditionshotel heißt heute noch ›Zum Elephant‹. Maria Theresias Vater, Kaiser Karl VI., kam 1711 nach Brixen, und Maria Theresia selbst hielt sich 1738/39 hier auf. Auch viele Dichter machten auf ihren Italienreisen in Brixen Station, darunter August Graf von Platen und Heinrich Heine. Letzterer war von der Stadt wenig angetan: »Überall beklemmender Geruch von hässlichen Heiligenbildern und getrocknetem Heu.« Als 1964 der Bistumssitz nach Bozen verlegt wurde – sehr zum Zorn der Einwohner –, endete Brixens tausendjährige Bedeutung als geistliches Zentrum.

Brixen ist Geburtsort bedeutender Persönlichkeiten. So stammen der Bergsteiger Reinhold Messner (geb. 1944) und der Schriftsteller Norbert Conrad Kaser (1947–1978) von hier, der wahrscheinlich bedeutendste Südtiroler Autor der Nachkriegszeit. Nicht zu vergessen sei Zacharias Geizkofler (1560–1617), ›Reichs-

pfennigmeister‹, also Steuereinnehmer und Finanzminister unter den Kaisern Rudolf II. und Matthias. Er begründete das Brennerbad (→ S. 206).

■ Orientierung

Die Altstadt ist nur etwa 400 mal 400 Meter groß und daher sehr leicht zu Fuß zu erkunden. Vom Parkhaus geht man über die Kreuzgasse Richtung Stadtmitte, biegt rechts in den Kleinen Graben ein und betritt an einem früheren Stadtturm den Garten der ehemaligen Bischöflichen Burg. Dessen Westmauer ist ein Teil der mittelalterlichen Stadtmauer Brixens. Wenn man den Garten dem Eingang diagonal gegenüber verlässt, passiert man die alte Wagenremise (Kutscherhof) der Bischöfe.

Hier gibt es ein gutes Lokal, das Andechser Bier ausschenkt.

■ Bischofsburg

Das mächtige Tor der Bischofsburg zeigt noch heute die Beschädigungen der Belagerung durch die Bauern im Jahr 1525. Der Bau geht auf das 12. Jahrhundert zurück und war ursprünglich eine befes-

Blick vom Domplatz zur Bischofsburg

Das Eisacktal

tigte Wasserburg, wie die Gräben noch deutlich zeigen. Allerdings war dies nicht die früheste Bischofsresidenz in Brixen – diese befand sich unmittelbar am Dom, bestand aber nur bis etwa 1150. Dem Wohlstand wie dem Ansehen der Brixener Bischöfe war die Burg aber gegen 1600 nicht mehr gemäß. Unter Bischof Andreas von Österreich (1558–1600) wurde ein Umbau initiiert. Ein neues, standesgemäßes Schloss entstand aus dem alten, wobei sich die Neugestaltung gut 100 Jahre hinzog. In dieser langen Zeit änderte sich auch der Baustil, und so entstand der Westflügel mit der Kirche erst 1707 in reinstem Barock. Die heutige Residenz ist daher eine gelungene, wenngleich unbeabsichtigte Mischung aus Renaissance und Barock, die einem mittelalterlichen Wehrbau aufgestülpt ist. Besonders prächtig ist dabei der **Innenhof** mit den dreigeschossigen Arkaden und den bronzierten Terrakottafiguren in den Nischen der ersten Etage. Die barocke **Hofkirche** und der **Kaisertrakt** weisen die bedeutendsten Räumlichkeiten auf. In der Hofburg befindet sich das **Diözesanmuseum** mit sakralen Kunstwerken aus mehreren Jahrhunderten, daneben feine Goldschmiedearbeiten, Glasgemälde und Möbel; seit 2004 existiert auch eine Sammlung mit Gemälden Tiroler Künstler des 19. Jahrhunderts, des weiteren gibt es die **Krippensammlung** des Fürstbischofs Karl von Lodron aus dem 19. Jahrhundert zu sehen. Von großer Bedeutung ist auch der **Domschatz** mit mittelalterlichen Textilien, Goldschmiedearbeiten und sakral-ritueller Kleidung.

■ Domplatz
Von der Bischofsburg ist es nicht weit zu Dom und Domplatz. Der Brixener Domplatz ist zweifellos Südtirols schönster Stadtplatz, und von der Stelle, wo er sich öffnet, hat man den besten und meistfo-

tografierten Blick auf das gewaltige Ensemble. Der **Brunnen** am Südrand des Platzes stammt von Martin Rainer und zeigt den Lebensweg des Menschen: Er kommt aus Gottes Hand und kehrt in sie zurück. An der Nordseite des Platzes liegt das neogotische **Rathaus** (1912), ehemals die Burg Tawenstein.

■ Dom
Ein Brand zerstörte den ersten steinernen Dom 1174. Der romanisch-gotische Nachfolger musste 1754/55 dem jetzigen Dom weichen. Er gilt als prächtigste Barockkirche des Landes. Man betritt ihn durch die 1790 vollendete klassizistische Vorhalle. Auf ihr befinden sich drei große **Steinstatuen**, Heilige, die scheinbar miteinander sprechen: Ingenuin, Albuin und in der Mitte Kassian. Ingenuin presst die Hand auf die Brust – »heiß ist es heute«,

Der Dom, prächtigster Barockbau Südtirols

Der freskengeschmückte Kreuzgang

meint der Volksmund –, Albuin streckt seine Hand Kassian zu – »Was kann man da machen?« –, und Kassian deutet in Richtung Domgasse, wo das Gasthaus Finsterwirt liegt. In der Vorhalle befinden sich rechts an der Wand drei Wappen von Päpsten, die einen besonderen Bezug zu Brixen hatten. Das erste ist das von Damasus II., vormals Bischof Poppo von Brixen, das zweite ist das von Pius VI. (reg. 1775–1799), der in Brixen einmal Station machte, und rechts das von Benedikt XVI., der im August 2008 in Brixen Urlaub gemacht hat.

Das Dominnere ist von grandioser Wirkung, die nicht zuletzt auf die Verwendung von dunklem Marmor und goldenen Stukkaturen beruht. Der einschiffige Innenraum ist 63 Meter lang, 22 Meter breit und 23 Meter hoch. Überwältigend sind die Deckenfresken Paul Trogers. Im Chor erblickt man die Himmelfahrt Mariens, über der Orgel ein Engelskonzert und im Langhaus in grandiosen Ausmaßen die Anbetung des Lamms auf 250 Quadratmetern Fläche. Der **Hochaltar** von 1753 ist einer der größten Barockaltäre Tirols, daneben gibt es in den Seitenkapellen neun weitere Altäre. Die sterblichen Überreste der Brixener Bischö-

fe befinden sich in einem Gräberfeld im Querschiff, die Grabsteine aber stehen als Kenotaphe an unterschiedlichen Stellen der Kirche, unter anderem im Kreuzgang. Dieser **Kreuzgang** zählt zu den größten sakralen Sehenswürdigkeiten ganz Europas, denn wahrscheinlich gibt es keinen zweiten Kreuzgang, der wie dieser annähernd vollständig mit Fresken bedeckt ist. Er entstand gegen 1200 zusammen mit dem romanischen Neubau der Domkirche, an seiner Nordseite existiert daher noch das romanische Portal dieser ansonsten nicht mehr bestehenden Kirche. Eine erste Bemalung wurde zwischen 1390 und 1520 mit neuen Gemälden überdeckt, die ortsansässige Künstlern der ›Brixner Schule‹ schufen. Sie bemühten sich um die wirklichkeitsgetreue Wiedergabe aller Details, schufen dramatische Szenen, arbeiteten individuelle Gesichtszügen und eine besondere Expressivität heraus.

Drei Arkaden im Kreuzgang sind unbemalt, da unter ihnen Krämer Waren feilbieten durften. Nach ihnen beginnt an der Südwand die Zählung der Bögen von 1 bis 15. Betritt man den Kreuzgang und wendet sich nach rechts, befindet sich in der Südwestecke (Bogen Nr. 3) die berühmte Darstellung eines Elefanten – allerdings scheint der Maler diesen nur vom Hörensagen gekannt zu haben, denn er ist als Pferd mit Rüssel gemalt. Geschildert ist die alttestamentarische Szene vom Tod des Eleazar, der von einem Elefanten erdrückt wird; Meister Leonhard von Brixen schuf sie um 1470. Die Malereien in den 15 Arkaden zeigen deutlich die Weiterentwicklung der Malerei auf: die eher perspektivisch ungenau-flächigen Bilder sind die älteren. Die Fülle der dargestellten Details kann hier aus Platzgründen nicht dargestellt werden. Dom und Kreuzgang sind täglich geöffnet.

Das Eisacktal

Hinter dem Südflügel befindet sich die aus konservatorischen Gründen unzugängliche romanische **Johanneskirche**. Sie birgt frühgotische Malereien im sogenannten Linearstil, die zu den wertvollsten im Alpenraum zählen. Dabei sind die Konturen mehr gezeichnet als gemalt, die Farbe wird nur schemenhaft, aquarellartig aufgetragen.

■ Friedhof

Auf dem alten Friedhof zwischen Dom und Stadtkirche befindet sich an der Westwand des Friedhofs der **Gedenkstein** an den berühmten Minnesänger Oswald von Wolkenstein, den er 1408 noch zu Lebzeiten vor einer Pilgerreise nach Palästina hat anfertigen lassen. Er glaubte, von der Reise nicht lebend zurückzukehren und ließ daher in frommer Bescheidenheit bereits zu Lebzeiten einen Gedenkstein anfertigen. Oswald ist allerdings nicht hier, sondern im nahen Kloster Neustift beigesetzt.

■ Pfarrkirche St. Michael

Die Pfarrkirche St. Michael mit ihrem weißen, 72 Meter hohen Turm entstand um 1500 und war die Kirche der Brixner Bürgerschaft. Sie besaß einen Vorgängerbau, der als Kirche der einfachen Leute bereits im 12. Jahrhundert existierte. Die Pfarrkirche wurde nach 1750 barockisiert und mit Fresken eines Schülers des Paul Troger versehen. Im Turm gibt es ein kleines **Stadtmuseum** unter anderem mit Turmuhren und Schauglocken.

■ Um die Großen Lauben

Brixens große mittelalterliche Ladenstraße, die Großen Lauben, erhielt ihre heutige Form nach einem Brand 1444. Die schmalen Häuser haben nur die Breite eines Zimmers, gehen aber dafür um so mehr in die Tiefe. Laubengasse Nr. 5 ist die Rückseite des Rathauses. Es war ursprünglich ein Geschäftshaus und ist nach 1895 umgebaut worden, seit 1911 fungiert es als Rathaus. In Haus Nr. 8 gibt es einen sehenswerten Innenhof. Wo die Großen Lauben auf die Kleinen Lauben treffen, ist an einem Gebäude eine schwarze **Holzskulptur** angebracht, der merkwürdige ›dreiköpfige Mann‹. Angeblich spuckt er jeweils an Karfreitag um die Mittagsstunde in alle Richtungen Geldmünzen aus.

Parallel zu den Lauben, über Durchgänge erreichbar, liegt der **Große Graben**, ebenfalls eine belebte Geschäftsstraße, doch keineswegs so anheimelnd wie die Lauben.

 Brixen

Postleitzahl: 39042.
Vorwahl: 0472.
Tourismusverein Brixen, Regensburger Allee 9, Tel. 836401, www.brixen.org. Eine **BrixenCard** gibt es für die Zeit des Aufenthalts bei den meisten Gastbetrieben der Region. Öffentliche Verkehrsmittel, Museen, Seilbahnen etc. stehen den Gästen mit ihr kostenlos zur Verfügung (www.brixencard.info).

🚗

Brixens Innenstadt ist autofrei. Wer mit dem eigenen Fahrzeug anreist, muss es daher außerhalb des Zentrums abstellen. Gut geeignet ist dazu das Parkhaus an der Dantestraße, schräg gegenüber von Universität und Busbahnhof.

Hotel-Restaurant Elephant, Weißlahnstr. 4, Tel. 832750, www.hotelelephant.com, p. P. im DZ ab 80 €. Zeitlose Eleganz in einem Hotel, in dem man nicht wohnt, sondern residiert.
Restaurant Finsterwirt Künstlerstübele, Domgasse 3, Tel. 835343, www.finsterwirt.com. Trägt seinen Namen daher, dass hier die Domherrn den Zehentwein aus-

schenkten, wobei mit Sonnenuntergang der Ausschank beendet werden musste, womit manche Verkostung im Dunkeln stattgefunden hat. Eines der ältesten Wirtshäuser der Stadt. Gesellschaftlicher Treffpunkt.

Hotel Goldener Adler, Adlerbrückengasse 9, Tel. 200621, www.goldener-adler.com, p. P. im DZ ab 70 €. Zeitgemäß gestaltet, in einem 500-jährigen Haus.

Gasthof-Hotel Grauer Bär, Altenmarktgasse 27, Tel. 836472, www.grauerbaer.it, p. P. im DZ 50–60 €. Gutbürgerliches Restaurant mit schönem Gastgarten.

Diözesanmuseum Hofburg, Hofburgplatz 2, Tel. 830505, www.hofburg.it, Museum

15. März bis 31. Okt. Di–So 10–17 Uhr, Krippensammlung zusätzlich auch 1. Dez. bis 6. Jan. tgl. 10–17 Uhr, ausgenommen 25./26. Dez.

Stadtmuseum in der Pfarrkirche St. Michael, zugänglich nur nach Anmeldung bei Alois Rastner unter Tel. 837034, Führungen jeweils Sa 10.30 Uhr, Juni–Sept. auch um 21 Uhr.

Pharmaziemuseum, Adlerbrückengasse 4, Tel. 209112, www.pharmazie.it, Di/Mi 14–18, Sa 11–16 Uhr, Juli/Aug. Mo–Fr 14–18 Uhr.

Bar-Café-Jazzkeller 3 fiori, Bäckergasse 3, www.3fiori.com, täglich Weißwurst-Brunch.

Die nähere Umgebung Brixens

Mit dem Kloster Neustift und dem zu allen Jahreszeiten viel besuchten Sportregionen um die Plose besitzt Brixens nähere Umgebung zwei sehr unterschiedliche Attraktionen. Für all diejenigen, die die Ruhe schätzen, bietet das nahe gelegene Schalderer Tal alle Formen der Einsamkeit.

■ Kloster Neustift

Etwa sechs Kilometer nördlich der Innenstadt, innerhalb eines idyllischen Weinbaugebiets, liegt das Kloster Neustift. Man kann es in architektonischer und künstlerischer Weise als Ergänzung zur weltlichen Stadt Brixen ansehen. Stiftskirche, Kreuzgang und Bibliothek sowie die Weinkellerei machen es zu einer der meistbesuchten Sehenswürdigkeiten im Land. Seine Gründung erfolgte 1142 als Augustinerchorherrenstift. Gegen 1200 brannte das Stift nieder, worauf eine dreischiffige Basilika und eine Spitalkirche neu erstanden, die gegen Ende des 14. Jahrhunderts gotisch umgestaltet wurden. Das Kloster wurde schnell ein Hort der Bildung, Kunst und Wis-

senschaft, der Ruhm der Klosterschule strahlte weit ins Land hinaus. Die ständig wiederkehrenden Türkeneinfälle im 15. Jahrhunderten verunsicherten die Augustiner so sehr, dass sie ihr Kloster mittels Türmen, Gräben und Schießscharten wie eine Wehrburg befestigten. Sie waren allerdings keine Fortifikationsexperten, und so ist kein Wunder, dass selbst die Bauern bei ihrer Belagerung Brixens 1525 ohne Mühe das Kloster besetzen konnten. Im 18. Jahrhundert wurde das Kloster stark barockisiert, doch ist die ältere Konzeption nicht zu übersehen. Wer sich dem Kloster nähert, ist etwas verwundert. Ihn empfängt ein ungewöhnlicher Bau, eine zitadellenartige Rotunde mit Zinnen, Wehrturm und Schießscharten. Es ist die ursprünglich romanische **Michaelskapelle**, die wegen ihrer Ähnlichkeit mit dem Original in Rom auch oft Engelsburg genannt wird. Sie dient oft Ausstellungen.

Durch einen Vorhof, links liegt die Klosterschenke, gelangt man in den eigentlichen **Stiftshof**. Hier steht der Ziehbrunnen von 1508, dem 1669 ein asiatisch anmutender Aufbau hinzugefügt wur-

Das Eisacktal

de. Im Fries des Daches sind die sieben Weltwunder des Altertums dargestellt: der Koloss von Rhodos, der Artemistempel von Ephesos, das Mausoleum von Halikarnassos, die Stadtmauer von Babylon, die ägyptischen Pyramiden, der Leuchtturm von Pharos und die Zeusstatue des Phidias. Mit einigem Selbstbewusstsein haben die Augustinerchorherren dann als achtes Weltwunder das Kloster selbst, so wie es vor dem barocken Umbau bestanden hat, darstellen lassen. Die **Stiftskirche** ist im Inneren überschwänglichster, farbenfreudigster Barock. Die romanischen Mauern blieben bei der 1738 vollendeten Barockisierung unberührt. Sehr sehenswert ist der prächtige **Rokoko-Bibliothekssaal** von 1778, keinesfalls darf man den stimmungsvollen **Kreuzgang** versäumen, in dem vor einigen Jahren Fresken des 15. Jahrhunderts freigelegt wurden. Markant ist die Grabplatte für Oswald von Säben (gest. 1464), irgendwo im Kreuzgang liegt auch Oswald von Wolkenstein begraben. Im **Stiftsmuseum** sind unter anderem Reste der alten gotischen Ausstattung der Stiftskirche zu bewundern, Schnitzaltäre,

Tafelbilder sowie der berühmte, in der Behandlung der Perspektive auf den Flügelbildern bahnbrechende ›Kirchenväteraltar‹ des Michael Pacher (1435–1498), dem bedeutendsten Meister der Tiroler Spätgotik. Allerdings sind die Gemälde in Neustift nur Kopien, der originale Altar befindet sich in der Alten Pinakothek in München, wohin ihn die bayerischen Besatzungstruppen 1809 verschleppten. Die Gestaltung des Teufels im Bild des heiligen Augustinus ist von äußerster Suggestivität.

■ Natz-Schabs

Nördlich von Neustift liegt die Gemeinde Natz-Schabs. Vom Ortsteil Schabs aus kann man auf dem Wanderweg 1A (Teil des E10) über die Ringlbrücke unterhalb von Burg Rodenegg hinab in das Tal der Rienz steigen. Das reizvolle Rienztal ist sonst kaum zugänglich und lässt sich von dieser Brücke gut einsehen, alternativ auch über den Wanderweg 4 vom Ortsteil Natz aus. Die kleine Region um Natz und Schabs wird oft ›Apfelhochplateau‹ genannt. Ein besonders mildes Mikroklima, das im Frühling

Schönstes Rokoko: die Bibliothek im Kloster Neustift

ein wahres Blütenmeer entstehen lässt
und im Herbst Fruchtreichtum beschert,
macht das Gebiet zu einem kleinen Kleinod; dafür ist es bislang wenig bekannt.

■ **Das Schalderer Tal**

Nordwestlich von Brixen liegt mit dem
Schalderer Tal (Valle di Scaleres) ein recht
unberührter Landstrich. Viele Reisende
nehmen ihn überhaupt nicht wahr, aber
es gibt hier Bilderbuchlandschaften zu finden. Ein Besuch der **Zirmaitalm** (1891 m)
vom Dorf Schalders (1167 m) aus ist sehr
zu empfehlen. Die Alm liegt hoch über
dem Eisacktal und bietet gute Fernsichten. Man sollte den Weg als Rundwanderung gestalten, zunächst hoch nach
Spiluck – dort gibt es den Gasthof ›Alpenrose‹ –, dann hinüber über das Gasthaus
›Gostner‹ und die Steinwiesalm zur Zirmaitalm und von dort direkt zurück nach
Schaldern (5 Std.). Wer nicht wandern
will, fährt direkt bis Spiluck (1253 m)
hoch und spaziert von dort hinüber zur
Zirmaitalm.

Ein anderes Ziel ist der **Schrüttensee**
(1957 m). Vom letzten Parkplatz an der
Schalderer-Tal-Straße bei Bad Schalders
geht es über Ochsenalm und Grieseralm
zum See, von dort über das Tal des Schalderer Bachs zurück. Fünf Stunden sollte
man für den Hin- und Rückweg einplanen. Obwohl das verkehrsdurchtobte
Eisacktal gar nicht so fern liegt, bewegt
man sich um den See in tiefer Stille und
Abgeschiedenheit.

■ **Die Plose**

Östlich von Brixen, in den westlichsten
Teilen der Dolomiten, liegt die Plose.
Das ist ein flacher Gebirgsstock, der mit
dem Telegraph (Monte Telegrafo) 2486
Meter Höhe erreicht. Die weite Hochebene ist für den Wintersport bestens
erschlossen und bietet im Sommer viele Wandermöglichkeiten. Die geringen

Am Schalderer Bach

Höhenunterschiede auf dem Plateau
machen die Plose auch zu einem gut
geeigneten Ziel für Familien und Ältere
(www.plose.org). Der Name kommt von
›Blöße‹, womit die Kahlheit der Kuppe
beschrieben ist.

Zur Plose gelangt man mit einem Lift,
der östlich von Brixen vom Ortsteil St.
Andrä bis zur Bergstation Kreuztal auf
2050 Metern verläuft. Kreuztal ist aber
auch mit dem Auto über eine serpentinenreiche Straße von Brixen aus in einer Dreiviertelstunde zu erreichen. Von
dort geht es weiter entweder hoch zur
Plosehütte (2446 m, www.plosehuet-
te.com, Juni–Okt., Tel. 521333) oder
auf dem Weg 14 um die Südseite der
Plose herum, von wo sich ein herrlicher
Blick auf die Dolomiten eröffnet. In diesem Fall muss man aber den gleichen
Weg zurückgehen. Für den Weg Bergstat-
tion–Plosehütte–Bergstation sollte man
eine Gehzeit von drei Stunden ansetzen.
Beliebt ist die Wanderung von der Plosehütte zur **Ochsenalm**, direkt über den
Telegrafenberg hinüber. Die Ochsenalm
(2085 m) ist von Mitte Juni bis Anfang
Oktober geöffnet (Tel. 328/8433955),
von der Plosehütte zur Ochsenalm benötigt man etwa zwei Stunden. Die Sicht
von der Hochebene ist phänomenal,

Blick von Südwesten zur Plose

sowohl nach Norden zu den Zillertaler Alpen wie auch zu den enigmatischen Felsentürmern der Dolomiten. Für die Kinder gibt es mit dem **WoodyWalk** einen zwei Kilometer langen Spielparcours, der an der Bergstation Kreuztal beginnt. Mit nur 100 Höhenmeter Unterschied sowie kinderwagengerechter Trasse ist er für Familien eine Top-Attraktion.

■ Das Lüsener Tal (Valle die Luson)

Ein großes Landschafterlebnis bietet die Fahrt mit dem Auto um die Plose herum. Zunächst geht es von Brixen ostwärts durch das abgeschiedene Lüsener Tal bis nach Lüsen selbst, dann weiter durch das Hinterlusen (witterungsbedingt bisweilen für den öffentlichen Verkehr gesperrt) am Ostfuß der Plose, sodann empor zu den historischen Kalköfen an der Kalkofenhütte, weiter zur Straße Brixen–St. Martin und von dort zurück nach Brixen. Es ist eine wunderbare und weitgehend unbekannte Panoramastrecke; die **Lüsner Alm** wie die **Rodenecker Alm** oberhalb von Lüsen zählt dabei zu den absoluten Geheimtipps. Warum die herrliche Lüsner Alm bisher so wenig Beliebtheit gefunden hat, ist rätselhaft. **Lüsen** selbst ist ein ziemlich unberührter Ort, die Lebensweise von vor 100

Jahren scheint hier konserviert zu sein. Doch gibt es alle erforderliche gastronomische Infrastruktur.

Auf der Rückfahrt sollte man einen Halt in **Klerant** (Cleran) kurz vor Brixen einlegen. Denn die Fresken in der kleinen **Nikolauskirche** aus den 15. Jahrhundert sind die originellsten Schöpfungen der Brixner Schule. In einem Kunstführer heißt es: Es sind »unmittelbar ansprechende Bilder, die sich wenig um technische Vollkommenheit scheren und ohne perspektivische Konstruktion dramatische Ereignisse mit Ritter, Tod und Teufel an die Wand bannen.«

■ Palmschoß (Plancios)

Unterhalb Kreuztals liegt Palmschoß, ein Dörfchen mit einer sehr interessanten architektonischen Anlage. Die Südseite der Plose galt und gilt als eine der Regionen mit der europaweit größten jährlichen Sonnenscheindauer. Hier treffen zudem die Adriawinde mit warmer und salzhaltiger Luft auf die kühlen Gletscherwinde der Alpen, wodurch ein äußerst gesundheitsförderliches Klima entsteht. Daher begann man oberhalb von Palmschoß auf 1770 Metern Höhe – unweit der Stelle, an der das heilkräftige Ploser Mineralwasser entspringt –, 1913 mit

Der Garten des Hotels ›Rosalpina‹

den Vorarbeiten zum Bau einer Lungenheilanstalt. Sie sollte mit 800 Betten Europas größte ihrer Art werden und das schweizerische Davos an Bedeutung überflügeln. Nach Entwürfen des berühmten Wiener Jugendstilarchitekten Otto Wagner sollten acht große Gästehäuser im regionalen Stil erbaut werden, daneben noch eine Vielzahl von spitalähnlichen Behandlungsgebäuden. Der Ausgang des Ersten Weltkriegs und nicht zuletzt Wagners plötzlicher Tod 1918 verhinderten die Vollendung, auch war ohnehin mit dem Bau erst 1917 begonnen worden. Von den Gästehäusern entstand neben einem kleinen Spitalhaus

nur eines. Im nun italienisch gewordenen Südtirol übernahm der Vatikan dieses eine Gästehaus und richtete ein Erholungsheim für Geistliche ein. Nach 1945 wurden auch katholische Jugendgruppen in der ›Colonia‹, wie man es nun nannte, aufgenommen. Doch nach und nach verfiel die Anlage. Ein privater Investor renovierte das Haus 2009 denkmalgerecht und ließ mit dem ›Rosalpina‹ ein individuelles Hotel erstehen, das man gesehen haben muss: Das Holzgebäude wirkt wie ein riesiger Bergbauernhof. In ihm lebt der alte Gesundheitsgedanke der ursprünglichen Planung in zeitgemäßer Weise wieder auf.

ℹ Die nähere Umgebung von Brixen

Vorwahl: 0472.

Tourismusverein Natz-Schabs, Dorfplatz Nr.1 Natz, 39040 Natz-Schabs, Tel. 415020, www.natz-schabs.info.

Tourismusbüro Lüsen, Dorfgasse 19, 39040 Lüsen, Tel. 413750,www.luesen.com.

🛏 🍴

Hotel Langhof, Natz, Oberbrunnergasse 3a, 39040 Natz-Schabs, Tel. 415101, www.hotel-langhof.com, p. P. im DZ je nach Saison 35–55 €.

Hotel Waldesruh, St.-Magdalena-Str. 59, 39040 Natz-Schabs, Ortsteil Viums, Tel. 412126, www.waldesruh.it, p. P. im DZ 25–30 €.

Gasthof Tulperhof, Berg 3, 39040 Lüsen, Tel. 413760, www.tulperhof.it, p. P. im DZ mit Halbpension je nach Saison 30–80 €. An der Lüsener Alm, guter Ausgangspunkt für schönste Wanderungen.

Berggasthütte Starkenfeld, Tel. 338/ 1015599, www.starkenfeld.com, p. P. im DZ 35 €. Die Hütte ist normalerweise mit dem Auto nicht unmittelbar anfahrbar, bei einer Übernachtung von wenigstens drei Nächten wird eine Sondergenehmigung erteilt. Ansonsten werden die Reisenden mit ihrem Gepäck vom Parkplatz oberhalb

des Herolerhofs bzw. vom Parkplatz Zumis abgeholt (nach Vereinbarung). Inmitten des Wandergebiets Lüsener Alm.

Hotel Rosalpina, Palmschoß 292, 39042 Brixen, Tel. 521008, www.rosalpina.eu. Sehr schöne Gesundheits- und Wellness-Wochenpakete, Preise sehr unterschiedlich, je nach Saison, Begleitprogramm und Paket, siehe Webseite. Mit einzigartigem Dolomitenblick. Von hier direkter Zugang zu den Skipisten der Plose, individuell für Gäste geführten Wanderungen, Kamin-Lounge mit Bibliothek, Panoramagarten mit Sonnenliegen und Saunahaus.

⛺

Camping Löwenhof, Brennerstraße 60, 39040 Vahrn, Tel.836216, www.loewenhof.it.

🏛

Augustinerchorherrenstift Neustift, Stiftstr. 1, 39040 Vahrn, Tel. 836189, www.kloster-neustift.it, Führungen tgl. 10, 11, 14, 15 und 16 Uhr, von Mitte Juli bis Mitte Sept. auch 12 und 13 Uhr, Jan.–März nur nach Vereinbarung.

Karte: Kompass Wanderkarte Südtirol 1:50 000, Nr. 699, Blatt 2.

Das Eisacktal

Das untere Eisacktal

Südlich von Brixen beginnt der untere Teil des Eisacktals. Bis auf den untersten Abschnitt ist auch er überreich an kulturhistorischen Sehenswürdigkeiten. In diesen Abschnitt münden drei sehr bedeutende Dolomitentäler: das Villnößtal, das Grödental und das Tierser Tal. Sie werden im Großkapitel Dolomiten behandelt (→ S. 303, 313, 323).

Zwischen Feldthurns und der Trostburg

In Klausen, südlich von Brixen, trifft der Besucher auf eines der schönsten Südtiroler Stadtbilder, das besonders mit dem hoch über der Stadt aufragenden Kloster Säben ein großartiges Panorama bildet. Doch gibt es auch andere Sehenswürdigkeiten: Burgen, archäologische Grabungen und natürlich herrliche Landschaften.

■ Feldthurns (Velturno)

Um nach Feldthurns (Velturno) zu gelangen, muss man bereits in Brixen von der Staatsstraße abfahren. Zunächst geht es durch die **Tschötscher Heide** mit ihren seltsamen Felsblöcken, die archaische Einritzungen zeigen und über deren Bedeutung Unklarheit herrscht. Man gelangt hier auf, wie es heißt, die Mittelgebirgsstufe oberhalb des Eisack. Von hier hat man einen schönen Dolomitenblick und kommt durch reizvolle kleine, alte Dörfer.

Am Ortseingang von Feldthurns befindet sich mit **Schloss Velthurns** das bedeutendste Renaissance-Kunstwerk des Landes, von 1577 bis 1587 als Sommerresidenz des Brixener Bischofs Christoph von Madruz errichtet. Der Bau wirkt von außen seltsam schmucklos, seine Innenausstattung mit Kassettendecken, Wandtäfelungen und prächtigen Por-

talen aber ist überaus kostbar. Bedeutend sind auch die Gemäldesammlung und weitere Bilderzyklen, die etwa die vier Jahreszeiten, die fünf Sinne und die vier Erdteile allegorisch darstellen. Im Schreiberhaus neben dem Schloss befindet sich das regionale **Heimatmuseum**, das unter anderem eine Sammlung handwerklich-bäuerlicher Gebrauchsgegenstände präsentiert.

Die Begründung des **Archeoparc** geht auf die archäologischen Funde der Tschötscher Heide zurück. Das attraktive Freilichtmuseum thematisiert die über 6000 Jahre alte Besiedelungsgeschichte des Feldthurner Raums. Es entstand nahe eines kupferzeitlichen Kultplatzes, an dem auch ein Fragment eines Menhirs entdeckt wurde.

Die kleinen, verträumten Orte **Latzfons** und **Garn** oberhalb von Feldthurn sind wunderbare Oasen der Stille.

■ Gufidaun (Gudor)

Der kleine und ruhige Ort Gufidaun (Gudor) liegt gegenüber von Feldthurn an der anderen Talseite, versteckt in einer Mulde. Das historische Ortsbild ist unverändert über die Zeiten gekommen. Ein **Dorfmuseum** stellt neben den üblichen historischen Werkzeugen und Geräten auch die Ortsgeschichte vor, sehr lohnend ist ein Besuch des vorzüglichen Restaurants ›Turmwirt‹.

Südlich von Gufidaun liegt der **Ansitz Fonteklaus**, ebenso ein stiller Ort. Bei gutem Wetter, heißt es, könne man von hier 77 Kirchtürme erblicken. 1706 errichtete hier Franz von Jenner ein Jagdhaus und ließ auch später noch die zugehörige Rochuskapelle bauen. Man sagt, die Familie habe die Armen unterdrückt, war des Wuchers beschuldigt und habe mit dem Bau der Kapelle versucht, Ab-

Karte S. 233

▲

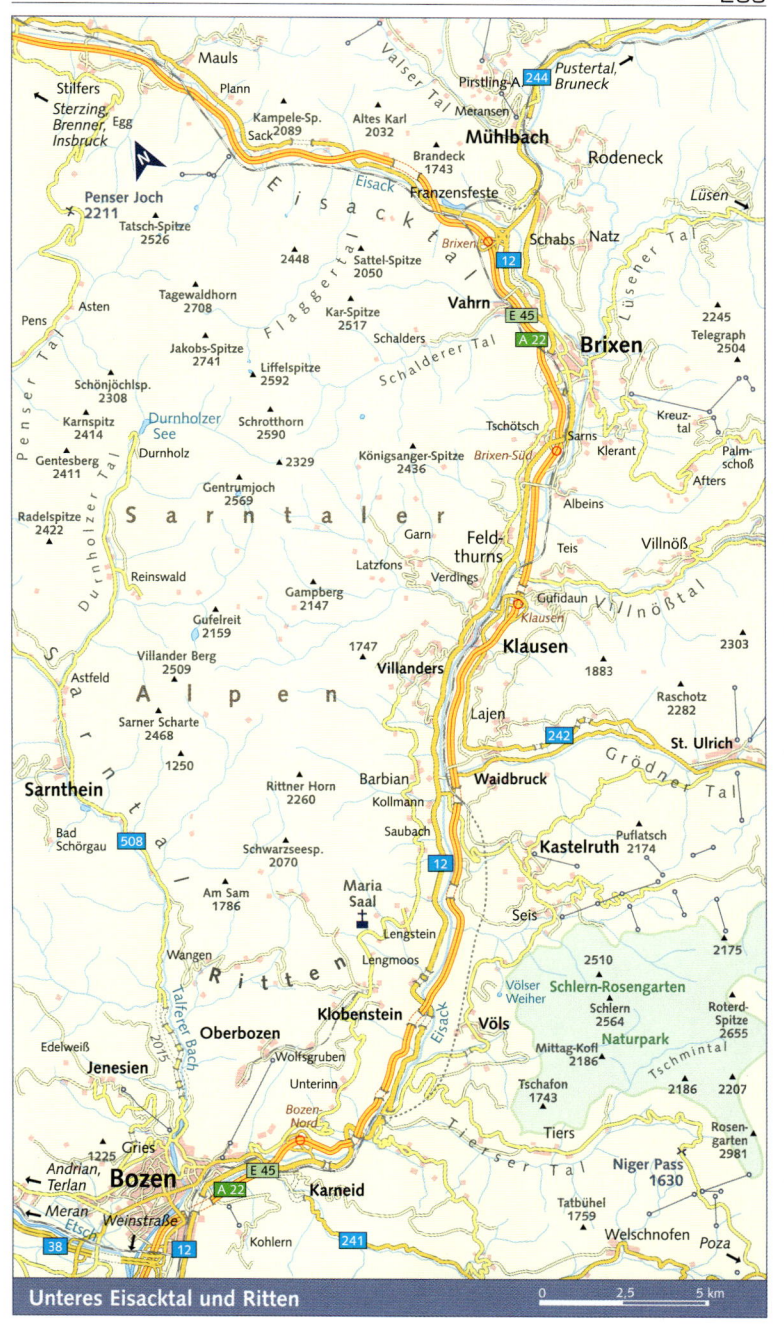

Unteres Eisacktal und Ritten

0   2,5   5 km

bitte zu leisten und um die Vergebung der Sünden zu bitten – anscheinend mit geringem Erfolg, denn im Ansitz sollen bis ins 20. Jahrhundert hinein immer wieder Geister umgegangen sein. Heute sind sie verschwunden und Fonteklaus ist ein gutbürgerliches Hotel.

■ Klausen (Chiusa)

Klausen bietet mit der die Stadt überragenden alten Bischofsburg Säben und der tiefer gelegenen Burg Branzoll eines der großartigsten Panoramen Südtirols. Im Schutz dieser Burgen entwickelte sich auf ganz enger Stelle zwischen Fels und Fluss ein wichtiger Handelsort, der 1308 das Stadtrecht erhielt. Bedeutend war Klausen auch durch den Sitz eines Berggerichts, da in seiner Umgebung Erzabbau stattfand.

Die winzige Innenstadt mit ihren schmalen Gassen wird schon lange nicht mehr vom Verkehr durchströmt – die Staatsstraße umfährt seit gut 100 Jahren Klausen mittels eines Tunnels. Klausen war Talstation der Grödnerbahn, einer

Karte S. 233

▲ *Der Aufgang zur Säbener Stiege*

31 Kilometer langen Schmalspurbahn, die hoch ins Grödental bis Wolkenstein verlief, jedoch 1960 stillgelegt wurde. Am alten Bahnhof lässt sich noch das Kehrviadukt erkennen. Die Trasse der Grödnerbahn ist heute als Wander- und Radweg hergerichtet.

Ein Bummel durch die malerischen Gassen und Winkel Klauses ist wegen des historischen Ensembles sehr reizvoll, wenngleich es keine herausragenden Solitäre gibt. Albrecht Dürer besuchte 1494 Klausen auf seiner Italienreise und zeichnete die Stadt mehrmals, insbesondere in seinem Kupferstich ›Nemesis oder das Große Glück‹, wo das Weichbild Klauses mit größter Genauigkeit wiedergegeben ist, wenn auch aus Gründen der künstlerischen Technik seitenverkehrt.

Zwischen 1870 und 1940 fanden sich immer wieder bedeutende Maler hier ein: Defregger, Spitzweg, Egger-Lienz. Der Schriftsteller Arthur von Wallpach (1866–1946) starb hier. Er war ein wichtiger Vertreter der Vereinigung ›Jung-Tirol‹, einem antiklerikalen Verband, der eine liberale Erneuerung Tirols forderte. Genaugenommen besteht Klausen nur aus einem engen Straßenzug, der sich sanft von Norden nach Süden senkt, sein oberer Abschnitt heißt Oberstadt, der untere Unterstadt. Die Unterstadt endet am malerischen Tinneplatz. Im ehemaligen **Kapuzinerkloster** westlich des Tinnebachs befindet sich das **Stadtmuseum**. Besonders sehenswert ist der sogenannte Loretoschatz, eine Kollektion sakraler und weltlicher Kunstwerke aus dem 16. und 17. Jahrhundert. Die Sammlung geht auf die spanische Königin Maria Anna von der Pfalz (1667–1740) zurück, die die Stifterin des Klosters war und auf Anraten ihres Beichtvaters dem Kloster viele Kunstwerke aus eigenem Besitz überließ. Die frühere **Klosterkirche** kann auch besichtigt werden.

Über die Gerbergasse kommt man vom Tinneplatz zum Säbener Aufstieg, einer malerischen Treppe, die zunächst an der der Öffentlichkeit nicht zugänglichen **Burg Branzoll** vorbeiführt und dann weiter hoch zum Kloster Säben. Dieser Aufstieg ist von besonderem Reiz: man hat einen großartigen Blick auf Stadt und Eisack. Das Kloster ist auch mit dem Auto von der Staatsstraße her direkt zugänglich.

■ Kloster Säben

An der markanten Stelle hoch über dem Tal, an der sich das Kloster Säben befindet, fand man Gräber aus der rätischen Zeit. Im 6. Jahrhundert wurde hier der erste Bischofssitz des späteren Tirol gegründet; er wurde im Jahr 990 nach Brixen verlegt. Bis auf die Fundamentreste einer Kirche im Weinberg und einem Gräberfeld ist von dieser Anlage nichts vorhanden.

Säben blieb aber auch nach dem Jahr 990 in bischöflichem Besitz, wobei es einige Jahrhunderte mehr oder weniger eine bloße Schutzburg war, bis 1685 ein Benediktinerinnenkloster gegründet wurde. Auch heute noch leben Benediktinerinnen hier; daher ist das Kloster für Besucher nicht zugänglich, die Kirchen und Kapellen auf dem Klosterberg sind aber geöffnet.

Auffallend sind die ausgedehnten **Befestigungsanlagen**, insbesondere um die Heiligkreuzkirche im Nordosten des Klosterareals. Diese Mauerabschnitte gehen wohl auf die früheste Bauphase der Bischofsburg im 6. Jahrhundert zurück. Durch eine zinnengekrönte Ringmauer geht es durch einen Torturm auf das Klosterareal. Man muss zugeben, dass die gesamte Anlage vom Tal aus pittoresker wirkt, als wenn man davor steht. Von unten wirkt sie wie eine uneinnehmbare Trutzburg, dieser Eindruck

verliert sich oben durch die verschiedenen Kirchen. Gleich an der Mauer steht nach dem Eingang rechts die barocke **Liebfrauenkirche** (1652–1668) auf oktogonalem Grundriss. Ebenfalls barock, wenngleich einfacher gehalten sind die eigentliche **Klosterkirche** (1690–1707) und die **Heiligkreuzkirche**. Sie entstand um 1680 auf einem frühmittelalterlichem Vorgängerbau und birgt ein besonderes Gesamtkunstwerk: Der ganze Innenraum wie der Chor sind mit illusionistischen Malereien versehen, die großartige perspektivische Details zeigen. In diesen Scheinarchitekturen sind Szenen aus der Bibel dargestellt.

■ Burg Gernstein

Hoch oben im Tinnebachtal, etwa fünf Kilometer nordwestlich von Klausen, liegt die Burg Gernstein, ursprünglich als ›Garrenstein‹ im 12. Jahrhundert zur Überwachung der Straße von Brixen nach Bozen errichtet. Sie begann nach 1550 zu verfallen, bis sie 1880 der preußische General Friedrich von Gernstein kaufte

Burg Branzoll

und im Stil pseudomittelalterlicher Romantik neu erbauen ließ. Sie ist in Privatbesitz, kann nicht besichtigt werden, jedoch wegen ihrer Lage oberhalb der Talschlucht und ihres Aussehens ein beliebtes Fotomotiv.

■ Villanders (Villandro)

Unterhalb von Klausen führt von der Staatsstraße ein Weg mit zehn Kehren hoch nach Villanders (880 m). Der Ort weist einen malerischen Kern auf, besonders sehenswert sind die nach dem Brand neogotisch neu ausgestattete **Pfarrkirche St. Stephan** und der **Friedhof** mit seinen ungewöhnlichen Grabstätten: Die Toten werden mit den Füßen gegen Osten bestattet, das Grabkreuz darüber ist aber vom Grabhügel abgewandt. Mögliche Erklärungen für diese ungewöhnliche Form der Bestattung und der Grabkreuzausrichtung gibt es nicht.

Etwas außerhalb des Orts, am Plunacker, liegt eine bedeutende **archäologische Fundstätte** aus verschiedensten prähistorischen Epochen, dazu Relikte aus der Römerzeit. Sie sind in einem **Freilichtpark** ausgestellt.

Am Pfundererberg, nochmals 400 Meter weiter oben, zieht ein **Erlebnisbergwerk** viele Besucher an. Der 1670 Meter lange Elisabethstollen zeigt die traditionellen Abbaumethoden und die Arbeitsbedingungen unter Tage. Wer zu Fuß zum Bergwerk aufsteigt, kommt unterhalb davon an einem drei Meter hohen Menhir aus der Bronzezeit vorbei. Er liegt am sogenannten Erzweg und ist nicht einfach zu finden, eine gute Wanderkarte sollte helfen. Man muss sich jedoch an der Straße zum Bergwerk oberhalb von Villanders, wo sich der Weg gabelt und es links nach St. Anna geht, rechts halten. Über den Keschtnweg erreicht man den Erzweg, dann geht es etwas bergauf, bis ein Schild den Weg zum Menhir weist.

■ Lajen (Laion)

Im Lajener Ortsteil Ried befindet sich der **Vogelweiderhof**. Man vermutet von verschiedenen Orten, die Geburtsstätte des Minnesängers Walther von der Vogelweide zu sein; die in Ried gilt als die wahrscheinlichste.

Lajen selbst liegt oberhalb der alten Straße aus dem Grödental zum Eisack hinab; an der Talsohle selbst konnte im Mittelalter wegen der schluchtartigen Enge kein Weg angelegt werden. In Lajen kann man einen großartigen Dolomitenblick erhaschen, besonders der Blick vom Friedhof aus, mit den Gräbern im Vordergrund, ist ungemein ergreifend. Nicht weit ist es von Lajen nach **St. Peter**, schon im Grödental gelegen. Die ungewöhnlich große barocke Dorfkirche lohnt diesen Abstecher.

■ Albions

In Albions – nur von Lajon aus zu erreichen – gibt es mit der Kirche St. Nikolaus eine der schönsten Südtiroler **Dorfkirchen**, überhaupt konnte sich der Ort einen wunderbaren altertümlichen Charakter bewahren wie sonst kaum eine Siedlung im Land. St. Nikolaus (Schlüssel

Die Reste des Mussolini-Denkmals bei Waidbruck

beim Mesner in Haus Nr. 4 rechts vom Bach) wartet mit einem der schönsten spätgotischen Schnitzaltäre auf. Im Mittelbild ist ungewöhnlicherweise nur eine Figur zu sehen: ein Ritter im Gewand der Jahre um 1480 im Kampf mit einem Drachen. Sehenswert ist außerhalb des Dorfes auch das **Spitzige Stöcklein**, ein Bildstock mit gotischen Fresken.

Über den Wanderweg Nr. 5 kommt man zum Aussichtspunkt Dürerblick, von wo Albrecht Dürer 1494 nach Klausen hinübergeschaut hat. Diesen Blick hielt er in dem berühmten Kupferstich ›Nemesis‹ fest.

■ Waidbruck (Ponte Gardena)

Der italienische Name dieses Ortes bedeutet ›Grödner Brücke‹ – sicherlich nicht zufällig: Hier mündet das Grödental ein, hier führt die wichtigste westliche Zufahrtsstraße eben durch das Grödnertal in die Dolomiten hinein.

Waidbruck (Ponte Gardena) auf der linken Eisackseite wird von der gewaltigen Trostburg überragt, die die Stadtansicht zu einem beliebten Fotomotiv macht. Seit dem Mittelalter war Waidbruck als Durchganggssation und Rastort für Handelsreisende und Pilger von großer Bedeutung, wobei im 15. Jahrhundert die Bedeutung der Stadt nachließ. Der Bozner Kaufherr Kuntner ließ auf eigene Kosten einen weniger von Überschwemmungen und Felsstürzen gefährdeten Weg Richtung Bozen bauen, den sogenannten Kuntnerweg. Er verlief auf teils schon in der Römerzeit errichteten Trassen und umging Waidbruck, das seine Bedeutung an das südliche gelegene Kollmann abtreten musste. Geschichtlich bedeutsam ist die Schlacht vom 4. November 1809 an der Starzer Brücke in Waidbruck. Die Tiroler Freiheitstruppen schlugen hier französische Truppen und fügten ihnen große Verluste zu.

Waidbruck selbst weist kaum Sehenswürdigkeiten auf, eine gewisse Kuriosität besitzen bestenfalls die Reste eines Mussolini-Denkmals am Kraftwerk am Eisack. Das überlebensgroße Reiterstandbild wurde 1938 aufgestellt – und 1961 von Südtiroler Freiheitskämpfern gesprengt.

■ Die Trostburg

Von großer Attraktivität ist die Trostburg. Sie wurde um 1170 von den Herren von Feldthurns erbaut, die sie aber schon 1243 durch einen vollständigen Neubau ersetzten. 1382 geriet die Burg in den Besitz der Wolkensteiner, die sie abermals erweiterten und ausbauen, jedoch den Vorgängerbau weitestgehend unangetastet ließen. Die Trostburg war das Elternhaus des Oswald von Wolkenstein. Er wurde hier zwar nicht geboren, verbrachte aber seine Kindheit und Jugend an diesem Ort. Ab 1595 erfolgte eine weitere Vergrößerung, diesmal zu einer prächtigen Renaissance-Residenz, wobei der mittelalterliche Baubestand erneut unberührt blieb. Man versuchte in einer bis dahin ungewöhnlichen Form von Täuschungsarchitektur, die eigentliche karge Substanz nach außen so zu drapieren, dass in gleichsam illusionistischer Weise der Eindruck einer martialen Bastion entstehen sollte. Die Gestaltung der Außenfassaden wurde bewusst auf Fernwirkung berechnet. Diese Absicht wird deutlich, wenn man sich der Anlage nähert. Bauherr Engelhard von Wolkenstein war ein gebildeter Mann, ein Humanist. Ihm stand weniger die Kriegskunst als vielmehr Kunst und Wissenschaft. Ohnehin wäre die Burg, auf einem Felsvorsprung gelegen, schon zu Beginn des 17. Jahrhunderts bei einem Beschuss mit Artillerie nicht zu verteidigen gewesen. Aber es war dennoch das Anliegen des gebildeten Fürsten, ›seiner‹

Das Eisacktal

Burg ein standesgemäßes und – vielleicht auch, um eventuelle Eroberer abzuschrecken – betont wehrhaftes Aussehen zu geben. 1620 war diese verkünstelte Fortifikation abgeschlossen.

Im Burginneren pflegte Engelhard von Wolkenstein einen von der Bedeutung um seine Dynastie für das Land geprägten Ahnenkult. Eine Galerie seiner Vorfahren und Verwandten schmückt daher den 15 mal 5 Meter **Großen Saal** im Obergeschoss. Er weist insbesondere eine kunstvolle Kassettendecke auf. Neben diesem Saal sind der gotische Gefolgesaal, die Burgkapelle und die Toranlage mit dem Fallgitter sehr sehenswert. In der Burg befindet sich auch die größte **Weinpresse** (Torggl) Südtirols.

Die Wolkensteins wurden 1630 in den Reichsgrafenstand erhoben, und letztlich brachte es diese Nobilitierung mit sich, dass sie ihre Burg nurmehr selten

besuchten und diese bereits gegen 1700 zu verfallen begann. Restaurierungsversuche im 19. Jahrhundert stellten den Bau nur notdürftig wieder her. 1943 besetzte die Deutsche Wehrmacht die Burg, ihr baldiger Abzug aus Italien erfolgte ungeordnet, dabei wurde die Burg verwüstet und geplündert. Die Wolkensteiner, die offiziell noch die Besitzer waren, verkauften sie daher 1967 an die Provinz Südtirol. Danach wurden Stück für Stück die Räume durch das Landesburgeninstitut wieder hergestellt.

Man erreicht die Burg von Waidbruck aus über einen ausgeschilderten, etwas steilen Weg.

Von der Trostburg bis Bozen

Der unterste Abschnitt des Eisacktals ist früher besonders stark von Überschwemmungen heimgesucht worden. Schon die Römer bauten daher eine Ausweichstra-

▲ *Die Trostburg auf einem Gemälde von Josef Arnold (1845)*

ße oberhalb des Tals, die Richtung Bozen über den Ritten verlief. Im Spätmittelalter wurde diese Route ausgebaut, wodurch die Reise für Kaiser und Kaufleute weniger anstrengend und gefährlich wurde. Waidbruck wurde dabei umgangen: Der Weg verlief oberhalb davon, entlang der Kante des sogenannten Mittelgebirgsabbruchs von Bozen über Klobenstein, Kollmann und Barbian nach Feldthurns und dort ins Tal wieder hinab.

■ Barbian (Barbiano)

Die **Pfarrkirche** des Dorfes Barbian (Barbiano) besitzt einen ungewöhnlichen, schiefen Kirchturm. Er ist nur 37 Meter hoch, neigt sich aber 1,60 Meter aus dem Lot heraus. Der Ortsteil Kollmann direkt am Eisack weist mit der **Friedburg**, einem alten Zollhaus, eine besondere Sehenswürdigkeit auf. Das Zollhaus wurde zwischen 1485 und 1520 erbaut. Die Fuhrleute kamen mit ihren Wagen in den Innenhof, dann erfolgte dort die Wareninspektion, durch das andere Tor fuhr man schließlich wieder heraus. Erst 1829 wurde die Zollstation in der Friedburg aufgelöst. Nachweislich übernachteten hier Kaiser, Könige und sonstige vornehme Reisende auf ihrem Weg von und nach Italien. Ihre eigenwillige rot-weiße Farbgebung macht sie unübersehbar – besuchenswert ist die Pizzeria in der Burg.

Einen Besuch lohnt auch der Ortsteil **Bad Dreikirchen**, ein altes Bauernbad. Er ist allerdings nicht mit dem Auto erreichbar, gut 1,5 Kilometer muss man von einem Parkplatz noch zu Fuß gehen. Schon in römischer Zeit existierte hier ein Quellheiligtum. Dreikirchen trägt seinen Namen von drei gotischen, zusammenhängend gebauten **Kapellen**, die aber nicht zur gleichen Zeit errichtet wurden. Die älteste, St. Gertraud, geht auf das 13. Jahrhundert zurück, die beiden anderen stammen aus dem ersten Viertel des 15. Jahrhundert, wurden aber durch einen Felssturz zerstört und 1579 neu gebaut. Den Schlüssel zu den Kapellen, die innen reich ausgestattet sind, gibt es im Gasthaus ›Messner‹ nebenan.

Sehenswert in Barbians Ortsteil **Saubach** ist die **Kirche St. Ingenuin** an der Straße nach Klobenstein. Die drei freistehenden spätgotischen Flügelaltäre bilden ein ungewöhnliches sakrales Ensemble.

Barbian ist ein guter Ausgangspunkt für Wanderungen in den Nordteil des Ritten sowie zum Rittner Horn. Bequem ist der Spaziergang zum **Barbianer Wasserfall**, der 86 Meter frei hinabstürzt und vom Parkplatz unterhalb des Huberkreuzes aus besucht werden kann. Mit dem Pkw kann man Richtung Ritten nach Mitterberg fahren, wo man im Ortsteil Maria Saal ganz nahe an die berühmten Erdpyramiden herankommt.

■ Karneid (Cornedo all´ Isarco)

Nur wenige Kilometer vor Bozen, im untersten Eisacktal, liegt Karneid mit der gleichnamigen Burg. Wenn auch das unterste Eisacktal nicht ganz so reizvoll wie die höher gelegenen Talabschnitte ist, so lohnen doch Karneid, seine Burg und einzelne Ortsteile den Besuch in jedem Fall. Im Ortsteil Steinegg – Zufahrt von der Staatsstraße in Blumau, etwas eisackaufwärts, über 20 Serpentinen empor – kann man nahe des Steineggerhofs fast bis zu den dortigen Erdpyramiden fahren. Und die **Burg Karneid** selbst steht höchst malerisch auf einem unzugänglichen Felsen. Fast originalgetreu ist die Bausubstanz aus dem 16. Jahrhundert noch vorhanden, es gibt keine späteren Anbauten oder anderen Veränderungen. Die Burg war ziemlich verfallen, ihre Rekonstruktion durch den privaten Besitzer ist noch nicht abgeschlossen.

Das Eisacktal

Das untere Eisacktal

Tourismusverein Brixen, Regensburger Allee 9, Tel. 0471/836401, www.brixen.org. Die **BrixenCard** gibt es für die Zeit des Aufenthalts bei den meisten Gastbetrieben der Region. Öffentliche Verkehrsmittel, Museen, Seilbahnen etc. stehen den Gästen mit ihr kostenlos zur Verfügung (www.brixencard.info).

Tourismusverein Klausen, Marktplatz 1, 39043 Klausen, Tel. 0472/847424, www.klausen.it.

Tourismusverein Lajen, Walther-von-der-Vogelweide-Str. 30b, 39040 Lajen, Tel. 0471/655633, www.lajen.info.

Tourismusbüro Barbian, Dorf 10, 39040 Barbian, Tel. 0471/654411, www.barbian.it.

Hotel Oberwirt, Dorfstr. 6, 39040 Feldthurns, Tel. 0472/855212, www.hotel-oberwirt.it, p. P. im DZ 44–54 €. Ganz in der Nähe des Schlosses.

Landgasthof Wöhrmaurer, Tschiffno Nr. 21, 39040 Feldthurns, Tel. 855301, www.woehrmaurer.com, p. P. im DZ 30–34 €.

Restaurant Turmwirt, Gufidaun Nr. 50, 39043 Klausen, Tel. 0472/844001, www.turmwirt-gufidaun.com. Historischer Gasthof aus dem Jahr 1678.

Unterplattnerhof, Unterplattner 4, 39043 Klausen/Ortsteil Verdings, Tel. 0472/855585, www.unterplattnerhof.com, Ferienwohnungen pro Übernachtung 60/100 € (2/4 Pers.). Häuser aus unbehandeltem Holz mit großem Innenhof, absoluter Geheimtipp.

Gasthof Weißes Kreuz, Dorfstr. 6, 39040 Klausen, Ortsteil Latzfons, Tel. 545184, www.gasthaus-weisses-kreuz.it, p. P. im DZ 31–36 €. Guter Ausgangspunkt für Wanderungen.

Hotel-Restaurant Fonteklaus, Postfach 72, 39043 Klausen, Tel. 0471/655654, www.fonteklaus.it, p. P. im DZ 40 €.

Gasthof Gamp, Griesbruck 10, 39043 Klausen, Tel. 0472/847425, www.camping-gamp.com, p. P. im DZ 40–50 €.

Einstiger Treffpunkt der Klausener Künstlerkolonie, mit Campingplatz.

Hotel-Restaurant Ansitz zum Steinbock, F.-v.-Defregger-Gasse 14, 39040 Villanders, Tel. 0472/843111, www.zumsteinbock.com, p. P. im DZ 40–60 €. Mittelalterlicher Ansitz mit Gourmetrestaurant, verschiedene preisgünstige Paketangebote. 2009 als ›Historischer Gasthof des Jahres‹ ausgezeichnet.

Hotel Andechserhof, W.-v.-d.-Vogelweide-Str. 28, 39040 Lajen, Tel. 0471/655694, www.andechserhof.it, p. P. im DZ 32–47 €.

Gasthof Rösslwirt, Dorf 6, 39040 Barbian, Tel. 0471/654188, www.roesslwirt.com, p. P. im DZ 34–44 €. Grandiose Aussicht auf die Dolomiten.

Gasthof Messnerhof, Dreikirchen 5, 39040 Barbian, Tel. 0471/650059, www.messnerhof-dreikirchen.it, p. P. im DZ 38–42 €. Taxizubringer ab Barbian.

Gasthof Bad Dreikirchen, Dreikirchen 12, 39040 Barbian, Tel. 0471/650055, www.baddreikirchen.it, p. P. im DZ nach Saison ab 55€. Traditionsreiche Sommerfrische, u.a. hielt sich Sigmund Freud hier auf.

Schloss Velthurns, Dorf Nr. 1, 39040 Feldthurns, Tel. 855525, Führungen März bis Nov. Di–So um 10, 11, 14.30 und 15.30 Uhr, Juli/Aug. auch 16.30 Uhr.

Heimatmuseum Velthurns, Tel. 855525, März–Nov. Di–So 11.30–12.30 u. 16–17 Uhr.

Archeopark, Simon-Rieder-Platz 2, 39040 Feldthurns, Tel. 855290, www.feldthurns.info, 7–22 Uhr, Winter 7–20 Uhr. Führungen siehe Webseite.

Dorfmuseum, 39043 Gufidaun Nr. 43, Tel. 0472/847399, Ostern bis Allerheiligen Mo, Do, Fr 17.30–19.30 Uhr, Aug. auch Mi 20–22 Uhr und nach Vereinbarung.

Archeoparc Villanders, St. Stefan, 39040 Villanders, Tel. 0472/843121, www.villanders.info, Mai–Sept. Mo 9.30–11, Mi. 17.30–19, Fr 20.45–22.30 Uhr.

Stadtmuseum Klausen, Auf der Frag 1, 39043 Klausen, Tel. 0472/846148, www.klausen.it, April–Nov. Di–Sa 10–17 Uhr.
Erlebnisbergwerk Villanders, Oberland 36, 39040 Villanders, Tel. 345/3115661, www.bergwerk.it, Besichtigung nur mit Führung Mai bis Anf. Nov. Di, Do und So 10 Uhr, August auch Di, Do 14 Uhr.
Vogelweiderhof Lajen, Tel. 655712. Besichtigung nur bei Voranmeldung bzw. über den Tourismusverein Lajen.
Trostburg, Burgfrieden 6, 39040 Waidbruck, Tel. 0471/654401, www.burgen institut.com, Gründonnerstag bis Ende

Oktober Di–So Besichtigung nur mit Führung: 11, 14 und 15 Uhr, Juli/Aug. auch 10 und 16 Uhr.
Burg Karneid, bis zum Ende der Rekonstruktionsarbeiten nur Fr 15–18 Uhr; Info unter www.gemeinde-karneid.bz.it.
Kloster Säben, Heiligkreuz- und Klosterkirche tgl. zwischen Sonnenauf- und -untergang, Liebfrauenkirche Juli–Aug. Di, Mi, Fr, Sa 15–18 Uhr bzw. 14–17 Uhr (Sept.) und Fr–Sa 14–17 Uhr (Okt.). Führungen Juli/Aug. Mi 15 und 16.30 Uhr; Veranstalter ist der örtliche Kulturverein (www.kgv-klausen.it).

Das Eisacktal

Die berühmten drei Kapellen von Bad Dreikirchen

Zu den bekanntesten und meistbesuchten Tallandschaften Südtirols zählt das Pustertal. Der Besucher findet hier aber auch unberührte Seitentäler vor. Das lebhaft-liebenswürdige Städtchen Bruneck, ein international anerkannter Wintersportort, bildet den Talmittelpunkt. Der Alpenhauptkamm im Norden und die fahl-bleichen Zacken der Dolomiten im Süden säumen eine besonders liebenswerte und charmante Region.

Im Sextental

DAS PUSTERTAL

Der Nordosten Südtirols wird vom etwa 90 Kilometer langen Pustertal und
seinen Nebentälern eingenommen. Es
erstreckt sich ziemlich genau in West-
Ost-Richtung und verläuft genau über
der sogenannten ›Periadriatischen Naht‹,
einer geologischen Grenzlinie, die die
Südalpen von den Zentralalpen trennt.
Der östlichste Teil des Tals liegt dabei
auf österreichischem Boden, in Tirol. Das
Tal wird vom Fluss Rienz durchflossen,
der Talname selbst soll nach einer Lesart vom slawischen ›pust‹ – etwa ›öde,
unfruchtbar‹ – herkommen, nach neu-
erer Forschung von einem keltischen
Wort ›pustrissa‹, was übersetzt in etwa
›Gebiet des Pusturus‹ heißt. Einen Fluss
oder Bach Puster gibt es nicht.

Durch das Tal verläuft ein seit Jahrhunderten wichtiger Verkehrsweg aus dem
ostalpinen Raum und Ostmitteleuropa
nach Zentralitalien. Umgekehrt konnten 1809 Napoleons siegreiche Truppen
von Oberitalien aus durch das Pustertal
nach Kärnten und weiter bis Wien vorstoßen. Das Pustertal bildet den nördlichen Zugang in die Dolomiten und
wurde daher seit der Mitte des 19. Jahrhunderts immer stärker vom Fremdenverkehr geprägt.

Das westliche Pustertal

Der Westen des Pustertals wird meist
nicht als besuchenswert wahrgenom-
men. Aber die Burg Rodenegg, das Valser Tal und auch das Pfunderer Tal sind
keineswegs unattraktiv.

■ Mühlbach (Rio di Pusteria)

Mühlbach (Rio di Pusteria) mag auf den
ersten Blick nicht interessant wirken,
besitzt jedoch einen kleinen, hübschen
Ortskern. Sehenswert ist die **Friedhofskapelle St. Floriani**, die an der Außenwand einige interessante, wenngleich
recht verwitterte Fresken zeigt, darunter
einen Mann auf dem Totenbett, um den
Engel und Teufel kämpfen.

Im alten **Ansitz Kandlburg** an der Richter-
gasse 4 – nach einer anderen Lesart auf
Burg Rodenegg – saß vor seiner Hinrichtung Mathias Perger (um 1585–1645)

Karte S. 245

▲ *Die Mühlbacher Klause*

Das westliche Pustertal

0   5   10 km

ein, den man auch den ›Lauterfresser‹ nannte. Er erhielt seinen Beinamen von seiner Vorliebe für dickflüssige (›lautere‹) Nahrung: dicke Suppen und Breizubereitungen. Der Astrologe und wetterkundige Mann war der Hexerei bezichtigt. Um ihn ranken sich viele Sagen.

Das westliche gelegene **Spinges** zählt zu den vielen abgeschiedenen kleinen Orten in Südtirol. Hier führte am 2. April 1797 eine Bauernmagd namens Katharina Lanz einen Trupp Bauern gegen die napoleonischen Truppen und schlug sie sogar. Ein Fenster in der Kirche von Spinges stellt Katharina dar, wie sie die angreifenden Franzosen mit einer Heugabel abwehrt.

Nördlich von Mühlbach befinden sich die burgähnlichen Ruinen der **Mühl-bacher Klause**, im Mittelalter eine wichtige Grenz- und Zollstation zwischen Tirol und dem Pustertal, das damals zur Grafschaft Görz gehörte. Die Wehranlage wurde um 1475 in ihrer heute noch erkennbaren Form vollendet. 1809 fand hier ein schauriges Gemetzel in einer Art Stellungskrieg zwischen etwa 500 Bauern und französischen Truppen statt; die Franzosen wurden vernichtend geschlagen, dabei wurde auch die Klause zerstört. Der Besuch der Ruine lohnt, es wird hier auch der alte wappengeschmückte Zahltisch gezeigt.

■ **Burg Rodenegg**

Burg Rodenegg befindet sich in spektakulärer Lage auf einem schmalen Felsvorsprung, der auf drei Seiten zur Rienz-

Das Pustertal

schlucht hin abfällt. Um 1160 wurden hier zunächst nur ein Bergfried und ein Palas gebaut, 1491 kam die Anlage in den Besitz der Wolkensteiner, in deren Eigentum sie sich heute noch befindet. Zu Beginn des 16. Jahrhunderts erfolgte ein repräsentativer Umbau im Renaissancestil. Loggien kamen ebenso hinzu wie eine Kunstsammlung und eine Bibliothek. Die Burg brannte 1694 ab, wurde behelfsmäßig wieder aufgebaut, doch konnte weiterem Verfall zunächst nicht Einhalt geboten werden. Nach einer gründlichen Renovierung im Jahr 1890 ist sie heute aber wieder in gutem Zustand. Sie wird noch von den Besitzern bewohnt, daher sind nicht alle Räumlichkeiten zugänglich.

Sehenswert sind der **Innenhof** mit seinem Brunnen und insbesondere die **Burgkapelle** mit Wandmalereien, daneben der Waffensaal und das Verlies. Im Palas wurden 1973 große **Freskenzyklen** aus der Zeit um 1200 bis 1230 freigelegt, die als die ältesten weltlichen Malereien im deutschen Sprachraum gelten. Dabei sind Szenen aus dem Versepos ›Iwein‹ des Hartmann von Aue (gest. um 1215)

Burg Rodenegg

dargestellt. Der Zyklus besteht aus elf Bildern. Die Gesichtszüge der Hauptfiguren Iwein, Askalon und Laudine sind in fast moderner, expressiver Form individuell gemalt. Iwein tötete in einem Zweikampf den Zauberer und König Askalon und nahm daraufhin unentdeckt auf seiner Burg an seiner Totenfeier teil. Dabei verliebte er sich in Laudine, die Witwe des Königs. Er wurde erkannt, konnte jedoch mithilfe eines unsichtbar machenden Rings entkommen. Nach mancherlei Irrfahrt und Verwechslung gelang es ihm, die Hand Laudines zu erringen, und er wurde selber König des Landes.

■ Das Valser Tal (Valle di Valles)

Das Valser Tal (Valle di Valles) zieht sich von Mühlbach nach Norden in das Massiv der Pfunderer Berge hinein. Das kleine Tal ist verhältnismäßig wenig bekannt. Man sollte aber einmal bis zum Parkplatz am oberen Talende hochfahren, zur Fanealm an der Gattererhütte (1739 m), und von dort bis zur **Labesebenalm** (2138 m) spazieren, bei guter Kondition dann weiter zum Wilden See (2532 m), wofür insgesamt etwa drei Stunden benötigt werden.

Von Moar im Tal gib es auch eine Kabinenbahn hoch zum **Valler Jochl** mit dem empfehlenswerten Jochtalrestaurant. Auf dem Plateau liegt auch die Ochsenalm, um die man hübsche Panoramawanderungen machen kann. Im Winter ist es ein kleines, aber feines Skigebiet (www.skigebiet-jochtal-gitschberg.com).

Meransen (1414 m) oberhalb des Tals kann man sowohl mit einer Seilbahn als auch mit dem Auto erreichen; von hier aus gibt es eine Fülle von Wandermöglichkeiten. Begeisterten Automobilisten sei die kurvenreiche Panoramastraße von Meransen nach Weitental (Vallarga) empfohlen.

Das Altfasstal

Sehr schön ist die Wanderung vom Parkplatz Seefeldspitze nordwestlich von Meransen durch das kleine Altfasstal bis zur 1850 Meter hoch gelegenen Wieserhütte und von dort zum spektakulären **Großen Seefeldsee** (2271 m), der wie der Teil eines norwegischen Fjords wirkt; vier bis fünf Stunden braucht man dorthin vom Parkplatz aus. Alternativ fährt man von Meransen mit der Gitschbergbahn empor und wandert von der Bergstation über die Zaßlerhütte zum Seefeldsee und von dort durch das Tal zurück (5 Std.).

■ **Das Pfunderer Tal**

Das Pfunderer Tal nimmt bei Vintl seinen Anfang und zieht sich von hier nach Norden. In **Weitental** sollte man sich unbedingt das große Christophorusfresko aus dem 16. Jahrhundert an der Kirchenwand ansehen; besonders originell sind die seltsamen Tierchen zu Füßen des Heiligen im Wasser.

Das Dorf **Pfunders** (Fundres) liegt am Talende auf 1160 Metern. Bereits hier und erst recht im letzten mit Auto erreichbaren Dorf, **Dun** auf 1480 Metern, ist man tief in das hier sehr einsame Gebirge eingedrungen.

Von der Fülle der Wandermöglichkeiten sei insbesondere die Tour auf dem **Pfunderer Höhenweg** empfohlen, obwohl sie ziemlich anspruchsvoll ist. Von Dun geht es westwärts durch die Duner Klamm (Weg 6) und über Weg 20 weiter durch das Engbergtal. Von der oberen Engbergalm geht man weiter auf dem Pfunderer Höhenweg, über die Dannelscharte hinweg, was eine ebenso gefährliche, mit Seilen versehene Partie ist wie die nächste Schwierigkeit, die Gaisscharte. Dann geht es nach einem längeren Abschnitt oberhalb des Eisbruggsees vorbei und hinüber zur **Edelrauthütte** (Eisbruggjochhütte) auf 2545 Metern (Ende Juni bis Anf. Okt., Tel. 0474/653230, www.edelrauthuette.it). Von dort geht es über Weg 13 hinab durch das Eisbruggtal nach Dun zurück. Die Tour nimmt mindestens acht Stunden in Anspruch und ist ein wirkliches Abenteuer.

Das Pustertal

Zwischen Vintl und St. Lorenzen

Wer von Vintl nach Bruneck fahren möchte, kann natürlich im Tal die vielbefahrene Staatsstraße 49 nutzen. Weitaus reizvoller ist aber eine Fahrt auf der Mittelgebirgsstufe oberhalb des Tals, auf der Route über Terenten und Pfalzen, der sogenannten ›Pustertaler Sonnenstraße‹.

■ Der Hexenstein

Ein geheimnisvoller Ort ist das oberhalb von Niedervintl (Vandoies) gelegene ›Bergl‹, eine alte prähistorische Wallburganlage. Hier liegt ein gewaltiger Findling, der Hexenstein. Vom Zentrum von Niedervintl nimmt man am besten den Fitnessparcours, der direkt zum Hexenstein führt. Dieser Parcours ist zwar blau-weiß gekennzeichnet, die Markierung aber schlecht zu erkennen.

■ Terenten (Terento)

Ein ganzjährig fast wolkenloser Himmel gab Terenten (Terento) den touristischen Beinamen ›Sonnendorf‹. Etwa einen Kilometer nördlich davon trifft man oberhalb des Jenneweinhofs auf Erdpyramiden, vielleicht nicht so spektakulär wie am Ritten, aber dennoch sehr sehenswert. Überhaupt ist die Fahrt auf der ›Mittelgebirgsstufe‹ sehr reizvoll.

Weiter ostwärts passiert man die links oberhalb befindliche **Burg Schöneck**, eine der vermuteten Geburtsstätten des Oswald von Wolkenstein (1377–1445). Die Burg ist in Privatbesitz und leider nicht zugänglich.

■ Issing (Issengo)

Viel besucht ist die Latschenölbrennerei ›Bergila‹ in Issing (Issengo). Vom Ort kann man direkt hinunter ins Tal nach Kiens (Chienes) fahren, vorbei am hübschen **Issinger Weiher** und dem na-

he gelegenen **Hochseilgarten**, mit 130 Stationen übrigens der größte Südtirols (www.kronaction.com).

■ Pfalzen (Falzes)

Berühmt ist die Lage der spätgotischen **St-Valentins-Kirche**, die etwa 700 Meter östlich von Falzen in freier Landschaft steht. Vor der gewaltigen Wand des Rieserferners hebt sie sich in ganz beeindruckender Weise ab. Besonders im Frühsommer, wenn sie von blühenden Wiesen umgeben ist, hinterlässt sie ein paradiesisches Bild.

Aus Pfalzen kommt Südtirols langjähriger Landeshauptmann Luis Durnwalder (geb. 1941), der von 1989 bis 2013 der Landesregierung vorstand. Ebenso stammt – vermutlich – Südtirols berühmter Maler von hier: Michael Pacher (um 1435–1498). Er schuf unter anderem den ›Kirchenväter-Altar‹ in Neustift (→ S. 227) und den Altar der Pfarrkirche im Bozener Stadtteil Gries (→ S. 175) und den nur als Fragment erhaltenen Laurentiusaltars im nahen St. Lorenzen (→ S. 250).

Erdpyramiden bei Terenten

Karte S. 245

Rund um Kiens

Wer es vorzieht, auf der Staatsstraße zu fahren, der erreicht bald nach Niedervintl das etwas oberhalb der Straße befindliche **St. Sigmund**, bekannt durch eine gotische Kirche, ihre Außenfresken und ihren sehr schönem Flügelaltar (1440); er stammt aus der Donauschule.

Südlich von Kiens (Chienes) liegt **Schloss Ehrenburg** (Casteldame), eine mittelalterliche Wehrburg aus der Zeit um 1180, die 1732 vollständig im Barockstil umgebaut wurde. Sie befand sich 700 Jahre lang im Besitz der Grafen Künigl, gehört aber seit 2010 einem Pustertaler Geschäftsmann und ist im Augenblick nicht besuchbar. Das Schloss soll aber nach einer Renovierung der Öffentlichkeit wieder zugänglich gemacht werden. Nahe der Burg steht die barockisierte, vormals gotische **Pfarrkirche** mit einer wegen ihrer Madonnenbilder sehenswerten Gruft; die Kirche birgt auch den ältesten erhaltenen Totenschild Tirols von 1411.

Geht man von Kiens über den Wanderweg Nr. 5 Richtung Schloss, kommt man am Feuerwehrhaus vorbei und nach dem Bach zu einem römischen **Meilenstein** vom Ende des zweiten nachchristlichen Jahrhunderts. Seine Inschrift besagt, dass er von Aguntum (heute Lienz in Osttirol) 67 römische Meilen entfernt ist.

Kloster Sonnenburg (Castel Badia)

Der Name des ansitzähnlichen Klosters Sonnenburg hat nichts mit ›Sonne‹ zu tun, sondern rührt von ›Sühne‹ her. Zu Beginn des 11. Jahrhunderts befand sich hier die ›Suanapurc‹ im Besitz des Grafen Volkholt von Lurn. Dieser entschied sich 1039, dem weltlichen Leben zu entsagen und stiftete ein Benediktinerinnenkloster, das erst 1785, während der josephinischen Reformen, aufgelöst wurde. Die Ordensfrauen üb-

ten im Gebiet aber auch gut 800 Jahre die weltliche Macht aus. Über 500 Höfe, Dörfer und verschiedene Zinsrechte bildeten die Basis des in vielen Jahrhunderten erworbenen oder durch Stiftungen erhaltenen Grundbesitzes. In diesem Zusammenhang kam es 1458 zu einer Fehde mit dem Bischof von Brixen, Nikolaus Cusanus, der der Äbtissin von Sonnenberg zu verstehen gab, dass er auch in weltlichen Dingen ihr Vorgesetzter sei. Während einer Belagerung des Klosters durch die Brixner wurden 50 Soldaten getötet, die im Dienst des Klosters kämpften. Nach der verlorenen Schlacht wurde über die Äbtissin der Kirchenbann verhängt, der Landesfürst Sigmund der Münzreiche setzte 1460 nun den Cusanus in Haft und ließ ihn erst wieder frei, nachdem er dem Kloster die alten Privilegien wieder zuerkannt hatte. Doch vorher traf nun seinerseits Sigmund der Bannstrahl aus Rom. Erst 1462 gelang es durch Vermittlung Kaiser Friedrichs III. beim Papst, die pustertalischen Wirren zu befrieden.

Allerdings erinnert heute nur noch wenig an die große Klosteranlage des Mittelalters. Denn nach der Auflösung begann sie rasch zu verfallen, und manche Gebäude wurden anderen Bestimmungen zugeführt. Gegen 1860 war die Anlage fast vollständig zerstört. Ein Privatmann kaufte das Areal 1965 und ließ das Kloster denkmalgerecht in seinen wesentlichen Bauteilen wieder herstellen. Heute findet man hier ein Schlosshotel (www.sonnenburg.com). Es gibt aber noch einiges historisch Sehenswerte, so die Krypta – in ihr eine Inschrift aus der ersten Bauzeit vor 1000 Jahren an der Westwand – sowie Freskenreste.

Unterhalb der Klostermauer liegt die markante **Kirche St. Johann im Spital**, auffällig durch ihre große Rundapsis und die Freitreppe an der Südwand. Sie entstand als Gotteshaus für durchziehende Pilger innerhalb eines dem Kloster zugehörigen Spitals.

■ **St. Lorenzen (S. Lorenzo di Sebato)**
Bei St. Lorenzen (S. Lorenzo di Sebato) zweigt südwärts die Straße ins Gadertal ab, in eine der sicherlich unberührtesten, landschaftlich aufregendsten Dolomitenlandschaften.
St. Lorenzen selbst besitzt einen **hübschen Ortskern** mit Häusern aus dem 16. bis 18. Jahrhundert. Zur Römerzeit befand sich hier die Militärstation Sebatum, von der noch einige wenige Fundamentreste auf dem anderen Rienzufer vorhanden sind und an die eine Ausstellung im **Alten Rathaus** erinnert. Im **Neuen Rathaus** gibt es eine Ausstellung zur weiteren Ortsgeschichte.

Berühmt ist die **Pfarrkirche** mit ihren zwei ungleichen Türmen. Man begann gegen 1285 mit dem Bau dieser Kirche, beendete ihn jedoch erst gegen 1500, wie die unterschiedlichen Stilformen zeigen. Ein sehr bedeutendes Kunstwerk ist die sogenannte Traubenmadonna, eine thronende Maria mit Kind, das große blaue Weintrauben in den Händen hält. Diese Madonna ist der einzige hier verbliebene Rest eines großen Schnitzaltars, den Michael Pacher 1462 geschaffen hat. Sechs der acht Altarbilder befinden sich heute in Wien und München. Pacher war der bedeutendste spätgotische Maler und Bildschnitzer Tirols und kam im nahen Pfalzen zur Welt. Sehenswert ist die nördlich an die Kirche angebaute **Egererkapelle** (Zugang durch die Tür links vom Kirchenhauptportal). Hier sieht

Karte S. 245

▲ *Die Michaelsburg*

man zahlreiche lebensgroße Skulpturen aus den Jahren 1710 bis 1715, die Szenen der Passion Christi zeigen und sehr naturalistisch, ja in ihrer Expressivität sehr modern anmuten.

Südlich von St. Lorenzen erhebt sich vor dem Dolomitenmassiv die **bullige Michaelsburg**, die ein beliebtes Fotomotiv ist, sehenswert sind auch die malerischen **Bauerngehöfte** des Dörfchens **Moos** zu ihren Füßen.

 Das westliche Pustertal

Vorwahl: 0472.

Tourismusverein Gitschberg-Jochtal, Katharina-Lanz-Str. 90, 39037 Mühlbach, Tel. 0472/886048, www.gitschberg-jochtal.com.

Tourismusverein Rodeneck, Vill 3a, 39030 Rodeneck, Tel. 0472/454044, www.rodeneck.com.

Tourismusverein St. Lorenzen, Josef-Renzler-Str. 9, 39030 St. Lorenzen, Tel. 0474/474092, www.st-lorenzen.com.

Naturhotel Rogen, 39037 Spinges-Mühlbach, Tel. 0472/849478, www.hotel-rogen.it, p. P. im DZ 56–74 €.

Gasthof Ansitz Straßhof, 39037 Mühlbach, Spingesstr. 2, Tel. 0472/886142. Oberhalb von Mühlbach am Osthang des Spingeser Bergs gelegen.

Hotel-Restaurant Tanzer, Dorfstr. 1, 39030 Issing, Tel. 565366, www.tanzer.it, p. P. im DZ ab 60 € (Winter), Sommerpreise zur Zeit der Drucklegung noch nicht erhältlich. Individuelle Varianten der Südtiroler Küche, vorzügliche Weine.

Gasthof Saaler Wirt, Saalen 4, 39030 St. Lorenzen, Tel. 0474/403147, www.saalerwirt.it, p. P. im DZ mit Halbpension ab 65 €, günstige Wochenpakete. Traditionsreiche Wallfahrergaststätte am Eingang des wilden Gadertals.

Berggasthof Haidenberg, Stefansdorf Nr. 35, 39030 St. Lorenzen, Tel. 0474/548062, www.haidenberg.it, p. P. im DZ

Die unweite Kirche **St. Martin** ist außen wie innen sehr bescheiden, zeigt aber die seltene Darstellung einer sogenannten Gregorsmesse. Nach der Legende soll Papst Gregor der Große während einer Messfeier Zweifel an der kirchlichen Lehre der Umwandlung von Brot und Wein in Blut und Leib Jesu gekommen sein. Daraufhin soll Christus selbst mit den Marterwerkzeugen in Person erschienen sein, wobei sein Blut in den Messkelch floss.

ab 50 €. Oberhalb des Dorfes auf 1354 Metern gelegen.

Camping Wildberg, Dorfstraße 9, 39030 St. Lorenzen, Tel. 0474/474080, www.campingwildberg.com.

Burg Rodenegg, 39030 Rodeneck, Tel. 0472/454056, www.rodenegg.info, Zutritt nur mit Führung: 15. Mai bis 15. Okt. So–Fr 11 und 15 Uhr, Juli und August auch 16 Uhr.

Lodenmuseum, Pustertaler Str. 1, 39030 Vintl, Tel. 0472/865840, Mo–Fr 9–18, Juli/Aug. 9–19 Uhr. Der Weg vom Schaf bis zum fertigen Kleidungsstück.

Museum Mansio Sebatum, Altes Rathaus, J.-Renzler-Str. 9, 39030 St. Lorenzen, Tel. 0474/474092, www.mansio-sebatum.it, ganzjährig Mo–Fr 9–12 und 15–18, Sa 9–12, So 14–18 Uhr, in der Hauptsaison auch Sa 15–18 Uhr.

Kloster Sonnenburg, Führungen Di nachmittags, Voranmeldung unter Tel. 0474/479999.

Latschenölbrennerei Bergila, Weiherplatz 8, 39030 Issing, Tel. 0474/565373, www.bergila.it. Führungen und Besichtigungen Mai bis Okt. Mo–Fr 8–12 und 13–18 Uhr, Verkauf ganzjährig im Kräuterladen zu den gleichen Zeiten.

Bruneck und das Ahrntal

Südtirols fünftgrößte Stadt ist das wirtschaftliche, kulturelle und administrative Zentrum des Pustertals und der nördlichen Dolomiten. Als Tor zu den Dolomiten, mit Zugang zu einem der schönsten Wintersportgebiete des Landes, dem Kronplatz, und durch das nahe, langgestreckte Ahrntal mit seinen Burgen, Bergen und Gletschern ist Bruneck und seine Umgebung eine Region großer Attraktivität und Lebensqualität.

Bruneck (Brunico)

Das sehr schöne, seit dem Spätmittelalter unveränderte Stadtbild zwingt geradezu zu ausführlicherer Besichtigung – und die drei Museen des Ortes nicht minder.

■ Stadtgeschichte

Bruneck hat seinen Namen von Bruno von Kirchberg (gest. 1288), dem Fürstbischof von Brixen. Um das Pustertal besser gegen die überhand nehmenden Räubereien schützen zu können, ließ er 1251 die Burg Bruneck errichten und an ihrem Fuß gleichzeitig eine städtische Siedlung. Diese neue Siedlung bestand zunächst aus nur zwei Häuserreihen zwischen Rienz und Burgberg. Mit dem Bau der Befestigungen ließ man sich Zeit, Stadtgraben und -mauer waren erst gegen 1340 vollendet. Der wachsende Handel zwischen Augsburg und Venedig brachte Bruneck im 15. Jahrhundert wirtschaftlichen Aufschwung. Doch auch künstlerisch erreichte sie eine große Bedeutung. Die Pustertaler Malschule entstand mit ihren wichtigsten Vertretern Michael Pacher (gest. 1498), und Friedrich Pacher (gest. 1508) – nicht miteinander verwandt. Bruneck blieb auch nach 1500 Brixener Besitz, obwohl das ganze Pustertal nach einigem Durcheinander aufgrund von Erbverträgen an Tirol gekommen war.

Die Blüte der Stadt wurde 1723 durch den schwersten Brand ihrer Geschichte unterbrochen. Kaum war sie wieder aufgebaut, brachten die napoleonischen Kriege neues Unheil. Hohe Kosten durch Versorgung und Einquartierung französischer Soldaten zwischen 1797 und 1810 schädigten die Wirtschaft Brunecks nachhaltig.

Obwohl in den nahen Dolomiten die italienisch-österreichische Front verlief, brachte der Erste Weltkrieg der Stadt keine Zerstörungen, anders der Zweite: wiederholt kam es 1944 zu Bombenangriffen der Alliierten. Heute stellt sich Bruneck aber mit seinem wiederhergestellten mittelalterlichen Erscheinungsbild als gemütliches Städtchen dar.

Bekanntester Sohn der Stadt ist der Fernsehmoderator Markus Lanz (geb. 1969), der seit vielen Jahren im deutschen Fernsehen präsent ist und oft als Traum jeder Schwiegermutter bezeichnet wird.

■ Ein Stadtrundgang

Günstig parkt man in der Parkgarage unter dem Neuen Rathaus (Zufahrt von der Stegener Straße her). Rathaus und Rathausplatz sind erst in den letzten Jahren entstanden. Sie befinden sich nicht innerhalb des historischen Zentrums, sind aber von diesem nur etwa 150 Meter entfernt.

Im Westen der Altstadt befindet sich die **Ursulinerkirche**. In ihr sind die Relikte eines Flügelaltars sehr sehenswert. Durch das **Ursulinertor** mit Fresko einer Kreuzigungsgruppe geht es in die Stadt hinein; an seiner Außenseite befinden sich Fresken aus der Pustertaler Schule. Die **Stadtgasse** ist die alte Hauptstraße des mittelalterlichen Bruneck. Viele Einzelheiten wie Erker und Portale lassen sich hier bestaunen, und weil die Gasse mit ihren attraktiven Geschäften das Herz der Stadt bildet, bevölkern sie stets viele Touristen und Einheimische. Nr. 29 ist das frühere Wohnhaus des Michael Pacher, Nr. 63 das Amtshaus des Klosters Neustift, seine, wenn man so will, diplomatische Vertretung. Nr. 62a ist das Wohnhaus des Hermann von Gilm (1812–1864), einem österreichischen Beamten, der sich als Dichter verwirklichte. Von liberaler und antiklerikaler Haltung, konnte er zu Lebzeiten nur unter einem Pseudonym publizieren. Richard Strauss schätzte seine Lyrik so sehr, dass er einige Gedichte von ihm vertonte. Von Gilm lebte von 1842 bis 1846 in Bruneck und starb, erst 52-jährig, in Linz.

In der Mitte der Stadtgasse mündet die Florianigasse ein, die zum Florianitor führt. Dabei kreuzt sie die Hintergasse, deren Attraktivität nicht ganz an die der parallel verlaufenden Stadtgasse heranreicht. Das **Florianitor**, das dritte Stadttor, ist mit Fresken von Rudolf Stolz (1874–1960) geschmückt, die den Stadtgründer Bischof Bruno, das Stadtwappen und den heiligen Florian zeigen. Östlich dieser Einmündung vollzieht die Stadtgasse einen deutlichen Rechtsbogen um den Schlossberg herum und gabelt sich nach dem **Oberragener Tor**, das manchmal auch Raintor und Brunotor genannt wird. Es markiert das einstige Ostende der Stadt und weist schöne Fresken auf. Die mittelalterliche, jedoch 1675 barockisierte **Rainkirche** besitzt einen hübschen Zwiebelturm.

Über den Schlossweg geht es zum **Schloss** hinauf. Hier entstand in der Mitte des 13. Jahrhunderts eine Burg, die 1518/19 erweitert und verändert wurde. Heute befindet sich hier eine der fünf Filialen des **Messner Mountain Museums**, die hiesige befasst sich mit den Bergvölkern der Welt. Daneben wird die Anlage für verschiedenste Ausstellungen und Konzerte genutzt.

Der **Oberragen**, ursprünglich im Mittelalter als Stadterweiterung konzipiert, endet am Pfarrplatz, den die gewaltige neo-

Bruneck, Zentrum

romanische **Stadtpfarrkirche** (ehemals Spitalkirche) krönt. Sie entstand 1850 an der Stelle eines spätmittelalterlichen, 1723 abgebrannten Vorgängerbaus. In der Kirche befindet sich Südtirols größte Orgel und das großartige Kruzifix aus der Pacherschule. Der Platz atmet eine gewisse altväterliche Idylle. Haus Nr. 18 ist das Geburtshaus des international bekannten Südtiroler Skisportlers und Tourismusmanagers Artur Castabiei.

Auf der anderen Seite der Rienz liegt die barocke **Heiliggeistkirche**, eine ehemalige Spitalkirche, die auf das Mittelalter zurückgeht, und gleich dahinter der Kapuzinerplatz mit der **Kapuzinerkirche** von 1626. Sie ist sehr schlicht. Stuckstr. 5 ist der Gasthof ›Weißes Lamm‹, eine Pretiose alttiroler Wirtshauskultur. Über die große Durchgangsstraße, den Graben, ist rasch wieder der Rathausplatz erreicht. Sehenswert ist auch der **Soldatenfriedhof** am Kühbergl (Josef-Seeber-Str.) etwas südlich der Innenstadt .Am Fuß des markanten, 1013 Meter hohen Bergs sind auf einem Waldfriedhof 669 Soldaten der k.u.k. Armee beigesetzt, die im Dolomitenkrieg ihr Leben ließen. Sie waren ursprünglich an mehreren Orten im Pustertal und den Dolomiten bestattet, wurde jedoch 1932 hierher umgebettet.

■ Brunecks nähere Umgebung

Im westlichen Ortsteil **Stegen** wird alljährlich am letzten Wochenende im Oktober der über die Region hinaus bekannter Stegener Markt abgehalten. Den Besuch von Tirols größtem Vieh- und Krämermarkt, der in gewisser Weise auch an das Münchner Oktoberfest erinnert, sollte man nicht versäumen (www.stegamorscht.net). Seit fast 200 Jahren wird hier Vieh verkauft, früher jedoch konnte man für die jeweilige Saison auch Knechte und Mägde ansehen

– und bei Gefallen diese verdingen. Das erfolgte jeweils am letzten der Markttage, bis heute heißt der dritte Markttag daher ›Menschamorscht‹.

Der Ortsteil **Dietenheim** (Teodone) liegt schon etwas außerhalb, im Nordosten. Sehenswert ist das **Landesmuseum für Volkskunde** ebenso wie die gotische **Pfarrkirche** mit ihrem schönen Portal und den Fresken im Inneren. Erwähnenswert sind hierbei eine Gregoriusmesse und die Befreiung des Kaisers Trajan aus der Hölle, beides befindet sich in der Seitenkapelle über dem Altartisch. Die Bilder stammen von Simon von Taisten und entstanden 1506.

Wanderern sei der Aufstieg von Dietenheim zum Berghotel **Amaten** (1250 m) empfohlen, von wo sich eine schöne Aussicht über das Pustertal hinüber zum Kronplatz und die Dolomiten eröffnet. Amaten ist auch mit dem Auto von Percha aus erreichbar.

Etwas nördlich von Dietenheim, schon fast im Tauferer Tal, liegt **Aufhofen** (Villa S. Caterina). Hier findet man am Waldrand einen sehr schönen ummauerten **Friedhof** mit beeindruckenden alten Grabsteinen und einem großen Marmorepitaph über dem Kirchenportal.

Percha (Perca) an der Pustertalstraße ist Ausgangspunkt für Touren ins weltferne **Wielental**, das sich bis in die Riesenfernergruppe hineinzieht. Die **Pfarrkirche** von Percha neben dem Gasthaus ›Engelberger‹ ist ansonsten bedeutungslos, besitzt aber ein großartiges Netzgewölbe mit bemalten Schlusssteinen. Von Percha fährt übrigens auch eine Kabinenbahn hoch zum Kronplatz.

Wer ins Wielental will, fährt von Percha (973 m) hoch bis zum Parkplatz Wegscheider (1506 m) oberhalb des Pyramidencafés. Von hier geht es zu Fuß mit geringer Steigung hoch ins Wielental bis zur Haidacher Alm (1883 m).

◀ Karte S. 245

Die Rainkirche in Bruneck

Am Oberragen in Bruneck

Bald danach ist der Talschluss erreicht, jetzt wird es anstrengend und schwierig. Übers Mühlbacher Jöchl (2983 m) kann man hinüber ins Mühlbachtal kommen. Wer es etwas weniger anstrengend liebt, steigt kurz vor der Haidacheralm über Weg 7B über den westlichen Talhang hinauf und geht oben durch das kleine Tesselbergtal (Weg 7) zum Weiler Tesselberg; dort gibt es Einkehrmöglichkeiten. Von dort führt der Wanderweg 3 zurück zum Ausgangspunkt am Parkplatz Wegscheider. Für diese Tour sollte man schon den ganzen Tag einplanen.

Alternativ kann man von dem erwähnten Parkplatz entweder zu Fuß oder mit dem Auto, das man an der nächsten Parkmöglichkeit stehen lässt, östlich des Weilers **Platten** zu Erdpyramiden kommen. Ein Pyramidenweg ist ausgeschildert.

■ Kronplatz (Plan de Corones)

Brunecks Hausberg oder besser das Hausmassiv ist der 2275 Meter hohe Kronplatz (Plan de Corones). Der für einen Berg ungewöhnliche Name rührt aus dem ladinischen ›National‹-Epos her, der Sage vom Reich der Fanes. Denn auf dem Berg soll Dolasilla, die Königin des Fanesreichs, gekrönt worden sein. Der Kronplatz zählt zu den wichtigsten Wintersportgebieten Italiens, obwohl man erst 1963 mit dem Bau eines ersten Skilifts begann. Bereits zehn Jahre später war aber der Kronplatz so beliebt geworden, dass die Lifte den Besucherstrom kaum noch fassen konnten. Mit 114 Kilometern präparierter Pisten, zwölf Gondelbahnen und fünf Sesselliften ist der Kronplatz als Skigebiet in der Tat außerordentlich entwickelt. Besonders bedeutend ist er durch die fünf bis zu sieben Kilometer langen Talfahrten. Wegen der 346 Beschneiungsanlagen kann man am Kronplatz bis in den Frühling hinein Skisport betreiben (www.kronplatz.com). Aber auch im Sommer ist der Kronplatz sehr beliebt, er bietet zahlreiche Wanderwege sowie viele Restaurants und Hütten auf dem Plateau. Die

Karte S. 245 ▲

meisten Einkehrmöglichkeiten sind ganzjährig geöffnet die Lifte aber meist nur von Juni/Juli bis Mitte Oktober 9–17 Uhr, oft Ruhepause von 12.30 bis 13.30 Uhr. Im Sommer werden die Skiareale, obwohl nur wenig grasbewachsen, als Weidegebiete genutzt.

Mit dem Auto kann man von Süden her, von Enneberg im Gadertal, bis zur Furkelhütte auf 1775 Metern fahren. Auch von dort gibt es Lifte wie auch von Osten her, von Olang. Von Bruneck aus gelangt man am besten über die Talstation der Gondelbahn im Ortsteil Reischach auf den Kronplatz.

Der Kronplatz ist im Sinne des Tourismusverbands Namensgeber für eine Ferienregion mit Bruneck im Zentrum, die sich im Osten fast bis Toblach hinzieht, jedoch auch über das Pustertal hinaus südwärts in die Dolomiten und nordwärts bis ins Ahrntal reicht.

■ Olang und Umgebung

Im Weiler **Nasen** (Nessano) verblüfft ein überdimensioniertes Christophorusbild an der Dorfkirche. In **Olang** (Valdaora) – genauer gesagt im Ortteil Mitterolang – befindet sich die barocke **St. Ägidiuskirche** mit einem spätgotischen Altarbild Friedrich Pachers und mit Fresken des Meisters Simon von Taisten. Das sogenannte **Baumgartnerstöckl** in Mitterolang ist eine Kapelle, die an Peter Sigmayr erinnert. Der Gastwirt und Freiheitskämpfer ist 1810 hier von den Franzosen erschossen worden. In Niederolang steht oberhalb des Lexenhofs eine 170-jährige, 37 Meter hohe **Lärche** von beträchtlichem Umfang, die ›Lärchkönig‹ genannt wird. Das **Peststöckl** von 1543 ist einer der schönsten Südtiroler Bildstöcke. Es liegt nahe der reizvollen Straße südwärts zum Furkelsattel, von dem ebenfalls ein Lift auf den Kronplatz führt.

 Bruneck und Umgebung

Vorwahl: 0474.
Postleitzahl: 39031.
Tourismusverband Bruneck-Kronplatz, Rathausplatz 7, Tel. 555722, www.bruneck.com, www.kronplatz.com.
Tourismusverein Olang, Florianiplatz 19, 39030 Olang, Tel. 0474/496277, www.olang.com.

🛏 ✕

Gasthof Weißes Lamm, Stuckstr. 5, Tel. 411350, www.weisses-lamm.biz. Großartiges historisches Ambiente.
Gasthof Langgenhof, St. Nikolaus-Str. 11 (Ortsteil Stegen), Tel. 553154, www.langgenhof.com, p. P. im DZ mit Halbpension ab 65 €. Liebevoll gestalteter bäuerlicher Luxus, vorzügliches Speiserestaurant.
Hotel-Berggasthof Amaten, Amaten 3, Tel. 559993, www.amaten.it, p. P. im DZ mit Halbpension ab 60 €.
Gasthaus Oberraut, Amaten Nr. 1, Tel. 559977, www.oberraut.it, p. P. im DZ

32–42 €. Alte Südtiroler kulinarische Traditionen, gute Weine.

Messner Mountain Museum MMM Ripa, Schlossweg 2, Tel. 410220 bzw. 0471/631264, tgl. 10–18 Uhr, www.messner-mountain-museum.it. Religion und Kultur der Bergvölker aus Asien, Südamerika, Afrika und Europa.
Südtiroler Landesmuseum für Volkskunde, Ortsteil Dietenheim, Herzog-Diet-Str. 24, Tel. 552087, www.volkskundemuseum.it, Ostermontag bis Okt. Di–Sa 10–17 Uhr, Juli/Aug. Di–Sa 10–18, ganzjährig So 14–18 Uhr. Kern des Freilichtmuseums ist der Ansitz Mair am Hof, mit herrschaftlichen Räumen und Interieur, das 3 ha große Freigelände mit originalen Bauernhäusern und Handwerksstätten ist sehr sehenswert.
Stadtmuseum Bruneck, Bruder-Willram-Str. 1, Tel. 553292, www.stadtmuseum-bruneck.it, Di–Fr 15–18, Sa/So 10–12

Uhr, Juli/Aug. auch Di–So 10–12 und 15–18 Uhr, im August täglich geöffnet. Bedeutende Grafiken sowie zahlreiche Werke der Pustertaler Schule von Michael und Friedrich Pacher.

Patisserie Acherer, Stadtgasse 8b, Tel. 410030, www.acherer.it. Neben hervorragendem, pustertalweit bekanntem Süßgebäck gibt es auch Blumen.

Pur Südtirol, Herzog-Sigmund-Str. 4a, Tel. 050500, www.pursuedtirol.com. Ausschließlich Südtiroler Produkte in höchster Qualität.

Gourmetladen Harpf, Stadtgasse 53a, Tel. 537131, www.harpf.it. Weine und andere Delikatessen aus dem italienischen Raum.

Kräuterhof, Wielenberg, 39030 Percha, Tel. 401092, www.kraeuterhof.it, Mai bis Okt. Mo–Fr 9–18, Sa 9–12 Uhr, außerhalb dieser Zeiten siehe Webseite. Kräuter und -produkte, Tees, Kosmetik, Schnäpse.

Das Ahrntal

Das Flüsschen Ahr, oft auch Ahrn genannt, entspringt hoch oben im Norden der Venedigergruppe an der österreichischen Grenze und mündet nach etwa 50 Kilometern bei Bruneck in die Rienz. Unter Ahrntal versteht man aber meist nur den oberen Talabschnitt von der Quelle bis zum Ort Sand in Taufers. Der untere Abschnitt bis Bruneck wird oft als Tauferer Tal bezeichnet.

■ Gais

Fährt man von Bruneck talaufwärts, so erscheint das Ahrntal zunächst noch recht breit. Erst beim Dorf Gais (836 m) verengt es sich merklich. Die **Pfarrkir**-che von Gais ist neben der in Innichen die bedeutendste romanische Kirche im Pustertal. Die gotische **Friedhofskapelle** zeigt interessante Fresken aus der Zeit um 1500, darunter ein Jüngstes Gericht mit ungewöhnlichen, ausdrucksvollen Gesichtern von Verdammten und Erlösten, Teufeln und Engeln. Ungewöhnlich ist auch das private **Feuerwehrhelmmuseum** mit 700 Exponaten aus allen Zeiten und Ländern im Hotel ›Burgfrieden‹.

Die kleine **Ruine Kehlburg** (1187 m) südöstlich von Gais ist nicht spektakulär, doch hat man von dort einen wundervollen Talblick; wer zu ihr hinwandert, sollte noch einen Abstecher ins nahe Amaten machen, wo es gleich

Ansitz Neumelans (links) und Burg Taufers (rechts)

Karte S. 245

zwei hervorragende gastronomische Einrichtungen gibt.

Am steilen westlichen Talhang steht **Schloss Neuhaus**, heute Restaurant und Hotel. Es stammt aus der Mitte des 13. Jahrhunderts. Oswald von Wolkenstein war von 1422 bis 1426 der Burgpfleger. Das Dörfchen **Mühlbach**, auf gut 1400 Metern im Mühlbachtal gelegen, ist ein guter Ausgangspunkt für eine schöne Talwanderung weiter hoch zur Heißalm (2027 m). Auf dem Weg dorthin kommt man auf 1697 Metern am **Mühlbacher Badl** vorbei. Berühmt war dieses alte Bauernbad durch seinen Badebetrieb in Holzbottichen. Es brannte aber 1967 ab, seither ruht der Badebetrieb.

Eine nicht allzu anstrengende Wanderung geht von Tesselberg südlich von Mühlbach auf den 2452 Meter hohen **Schönbichl**. Wegen der großartigen Aussicht ist er ein beliebtes Ziel. Sechs Stunden braucht man für den Hin- und Rückweg.

Nach Mühlbach kann man auch von **Uttenheim** aus kommen. Dort lohnt der Weg zur Schlossschänke im wieder hergestellten Uttenheimer **Schloss** mit der sehenswerten Burgkapelle St. Valentin, zu dem eine serpentinenreiche Route emporführt. Übrigens ist es recht reizvoll, diese enge Bergstraße weiter hoch bis zu ihrem Ende am 1484 Meter hohen Plankenstein zu fahren.

■ Das Mühlwalder Tal (Val Selva del Molini)

Bei Mühlen zweigt westwärts das Mühlwalder Tal (Val Selva del Molini) ab. Es zieht sich auf knapp 20 Kilometern Länge bis Lappach. Das vergleichsweise nur wenig besuchte Tal lohnt den Besuch, vor allem die Fahrt bis zum Talschluss bei Lappach oder zum äußersten Ende am **Neves-Stausee** (1856 m). Dieser letzte Abschnitt der Talstraße ist mautpflichtig

Ein Einödhof im oberen Ahrntal

und eine Herausforderung für den Autofahrer, da er sehr eng und steil ist. Der See wird von einer gewaltigen Bergkulisse mit dem Hohen Weißzint (3082 m) überragt. Die Umwandlung des Sees bietet wunderbare Bergblicke und dauert nur 1,5 Stunden. Wanderer mit guter Kondition steigen über den Neveser Höhenweg zur Edelrauthütte (2545 m) oder ostwärts zur Nevesjochhütte (2419 m) am Nevesjoch auf.

■ Sand in Taufers (Campo Tures)

Hinter Mühlen öffnet sich das Tal der Ahr erneut. Nun wird es durch den Großen Moosnock (3059 m) überragt, vor dem sich die mittelalterliche Kulisse der Burg Taufers oberhalb von Sand in Taufers (873 m) abzeichnet – eines der europaweit großartigsten Burgenpanoramen. Die örtliche **Pfarrkirche** steht etwas außerhalb im Süden. Der auslandende Bau aus dem Jahr 1527 besitzt einen riesigen neogotischen Hochaltar von 1908, der stilistisch einen gotischen Flügelaltar imitiert. Sakrale Kunst aus verschiedenen Kirchen des Tals zeigt das **Pfarrmuseum** im Pfarrhausgarten. Am südlichen Ortsrand liegt auch der **Ansitz Neumelans** von 1582. Von der

Straße an seiner Südseite lassen sich Burg Taufers und Moosnock am schönsten ausmachen. Der Ansitz selbst kann nicht besichtigt werden.

Burg Taufers wurde wahrscheinlich gegen 1260 auf einem strategisch bedeutsamen Felsvorsprung erbaut, von dem das ganze Tal gut überwacht werden konnte. Der Felsen bildet ein gewaltiges Bollwerk an der Grenze des Tauferer Tals zum Ahrntal. 1315 kam die Burg in den Besitz der Herren von Taufers. Das Geschlecht starb jedoch nur wenige Jahre danach aus, und die Burg kam für viele Jahre in unterschiedliche Hände, diente aber lange als jeweiliger Sitz der Gerichtsbarkeit. Zwischen 1450 und 1520 erhielt sie im wesentlichen ihre heutige Form: Die Toranlage mit den Wehrtürmen, die Zugbrücke und die Wohn- und Amtsräume für die Richter und Pfleger wurden gebaut. Aus der ersten Bauepoche dagegen stammen Bergfried und Palas. Die Burg verfiel mit dem Wegfall der lokalen Gerichtsbarkeit im frühen 19. Jahrhundert und wurde durch Privatinitiative erst um 1900 wieder hergerichtet. Nach 1945 erfolgte eine weitere Rekonstruktion auf Veranlassung des Abtes Hieronymus Gassner (gest. 1976), des obersten der österreichischen Benediktinerpater in Rom. Der Bergfried wurde erst 1973 wieder aufgebaut. Die Burg ist seit 1977 im Besitz des Südtiroler Burgeninstituts.

Wie das Äußere sind auch die insgesamt 64 Innenräume sehr sehenswert. Es gibt ein **Bibliothekszimmer** mit großem Kachelofen, einen **Rittersaal** von 1565 mit historischen Porträts junger Adeliger – zwischen 1558 und 1567 befand sich auf der Burg eine Art Internat – und auch ein **Geisterzimmer**. Fast alle Räume sind mit qualitätsvollen Kassettendecken versehen. Daneben sind eine prächtig bestückte **Rüstkammer** und vielleicht als

künstlerisch bedeutsamster Raum die **Burgkapelle** mit einem frühromanischen Kruzifix und spätgotischen Fresken in der Apsis zu sehen. Die Fresken stammen vermutlich von Michael Pacher.

Ursprünglich sollte auf Burg Taufers Roman Polanskis Film ›Tanz der Vampire‹ (1968) gedreht werden. Da es aber zu den Drehzeiten zu wenig Schnee gab, den das Drehbuch erforderte, wurde die Burg im Studio in ihren wesentlichen Formen nachgebaut. Die Außenszenen wurden auch nicht hier aufgenommen, sondern auf der Seiser Alm. Aber seit gut 50 Jahren dient Burg Taufers immer wieder als Kulisse für kleinere und große Filmproduktionen, unter anderem für die Filme ›Die rote Violine‹ (1998) oder ›Voll verheiratet‹ (2003).

Weiter talaufwärts befindet sich die Talstation des Lifts zur **Michlreiser Alm** (1960 m). Die Alm ist Ausgangspunkt für verschiedene Wanderungen um den 2517 Meter hohen **Speikboden**, auch befindet sich hier ein kleines, bisher nur Eingeweihten bekanntes Skigebiet (www.speikboden.it). Die Tour zum 2517 hohen Speikboden (Hin- und Rückweg 3,5 Std.) bietet die wahrscheinlich schönsten Aussichten über das Ahrntal.

■ Naturpark Rieserferner-Ahrntal

Südtirols mit 315 Quadratkilometern zweitgrößter Naturpark nimmt weite Teile des nordöstlichen Südtirol ein, fast das ganze Gebiet zwischen Ahrntal und österreichischer Grenze gehört dazu. Gegründet wurde der Naturpark 1988. Eine zentrale, landschaftsbestimmende Achse des Naturparks ist dabei das Reintal, das sich von Sand nordöstlich bis zur Schwarzerspitz an der österreichischen Grenze hinzieht. Seinen Namen trägt der Naturpark nach dem Gletscher des Rieserferners, der die Nordflanke des Hochgallmassivs (3436 m) bildet.

An den Reinbachfällen

■ Das Reintal (Tauferer Reintal)

Am unteren Ende des Reintals, nur wenige Kilometer von Sand entfernt, bildet der Reinbach (Riva) die drei spektakulären **Reinbachfälle**. Die beiden oberen haben je etwa 50 Meter Falltiefe, der untere knapp 20 Meter. Sie sind auf gutem Weg vom Parkplatz an der Wasserfallbar im Ortsteil Winkel über einen Themenweg zu erreichen, der gleichzeitig dem heiligen Franziskus gewidmet ist; nur etwa 20 Minuten braucht man, um zum untersten Wasserfall zu gelangen. Der Weg endet bei der Kapelle der alten Tobelburg. Vom Parkplatz unterhalb der Tobelburg kann man zum berühmten **Koflerhof** (1528 m) aufsteigen. Der wie ein Adlerhorst an die Felsen geklebte Hof ist legendenumwoben und als Jausenstation viel besucht.

Zehn Kilometer sind es über die panoramareiche Strecke durch das Tal bis von Sand in Taufers nach **Rein in Taufers** (1542 m). Hier befindet sich der eigentliche Beginn des Reintals, das sich hier durch das Zusammentreffen zweier kleiner Täler, Knuttental und Bachertal, erst herausformt. Der etwas oberhalb von Rein gelegene Parkplatz am Eingang des Knuttentals ist Ausgangspunkt für eine nicht beschwerliche, jedoch spektakuläre Wanderung weiter zur **Knuttenalm** (1911 m) oder zum Klammlsee und zum Klammljoch (2288 m). Dieser Weg ist gleichzeitig der Rieserferner-Radweg. Bis zur Knuttenalm braucht man zu Fuß etwa eine Stunde, bis zum **Klammlsee** nochmals etwa anderthalb.

Bei Bikern ist die Umrundung des Rieserferners von Sand über das Rein- und Knuttental, dann auf österreichischer Seite durch das Schwarzachtal, empor zum Staller Sattel, wieder zurück auf Südtiroler Gebiet und das Antholzer Tal zurück via Bruneck eine der beliebtesten Touren. Gute Kondition ist Voraussetzung.

■ Luttach (Lutago)

Luttach (Lutago) ist die zweitgrößte Siedlung in der Gemeinde Ahrntal und von 14 Dreitausendern umgeben, wie überhaupt das ganze Ahrntal von gleichsam königlichen Bergzügen dieser Höhen gesäumt ist. Es gibt im Ort ein kleines **Volkskunst- und Krippenmuseum**.

■ Das Weißenbachtal (Valle di Rioblanco)

Ein Besuch des Weißenbachtals (Valle di Rioblanco) ist ein schönes Naturerlebnis, führt es doch in eine fast unberührte Bergbauernregion. **Weißenbach** selbst besitzt einige schöne **Gasthöfe** und die **St. Jakobskirche** mit ihrem spätgotischen Flügelaltar. Das Sakramentshäuschen ist ganz ungewohnt als gotischer Turm gehalten und aus weißem Marmor verfertigt.

Nach nur wenigen Kilometern endet die Talstraße oberhalb Weißenbachs (1334 m) am Parkplatz des Weilers Feuchter auf 1400 Metern. Von hier führt ein nicht allzu anstrengender Weg zur 2027 Meter hoch gelegenen **Gögealm**, im Winter kann man die Rodelbahn von der 1743 Meter hoch gelegenen Innehoferalm bzw. Pircheralm durch das Wurmtal herab benutzen. Um letztere gibt es einige Berghütten, die aber nur im Winter betrieben werden. Eine empfehlenswerte Wanderung ist auch die von der Gögelam zur **Nevesjochhütte** (2419 m) am Nevesjoch; sie erfordert aber etwas mehr Kondition.

■ St. Johann (San Giovanni)

Oberhalb von Luttau wird das Ahrntal immer einsamer. Die schöne, in Rosatönen gehaltene bäuerliche **Pfarrkirche** In St. Johann (San Giovanni) wurde 1788 vollendet. In Haus Nr. 247 ist für die in St. Johann geborenen Gebrüder Johann Baptist Oberkofler (1895–1969)

Karte S. 245 ▲

und Josef Georg Oberkofler (1889–1962) eine **Gedenkstätte** eingerichtet. Johann Baptist war Priester und Maler; Josef Georg, in Innsbruck als freischaffender Schriftsteller tätig, gilt als einer der bedeutendsten Südtiroler Autoren. Seine epischen Bauernromane, etwa ›Der Bannwald‹ und ›Die Flachsbraut‹, werden in Südtirol heute noch viel gelesen und verdienten auch bei uns eine größere Wertschätzung. Den Besuch lohnt auch ein kleines privates **Mineralienmuseum** mit fast 1000 Einzelstücken.

Westlich oberhalb von St. Johann ist der **Berggasthof Stallila** am Parkplatz Hochlechner eine gute Empfehlung.

■ Steinhaus (Casapietra)

Der Weiler Steinhaus (Casapietra), auf 1054 Metern gelegen, trägt seinen Namen nach den zahlreichen großen, aus Stein errichteten Gebäuden, darunter den alten Kornkasten, heute Bergbaumuseum. Von hier bis zum Talschluss bei Prettau zog sich einst ein bedeutendes Erzbergbauzentrum hin, wobei in Steinhaus der Stapelplatz der Erze lag. Der Kornkasten ist der vormalige Naturalienspeicher des Prettauer Bergwerks. Neben den üblichen Sammlungen zur Bergbaugeschichte gibt es eine sehr interessante

In Steinhaus

Abteilung zum Bergbaubrauchtum und zum Aberglauben der Bergleute. Einige Themen sind virtuell-digital aufbereitet. Südlich von Steinhaus liegt das kleine **Skigebiet Klausberg**, das aber auch im Sommer dank seiner Wandermöglichkeiten attraktiv ist. Man kann es gut über eine Kabinenbahn erreichen. An der Bergstation des Lifts (1602 m) befindet sich das hervorragende Restaurant ›Kristallalm‹. Eine zweite Bahn führt weiter hoch zur Speckalm und zur **Bachmairhütte** (1882 m). Ein Erlebnis ist die Wanderung von letzterer Hütte zum verträumten **Klaussee**.

■ Prettau (Predoi)

Prettau (Predoi) ist die oberste Ortschaft im Ahrntal und gleichzeitig auch Italiens nördlichste. Sie lag im Zentrum des spätmittelalterlichen Kupferbergbaus, der um 1480 seine größte Blüte hatte. Die Erzförderung fand erst gegen Ende des 19. Jahrhunderts ihr Ende, für kurze Zeit fuhr man nochmals von 1959 bis 1971 die Gruben auf, doch seither ruht der Bergbau endgültig. Die Prettauer Kupfererze waren wegen ihres hohen Kupfergehalts sehr begehrt und so bedeutend, dass sie alle anderen Kupferminen an den Rand der Existenz brachten. In einem Teil der alten Anlage, noch weiter talaufwärts von Prettau, ein **Schaubergwerk** eingerichtet. Hier beginnt auch ein **Bergbaulehrpfad**, der in Höhen von über 2000 Metern führt. Des weiteren können obertage die Reste alter Schmelzöfen, Bewässerungssysteme und weiterer Anlagen besichtigt werden. Das alte Bergwerk dient daneben auch ganz besonderen Heilzwecken. In einem sogenannten **Klimastollen**, über 1000 Meter im Inneren der Berge gelegen, können sich Personen mit Atemschwierigkeiten und Lungenkrankheiten bei zwei- bis dreistündigem Aufenthalt gut erholen.

Das Pustertal

Im Schaubergwerk

Prettau ist übrigens durch sein Klöppelhandwerk landesweit bekannt. Allenthalben finden sich kleine Läden mit Selbstgeklöppeltem. Das Handwerk entwickelte sich nach der Schließung des Bergwerks, da die Bevölkerung gezwungen war, ein neues Auskommen zu finden. Verbreitet ist auch die Holzschnitzerei.

■ Kasern (Casere)

Hinter dem Weiler **Kasern**, etwas oberhalb des Schaubergwerks gelegen, endet auf knapp 1600 Metern die öffentliche Fahrstraße. Der Name des Ortes kommt nicht von einem Militärobjekt, sondern stammt von althochdeutsch ›chasarum‹, was ›Almhütte‹ bedeutet. Kasern ist ein vielbesuchter Ausgangspunkt für Wanderungen in die Venedigergruppe und insbesondere nach Österreich, zum Krimmler Tauernhaus. Das bekannte Berghotel ›Kasern‹ existiert als Knappenhaus seit dem 15. Jahrhundert, aber schon seit der Antike existierte hier eine Herberge. Von einem Wanderparkplatz lässt sich der oberste Talbereich gut erkunden. Auf gutem Wegen geht es mit geringer Steigung aufwärts, zunächst vorbei an der von Knappen gestifteten Heiliggeistkapelle von 1455, in der sich ein mysteriöses durchschossenes Kruzifix befindet. In der Nähe, auf 1675 Metern, liegt die **Talschlusshütte**, dann geht es ganz angenehm weiter in die Tiefe der Bergwelt hinein, bis zur Kehrenalm (1842 m) und dann auf schmalem Steig empor auf zur **Lahneralm** (1979 m). Hier züngeln schon der Prettaukees und der Äußere Lahnerkees an den Weg heran. Es ist eine Gegend großer Einsamkeit, gewaltig überragt von der 3499 Meter hohen Dreiherrnspitze.

ℹ Das Ahrntal

Vorwahl: 0474.
Naturparkhaus Rieserferner-Ahrn, Rathausplatz 9, 39032 Sand in Taufers, Tel. 677546, www.provinz.bz.it/natur-raum/themen/naturparkhaus-rieserferner-ahrn.asp, Di–Sa 9.30–12.30 und 14.30–18 Uhr.
Tourismusbüro Gais, Ulrich-von-Taufers-Str. 5, 39030 Gais, Tel. 504520, www.gais-uttenheim.com.
Tourismusbüro Mühlwald, Haus Nr. 18a, 39030 Mühlwald-Hauptort, Tel. 653220, www.muehlwald.com.
Tourismusverein Sand in Taufers, Josef-Jungmann-Str. 8, 39032 Sand i.T., Tel. 678076, www.taufers.com.

🛏 ✕

Gasthof Huber, Mühlbach 20, 39030 Gais, Tel. 504120, www.gasthof-huber.com, p. P. im DZ ab 32 €. Naturverbunden, lebensfrohe Geselligkeit. Geheimtipp.
Hotel Burgfrieden, Schloß-Neuhaus-Str. 7, 39030 Gais, Tel. 504117, www.hotelburgfrieden.com; p. P. im DZ 63–83 € (Winterpreise, Sommerpreise bei Redaktionsschluss noch nicht erhältlich).
Gasthof Mösenhof, Kirchgasse 28, 39030 Weißenbach, Tel. 671768, www.moesenhof.com, p. P. im DZ mit Halbpension ab 37 €.
Gasthof zum Turm, Bayergasse 12. 39020 Sand i.T., Tel. 678143, www.zumturm.org. Stilvolles Ambiente.

Gasthof Avinga, St.-Johann-Str. 78, 39020 Sand in Taufers, Tel. 0473/832177, p. P. im DZ 32–38 €, HP möglich. Gutes und gediegenes Haus.

Berggasthof Stallila, 39030 Ahrntal/St. Johann Nr. 66, Tel. 670141, www.stallila.it. Große Terrasse, gemütlich-ländliches Inneres.

Berghotel Kasern, 39030 Ahrntal/Kasern, Tel. 654185, www.kasern.com, p. P. im DZ mit Halbpension ab 55 €.

🏛

Feuerwehrhelm-Museum, Schloss-Neuhaus-Str. 7, 39030 Gais, Tel. 504117, www.firehelmets.eu, Juni bis Mitte Okt. tgl. 10–18 Uhr (gehört zum Hotel Burgfrieden).

Pfarrmuseum, Pfarre 14, 39032 Sand in Taufers, Tel. 678543, Juni bis Mitte Okt. Mi–Sa 16–18, So 10–12 Uhr. Sakrale Kunstwerke aus der Region.

Burg Taufers, 39032 Sand in Taufers, Tel. 678053, www.burgeninstitut.com, ganzjährig außer Weihnachten und Neujahr. Ständige Führungen.

Volkskunst- und Krippenmuseum, Weißenbachstr. 17, 39030 Ahrntal/Luttach, Tel. 671682, www.krippenmuseum.com, ganzjährig an Werktagen 9–12 u. 14–18, So 14–17 Uhr.

Gebrüder Oberkofler-Gedenkstätte, 39030 Ahrntal/St. Johann Nr. 247, Tel. 671178, Ostern bis Ende Okt. Di–So 15–17 Uhr.

Mineralienmuseum, 39030 Ahrntal/St. Johann Nr. 3, Tel. 652145, www.mineralienmuseum.com, April bis Okt. tgl. 9.30–12 u. 15–18.30 Uhr, Nov. bis März tgl. 15–18 Uhr.

Südtiroler Bergbaumuseum im Kornkasten, 39030 Ahrntal/Steinhaus Nr. 99, Tel. 651043, www.bergbaumuseum.it, Anf. April bis Ende Okt. Di–So 11–18 Uhr, Ende Okt. bis Ende März Di–Do 9–12 u. 14.30–18, Fr–So 14.30–18 Uhr.

Schaubergwerk und Klimastollen Prettau, Hörmanngasse 38a, 39030 Ahrntal/Prettau, Tel. 654523, www.bergbaumuseum.it und www.ich-atme.com, Schaubergwerk Ende März bis Ende Okt. Di–So 9.30–16.30 Uhr; der Klimastollen, der nur Heilungssuchenden zugänglich ist, ist Mitte März bis Ende Okt. täglich geöffnet; zwei- bis dreimal tgl. erfolgt die Einfahrt in den Stollen (Voranmeldung erforderlich).

Das Pustertal

Burg Taufers, Bibliothek

Das Hochpustertal und seine Nebentäler

Geographisch gesehen beginnt das Hochpustertal östlich von Bruneck; die Tourismusverbände dagegen bezeichnen nur den Abschnitt östlich von Welsberg als Hochpustertal. Es bildet den nördlichen Zugang zu den Dolomiten, zu den Drei Zinnen, besitzt aber auch besondere architektonische Sehenswürdigkeiten, unter denen die berühmte Stiftskirche in Innichen herausragt.

Das Antholzer Tal (Valle di Anterselva)

Das 21 Kilometer lange Antholzer Tal nimmt seinen Anfang einige Kilometer östlich von Bruneck, an der Pustertalstraße bei Niederrasen (1050 m). Von

dort zieht es sich nordostwärts durch die Rieserfernergruppe bis zur österreichischen Grenze auf dem Staller Sattel (2052 m) hoch.

■ **Niederrasen (Rasun di Sotto)**
Oberhalb des Antholzer Bachs führt die Talstraße zunächst um Niederrasen (Rasun di Sotto) herum, man passiert den markanten **Ansitz Heufler** mit seinen vier Erkertürmchen von 1580, heute ein Schlosshotel. Von hier geht es nach links hoch zur **Ruine Neurasen**, von der man gut das Tal und seine Mündung überblickt. Auf der anderen Talseite liegt die ebenfalls mittelalterliche **Ruine Altrasen**, die man zu Fuß gut in einer hal-

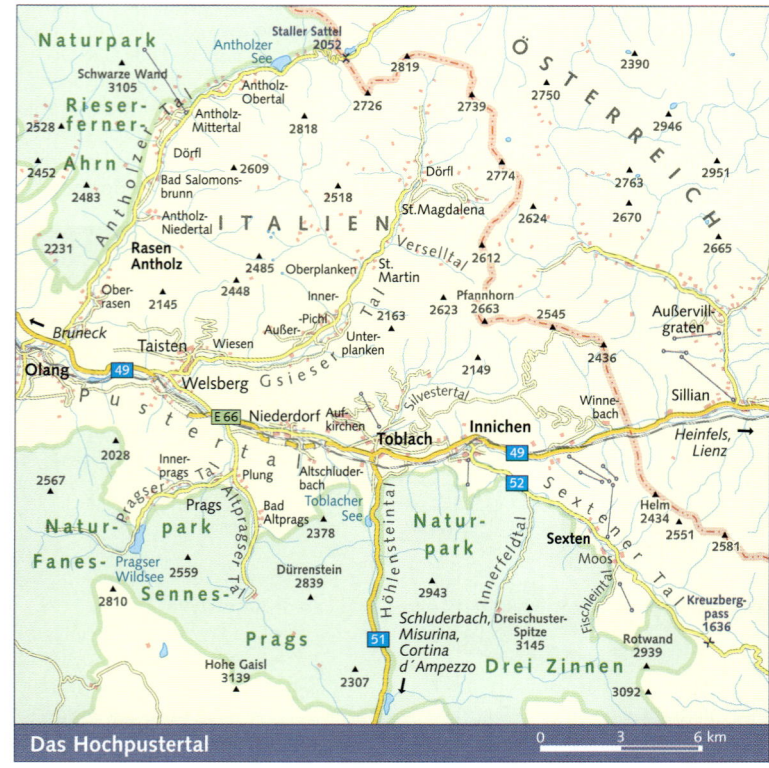

Das Hochpustertal

Ein Teil der Totentanzfresken im Kellerhaus des Gasthauses Wegner

ben Stunde erreichen kann (Weg 20). Die stimmungsvolle Atmosphäre lohnt den Aufstieg.

Kurz vor dem winzigen Bad Salomonsbrunn (Bagni di Salomone) führt die Straße durch ein verlandetes Moor, die **Rasner Möser**. Vom Parkplatz nordöstlich von Oberrasen, am alten Steinbruch, kann man auf einem einstündigen Rundweg das Moor erkunden. Hier gedeiht der Sonnentau, eine fleischfressende Pflanze.

Einige Kilometer weiter talaufwärts geht es um **Niedertal** herum; an der dortigen **Kirche St. Walburg** gibt es ein eindrucksvolles Christophorus-Fresko.

■ Mittertal (Anterselva di Mezzo)

Wenigstens zwei Gründe gibt es, in Mittertal (Anterselva di Mezzo) einen Stopp einzulegen: den Gasthof ›Bruggerwirt‹ und den Gasthof ›Wegner‹. Der **Bruggerwirt** besitzt eine historische Gaststube aus Jahr 1835 mit originalen Wandtäfelungen mit Aposteldarstellungen und aus der gleichen Zeit einen Kachelofen. Besonders sehenswert am **Gasthof Wegner** gegenüber der Pfarrkirche ist der

kleine Weinkeller mit seinem hölzernen Treppenaufgang rechts vom Haupthaus. Wertvoll sind die Fresken von 1696 im Inneren, die vermutlich als ›memento mori‹ nach hier stattgefundenen Trinkgelagen durch einen künstlerisch talentierten Zecher entstanden sind. Acht Figuren sind zu sehen: Papst, König, Pfarrer, Soldat, Bauer, Geldwechsler, Schankmagd und schließlich der Tod – jeder mit einem markanten Spruch. Den Schlüssel zum Keller gibt es im Haupthaus.

Besuchenswert sind auch der **Klammbachfall** zwischen Mittertal und Obertal – aus Mittertal über den Wanderweg 11 zu erreichen – und die **Kumpfler Alm** (1653 m, Jausenstation), von der man einen imposanten Blick über Tal und Berge hat. Dorthin kommt man am besten auf dem Weg 6a über die Eggerhöfe.

■ Der Antholzer See (Lago di Anterselva)

Beim Antholzer See (Lago di Anterselva), auf 1642 Meter Höhe, liegt eine der bedeutendsten Sportanlagen Südtirols, die **Biathlon Südtirol Arena** (www.biathlon-antholz.it). Hier sind bereits

Das Pustertal

Am Antholzer See

dem aus sich die sehr empfehlenswerte, etwa eine Stunde dauernde und sehr entspannende Rundwanderung – **Naturlehrpfad** – um den sehr reizvoll gelegenen See machen lässt.

Ein weiterer Parkplatz liegt an der Enzianhütte an der See-Ostseite.

■ Der Staller Sattel

Hinter dem Antholzer See geht es auf einer recht engeren Straße in vielen Kehren empor zum Staller Sattel. Wegen der Enge ist eine Einbahnregelung eingeführt, gemäß der jeweils bis zur 15. Minute einer jeden Stunde der Verkehr von der Passhöhe herunter fahren darf, zum Pass hoch Richtung Österreich fährt man jeweils von der 30. bis zur 45. Minute einer jeden Stunde. Der Pass ist von 22.15 bis 5.30 Uhr geschlossen, für Wohnwagen und Busse ist die Straße generell gesperrt.

fünf Weltmeisterschaften ausgetragen worden, und jährlich finden hier Biathlon-Weltcuprennen statt. Vor der Arena befindet sich ein großer Parkplatz, von

---

ℹ Das Antholzer Tal

Vorwahl: 0474.

Tourismusverein Antholzer Tal, 39030 Antholz-Mittertal, Tel. 492116, www.antholz.com.

Tourismusverein Rasen-Antholz, 39030 Niederrasen, Tel. 496269, www.rasen.it.

pension ab 66€ (Wintertarife). Sommertarif zur Zeit der Drucklegung noch nicht erhältlich.

Gasthof-Restaurant Bruggerwirt, 39030 Antholz-Mittertal, Tel. 492120, www.bruggerwirt.it, p.P. im DZ mit Halbpension 38–55 €.

🛏 ✕

Santéshotel Wegerhof, Dorfstr. 15, 39030 Antholz-Mittertal, Tel. 492130, www.santeshotel.com, p.P. im DZ mit Halb-

⚠

Camping Antholz, Obertal 34, 39030 Antholz, Tel. 492204, www.camping-antholz.com.

Welsberg und das Gsieser Tal

Kunstgeschichtlich ist Welsberg als Geburtsort des berühmten Barockmalers Paul Troger von großer Bedeutung, touristisch als Zugang ins Gsieser Tal, einem 22 Kilometer langen Nebental des Pustertals. Es ist eines der stilleren Täler Südtirols, doch deshalb nicht von minderem Reiz. Kurioserweise wurde der Weg durch das Gsieser Tal seit der Abtrennung Südtirols 1919 bis zur Herausbildung der

EU-Freihandelszone in den 1970er Jahren intensiv für die Schmugglerei zwischen Österreich und Italien benutzt. Aus Südtirol gelangten Lederschuhe, Polenta und Reis, Leinenstoff und Seidenschürzen nach Österreich, von dort kamen Würfelzucker, Süßstoff, Petroleum, Feuerzeuge und Tabak nach Italien. Groß war der Preisunterschied besonders beim Vieh, und so wurden im Herbst selbst Kühe und Schafe ins Grieser Tal transportiert.

Karte S. 266
▲

■ **Welsberg (Monguelfo)**

Um die Wende vom 19. zum 20. Jahrhundert galt es als ›chic‹, in Welsberg die Ferien zu verbringen. Seit 1871 existierte die 130 Kilometer lange Eisenbahnstrecke durch das Pustertal von Lienz nach Franzensfeste, womit die Gegend von Wien aus über Graz und Villach rasch erreicht werden konnte. Schnell entwickelte sich eine sehr gute Hotellerie, die auch Künstler zur Sommerfrische anzog, so etwa Hugo von Hofmannsthal und Arthur Schnitzler, die 1907 in Welsberg gemeinsam einige Wochen verbrachten. Schnitzler verfasste hier seinen Roman ›Der Weg ins Freie‹, der 1908 erschien. In Welsberg kam 1698 Paul Troger zur Welt, der in Österreich und Bayern als einer der bedeutendsten Freskenmaler seiner Epoche Berühmtheit erlangt hat. Gerühmt wird vor allem seine Kunst des Hell-Dunkels, die Darstellung von Licht und Schatten, von Dämmerungsszenen, von Lichteffekten wie Sonnenstrahlen, Spiegelungen oder Streuungen. Große Werke von ihm sind die Deckenfresken in den **Stiftskirchen** von Melk, Göttweig und Altenburg in Niederösterreich. In seiner Heimat Tirol schuf er nur ein Werk, doch dafür eines seiner größten: die Deckenbemalung des Brixner Doms (1748–1750). Troger starb 1762 in Wien. Eine Büste Trogers ist im Zentrum unweit des Ansitzes aufgestellt, ein großes **Denkmal** bildet die Mitte des Kreisverkehrs am östlichen Ortsausgang. Die **Pfarrkirche** bewahrt drei Altarbilder von ihm, besonders prächtig ist die ›Anbetung der Könige‹ am rechten Seitenaltar, die aufs Schönste Trogers Kunst in der Behandlung von Licht und Schatten zeigt.

Neben der Kirche steht der berühmte gotische **Bildstock** mit Fresken Michael Pachers. Er wurde bei deiner Überschwemmung 1882 von seinem ursprünglichen Standort etwa 200 Meter weiter nordwestlich weggerissen und dabei schwer beschädigt. Nach der Rekonstruktion erhielt er seinen jetzigen Standort.

Von der Ortsmitte in Welsberg führt ein **Schlossrundweg** zu den beiden bedeutenden Burganlagen in der Nähe. In anderthalb Stunden Gehzeit kann man diesen empfehlenswerten Rundweg bewältigen. **Burg Welsperg** stammt aus der Mitte des 12. Jahrhunderts und steht auf einem Berg, der auf drei Seiten steil zum Gsieser Bach abfällt. Ungewöhnlich ist der vergleichsweise hohe und schlanke Bergfried. Bis 1765 war die Burg durchgehend bewohnt, am 17. Mai jenes Jahres wurde sie durch einen Brand zerstört. Danach verfiel sie rasch, wurde aber nach dem Krieg renoviert und dient heute für Ausstellungen, Theateraufführungen und Konzerte.

Den besten Blick auf die Anlage hat man von der Straße nach Gsies aus, etwa anderthalb Kilometer außerhalb von Welsberg.

Der berühmte Bildstock in Welsberg

Ein Pendant zur Burg ist die etwas oberhalb von ihr, unmittelbar an der Straße nach Gsies stehende **Ruine Thurn**, die wie Burg Welsberg von den Herren von Welfsperch errichtet wurde. Sie brannte am gleichen Tag – vermutlich durch Brandstiftung – wie die Burg Welsperg ab, war jedoch schon vorher nicht mehr bewohnt.

■ Taisten (Tesido)

Ein Besuch in Taisten (Tesido) ist für Kunstinteressierte geradezu ein Muss, denn die leuchtend weiße **Pfarrkirche** birgt mit ihren illusionistischen Deckenbemalungen von Franz Anton Zeiller aus dem Jahr 1771 eines der größten Meisterwerke dieser Art. Die ursprünglich gotische Pfarrkirche wurde in jener Zeit vollständig umgestaltet und im Stil des Rokoko neu geformt. Sehr sehenswert ist auch die Kanzel mit ihrem geschwungen Schalldeckel und die barocke Monstranz. Vom Langhaus aus gelangt man in die Erasmuskapelle, der alten Grabstätte der Herren von Welsberg. Das Marienbild auf dem spätgotischen Schlussstein stammt vermutlich von Michael Pacher.

Bild am Kriegerdenkmal in Taisten

Die gotische Friedhofskapelle von 1490 ist meist geschlossen (Schlüssel im Pfarramt) und ist außen mit Fresken Simons von Taisten (um 1450–1515) bemalt. Dieser Künstler heiß eigentlich Simon Mareigl, leitete in Taisten eine Werkstatt und hinterließ insbesondere im Pustertal, im heutigen Osttirol und im westlichen Kärnten verschiedene Altarbilder und Fresken. Er verwendete ausschließlich religiöse Themen, versah seine Bilder dabei fast immer mit Landschaftsdarstellungen. Zu seinen bedeutendsten Werken zählt die Gregorsmesse in St. Jakob in Dietenheim bei Bruneck, das Christophorusfresko in Nasen, Fresken in der Ägidiuskirche von Mitterolang sowie ein Ecce homo im nahen St. Martin im Gsieser Tal.

Neben der Friedhofskapelle befindet sich in einer Art offener Kapelle das **Kriegerdenkmal** von 1950 mit seinem dramatischen Bild des Kriegertods.

Unterhalb der Kirche steht an einer Weggabelung einer der schönsten **Bildstöcke** ganz Südtirols. Bemerkenswert ist die Darstellung einer Kreuztragung mit einem ungewöhnlichen Christusantlitz. Christus wirkt hier wie ein Schuljunge, der etwas angestellt hat, aber nicht so recht weiß, was ihm nun widerfährt.

Von der Pfarrkirche blickt man hinüber in die Ortsmitte, wo die altersgraue **Georgskirche** zwischen reichen Bauerngehöften herauslugt. Sie birgt wertvolle romanische Fresken, die überwiegend von einem Meister Leonhard und teilweise von Simon von Taisten stammen. Mit großartig leuchtenden Farben ist dabei die Apsis gestaltet. Sehr beeindruckend sind auch die Darstellungen der heiligen Georg und Martin. Außen fällt ein riesiges Christophorusbild von Meister Simon auf, unter ihm, durch ein Glas geschützt, befindet sich ein Antlitz Christi. Die Apsis zeigt außen weitere Fresken

Karte S. 266

Georgskirche in Taisten, Detail

des Simon von Taisten. Leider ist die Kirche meist geschlossen, und es gibt außen keinen Hinweis, wo der Schlüssel zu erhalten ist. Man informiere sich daher rechtzeitig beim Tourismusbüro in Taisten (Tel. 950000).

Von ganz anderer Attraktivität ist der **Pyramidenkneippweg Rudlbach**. Er lädt entlang seiner Stationen zur Besinnung ein (Gehzeit 2 Std.). Man parkt dazu am Geigerhof, am Parkplatz Kneippweg östlich von Taisten und nahe des Ortsteils Taistner Wiesen. Besonders originell ist die ›Hühnerleiter‹, ein steiler Steg aus dem Rudlgraben heraus, der aus einem Baumstamm herausgeschnitzt ist.

■ St. Martin (San Martino)

Der Kapuzinerpater Joachim Haspinger (1776–1858) kam in St. Martin (1260 m) zur Welt. Er war politisch aktiv und unterstützte Andreas Hofer im Kampf gegen Franzosen und Bayern, tauchte jedoch rechtzeitig ab und entging so der Verhaftung. Noch 1815 versuchte er, einen Aufstand gegen die bayerische Besatzung zu führen, der aber nicht zustande kam. Nach seinem Tod wurde er neben Andreas Hofer in der Innsbrucker Hofkirche beigesetzt.

Die **Pfarrkirche** von St. Martin birgt ein weiteres Kleinod des Simon von Taisten: ein Ecce homo von 1495.

Von St. Martin verläuft ein ›Brauchtums- und Traditionssteig‹ ostwärts durch das Verselltal hoch zur Tolderhütte (1942 m) und zur Gruber Lenke (2486 m). Auf diesem Steig geht es um die Gsieser Drechsler, die Heilkräuter, Unwetter, Butter und Käse. Diese Trasse ist ein alter Schmugglerpfad.

Wanderern sei der Aufstieg zum 2127 Meter hohen und aussichtsreichen **Hörneckele** empfohlen. Zunächst geht es vom Parkplatz am Karbacher Hof (Jausenstation) durch das Karbachtal (Weg 36) bis zur Leachalm, dann über Weg 52 weiter zum Gipfel (Hin- und Rückweg 5 Std.).

■ St. Magdalena (Santa Maddalena)

Am obersten Talort auf 1400 Metern endet die Fahrstraße für den öffentlichen Verkehr. Sehr sehenswert in St. Magda-

St. Magdalena

Das Pustertal

lena (Santa Maddalena) ist das **historische Museum Voadohuibn** in einem alten Bauernhof. Es bietet Einblicke in das schwere bäuerliche Leben, wie es in früheren Zeiten im Tal Alltag war.

Als besondere Wanderempfehlungen existieren zwei ehemalige **Schmugglerpfade**, entlang derer in alter Zeit der Warenverkehr über die Grenze erfolgte. Einer davon ist heute als ›Bewirtschaftungssteig‹ ausgewiesen und geht durch das Pfoital hinauf zum Schwarzsee (Österreich). Dargestellt sind bäuerliches Brauchtum, Almen, Bergmahd, Heuziehen, Vieh, Sennerinnen und Hirten. Ein eigentlicher ›Schmugglersteig‹ zieht sich über Tscharniet zum Kalksteinjöchl und durch das Roßtal zum Kalkstein.

Die genannten Wege erfordern sämtlich etwas Kondition. Beliebt ist die Halbtageswanderung zur Messnerhütte (via Hinterbergkofelalm) auf 1667 m. Dort lässt es sich gut einkehren, der Rückweg erfolgt über den Grenzweg (Nr. 49).

ℹ️ **Welsberg und das Gsieser Tal**

Vorwahl: 0474.
Tourismusbüro Welsberg, Pustertaler Str. 16, 39035 Welsberg, Tel. 944118, www.welsberg.com.
Tourismusverein Gsieser Tal, St. Martin 10a, 39035 Gsies, Tel. 978436, www.gsieser-tal.com.

Gasthof Kahnwirt, 39030 Gsies-St. Martin Nr. 16, Tel. 978409, www.kahnwirt.it, p. P. im DZ 36–55 €. Geschichtsträchtiger Landgasthof im ältesten Erbhof des Tals.
Hotel Gsieserhof, Magdalenastr. 19, 39030 Gsies-St. Magdalena, Tel. 948035, www.gsieserhof.com, p. P. im DZ mit HP 45–75 €.

Die angegebenen Übernachtungspreise gelten für den Sommer.
Gasthof Sonne, Johannesdamm 1, 39035 Welsberg, Tel. 944164, www.gasthof-sonne.it, p. P. im DZ 25–35 €. Auch mit Halb- und Vollpension möglich.
Gasthof Hubertus, Bahnhofstr. 10, 39035 Welsberg, Tel. 944106, p. P. im DZ 32–40 €.
Hotel Tyrol, Innerpichl 38, 39030 Gsies-Pichl, Tel. 746924, www.hoteltyrol.net, p. P. im DZ mit HP 45–73 €.

🏛️ 📖

Schloss Welsperg, 39035 Welsberg, Tel. 944118, www.schlosswelsperg.com, Juli bis Sept. Mo–Fr 10–13 u. 15–18 Uhr, So nur 15–18 Uhr.
Bauernhofmuseum Voadohuibn, Bergerstraße 41, 39030 Gsies-St. Magdalena, Tel. 948065, www.voadohuibn.com. Auch Ferienwohnungen sowie Kräuter und Kräuterprodukte aus eigenem Garten. Keine offiziellen Öffnungszeiten, unbedingt vorher anrufen.

Zwischen Welsberg und Toblach

Die Toblacher Gegend ist eines der großen Touristenzentren Südtirols. Genau wie Welsberg wurde auch Toblach als Luftkurort nach dem Bau der Pustertaleisenbahn beliebt. Und auch hier hielt sich Prominenz zur Erholung auf. Mit der Plätzwiese und den Pragser Wildsee besitzt Toblachs nähere Umgebung zwei der meistbesuchten touristischen Punkte der nördlichen Dolomiten. Auch die schnelle Erreichbarkeit der Drei Zinnen macht den Ort zum viel frequentierten Touristenpunkt.

■ **Niederdorf (Villabassa)**
Niederdorf (Villabassa) direkt an der Pustertalstraße wird meist ohne Halt umfahren. Es lohnt sich aber ein kurzer Stopp, einerseits wegen der **Annakapelle**, einer gotischen Doppelkapelle, deren unterer Teil Totenkapelle ist, andererseits wegen der **St. Magdalenenkapelle** mit Chorfres-

ken des Simon von Taisten. Einen Blick ist auch das **Fremdenverkehrsmuseum** wert. Es schildert die Entwicklung des Tourismus im Tal, den Bau der Eisenbahn und die Rolle der Wirtshäuser für diese Prozesse. Im Ort gibt es einen **Kneipp-Aktivpark** mit Freiluftinhalatorium und Trinkpavillon an einer Mineralquelle.

■ Pragser Tal (Valle di Praies)

Bei Welsberg mündet von Süden her das Pragser Tal (Valle di Praies) in das Pustertal ein. Erster Talort ist **Plung**, hinter dem sich das Tal gabelt. Sein östlicher Zweig nennt sich hier Altpragser Tal. Biegt man an der Gabel in dieses Tal ab, erscheint nach wenigen Kilometern auf der linken Seite der gewaltige, jedoch sehr ruinöse Komplex des vormaligen Kurhauses von **Bad Altprags** (1370 m). Bereits im 16. Jahrhundert wurde die hier um 1490 zufällig entdeckte Quelle zu Heilzwecken genutzt. Seine Blütezeit hatte Altprags in der zweiten Hälfte des 19. Jahrhunderts. Oft wurde es als das ›Tiroler Gastein‹ bezeichnet. Neuprags und das Hotel am Pragser Wildsee machten ihm aber zusehends Konkurrenz, und seit 1950 befindet sich das Anwesen in fortschreitendem Verfall.

Verblichene Pracht: das frühere Kurhaus in Bad Altprags

Ein Teil des Kneipp-Aktivparks in Niederdorf

Eine beliebte Wanderung beginnt in Altprags und geht zum 1954 Meter hohen Allwartstein empor. Sie ist nicht allzu anstrengend, erfordert nur in den höheren Lage Achtsamkeit. Für Kinder ist sie daher ungeeignet (Hin- und Rückweg 4 Std.). **Bad Neuprags** liegt im Gemeindeteil Innerprags, nahe St.Veit. Seine Quelle wurde erstmals 1690 erwähnt. In der ersten Hälfte des 19. Jahrhundert galt das Neupragser Wasser besonders bei Augenleiden als Hilfe. Bis 1936 bestand ein regulärer Badebetrieb unter privater Regie, danach wurde das Bad verstaatlicht, nach dem Krieg übernahm es die katholische Kirche für wenige Jahre als Sommerresidenz, bis auch Neuprags zu verfallen begann. Heute ist es in den Karten nicht einmal mehr erwähnt.

■ Plätzwiese

Fährt man das Altpragser Tal hoch, erreicht man am Gasthof ›Brückele‹ einen Schlagbaum. Die Weiterfahrt ist zwischen 9 und 16 Uhr nur mit dem Wanderbus möglich, erst nach 16 Uhr ist die private Weiterfahrt gegen eine Gebühr erlaubt. Die serpentinenreiche Straße führt zur **Plätzwiese**, einem viel-

Das Pustertal

besuchten und zauberhaften Wandergebiet auf knapp 2000 Metern. Nicht allzu schwierig ist die Tour von dort zu den **Strudelköpfen** (2307 m), von wo man einen überwältigenden Blick auf die Drei Zinnen und den Zwölferkofel hat. Man muss aber etwas achtgeben, da die Wege teils schlecht markiert sind. Vom Gasthof ›Plätzwiese‹ geht es zunächst über eine alte Militärstraße bis zur Dürrensteinhütte (2020 m), dann über den Weg 34 hoch zu den Strudelköpfen, deren höchster das sogenannte Heimkehrerkreuz bekrönt (Hin- und Rückweg 4 Std.).

Ähnlich unanstrengend und genauso lohnend ist der Weg zum **Rautkofel** (2204 m). Er beginnt wie die schon genannte Tour, doch zweigt man noch unterhalb der Dürrensteinhütte in die andere Richtung zunächst abwärts, dann zum Knollkopf hoch, wo man an Resten von Militärstellungen aus dem Dolomitenkrieg vorbeikommt. Von dort braucht man noch etwa 45 Minuten zum Rautkofel, wo sich ein großartiger Blick über den Monte Cristallo bietet (Hin- und Rückweg 4 Std.).

Auf der Plätzwiese befindet man sich nahe dem Ostrand des **Naturparks Fanes-Sennes-Prags**. Er erstreckt sich über 256 Quadratkilometer und zieht sich westwärts bis nach Enneberg im Gadertal, wo sich das Naturparkhaus befindet.

■ Der Pragser Wildsee (Lago di Braies)

Dank seiner idyllischen Lage tief im Kessel, umgeben von Roßkopf und Seekofel, gehört der 31 Hektar große Pragser Wildsee (Lago di Braies, 1494 m) am oberen Ende des Pragser Tals zu den meistbesuchten Attraktionen Südtirols. Er entstand vor etwa 1000 Jahren durch einen Murenabgang, bei dem eine aufstauende Schuttmauer gebildet wurde. Oft ist der See Thema in Sagen. Denn von hier aus sollen die unterirdischen Regionen des geheimnisvollen Reichs der Fanes zugänglich gewesen sein. Das Tor dorthin soll sich am Südende des Sees befunden haben. Die Geschichte vom Fanesreich ist gleichsam ladinisches Nationalepos.

Das 1899 eröffnete **Hotel am Pragser Wildsee** geriet 1945 kurz in die Weltpolitik. Denn seit 1944 hatte Heinrich Himmler angesichts der unausweichlichen Niederlage verschiedene prominente politische Häftlinge des NS-Systems wie Kurt Schuschnigg, Martin Niemöl-

▲ *Blick zum Strudelkopf*

ler, Léon Blum sowie Angehörige der Familien Stauffenberg und Goerdeler aus den Konzentrationslagern holen und im April 1945 nach Niederdorf ins Pustertal bringen lassen. Da die heraneilenden Amerikaner sie nicht lebend vorfinden sollten, stand ihre Ermordung unmittelbar bevor. Dem Wehrmachtshauptmann Wichard von Alvensleben (1902–1982) gelang jedoch am 30. April die Befreiung der Häftlinge, da er in eigener Initiative zusammen mit SS-Obergruppenführer Karl Wolff, der sich für die geplante Exekution später nicht verantworten wollte, den kampflosen Abzug der lokalen SS-Einheiten in die Wege leiten konnten. Zu ihrem persönlichen Schutz wurden die Häftlinge ins Hotel am Pragser Wildsee gebracht. Am 4. Mai erreichten die Amerikaner den Pragser Wildsee, und die Häftlinge erhielten ihre Freiheit.

Sagenumwoben: der Pragser Wildsee

Man sollte unbedingt den See umwandern, wozu man etwa anderthalb Stunden benötigt. Die gewaltige Nordwand des Seekofels sowie die großartigen Felsabstürze des Herrsteins machen den leichten Spaziergang zu einem großartigen Erlebnis. Wer es etwas weiter möchte, zweigt in der Südwestecke des Sees durch das Grünwaldtal Richtung **Hochalpenhütten** (2114 m) ab. Es ist eine lange, aber nicht anstrengende Route. Zwar benötigt man für den Hin- und Rückweg den ganzen Tag, aber die fantastischen Blicke lohnen diesen Zeitaufwand, besonders wenn man noch zum Hochalpensee (2300 m) weitergeht.

Schwieriger ist der Weg zum **Hochalpenkopf** (2542 m), denn 1000 Meter Höhenunterschied erfordern eine gute Kondition. Dafür sind die Blicke ins Pustertal und über die Dolomiten atemberaubend (6–7 Std.).

Sehr empfehlenswert ist die Tour über den **Kühwiesenkopf** (2140 m) und den **Pragser Berg**, einem langen Kamm, hin-

ab nach Schmieden und von dort mit dem Bus (Mitte Juni bis Mitte Sept. tgl. 8.30–19.30 Uhr) zurück. Die Route oberhalb des Pragser Tals bietet herrliche Naturimpressionen, ist aber auch etwas anstrengend (6 Std.).

Toblach (Dobbiaco)

In einer breiten Talweitung, dem Toblacher Feld, liegt mit Toblach (Dobbiaco) einer der ehemals berühmtesten Kurorte Alt-Österreichs. Seit 1871 entstand hier, eingeleitet durch den Bau der Pustertalbahn, einer der bedeutendsten Begegnungsorte der ›Belle Époque‹. Schon 1885 war das Grand Hotel fertiggestellt, in dem sich bis zum Ersten Weltkrieg der europäische Hochadel immer wieder einfand. Im Ersten Weltkrieg geriet Toblach unter Beschuss, ein großer Teil des Ortes wurde zerstört – zu nahe lag die Dolomitenfront. Heute ist Toblach (1250 m) sowohl im Winter als auch im Sommer das größte Touristenzentrum in Südtirols Nordosten.

Das Pustertal

■ Sehenswürdigkeiten

Es gibt trotz der Kriegszerstörungen eine Reihe von Sehenswürdigkeiten. Als erstes ist die große barocke **Pfarrkirche** zu nennen, die 1782 auf den Mauern einer älteren gotischen Kirche entstand. Sehenswert sind die reichgezierte Kanzel und der Renaissance-Taufstein und insbesondere die großartigen Fresken des Franz Anton Zeiller. Vor der Kirche befindet sich ein eindrucksvolles **Denkmal** für den Komponisten Gustav Mahler, der die Sommer 1908 bis 1910 im nahen Altschluderbach verbracht hat. An der Kirche beginnt auch Tirols ältester **Kreuzweg** von 1519, er zieht sich mit fünf bildstockartigen Kapellen über die Maximilianstraße bis zur Kapelle St. Joseph hin.

Nördlich der Kirche steht der **Ansitz Herbstenburg** aus dem 15. Jahrhundert, der sich in Privatbesitz befindet und nicht zugänglich ist. Hier hielt sich Kaiser Maximilian I. 1508 und 1511 auf. Etwas westlich davon befindet sich als letzter Rest einer spätmittelalterlichen Stadtbefestigung der gedrungene **Rote Turm**, ein niedriger Viereckturm mit Pyramidendach aus dem Jahr 1430. Höchst beeindruckend ist der am südlichen Ortsrand gelegene Komplex des ehemaligen **Grand Hotels** (1885). Nach dem Ersten Weltkrieg begann der Niedergang des Traditionshauses, das die unterschiedlichsten Nutzungen erfuhr. Heute dient es als Kongress- und Kulturzentrum, ist Veranstaltungsort, einige Teile sind Jugendherberge, es gibt das Naturparkhaus Drei Zinnen, eine Musikschule, Ferienwohnungen der katholischen Kirche und weitere Einrichtungen.

■ Die Umgebung

Gustav Mahler verbrachte die letzten drei Sommer seines Lebens im damaligen Ansitz Trenker in **Altschluderbach**, nur etwa zwei Kilometer westlich von Toblach. Er ließ sich in geringer Entfernung vom Haus ein winziges Komponierhäuschen bauen, wo seine Neunte, die (unvollendete) Zehnte und das ›Lied von der Erde‹ entstanden. Der Ansitz Trenker nennt sich heute **Gustav-Mahler-Stube** (mit Restaurant). Leider lässt die Wirtsfamilie seit einigen Jahren die Besichtigung der originalen damaligen Wohnräume Mahlers nicht mehr zu, und insbesondere verfällt das Komponierhäuschen immer mehr, da die Wirtsfamilie drumherum einen Wildpark eingerichtet hat. Das Häuschen kann zwar besichtigt werden,

Karte S. 266

▲ *Das frühere Grand Hotel in Toblach*

Das Ostufer des Toblacher Sees

doch dort, wo Mahler einst seine unvergänglichen Werke schuf, hausieren heute Hühner und anderes Kleinvieh. Gegen diesen bedauerlichen Akt der Ignoranz erheben der örtliche Tourismusverband und die Gustav-Mahler-Gesellschaft immer wieder, jedoch erfolglos Einspruch. Toblach ehrt Gustav Mahler durch die alljährlichen Gustav-Mahler-Musikwochen (www.gustav-mahler.it).

Im Ortsteil **Aufkirchen** (Nordwesten) ist die gotische **Wallfahrtskirche** von 1475 sehenswert. Außen prangt ein gewaltiger Christophorus von Simon von Taisten.

■ **Wanderungen rund um Toblach**

Für Wanderer gibt es nördlich von Toblach zwei Geheimtipps. Die eine Wanderung nimmt ihren Ausgang am Parkplatz Kandellen und führt durch das Silvestertal zur **Silvesteralm** (1800 m). Nicht weit liegt die Silvesterkapelle, eine abgeschiedene Bergkapelle mit schönen Fresken. Vor Kandellen liegt der Gasthof ›Enzianhütte‹, der früher durch die Fülle an selbstgebrannten Kräuterschnäpsen bekannt war. Leider ist seit 1987 die Brennerei eingestellt. Es ist eine recht bequeme Tour.

Eine zweite Wanderung ist etwas anstrengender: Sie beginnt am Parkplatz Hofer oberhalb von Kandellen und führt über den Toblacher Höhenweg durch das Golfental hoch zum **Toblacher Pfannhorn** (2663 m) mit überwältigender Sicht auf Dolomiten, Pustertal und Osttirol. Den Rückweg kann man alternativ über die Bonner Hütte nehmen. Es ist etwas anstrengend, dauert etwa einen ganzen Tag, lohnt aber wegen der prächtigen Fernsichten.

Sehr lohnend ist auch die Wanderung auf einem **Naturlehrpfad** um den kleinen **Toblacher See** im Süden des Orts. Man parkt am besten am Seehotel, bleibt zunächst auf dem Weg direkt an der Ostseite des Sees, also nahe der Straße, biegt etwa 300 Meter nach dem Seeende durch das Seemoos rechts ab und geht am westlichen Seeufer zurück (1 Std.). Um den See trifft man auf verschiedene Bunkersysteme des Alpenwalls aus der Mussolinizeit.

Wer nicht wandern will, kann alternativ auf den **Kletterpark** in der Sportzone Neutoblach ausweichen (www.abenteuerpark.it), den größten seiner Art im Pustertal.

Das Pustertal

Gustav Mahler in Toblach

Gustav Mahler zählt zu den bedeutendsten Musikern seiner Zeit, wurde allerdings anfangs weniger als Komponist, sondern als Dirigent geschätzt. Gustav Mahler kam am 7. Juli 1860 in Kalischt in Böhmen zur Welt und verbrachte seine Jugend im nahen mährischen Iglau. Der begabte Junge bezog schon 1875 das Wiener Konservatorium und hatte 1880 seine erste Stellung als Kapellmeister im salzburgischen Bad Hall inne. Ihr folgten Engagements in Laibach (heute Ljubljana), Olmütz (heute Olomouc), Prag und Leipzig. Eine wirklich bedeutende Position erhielt Mahler 1888 als Direktor der Budapester Königlichen Oper, der 1891 die Leitung des Stadttheaters Hamburg folgte, damals wie heute das wichtigste Opernhaus im norddeutschen Raum.

1897 avancierte Mahler zum musikalischen Leiter der Wiener Hofoper, dem damals bedeutendsten Opernhaus im deutschen Sprachraum. Er leitete die Hofoper zehn Jahre lang und wurde in dieser Stellung zu einem der wichtigsten Operndirigenten der Epoche. Mahler war ein Workaholic, die Jahre als Opernchef waren eine Zeit intensivster musikalischer Arbeit. Neben den Einstudierungen und Aufführungen des Opernbetriebs dirigierte Mahler verschiedene europäische Orchester. In den Sommermonaten, in der spielfreien Zeit, widmete er sich seinen eigenen Werken. Dafür zog er sich nach Kärnten zurück, nach Maiernigg an den Wörthersee, wo er sich für das Komponieren ein kleines Häuschen oberhalb des Sees erbauen ließ. In den neun Maiernigger Sommern entstanden seine vierte bis achte Symphonie. Lange schon während interne Querelen am Theater – Mahler war Jude und wurde immer wieder antisemitisch angefeindet – ließen ihn im Mai 1907 seinen Vertrag mit der Oper lösen. Als unerwartet seine fünfjährige Tochter Maria Anna einige Monate später an Diphtherie starb, geriet er in eine starke innere Krise. Bei einem Arztbesuch wurde ein schweres Herzleiden festgestellt, was den sehr labil gewordenen Künstler depressiv werden ließ. Nun stürzte sich Mahler noch mehr in die Arbeit, schloss mit der Metropolitan Oper in New York einen Dirigentenvertrag ab und pendelte mehrmals jährlich mit dem Schiff hin und her. Er mochte die spielfreie Zeit aber nicht mehr in Kärnten verbringen, sondern wählte für den Sommer 1908 Toblach, damals einer der elegantesten Kurorte des Habsburgerreichs. Im Haus des Gastwirts Trenker in Altschluderbach, am Nordrand der Dolomiten, verbrachte er zusammen mit seiner Frau Alma und der ihm verbliebenen jüngeren Tochter Anna Justine die Sommermonate. Er mietete dabei das ganze Obergeschoss. Auch hier ließ er sich ein Komponierhäuschen bauen, etwa 200 Meter vom Gasthaus entfernt.

Mahler hatte inzwischen acht Symphonie vollendet; er fürchtete, dass die Neunte – wie bei Beethoven und Bruckner – die letzte sein könnte und gab daher dem 1908 in Toblach komponierten Werk den Namen ›Das Lied von der Erde‹. Eigentlich ist es auch gar keine Symphonie, sondern eine einstündige Folge von sechs Orchesterliedern für Alt und Tenor auf Worte des altchinesischen Dichters Li Tai-Bo. Mahler befand sich in diesem Sommer in sehr düsterer Stimmung, ihn plagte die Angst eines nahen Endes. Das spürt man auch im ›Lied von der Erde‹, das das Leben aus verschiedenen Perspektiven und schließlich den Abschied vom Leben thematisiert. Doch Mahler feierte während seiner Amerika-Aufenthalte unerhörte

Gustav Mahler im Jahr 1909

Triumphe. Seine Interpretationen fremder wie auch die seiner eigenen Werke wurden begeistert aufgenommen. Langsam gewann er den früheren Lebensmut zurück. Und daher gab er dem Sommer 1909 entstehenden neuen Werk wieder den Namen Symphonie und – fast mit Übermut – die Nummer 9.

Mahlers Neunte ist ein Werk, das harmonisch-kontrapunktisch radikal den Weg in die sogenannte Neue Musik, hin zu Schönberg und Webern, frei macht. Gedanklich ist es wiederum eine Auseinandersetzung mit dem Sein. Für eine Symphonie ungewöhnlich, endet es mit einem langen Adagiosatz. Obwohl die Musik dieses Adagios sehr zuversichtlich klingt, schien sich Mahler in diesem Satz im letzten, im besten Wortsinn verlöschenden Schlusstakten dennoch des kommenden Endes bewusst zu werden, doch in überirdischer Schönheit, ohne Angst, im Bewusstsein des auf ihn harrenden Paradieses. Auch im Herbst 1909 reiste Mahler wieder in die USA. Die künstlerische Zusammenarbeit an der Met und mit den New Yorker Philharmonikern verschlechterte sich jedoch in der ersten Hälfte des Jahres 1910. Mahlers Art der Einstudierung wurde als zu herrisch abgetan, der Choleriker Mahler soll wiederholt ausfallend gegen Musiker geworden sein. Auch unerfüllte Gagenforderungen spielten wohl eine Rolle. So reiste er im Juni 1910 ziemlich erschöpft in die Toblacher Sommerfrische, um seine neue Symphonie, die Nr. 10, fertigzustellen. Aber es war ihm in Toblach unmöglich, innere Ruhe zu finden, im Gegenteil, in diesem Jahr wurde Mahler vollständig aufgerieben. Denn seine 20 Jahre jüngere Ehefrau Alma (1879–1964), die sich von ihm vernachlässigt fühlte, hatte ein Verhältnis mit dem Architekten Walter Gropius (1883–1969) angefangen, was Mahler nervlich völlig zerrütten ließ. Alma war zunächst nicht mit Mahler nach Toblach gekommen, sondern kurte seit Mai mit ihrer Tochter in Tobelbad bei Graz, wo sie Gropius kennenlernte. Dieser schrieb Alma einen leidenschaftlichen Liebesbrief, sandte ihn jedoch wegen einer Adressverwechslung nach Toblach zu Gustav Mahler. Der war gerade mitten in der Komposition seiner Zehnten Symphonie und erlitt einen Zusammenbruch. Wer die Partitur der unvollendet gebliebenen Zehnten aufschlägt, sieht über die einzelnen Sätze seltsame Worte Mahlers gekritzelt. Was damals im Toblacher Komponierhäuschen entstand, bezeugt die schwerste existentielle Krise des Künstlers. Da heißt es »Für dich leben, für dich sterben, Almschi«, dann »O Gott, O Gott, warum hast du mich verlassen?« und »Der Teufel tanzt es mit mir. Wahnsinn faßt mich an, mich Verfluchten. Vernichte mich, daß ich vergesse, daß ich bin.« Mahler befand sich in zutiefst verletzter, aufgewühlter Stimmung und eilte am 25. August 1910 ins holländische Leiden zu Sigmund Freud, um bei ihm Rat einzuholen. Doch das kurze Treffen war für beide unergiebig. Mahler war innerlich unfähig, sich Freud gegenüber zu öffnen, und fuhr am 28. zurück nach Toblach. Die Zehnte blieb liegen. Mahler, der sonst sehr rasch arbeitete, war es aufgrund der Anspannungen nicht gelungen, sie fertigzustellen. Nur den ersten Satz konnte er fertig instrumentieren, die anderen liegen nur als Particell vor.

Mehrere Komponisten vollendeten in der zweiten Hälfte des 20. Jahrhunderts die Zehnte, doch der Hörer spürt, dass auch das Adagio für sich allein stehen kann. Kein Werk der Musikgeschichte ist so voller Verzweiflung, gegen Ende des Satzes lässt Mahler in unerhörter Klangkatastrophe alle zwölf chromatischen Töne in allen Instrumenten gleichzeitig ertönen. Der Satz endet verklärt, doch man spürt die Vernichtung seines Schöpfers. Mahler musste sich jetzt in eine ganz andere Arbeit zwingen: Am 3. September 1910 verließ er Toblach und reiste nach München, wo für den 12. September die Aufführung seiner Achten angesetzt war. Sie wurde später wegen ihres riesigen Instrumentariums und der Chormassen ›Symphonie der Tausend‹ genannt. Diese Aufführung wurde zu seinem letzten und vielleicht größten musikalischen Triumph überhaupt.

Alma pflegte derweil weiterhin den Kontakt zu Gropius, doch verließ sie zusammen mit ihrem Mann Mitte Oktober Europa, um mit ihm in die Konzertsaison nach New York zu fahren. Mahlers Kraft war verbraucht, aber er verausgabte sich bis zum letzten in dieser Konzertsaison. Immerhin konnte er den Streit mit den New Yorker Philharmonikern im Januar 1911 beilegen. Aber es war zu spät. Gesundheitlich kaum noch in der Lage, sich auf den Beinen zu halten, dirigierte er am 21. Februar 1911 mit fast 40 Grad Fieber sein letztes Konzert in Amerika. Nun stellten die Ärzte eine Herzinnenhautentzündung (Endokarditis) fest; sein ohnehin schwaches Herz hatte sich, vielleicht schon 1910 in Toblach, eine Streptokokkeninfektion zugezogen. Kurz ging die Entzündung zurück, so dass er zusammen mit Alma erst am 8. April nach Europa zurückfuhr. Almas Verhältnis mit Gropius dauerte an: Sie stand mit ihm seit Oktober unter ›postlagernd New York‹ in Verbindung. Mahler schien es aber nicht mehr zu interessieren, er gab sich im Bewusstsein des nahen Endes keinen ihn zu sehr bedrängenden Gedanken mehr hin. Am 18. April erreichten beide Paris, wo Mahler einen Herzspezialisten aufsuchte. Dieser wies Mahler ihn in eine Klinik ein, in der er bei ständiger Verschlechterung des Zustands bis zum 11. Mai blieb. Der Todkranke entschied sich dann für die Heimreise nach Wien, wo er am 12. Mai eintraf. Nachdem zwei Tage später eine Lungenentzündung hinzugetreten war, fiel Gustav Mahler ins Koma, aus dem ihn in der Nacht vom 18. auf den 19. Mai der Tod erlöste. Sicherlich wäre Mahler mit seinem schwachen Herz keine 80 Jahre alt geworden, doch zweifellos hat das, was er in Toblach innerlich durchgemacht hatte, sein Ableben beschleunigt.

Als Symphoniker steht Mahler am Ende einer langen Reihe, die mit Haydn, Mozart und Beethoven begann. In Mahlers Tonsprache manifestiert sich große innere Zerrissenheit und Weltschmerz, doch dies wird in einzigartiger Form zu höchstem künstlerischem Ausdruck gebracht. In seinen letzten Werken erreichte er eine Expressivität des Ausdrucks, mit der er das Tor zum 20. Jahrhundert weit aufstieß. Sein Biograph Kurt Blaukopf nannte ihn daher ›Zeitgenosse der Zukunft‹.

Toblach und Umgebung

Vorwahl: 0474.

Tourismusverband Hochpustertal, Dolomitenstr. 29, 39034 Toblach, Tel. 913156, www.hochpustertal.info. Dachverband der Tourismusvereine.

Inhaber der **Drei Zinnen Card** können Museen, sportliche Einrichtungen und auch die öffentlichen Verkehrsmittel kostenlos nutzen. Sie kostet pro Person für 7 Tage 42 €, es gibt auch günstige Familienkarten (www.hochpustertal.info). Erhältlich z.B. beim Tourismusverband.

Tourismusverein Prager Tal, Außerprags 78, 39030 Prags, Tel. 748660, www.pragsertal.info.

Tourismusverein Niederdorf, Bahnhofstr. 3, 39039 Niederdorf, Tel. 745136, www.niederdorf.it.

Tourismusverein Toblach, Dolomitenstraße 3, 39034 Toblach, Tel. 972132, www.toblach.info.

Gasthof Dolomiten, Schmieden 39, 39030 Prags, Tel. 748677, www.gasthof-dolomiten.com, p.P. im DZ mit Halbpension ab 40 €.

Berggasthof Plätzwiese, Außerprags 58, 39030 Prags, Tel. 748650, www.plaetzwiese.com, p.P. im DZ ab 40 €, mit HP ab 52 €.

Berggasthof Moserhof, Innerprags 31, 39030 Prags, Tel. 748653, www.moserhof-prags.com, p.P. im DZ je nach Saison 25–50 €.

Hotel Pragser Wildsee, St. Veit Nr. 27, 39030 Prags, Tel. 748602, www.lagodibraies.it, p.P. im DZ mit HP 52–64 €.

Parkhotel Bellevue, Dolomitenstr. 23, 39034 Toblach, Tel. 972101, www.parkhotel-bellevue.com, p.P. im DZ mit Halbpension 80–115 €. Über 100 Jahre altes Traditionshaus mit individueller Atmosphäre, eine der ersten Adressen im Hochpustertal. Eigener Park, eigenes Hallenbad, privat geführte Sonderwan-

derungen für die Hotelgäste in die Dolomiten, vorzügliche Küche. Empfehlung des Autors.

Pizzeria Hans, Pustertaler Str. 9, 39034 Toblach, Tel. 972187, www.pizzeria-hans.com. Sehr gut bei Niveau, Qualität und Preiswürdigkeit. Ohne Vorbestellung ist meist kein freier Platz zu ergattern. Neben Pizza und Pasta gibt es eine Fülle auch anderer Speisen. Ein kulinarischer Höhepunkt des oberen Pustertals.

Camping Toblacher See, Toblacher See 3, 39034 Toblach, Tel. 973138, www.toblachersee.com; zum Campingplatz gehört das vorzügliche Restaurant ›Seeschupfe‹ (Tel. 972294)

Camping Olympia, Campingstraße 1, 39034 Toblach, Tel. 972147, www.camping-olympia.com.

🏛

Fremdenverkehrsmuseum, Hans-Wassermann-Str. 8, 39039 Niederdorf, Tel. 745133, www.niederdorf.eu, Dez. bis Feb. und Mai/Juni Fr–So 16–19, Sa 9–12 u. 16–19 Uhr; Juli bis Sept. und Weihnachten Di–So 16–19 Uhr.

Naturparkhaus Drei Zinnen (Sextener Dolomiten) und Fanes-Sennes-Prags (Tel. 973917) im Grand Hotel, Dolomitenstr. 31, 39034 Toblach, Tel. 973917, www.provinz.bz.it/naturparke, Mai bis Okt., Weihnachten und März Di–Sa 9.30–12.30 und 14.30–18 Uhr, Juli/Aug. 9.30–12.30 und So–Do 14.3–22 Uhr. Sehenswert sind vor allem das Freigelände mit der WaldWunderWelt und das Baumdorf.

Kulturzentrum Grand Hotel Toblach, Dolomitenstraße 31, Tel. 976151, www.grandhotel-dobbiaco.com, Mo–Do 8–17, Fr 8–16 Uhr.

Schaukäserei Drei Zinnen, Pustertaler Str. 3/C, 39034 Toblach, Tel. 971300, www.3zinnen.it.

Das Pustertal

Innichen und das Sextener Tal

Südtirols äußerster Nordosten wartet mit wundervollen Architekturdenkmalen und herrlicher Natur auf. Unter diesen Sehenswürdigkeiten ragen die berühmte Stiftskirche von Innichen, die schönste romanische Kirche Südtirols, und das Panorama der Sextener Dolomiten mit den Drei Zinnen heraus.

■ Innichen (San Candido)

Die Geschichte des Ortes Innichen (San Candido) geht auf das 8. Jahrhundert zurück. 769 schenkte Baiernherzog Tassilo III. dem Abt Atto von Scharnitz das Hochpustertal und beauftragte ihn mit der Gründung eines Benediktinerklosters. Damit wurde das spätere Innichen zu einer der frühesten Siedlungen Tirols. Als Abt Atto 783 Bischof von Freising wurde, geriet auch Innichen in dessen Herrschaftsbereich. Dort blieb es bis zur Säkularisierung 1803, nachdem es 1143 in ein Kollegiatstift umgewandelt worden war. Die Bewohner waren seitdem ›weltliche‹ Geistliche, die Kanoniker genannt werden, keine Mönche waren und keinem Orden angehörten.

Innichen ist Geburtsort des Baumeisters Bartlmä Firtaler (um 1480–um 1535). Er wurde durch seine phantasievollen Gewölbekonstrukte berühmt; allerdings befindet sich keine seiner Schöpfungen auf Südtiroler Boden, fast alle sind in Kärnten zu finden, beispielsweise die Andreaskirche in Laas, die Pfarrkirche Kötschach und die Wallfahrtskirche Maria Luggau. Die **Stiftskirche** ist zweifellos die Hauptsehenswürdigkeit des Orts. Von der ersten Kirche aus dem 8. Jahrhundert ist nichts erhalten. 1143 wurde der Bau der romanischen Kirche begonnen. Ihre jetzige Gestalt stammt aus der zweiten Hälfte des 13. Jahrhunderts, da sie um 1200 abgebrannt war. Der Glockenturm wurde von 1323 bis 1326 erbaut.

Die Kreuzigungsgruppe in der Stiftskirche

Schon das Äußere ist überwältigend. Im Tympanon im Südportal thront Christus, umgeben von den Symbolen der vier Evangelisten, darüber sieht man ein großes Fresko des Michael Pacher, das Kaiser Otto II. zwischen den beiden Heiligen Korbinian und Candidus zeigt. Vor dem Südportal steht ein modernistisches, jedoch höchst interessant gestaltetes Gefallenendenkmal. Das Tympanon des Nordportals zeigt nochmals diese beiden Heiligen, jedoch in einer Darstellung von 1909 von Alfons Siber. Durch das eher schlichte Westportal betritt man die gotische Vorhalle, von der aus man durch ein eindrucksvolles Rundbogenportal ins eigentliche Kircheninnere kommt. Links in der Vorhalle befindet sich die Nothelferkapelle von 1524, an der rechten Wand der Vorhalle geht es durch eine gotische Tür hinauf zur Dorotheenkapelle mit einem Christusfresko des Meisters Leonhard aus Brixen. Ungemein beeindruckend

Karte S. 266
▲

ist die erhabene, archaische Atmosphäre des dreischiffigen Innenraums. Der Chor ist erhöht und wird durch die großartige Kreuzigungsgruppe aus der Zeit um 1280 geprägt. Christus ist hier nicht als gequälter Mensch dargestellt, sondern fast selbstbewusst als Sieger über Leid und Tod. Ungewöhnlich ist, dass Christi Füße auf dem Kopf Adams stehen. Die Krypta unter dem Chor liegt im schimmernden Halbdunkel und wird von zehn Granitsäulen getragen. An der Westseite befindet sich die schlanke, langgezogene Figur des heiligen Candidus aus der Zeit um 1265.

Größtes Kunstwerk der Kirche sind die Kuppelfresken aus der Zeit um 1280. Sie zeigen die Schöpfungsgeschichte voll Farb- und Formreichtum. Sie beginnt an der Ostseite, wo Gott Licht und Finsternis scheidet – gegenüber endet die Schöpfungsgeschichte mit der Erschaffung von Adam und Eva und deren Vertreibung aus dem Paradies.

Zur Stiftskirche gehört das nahe **Stiftsmuseum** im sogenannten Archivgebäude, das in Teilen auf das 10. Jahrhundert zurückgeht. Sehr sehenswert ist der **Friedhof** um die Stiftskirche mit vielen interessanten Grabmalen.

Gleich bei der Stiftskirche steht die barocke **Pfarrkirche St. Michael**. Sie wurde ebenfalls im romanischen Stil errichtet, aber in der Barockzeit völlig neu erbaut. Vom Vorgängerbau blieb nur der Turm, der eine barocke Zwiebelhaube erhielt. Sehr schön sind die Fresken von Anton Mayr im Inneren. Sie zeigen unter anderem Szenen aus dem Leben des Kirchenpatrons. Sehenswert ist die verspielte Brüstung der Orgelempore.

Zwischen Ortskern und Bahnhof liegt die seltsame **Heiliggrab-Kirche**. Sie besteht aus zwei ineinander verzahnten Kapellen, genannt Altöttinger Kapelle und Heiliggrabkapelle. Ein Innichener Gastwirt

stiftete sie 1653 nach einer Reise ins Heilige Land. Wegen der Öffnungszeiten informiere man sich im Tourismusbüro. In Innichen existiert seit 1691 auch ein **Franziskanerkloster**. Die Klosterkirche stammt von 1697. Nachdem das Kloster 1945 durch einen Bombenangriff zerstört worden war, wurde es unterschiedlichen Zwecken zugeführt, die Brüder zogen in einen unbeschädigten Gebäudeteil – doch seit 2012 steht es leer. Allerdings renoviert man es seit geraumer Zeit, es ist vorgesehen, dass die Franziskaner wieder einen geregelten Klosterbetrieb aufnehmen.

In Innichen gibt es das größte und sicherlich auch attraktivste Dolomiten-Museum, den **Dolomythos**. In einer historischen Villa begegnet man der Geschichte der Berge und ihrer Bewohnern. Prähistorische Lebewesen, Kristalle und die Entstehung der Dolomiten werden in anschaulicher Weise dargestellt.

Vergnügungen anderer Art bietet der **Funbob**, die Sommerrodelbahn am Haunold südliche von Innichen. Diese Bahn zählt zu den beliebtesten Vergnügungspunkten des Südtiroler Ostens.

■ **Wanderungen rund um Innichen**

Zwei einfache Wandertouren lassen sich von Innichen aus bewältigen. Die eine führt vom Sextenbach hoch nach **Sexten** (2 Std.) und von dort mit dem Bus zurück. Bei der anderen geht es zunächst mit dem Lift hoch zur **Haunoldhütte** und von dort über die Ruinen des alten Wildbads Innichen – hier gibt es noch einige sprudelnde Mineralquellen – wieder ins Tal. Diese Tour dauert etwa anderthalb Stunden und ist besonders für Senioren bestens geeignet.

Genau in der Mitte zwischen Innichen und Toblach, an der Fahrstraße vom Ortsteil Kaiserwasser nach Ahren, liegt die **Quelle der Drau**, die nach 750 Kilometern durch Österreich, Slowenien und Kroatien bei Osijek in die Donau mündet. Auch diese Quelle ist einfach zu erreichen.

■ Innerfeldtal (Val Campo di dentro)

Von Innichen führt das Sextener Tal nach Südosten in die Sextener Dolomiten hinein. Gut drei Kilometer hinter Innichen gelangt man aus dem Tal weg in das kleinere Innerfeldtal (Val Campo di dentro). Man darf es nicht mit dem eigenen Auto befahren, die Schönheit seiner Lärchenwiesen und die Blumenvielfalt sind bekannt.

Entlang der schmalen Talstraße empfiehlt sich die Wanderung hoch zur **Dreischusterhütte** (1626 m, Tel. 966610, www.drei-schuster-huette.com). Sie ist auch sehr gut von der Bergstation des Haunoldlifts bei Innichen erreichbar. Beide Touren sind nicht zu anstrengend. Steigt man vom Parkplatz am Rand des Innerfeldtals hoch, benötigt man etwa 1,5 Stunden, vom Haunold aus etwa 3 Stunden.

■ Sexten (Sesto)

Sexten (Sesto) ist der östlichste Ort Südtirols. Während des Dolomitenkrieges wurde es 1915 fast vollständig zerstört. Heute ist es als Wintersportort weithin beliebt. Es ist vor allem als Ausgangspunkt für viele sehr schöne Wanderungen bekannt, bietet aber mit dem berühmten Totentanz in der **Friedhofskapelle** auch ein bedeutendes Kunstwerk. Es gilt als Hauptwerk des Bozeners Rudolf Stolz (1874–1960), der es 1924 schuf und dem in Sexten auch ein **Museum** gewidmet ist. Stolz hat in Südtirol eine Fülle von Fresken hinterlassen, so etwa an der Kirche St. Walburg in Ulten, an der Sparkasse in Innichen und am Florianitor in Bruneck.

Auf dem Sextener Friedhof liegt der legendäre Bergführer und -steiger Sepp Innerkofler (1865–1915) begraben. Als Truppführer der Tiroler Standschützen gelang es ihm im Dolomitenkrieg mehrmals, die Italiener zurückzuschlagen, doch fiel er am 4. Juli 1915 am Paternkofel nahe der Drei Zinnen.

Karte S. 266

▲ *Die Landschaft rund um Innichen bietet vielfältige Wandermöglichkeiten*

Der Kreuzbergpass bei Sexten, die Grenze zum Veneto

Mit dem Auto empfiehlt sich die Fahrt von der Pfarrkirche bergauf zur **Festung Mitterberg**. Von dort hat man einen herrlichen Dolomitenblick; die schmale Straße durch ihre Serpentinen ist auch von großem Reiz.

■ **Wanderungen rund um Sexten**
Ein Genuss ist die Tour von der Bergstation (2041 m) der Helmbergbahn – dort ein sehr gutes Restaurant – über die Jausenstation ›Waldesruhe‹ hinab ins Tal. Knapp zwei Stunden braucht man dafür, es ist eine schöne Bergtour, die auch für Kinder und Ältere gut zu bewältigen ist.

Von der Bergstation kann man auch auf den Gipfel des **Helm** (2433 m) steigen, von wo ein umfassendes Bergpanorama den Wanderer umfängt (Helmbergbahn: Mitte Juni bis Anf. Okt. tgl. 8–12.30 und 14–17.30 Uhr, Anf. Juli bis Ende Aug. 8–18 Uhr). Einen sehr schönen Blick hat man insbesondere auf die **Sextener Sonnenuhr**, drei markante Hügel – Elfer-, Zwölfer- und Einserkogel –, über denen zu bestimmten Zeiten die Sonne steht. Anderthalb Stunden braucht man bis zum Gipfel. Vom Helm kann man über Weg 3A zur Festung Mitterberg hinabgehen und von dort direkt nach Sexten hinuntergelangen, für diesen Rückweg braucht man etwa 2,5 Stunden.

Beliebt ist die **Rundwanderung** vom Ortsteil Moos (1339 m) östlich von Sexten zur Nemesalm. Die Tour ist nicht schwer, nimmt aber den ganzen Tag in Anspruch. Zunächst geht es empor zur Helmhanghütte (1610 m), dann hin-über zur Klammbachhütte (1944 m) und dann weiter zur Nemesalmhütte (1877 m), dann von dort auf einem Fahrweg zurück. In den Hütten gibt es von Mitte Juni bis Mitte Oktober Einkehrmöglichkeiten. Die ganze Tour ist von herrlichem Dolomitenpanorama gesäumt, das die malerischen Bergwiesen überkränzt.

Viel begangen ist auch die Tour über die **Rotwandwiesen** (1900 m) hinüber zum **Kreuzbergpass** (1636 m). Zunächst geht es mit der Bergbahn hoch zur Rotwandwiesenhütte, dann entlang der ge-

Das Pustertal

Ein verwunschener Tag bei Mitterberg

waltigen Sextener Rotwand (2936 m) ohne größere Steigungen hinüber zum Schellaboden (1966 m) und hinab zum Kreuzbergpass. Von dort kann man mit dem Bus zurück nach Sexten fahren. 2,5 Stunden dauert die sehr angenehme und beeindruckende Wanderung.

Wenngleich nicht ganz so leicht, doch vergleichsweise nicht so schweißtreibend ist der Weg auf den **Innergsell** (2065 m). Vom Fischleintalweg (Weg Nr. 5) steigt man nach dem alten Fort Haideck über Weg 12 hoch zum Innergsell und über Weg 12 wieder hinab (5 Std.).

■ Die Drei Zinnen

Ältere Leser erinnern sich sicherlich noch an das Langnese-Eis ›Dolomiti‹, das es in den 1970er Jahren zu kaufen gab und das vor kurzem wieder ins Verkaufsprogramm genommen wurde. In seiner Form ist dieses Eis am Stiel den berühmten Drei Zinnen nachgebildet, ohne dass allerdings direkt auf die hingewiesen ist. Die Drei Zinnen gehören zu den berühmtesten Berggruppen der Alpen und gelten als Wahrzeichen der Dolomiten. Die höchste Erhebung ist die 2999 m hohe Große Zinne (Cima Grande). Sie steht zwischen der Westlichen Zinne (Cima

Ovest, 2973 m) und der Kleinen Zinne (Cima Piccola, 2857 m). 1869 wurde die Große Zinne durch Paul Grohmann zum ersten Mal bestiegen. An ihn erinnert auf der Südseite der Drei Zinnen an der Kapelle zwischen Auronzo- und Lavaredohütte eine Plakette.

Von Moos aus führt das **Fischleintal** fast bis an den Fuß der Drei Zinnen. Es ist daher stark frequentiert und bietet mit der überragenden Sonnenuhr (→ S. 235) besondere Ausblicke. Daher ist der Spaziergang von Sexten auf 1317 Metern (via Waldweg Fischleintal) bis zur Fischleinbodenhütte (auch mit Auto erreichbar) auf 1454 Metern bzw. dem Talschluss (1526 m) bei einem Besuch Sextens unverzichtbar (Hin- und Rückweg 4 Std.).

Von der Fischleinbodenhütte aus kann man zu zwei nicht schwierigen, aber recht anstrengenden Wanderungen aufbrechen; die zweite Tour stellt eine verkürzte Variante der ersten dar. In etwa drei bis vier Stunden hoch zur Dreizinnenhütte (2405 m) und von dort über die Zsigmondyhütte (2235 m, Tel. 710358, www.zsigmondy-huette.com) zurück. Das ist eine Ganztagestour. Zumindest die halbe Tour zur Dreizinnenhütte (Tel. 972002, www.dreizinnenhuette.com) ist

Karte S. 266

Die markanten Drei Zinnen

eine klassische Wanderung. Der überwältigende Blick auf die Drei Zinnen lohnt alle Mühe.

In den Bergen um die Hütte tobte 1915 ein erbarmungsloser Stellungskrieg, dem das 1882 erbaute Haus zum Opfer fiel.

 Innichen und Sextener Tal

Vorwahl: 0474.
Postleitzahl: 39038, 39030 (Sexten).
Tourismusverein Innichen, Pflegplatz 1, 39038 Innichen, Tel. 913149, www.innichen.it.
Tourismusverein Sexten, Dolomitenstr. 45, 39030 Sexten, Tel. 710310, www.sexten.it.

Stiftsmuseum, Attostr. 2, 39038 Innichen, Tel. 913278, Juni bis Okt. Do–Sa 17–19, So 10–11 Uhr, Juli/Aug. auch Di.
Dolomythos, P.-P.-Rainer-Str. 11, 39038 Innichen, Tel. 913462, www.dolomythos.com, Mo–Sa 10–12 u. 15–19 Uhr, Juli bis Mitte Sept. auch So. Sehr schön gestaltetes Museum zum Weltnaturerbe Dolomiten direkt in der Fußgängerzone. Übrigens das größte Museum zum Thema überhaupt.
Rudolf-Stolz-Museum, Dolomitenstr. 16b, 39030 Sexten, Tel. 710521, sehr differenzierte Öffnungszeiten: Mitte Juli bis Ende Aug. Di–So 15–19 u. 20–22, So 10–12 Uhr; für die anderen Monate informiere man sich beim Tourismusverband.

Über die Fülle von Möglichkeiten zum Thema Urlaub auf dem Bauernhof im Pustertal und ganz Südtirol siehe www.roterhahn.it. Im Vergleich zur Sommersaison können die Übernachtungspreise im Winter im Hochpustertal bis zu 80 Prozent höher sein. Man informiere sich daher über die genauen Preise auf der Webseite des jeweiligen Betriebs.
Innichen:
Hotel Brandl, Alter Markt 33, Tel. 913393, www.hotelbrandl.com, p. P. im DZ mit HP 69–77 €.

Für nicht ganz so geübte Wanderer sind die Drei Zinnen von Süden her über die Auronzohütte zumindest zu ihrer Ostseite hin recht leicht erreichbar (siehe auch Kapitel Höhlensteintal im Großkapitel Dolomiten, S. 288).

Hotel Restaurant Walter, Pustertaler Str. 9, Tel. 916002, www.hotelwalter.it, p. P. im DZ mit HP 55–70 €.
Hotel Waldrast, Silvesterstr. 3, Ortsteil Winnebach (direkt an der österreichischen Grenze), Tel. 966758, www.hotelwaldrast.it, p. P. im DZ mit HP 49–65 €.
Pension Haunold, M.-Schranzhofer-Str. 3, Tel. 913229, www.pensionhaunold.it, p. P. im DZ 35–48 €.
Garni Hotel Letizia, Firtalerstr. 5, Tel. 913190, www.hotel-garni-letizia.it, p. P. im DZ 37–45 €.
Sexten:
Hotel Mooserhof, St. Josef-Str. 7, Tel. 710346, www.mooserhof.com, p. P. im DZ mit HP ab 50 €.
Hotel Schönblick, Dammweg 8, Tel. 710332, www.hotelschoenblick.com, p. P. im DZ mit HP ab 58 €.
Hotel Wiesenhof, Helmweg 6, Tel. 710381, www.hotelwiesenhof.com, p. P. im DZ mit HP ab 59 €.
Gasthof Edelweiß, St.-Josef-Str. 33, Tel. 710141, www.gasthofedelweiss.com, p. P. im DZ ab 45 €.
Gasthof Panorama, Mitterberg 3, Tel. 710426, www.panorama-sexten.com, p. P. im DZ ab 48 €.
Garni Enzian, Waldheimweg 6, Tel. 710209, www.enzina.bz, p. P. im DZ ab 30 €.

Camping Caravan Park Sexten, St.-Josef-Str. 54, Sexten/Moos, Tel. 710444, www.patzenfeld.com.

Karte: Kompass-Wanderkarte 1:50 000 Südtirol Nr. 699, Blatt 3.

Die Dolomiten zählen zu den schönsten Gebirgsregionen der Welt. Bei Sonnenuntergang erglühen die Steine in leuchtendem Rot, und Sagen umweben noch dieses bis vor zwei Jahrhunderten völlig unzugängliche Gebiet. Wo sich heute schroffe Felsnadeln erheben, wogte vor 250 Millionen Jahren ein warmer Ozean, dessen Boden verfestigt, emporgehoben und durch die Verwitterung geformt wurde. Dabei entstand eine Berglandschaft aus Zacken und Zinnen, die weltweit ihresgleichen sucht.

Die Langkofelgruppe

DIE DOLOMITEN

Die Dolomiten zählen zu den weltweit bekanntesten Gebirgen: viel besungen, viel durchwandert, viel bestaunt wegen ihrer bizarren Felsformationen und ihrer Schroffheit. Dabei nehmen sie keine besonders große Fläche ein, und mit 3342 Metern Höhe liegt ihr höchster Berg, die Marmolata, im europäischen Vergleich nicht ganz vorn. Begrenzt werden die Dolomiten im Norden durch das Pustertal, im Osten durch das Sextener Tal und den Kreuzbergsattel, im Westen durch das Eisack- und Etschtal sowie im Süden, wo die Abgrenzung etwas schwieriger ist, durch den Fluss Piave und das Valsugana östlich von Trient.

Bis zum Ende des 18. Jahrhunderts waren die Dolomiten kaum begangen und gar nicht erforscht. Die Wildheit ihrer Bergwelt machte sie unzugänglich, und besonders schrecklich donnernde Gewitter, Bergstürze, Lawinen und Überflutungen kamen häufig vor. So ist es kein Wunder, dass sich hier eine besonders reiche Sagenwelt entfalten konnte, in der unter anderem vom mythischen Königreich der Fanès erzählt wurde. In den Sagen war oft von Dämonen und Götter die Rede, denen man besser nicht zu nahe kommen solle.

Nur in den tieferen Lagen der Täler entstanden seit dem 15. Jahrhundert nach

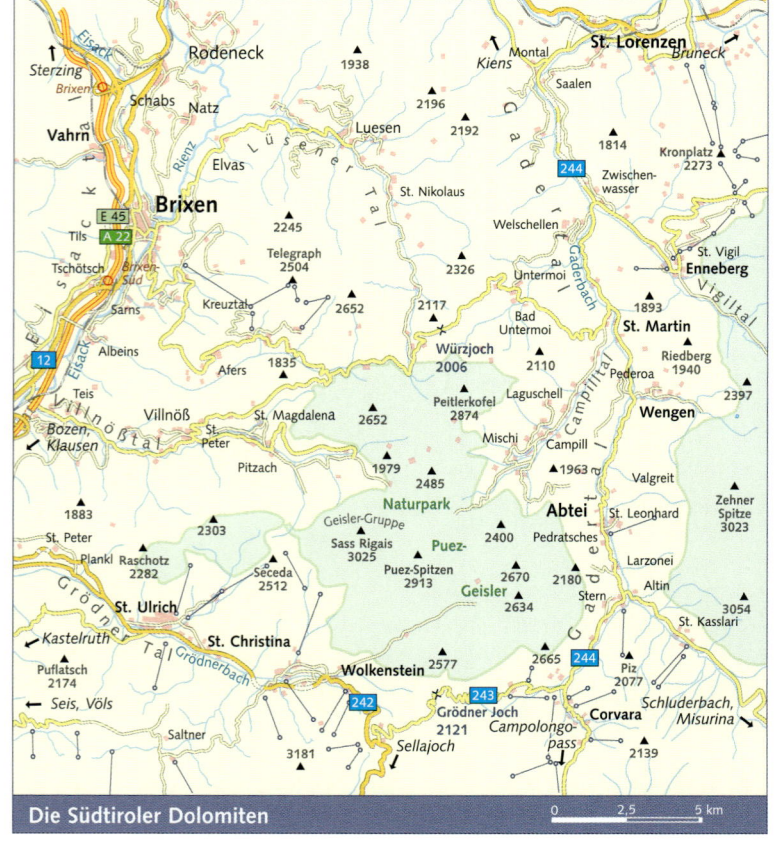

Die Südtiroler Dolomiten

und nach kleine Orte, doch die wenigen Bewohner fristeten ein ärmliches Dasein als Bergbauern und Hirten. Während im Vinschgau sowie im Meraner und Bozener Land seit der Antike Feldbau und Kultur Einzug hielten, im Mittelalter großartige Kirchenmalereien entstanden, blieben die Dolomiten, die von keinem Verkehrsweg durchzogen waren, abweisend und von derartigen Strömungen unberührt.

Bemerkenswert ist auch, dass keiner der berühmten Italienreisenden zwischen dem 15. und 18. Jahrhundert die Dolomiten erwähnt oder besucht hat. Denn es gab keine anderen Verkehrswege als Saumpfade oder enge, kaum zu begehende Wildbachschluchten.

Als der französische Naturforscher und Mineraloge Déodat Gratet de Dolomieu (1750–1801) im Jahr 1789 Bozen besuchte, stellte er fest, dass sich die Gebirge im Osten der Stadt deutlich in ihrer Form von anderen Bergmassiven Tirols unterschieden. Er unternahm eine kleine Expedition Richtung Rosengarten und untersuchte das Gestein. Es ähnelt größtenteils normalen Kalken, reagiert aber anders als diese mit Salzsäure kaum. Normale Kalkgesteine schäumen bei Berührung mit HCl (Salzsäure) deutlich unter Kohlendioxidentwicklung auf. Dolomieus Genfer Freund Horace Bénédict de Saussure (1740–1799), der damals als bedeutendster Kenner der Alpen galt, untersuchte das Material und stellte fest, dass es kein normales $CaCO_3$ (Calciumcarbonat) ist, sondern – wie man damals sagte – in der Zusammensetzung eine Mischung aus kohlensaurem Kalk und kohlensaurer Magnesia darstellt, also das Doppelkarbonat $CaMg(CO_3)_2$. Über dieses neue Mineral verfasste Dolomieu nun verschiedenste Abhandlungen, und nach ihm erhielt es seinen Namen Dolomit. Als ›Dolomitgebirge‹ wurde dann

das so seltsame Bergmassiv mit seinen Gipfeln bei Bergsteigern und Naturfreunden schnell bekannt. Die ›Stachelkrone Europas‹, wie sie 1817 der Reisende Joseph Kreil nannte, war für die Touristen bereit. Und ihre Einzigartigkeit ließ sie in wenigen Jahren sehr bekannt werden. Bis zum Beginn des 20. Jahrhunderts waren die Dolomiten durch verschiedene ausgebaute Talstraßen sternförmig zwar aus mehreren Richtungen erschlossen, doch fehlte noch ein Weg, der sie in Gänze zugänglich machte. Erst 1909 wurde die ›Große Dolomitenstraße‹ eröffnet. Das war weniger eine Handels- oder Durchgangstraße, sondern vielmehr eine bewusst als touristischer Weg angelegte Straße, die den Reisenden das Gebirge erschließen sollte. Auf 109 Kilometer Länge führt diese Straße von Bozen durch das Eggental über Welschnofen auf den Karerpass, von dort hinunter ins Fassatal, dann wieder empor, an den Sellastöcken vorbei über Canazei zum Pordoijoch – mit 2239 Metern die höchstgelegene Stelle der Straße –, sodann hinunter nach Arabba und über den Falzaregopass wieder hinunter nach Cortina d´Ampezzo. Bisweilen wird die Trasse von hier durch das Höhlensteintal nach Toblach auch zur Großen Dolomitenstraße gerechnet.

Wegen der jungen Erschließungsgeschichte der Dolomiten findet man nur wenige historisch bedeutsame Kulturdenkmale, und sie sind fast alle nicht älter als 200 Jahre. Die Dolomiten sind in erster Linie daher Wander- und Wintersportgebiet – an Architektur und Kunst bieten sie kaum etwas.

Im Folgenden werden aus Platzgründen nur die Teile der Dolomiten behandelt, die auf Südtiroler Gebiet liegen, und sie werden gemäß ihrer Erreichbarkeit aus dem Pustertal oder vom Eisacktal her beschrieben.

Aus dem Pustertal in die Dolomiten

Von Norden her führen im wesentlichen drei Talzüge in das Gebirge hinein: von Bruneck das Gadertal, von Toblach das Höhlensteintal und von Innichen das Sextener Tal. Letzteres wird wegen der besonderen Geographie – es bildet die Ostgrenze der Dolomiten – im Großkapitel Pustertal behandelt (→ S. 242).

Das Gadertal (Val Badia)

Das Gadertal (Val Badia) zieht sich auf gut 40 Kilometer Länge von Bruneck südwärts bis Corvara. Man darf es als das Herz der Dolomiten ansehen; hier befindet man sich im sagenumwobenen mythischen Königreich Fanes.

Neben dem Grödental ist es die Region der Dolomiten, in der ladinische Sprache und ladinisches Brauchtum am lebendigsten sind und in der die meisten ladinischen Bewohner leben. Diese Besonderheit ist an den dreisprachigen Ortstafeln deutlich ablesbar, einen guten Überblick bieten die beiden ladinischen

Museen in St. Martin und St. Kassian (→ S. 294 und → S. 296).

Charakteristisch für das Gadertal sind die ›Viles‹, Weiler mit mehreren nebeneinander liegenden Paarhöfen. Ein Paarhof besteht aus zwei zweigeschossigen und meist identischen Gebäuden: Wohnspeicherhaus und Stallscheune.

■ Zwischen Saalen und Zwischenwasser

Von St. Lorenzen her gelangt man über eine enge Schlucht in das sehr reizvolle Gadertal. Gleich hinter Saalen und bis Zwischenwasser führt die Straße durch viele Tunnels. Die schmale Talstraße ist während des Ersten Weltkrieges von russischen Kriegsgefangenen erbaut worden und durch ihre fast rechtwinkligen Biegungen sehr gefährlich. Nach etwa acht Kilometern verlässt man bei Zwischenwasser die Schlucht- und Tunnelwelt. Hier zweigt nun südostwärts an einer breiten Lichtung das Vigiltal ab.

Wengen, Barbarakapelle

Karte S. 290

■ Vigiltal (Valle di San Vigilio) und Fanesalm

Das Vigiltal (Valle di San Vigilio) zieht sich mit seiner Verlängerung, dem Rautal, tief in die Dolomiten und damit in den Naturpark Fanes-Sennes-Prags hinein. Mit seinen 256 Quadratkilometern Fläche ist er der drittgrößte der Südtiroler Naturparks. Die Talorte sind zur Gemeinde Enneberg (Marebbe, ladin. Mareo) zusammengeschlossen. Größte Siedlung ist dabei das auf 1200 Metern gelegene St. Vigil in Enneberg (ladin. Al Plan de Mareo), Geburtsort der legendären Südtiroler Freiheitskämpferin Katharina (Catarina) Lanz (1771–1854), der ›Jeanne d´Arc‹ Tirols. In der Schlacht von Mühlbach im westlichen Pustertal am 2. April 1797 kämpfte sie zusammen mit regulären Truppen gegen die Franzosen. Ein Augenzeuge schilderte ihren Einsatz: »Man sah hier unter anderen eine Bauernmagd aus Spinges, die mit zusammengegürtetem Unterkleide und fliegenden Haaren auf der Friedhofsmauer stehend die anstürmenden Feinde mit ihrer kräftig geführten Heugabel hinunterstieß.«

Am Ortseingang von **St. Vigil** springt der **Ansitz Asch** ins Auge. Er war Stammsitz der Familie Prack, deren Angehörige in ziemlicher Willkür im 17. Jahrhundert die Gegend unsicher machten. Sehenswert ist die **Pfarrkirche** von 1782 mit ihrem schwungvollem Rokokogiebeln des ladinischen Baumeisters Giuseppe da Costa; die Fresken der Kuppel von Franz Singer, die großartige illusionistische Wirkungen erzielen, ragen dabei heraus. Die Steine, mit denen der heilige Vigilius erschlagen wird, scheinen auf den Betrachter geradezu herunterzustürzen.

Der Ortsteil **Enneberg-Pfarre** (La Pli de Mareo) ist ein vielbesuchter Wallfahrtsort. Die barocke Ortskirche mit ihrem 56 Meter hohen Turm ist seit Jahrhunderten eine bedeutende Stätte Tiroler Marienverehrung, der Ort selbst jedoch ansonsten verträumt und weltfern. Es ist von hier nicht weit in die ›Bleichen Berge‹, wie die Ladiner die Dolomiten oft nennen, doch weitab vom Verkehrstrubel der stark befahrenen Talstraße.

St. Vigil ist der südliche Ausgangsort für **Wanderungen** auf den Kronplatz. Dabei empfiehlt sich die Fahrt hoch zum Furkelsattel (1745 m), von wo eine Bergbahn hoch zum Kronplatz fährt.

Landschaftlich von größtem Reiz ist das **Rautal**. Es kann in seiner gesamten Länge bis zum Talschluss beim Berggasthaus Pederühütte (1548 m, Tel. 501086, www.pederue.it) mit dem Auto durchfahren werden.

Die Pederühütte dient als Ausgangspunkt für folgende schöne Wanderungen: über den Piciodelsee bis zur **Faneshütte** (2060 m, Tel. 501097, www.rifugiofanes.com) bzw. der nahen Lavarellohütte (2042 m), wofür man etwa drei Stunden benötigt. Unentwegte steigen weiter zur Großen Fanesalm (2102 m) auf, die von der Felstrilogie des Monte Castello, des Monte Casale und des Monte Cavallo überragt wird; es ist nicht weit und steil, nur ist Trittsicherheit erforderlich. Sehr schön ist auch die Tour zur auf 2126 Meter gelegenen **Senneshütte** (Tel. 501092, www.sennes.com).

Die Hütten sind von Anfang Juni bis Mitte Oktober geöffnet. Beide Touren verlaufen auf dem Dolomiten-Höhenweg Nr. 1. Die Fanesalm ist legendenumwoben. Allein der Anblick, der sich von ihr auf die Dreitausender der Kreuzkofelgruppe und die Rossaspitzen im Osten bietet, ist ehrfurchtheischend. Die Alm selbst, eine Art Kessel, ist fast ohne Bewuchs, wie ein wimpernloses Auge scheint in der Mitte der magische Grüne See auf. Sensible Besucher empfinden die Fanesalm als besonderen Kraftort.

Die Dolomiten

■ **St. Martin in Thurn**

Der nächste Ort im Gadertal hinter Zwischenwasser ist St. Martin in Thurn (San Martin de Tor). Im hiesigen **Schloss Thurn** befindet sich das, wenn man so will, ladinische Nationalmuseum. Der Turm entstand als Wohnturm um 1250 und ist damit der älteste Teil des Schlosses, später kamen Palas, Umfassungsmauer und die kleinen Rundtürme hinzu. Der Turm soll an der Kreuzung zweier rechtwinklig aufeinanderstoßender antiker Straßenachsen errichtet sein, denn St. Martin bestand als Siedlung vermutlich schon zur Römerzeit. Nach neuesten Forschungen legten die Römer ländliche Siedlungen im Alpenraum mit rechtwinkligem Straßennetz so an, dass neun Karrées entstanden. St. Martin zeigt nun im Luftbild noch einige wenige Relikte einer solchen Anlage, da durch mehrere Erdrutsche in späteren Jahrhunderten die ursprüngliche quadratische Anlage überdeckt wurde. So soll der älteste Name für den Ort – ›Quadra‹ – entstanden sein, und auch der Name für das Gadertal soll sich davon herleiten.

■ **Untermoi und Peitlerkofel**

Von St. Martin gelangt man westwärts zunächst in das stille Untermoi. Kurz vor dem Ort liegt das 1820 begründete Bauernbad Valdander, das auch heute noch zu Heilzwecken besucht wird. Weiter geht es empor über das im Winter gesperrte Würzjoch (1987 m) hinüber zur Plose und nach Brixen. Markant überkront wird das Würzjoch vom Peitlerkofel (2875 m). Dessen Besteigung ist Profibergsteigern vorbehalten, für alle Wanderer mit Kondition ist aber die Umrundung eine Tour großen Genusses. Fünf Stunden sollte man für die Rundtour ab Würzjochhaus (Weg 8B, im Uhrzeigersinn über die Jausenstation Gömahütte) ansetzen, Trittsicherheit und Schwindelfreiheit sind unverzichtbar;

Der kleiner Weiler Campill im gleichnamigen Tal

auch ist der Zwischenanstieg zur Peitlerscharte schweißtreibend. Dennoch ist diese Wanderung eine der schönsten Touren, die die Dolomiten bieten.

■ **Campilltal (Val di Longiarü)**

Es scheint, dass das Campilltal (Val di Longiarü) von der Welt vergessen wurde, so beschaulich ist es hier. Mag es auch keine herausragenden Sehenswürdigkeiten geben, so sucht die Heimeligkeit dieses Tals doch ihresgleichen. Besonders sehenswert ist am Talschluss das dort mündende kleine **Mühlental**. Es ist voll historischer **Wassermühlen**, von denen einige noch funktionsfähig sind. Die schönsten dieser Mühlen stehen zwischen den Weilern Misci und Seres. Ein 1,5 Kilometer langer **Mühlenwanderweg** führt an ihnen entlang. Eine besondere Empfehlung ist eine **Rundwanderung**, die vom Parkplatz am Gasthaus Tlisöra ausgeht, durch das Mühlental und dann hoch über Weg 4a auf den Peitlerkofel-Rundweg führt, dann weiter zur Vaciarahütte und über Weg 9 zurück nach Campill ins Tal, von wo es nicht mehr weit zum Ausgangspunkt ist. Etwa vier Stunden sollte man einplanen.

Karte S. 290 ▲

Besondere Naturschönheiten genießt man auch auf der Wanderung zum **Tschengles** (1963 m) über Weg 6B und den Fahrweg zurück. Zwar gibt es vom Gipfel keine gute Rundsicht, dafür entschädigen die Bergwälder und die Blumenwiesen.

Im Campilltal befindet man sich schon in einem weiteren Naturpark, dem Naturpark Puez-Geisler. Der 102 Quadratkilometer große Park liegt zwischen dem Würzjoch im Norden, dem Grödnerjoch im Süden und dem Gadertal im Osten. Nach Westen wird er von der Raschötzalm begrenzt. Das **Naturparkhaus** befindet sich im Villnößtal in St. Margareten.

■ Wengen (La Val)

Der Ort Wengen (ladin. La Val) auf 1348 Metern war bis 1960 nur mit Geländefahrzeugen erreichbar. Seitdem führt zwar eine befestigte Straße dorthin, aber dennoch hat er bis heute ein auffällig archaisches Erscheinungsbild behalten. Verwitterte **Ansitze** säumen die Ortsstraße, über dem Ganzen ragen wilde Bergflanken auf. Von der ursprünglich ersten **Pfarrkirche** steht oberhalb des Ortes im ehemaligen Alt-Wengen, das verfallen ist, nur noch der Turm, die **Barbarakapelle** neben ihr ist aber gleichsam das Wahrzeichen des Ortes geworden. Sie zeigt außen ein Kreuzigungsfresko vermutlich von Michael Pacher. Der Autor Christjan Ladurner urteilt, die Kapelle stehe an einem Ort, der die Schönheit und Mystik der gesamten Dolomitenlandschaft zusammenfasse. Die **neue Pfarrkirche St. Jenesius** im Ortskern ist außen neoromanisch und im Innern mit nazarenischer, sehr ansprechender Malerei versehen.

Obwohl Wengen in früheren Jahrhunderten so unzugänglich war, ist es dennoch wegen seiner Heilquellen im weit oberhalb gelegenen Ortsteil Rumestluns im Wengental viel besucht worden. Die leicht radioaktiven Wässer sollen Geschlechtskrankheiten, Skorbut und skrofulöse Geschwülste kuriert sowie Rheuma, Ekzeme und Gicht vorgebeugt haben. Bis in die 1980er Jahre gab es einen geregelten Badebetrieb, heute gilt die Quelle als zu wenig ergiebig und sind auch die Auflagen zu streng, als das ein wirtschaftlicher Betrieb möglich wäre. Der große Physiker Max Planck kurte hier des Öfteren.

Vor der grandiosen Kulisse der Faneswände führt eine nicht allzu schwere Wanderung über das Ritjoch zur **Kreuzspitze** (2021 m) und über die Ciavawiesen zurück. Fünf Stunden reine Gehzeit sind erforderlich. Ein Wandererlebnis ist die Tour vom Ortsteil Bad Rumestluns über Weg 15 zu den Armentarawiesen (1825 m) und weiter zum Heiligkreuz-Hospiz, von dort entlang über den Nordwestabhang des Heiligkreuzkofels auf Weg 15B zurück (5 Std.).

■ Abtei (Badia)

Unter dem Namen Abtei (Badia) sind die Orte des oberen Gadertals zusammengefasst. Größte Siedlung ist **Pedratsches**. Gewaltig ragt die Westwand des Heiligkreuzkofels über dem Tal auf, und

St. Kassian, im Bärenmuseum

von hier kann man mit der Bergbahn bis knapp unterhalb des auf 2045 Meter gelegenen Heiligkreuzhauses fahren und von dort über die Naglerhütte (Weg 7a) oder die Pascianta-Alm (Weg 13 bzw. 13a) wieder herunterwandern. Sehenswert sind die **Wallfahrtskirche zum Heiligen Kreuz** aus dem 15. Jahrhundert und die historischen Bauernhäuser in der Umgebung

Die **Kirche** im Ortsteil St. Leonhard (lad. San Linert) ist mit der von St. Vigil in Enneberg äußerlich weitgehend identisch, und auch hier gibt es eine Kuppel mit beeindruckenden Illusionsmalereien. Im Ortsteil **Oies** kam Josef Freinademetz (1852–1908) zur Welt. Er lebte seit 1881 als ›Chinese unter Chinesen‹ – aber als Missionar, dabei von den Chinesen hochgeehrt. Er starb dort während einer dortigen Typhusepidemie. 2003 wurde er heiliggesprochen. Sein Geburtshaus birgt ein kleines **Museum**. Im Ortsteil Sompunt liegt der kleine idyllische **Sompuntsee**. Von ihm lohnt die Tour zum **Lalungsee**, sicherlich der schönste See im Gadertal.

Im Ortsteil **Stern** (La Ila) gabelt sich das Gadertal. Sein rechter Zweig führt noch bis Corvara und nennt sich hier Abteital; dieses Gebiet war einst im Besitz des Klosters Sonnenburg im Pustertal. Der linke Arm heißt Kassiantal. Durch dieses Tal gelangt man hoch zum 2105 Meter hohen **Falzaregopass** (Provinz Belluno). Es ist durch die großartigen Bergpanoramen auch für Autofahrer sehr eindrucksvoll.

St. Kassian (lad. San Cascian) ist Ortsteil von Abtei und wird wegen des **Bärenmuseums** viel besucht. 1987 wurden hier prähistorische Höhlenbärskelette gefunden, die etwa 90 000 Jahre alt sind.

■ **Corvara (Corvara in Badia)**

Corvara (lad. Corvara in Badia) ist die höchstgelegene der fünf ladinischen Gemeinden des Gadertals. Es wird im Norden vom 2665 Meter hohen **Sassongher** markant überragt. In Corvara sprechen 91 Prozent der Einwohner ladinisch – der höchste Wert in Südtirol. Der Ort ist Zentrum des Tourismus und insbesondere des Wintersports im oberen Gadertal,

Bei Corvara: Blick auf den Sassongher

Karte S. 290

aber auch Startpunkt des alljährlich Ende Juni/Anfang Juli stattfindenden Dolomiten-Radmarathons (147 km) rund um die Sella, bei dem über 7000 Sportler teilnehmen. Ansonsten werden Corvara und das westlich gelegene Kolfuschg im Sommer von Bergwanderern, Kletterern, Rennradfahrern, Tourenradfahrern und Mountainbikern heimgesucht. Der erste Sessellift zum Aussichtsgipfel Col Alto stammt von 1947 und ist damit einer der ältesten in den Dolomiten.

Corvara ist vom Tourismus allzu stark geprägt und wirkt gesichtslos, weil es kein unmittelbar erkennbares Zentrum besitzt. Sehenswert ist dennoch die alte **Pfarrkirche St. Katharina** mit einem Flügelaltar aus der spätgotischen Zeit um 1530, den ein Meister der Donauschule schuf. Dargestellt ist auf ihm die Hinrichtung der heiligen Katharina. Besonders beeindruckend ist ein Feuerregen, der aus dem Himmel herniederfährt und die Marterwerkzeuge zerstört.

Südlich von Corvara, am 1875 Meter hohen **Campolongopass**, befindet sich die Provinzgrenze, jenseits liegt schon die Provinz Belluno. In westlicher Richtung gelangt man von Corvara über das Grödner Joch ins Grödental (→ S. 312).

 Gadertal und Vigiltal

Vorwahl: 0474.

Tourismusverein St. Vigil in Enneberg, Katharina-Lanz-Str. 14, 39030 St. Vigil in Enneberg, Tel. 501037, www.san vigilio.com.

Tourismusverein St. Martin in Thurn, Torstr. 18c, 39030 St. Martin in Thurn, Tel. 523175, www.sanmartin.it.

Tourismusverein Wengen, San Senese Str. Nr. 1, 39030 Wengen, Tel. 0471/843072, www.altabadia.org.

Tourismusverein Abtei, Colz-Str. 75, 39030 Abtei, Tel. 0471/847037, www.altabadia.org.

Tourismusverein Corvara-Kolfuschg, Col Alt Str. 36, 39033 Corvara, Tel. 0471/836176, www.altabadia.org.

Die angegebenen Übernachtungspreise gelten in den Nächtigungsbetrieben der Dolomiten oft erst ab einem Aufenthalt von drei Tagen – in den südlichen Dolomiten bisweilen erst ab sieben Tagen –, saisonale Preisunterschiede eingeschlossen. Die genauen Preise erfährt man bei individueller Anfrage.

Gasthof Osteria Plazores, Plazoresstr. 14, 39030 St. Vigil in Enneberg, Tel. 506168, www.plazores.com. 600 Jahre altes gotisches Herrenhaus, ladinische Küche.

Gasthof Würzjochhaus, Börzstr. 26, Würzjoch, 39030 St. Martin in Thurn, Tel. 520066, www.wuerzjoch.com, p. P. im DZ mit HP ab 65 €. Großartige Aussicht auf den Peitlerkofel.

Restaurant Tlisöra - Speckstube, Seresstr. 17, 39030 Campill, Tel. 590145, www.tlisora.it, p. P. im DZ 40–55 €. Ferienwohnungen, ladinische Küche.

Hotel-Gasthof Pider, San-Senese-Str. 22, 39030 Wengen, Tel. 0471/843129, www.pider.info, p. P. im DZ 45–80 €, Preise auch sommersaisonal sehr unterschiedlich.

Gasthof Ciurnadú, Ciurnadústr. 1, 39030 Wengen, Tel. 843145, www.ciurnadu.it, p. P. im DZ 38–50 €.

Hotel-Restaurant Lech da Sompunt, Sompunt Nr. 36, 39036 Abtei, Tel. 847015, www.lechdasompunt.it, p. P. im DZ mit HP ab 60 €. Am idyllischen Sompuntsee.

Naturparkhaus Fanes-Sennes-Prags, Katharina-Lanz-Str. 96, 39030 St. Vigil in Enneberg, Tel. 506120, www.provinz.bz.it/naturparke, Anf. Mai bis Ende Okt. Di-Sa 9.30–12.30 u. 16–19 Uhr, Juli/Aug. auch So.

Museum Ladin Cíastel de Tor, Torstr. 65, 39030 St. Martin in Thurn, Tel. 524020, www.museumladin.it, Ostern bis Okt. Di-Sa 10–18, So 14–18 Uhr, Juli/Aug.

auch Mo 10–18 Uhr, Ende Dez. bis Ostern nur Mi–Sa 15–19 Uhr. Museum zur Kultur der 30 000 Ladiner: Geologie, Archäologie, Geschichte, Sprache, Tourismus, Kunsthandwerk etc.
Museum Ladin Ursus ladinicus, Strada Micurá de Rü, 309030 St. Kassian, Tel.

574020, www.museumladin.it, Ostern bis Okt. Di–Sa 10–18, So 14–18 Uhr, Juli/Aug. auch Mo 10–18, Mi 20.30–22.30 Uhr. Die Welt der dolomitischen Höhlenbären.

Das Höhlensteintal

Das Höhlensteintal (Val di Landro) führt von Toblach nach Süden. Dieses südliche Seitental des Pustertals endet bei Schluderbach, dahinter quert man sowohl Richtung Cortina als auch Richtung Misurina/Auronzo gleich die Provinzgrenze. Das Höhlensteintal bildet die Ostgrenze des ladinischen Sprachraums in den Dolomiten. Entlang des Tals liegt die im März 1962 aufgegebene Trasse der Dolomitenbahn Toblach–Cortina–Calalzo. In Teilen ist sie schon als Radweg ausgebaut.

■ Militärfriedhof Nasswand

Rund um den **Toblacher See** befinden sich noch einige Befestigungsstellungen des ›Alpenwalls‹ (1938–1942). Weiter nach Süden verengt sich das Tal merklich. Links wird es bald von der kolossalen Nasswand (2254 m) überragt,

rechts, direkt an der Straße, liegt der Militärfriedhof Nasswand. Ihm gegenüber, hinter dem Felsvorsprung der Nasswand, befand sich von 1915 bis 1917 der österreichische Hauptverbandsplatz. Wer dort sein Leben ließ, wurde auf der anderen Talseite bestattet. Hier ruhen über 1250 Gefallene vieler Nationen aus dem Dolomitenkrieg. Allerdings sind sie nicht alle hier gestorben, gut die Hälfte der Bestatteten wurden in den 1920er Jahren von verschiedenen Friedhöfen hierher umgebettet. Allerdings wurde der größte Teil der deutschsprachigen Kriegstoten im Rahmen dieser Umbettung auf den Soldatenfriedhof Brixen beerdigt; an der Nasswand liegen Russen, Serben, Polen, Ungarn, Slowenen und ein Belgier bestattet.

Vom Friedhof (1309 m) lässt sich eine Wanderung in völlige Einsamkeit machen – über den Weg 33 in das Flo-

▲ *Im Höhlensteintal mit Blick zum Monte Cristallo*

digetal (Valletina). Allerdings werden nur die Wanderer mit besonders guter Kondition die Strecke bis zur **Flodigealm** (2039 m, mit Jausenstation) schaffen. Die 700 Höhenmeter müssen nämlich über eine recht steile Trasse bewältigt werden. Wer es schafft, wird aber von der Stille auf dieser Alm, die der mächtige Dürrenstein (2839 m) überwacht, beglückt sein.

■ **Höhlenstein (Landro)**

Gute vier Kilometer oberhalb des Friedhofs liegt rechts der einst berühmte Gasthof ›Dreizinnenblick‹ (1406 m). Er ist neben einer Kapelle der letzte Rest des einstigen Weilers Höhlenstein. Hier befand sich im 19. Jahrhundert die einzige Poststation zwischen Toblach und Cortina. Nach 1860 entwickelte sich um die Station wegen des berühmten Blicks auf die Drei Zinnen – es ist in den Dolomiten der einzige Talort, von dem die berühmten Berge sichtbar sind – auch der Tourismus. In der Zeit vor dem Ersten Weltkrieg existierten allein hier zehn Hotels. Die nahe Grenze zu Italien ließ um Höhlenstein ein Festungswerk aus Beton entstehen, das 1897 fertiggestellt war. Im Dolomitenkrieg sprengten die Österreicher 1915 das Dorf mit seinen Hotels, um der Festung Richtung Süden freies Schussfeld zu geben. Um 1938 wurde das alte Festungssystem für den Bau des Alpenwall nochmals revitalisiert, heute aber ist es verfallen und teils zugewuchert. Die Anlagen befinden sich dem Gasthof sehr schräg gegenüber an den Berghängen, etwas nordöstlich Richtung Toblach.

Der **Gasthof Dreizinnenblick** ist trotz seiner einzigartigen Lage wenig besucht, hat deutlich bessere Zeiten gesehen, und wer hier eintritt, ist meist befremdet über die gespenstische Atmosphäre der Gaststube.

Die berühmten Drei Zinnen von Nordosten

Aus Richtung Drei Zinnen strömt die junge Rienz herab. Der Talfluss des Pustertals entspringt am Nordhang der Drei Zinnen nahe der Langalm auf 2232 Metern. Der Aufstieg Richtung Drei Zinnen durch das Tal über Weg 102 und Fernwanderweg 03 ist in den ersten zwei Dritteln nicht steil, erst im letzten Abschnitt hoch zur Dreizinnenhütte erfordert es etwas Kondition. In gut vier Stunden kann man die Hütte erreichen. Diese Tour ist eine Alternative zu den Aufstiegen durch das Fischleintal oder von der Auronzohütte her – wenn man die 23 Euro Mautgebühr auf der Panoramastraße dorthin sparen will.

Übrigens ist der berühmte Dreizinnenblick vom Tal aus tatsächlich überwältigend, insbesondere zur Abendstunde, wenn sich das Höhlensteintal verdunkelt und die Zinnen erst in Rot aufleuchten, dann sich purpurn verfärben und sich schließlich über bleiches Rosa der Farbe der Nacht nähern.

Die Dolomiten

Alter Grenzstein im Fondatalfluss

■ Der Dürrensee

Nur etwa einen Kilometer von Dreizinnenblick entfernt liegt der Dürrensee
(Lago di Landro), von dem sich ein überwältigender Blick zum Monte Cristallo
(3221 m) eröffnet. Da der See abflusslos
ist, ist er wärmer als vergleichbare andere Seen und lädt durchaus zum Baden
ein; sein Nordrand ist wegen des Kies-
ufers dafür geeignet. Man kann ihn auf
unmarkierten Wegen umrunden und
danach in dem sehr guten Restaurant
an der Straße einkehren.

■ Schluderbach (Carbonin)

Kurz vor Schluderbach gabelt sich die
Straße, rechts geht es nach Schluderbach
(Carbonin) selbst. Der Ort hat seinen Namen von dem Bauern Hans Ploner, der
hier im 19. Jahrhundert ein Wirtshaus
eröffnete und aus Alt-Schluderbach bei
Toblach stammte. Aus dem Gasthaus
entwickelte sich ein bedeutendes Hotel,
wie der ganze Ort nach und nach für den
Drei-Zinnen-Alpinismus große Bedeutung
erlangte. Hans Ploners Enkelin Anna be-
stieg 1874 als erste Frau die Große Zinne, ihr Vater Georg war 1879 der erste

Bezwinger der Westlichen Zinne. Der Ort
besteht heute nur aus wenigen Häusern
– allesamt Hotels und Gasthöfe.
Gleich hinter Schluderbach trifft man auf
die Grenze Südtirols. Im Dolomitenkrieg
tobten hier, an der österreichisch-italienischen Grenze, heftige Kämpfe.

■ Misurina

Nimmt man bei Schluderbach die östliche Straße, quert man nach etwa 1200
Metern das im Sommer ausgetrocknete
Bett des Fondatalflusses (Rio Val Fonda).
Dieser Fluss ist die uralte Südgrenze Tirols. Nahe der Brücke, mitten im Fluss-
bett, steht auf einem kleinen Felshügel
ein alter Grenzstein aus dem Jahr 1753.
Auch heute liegt hier die Provinzgrenze:
Jenseits des Flusses betritt man die Provinz Belluno.
Nach knapp fünf Kilometern ist der **Mi-
surinasee** (1751 m) erreicht. Hier wurde
bei den Olympischen Winterspielen in
Cortina d' Ampezzo 1956 der Eisschnell-
lauf abgehalten. Hält man sich an der
nächsten Straßengabelung wiederum
links, gelangt man bald zu einem Parkplatz. Hier fahren Shuttle-Geländewagen
hoch zum **Monte Piana** (2324 m), den

*Auf dem Weg von der Lavaredohütte
zum Paternsattel*

Blick vom Paternsattel zur Dreizinnenhütte

man aber auch entlang der Fahrstraße zu Fuß erreichen kann. Auf der vielbesuchten Hochebene auf diesem Tafelberg genießt man einen kolossalen 360-Grad-Blick über die Dolomiten, außerdem befindet sich hier das **Freilichtmuseum Dolomitenkrieg 1915–17**.

Die kurvenreiche, enge Militärstraße aus den Kriegsjahren ist sechs Kilometer lang und bewältigt fast 500 Meter Höhenunterschied. Sie endet an der Bosihütte (2205 m), wo eine Gefallenenkapelle der Toten dieser Stellungskämpfe gedenkt. Über einen Fußweg (20 min, etwa 100 Höhenmeter Unterschied) geht es weiter zu Galerien, Schützengräben und sonstigen Befestigungen. Die Runde innerhalb des Freilichtmuseums dauert zwei bis vier Stunden, je nachdem, wie viel Zeit man sich lässt. An einigen Stellen ist der Rundweg mit Seilen gesichert, da er an einigen Stellen an steil abfallendem Gelände vorbei führt.

■ Auronzohütte

Hinter der Abfahrtsstelle der Shuttlebusse geht es an dem kleinen Antorno-see (1880 m) vorbei, dann hinunter zur Mautstelle der Panoramastraße hoch zu den Drei Zinnen. 23 Euro für einen Pkw kostet das Vergnügen der Fahrt hoch zur Auronzohütte (Rif. Auronzo) auf 2320 Metern. Doch es lohnt sich: Zunächst bieten sich schon während der sieben Kilometer langen Serpentinenfahrt herrliche Blicke auf den Monte Cristallo und den Monte Piana; dann erscheint rechts die Auronzohütte. Hier kann man auf einer steil abfallenden Fläche parken, oder man fährt bis zum höchsten Punkt unmittelbar an der Südwestecke der Drei Zinnen und parkt dort. In der Saison empfiehlt es sich, hier schon frühmorgens zu erscheinen, später sind die Parkplätze oft alle belegt. Die Panoramastraße ist, witterungsabhängig, von Ende Mai bis Ende Oktober täglich von 6 bis 20 Uhr geöffnet.

■ Eine Wanderung um die Drei Zinnen

Die Berglandschaft an dieser Stelle ist schlichtweg großartig. Nach Süden, über die Auronzohütte hin, ragen die Zacken der Misurinaspitzen und der Cadinigruppe auf, nach Westen hin grüßen Monte

Die Dolomiten

Cristallo und Monte Piana herüber, im Nordosten ragt schier unüberwindlich die Südseite der Drei Zinnen auf.

Über einen sehr einfach zu begehenden Weg kann man in etwa 45 Minuten zu den Füßen der Drei Zinnen gehen, zur **Lavaredohütte** (2344 m). Unterwegs kommt man an einer Bergkapelle und Gedenktafeln vorbei, die an den Erstbesteiger Paul Grohmann wie auch an Bergopfer erinnern. Über der Lavaredohütte (Tel. 336/494617) ragt das kantige Massiv des Paternkofels (2744 m) auf. Von der Hütte kann man links empor direkt an der Ostflanke der Kleinen Zinne weiter zum **Paternsattel** gehen – es ist nicht schwierig –, oder man wählt alternativ dorthin den breiten Wanderweg 101. In nochmals etwa 35 Minuten ist der Paternsattel an der Ostseite der Drei Zinnen erreicht. Bis hierher ist die Wanderung auch für Besucher mit weniger Kondition ohne weiteres zu bewältigen. Vom Paternsattel genießt man ein unwirklich schönes Panorama: links die Drei Zinnen in senkrechter Seitenperspektive, direkt vor einem ein Meer bleicher Berge und Spitzen mit Schwalbenkofel (2769 m) ganz links und der Dreischus-

terspitze (3145 m) und darüber die aus der Ferne grüßende **Dreizinnenhütte** (Rifugio Locatelli).

Wer von hier die große Zinnenrunde machen möchte, geht nun weiter, etwas bergab Richtung Dreizinnenhütte, wo man neben der Einkehr auch eine Nächtigung erhalten kann. Gerade von hier wirken die Zinnen schlichtweg magisch. Von der Dreizinnenhütte geht es dann auf Weg 105 und Dolomitenwanderweg 4 auf Serpentinen bergab, Richtung Langalm und zur Rienzquelle. Jetzt steht man unterhalb der überwältigenden Nordseite der Drei Zinnen.

An der Langalm kann man wieder einkehren, doch es geht jetzt wieder empor, um die Westseite der Zinnen herum, auf den kleinen Pass zwischen Zinnenkopf und Col di Mezzo. Jetz ragen wieder der Monte Cristallo und die Cadinigruppe vor uns auf. Um den Zinnenkopf geht es herum, bis wir wieder an der Auronzohütte stehen.

Für die Gesamtumrundung sollte man sich einen ganzen Tag Zeit nehmen. Die Tour ist nicht übermäßig schwierig, bietet aber ein großartiges, hochalpines Bergerlebnis.

Höhlensteintal

Shuttledienst (Jeep/Minibus) Misurina–Monte Piana und zurück. Abfahrt in Misurina beim Bar Restaurant ›Genzianella‹, Ankunft an der Bosi Hütte (Tel. 0435/39034); Fahrten etwa alle 20 min von Anf. Juni bis Mitte Okt. tgl. 9–17 Uhr. Es empfiehlt sich telefonisch vorzubestellen: Lorenzo, Tel. 338/5282447, oder Raffaele, Tel. 336/309730, www.montepiana.com.

Restaurant Dürrensee, Landro 8, 39034 Toblach, Tel. 0474/972399.
Auronzohütte, Tel. 0435/39002, www.rifugioauronzo.it, p.P. im DZ 58 €, nur

Übernachtung 32 €, Frühstück 7 €, es gibt auch preiswertere Sechsbettzimmer. Duschen kostet extra (Wassermangel im Gebirge).
Dreizinnenhütte, Tel. 0474/972002 (Sommer), www.dreizinnenhuette.com, Ende Juni bis Ende Sept. Es gibt neben wenigen Doppel- und Dreibettzimmern auch einen Gemeinschaftsschlafraum, p.P. ohne Frühstück 10–34 €, für Alpenvereinsmitglieder reduzierte Preise; mit HP 34–59 €, Frühstück allein kostet 8 €. Wegen Wasserknappheit in der Hütte kostet einmal duschen 5 € extra.

Karte: Südtirol 1:50 000, Nr. 699, Blatt 3.

Karte S. 290

Aus dem Eisacktal in die Dolomiten

Von Westen her, über das Eisacktal, gelangt man über vier wichtige Talwege in die Dolomiten. Das nördlichste dieser Zugänge ist das Villnößtal, ihm schließt in südlicher Richtung das Grödental an, ganz im Süden liegen Tierser Tal und Eggental.

Das Villnößtal

Unweit von Klausen mündet das etwa 25 Kilometer lange Villnößtal (Val di Funes) in das Eisacktal. Einen eigenen Ort Villnöß gibt es nicht, doch wie auch in anderen Tälern üblich, sind alle Siedlungen zu diesem Gemeindenamen zusammengefasst. Der östlichste Talabschnitt gehört zum Naturpark Puez-Geisler, den der 20 Kilometer lange Villnösser Bach durchfließt. Das Villnößtal zählt zu den landschaftlich reizvollsten Gegenden Südtirols. Die beschaulichen Dörfer, überragt von den bleichen Gesellen der Geisler mit ihren Wänden, Nadeln und Spitzen, die je nach Tagesstunde weiß, rosa oder kupferfarben glänzen, lohnen den Aufenthalt in diesem Tal ganz besonders. Selbstverständlich finden sich hier viele Wandermöglichkeiten, insbesondere bietet das Tal die bestmöglichen Zugänge in den Naturpark Puez-Geisler.
Übrigens wird im Villnößtal die älteste Schafrasse Südtirols gezüchtet, das Villnösser Brillenschaf.

■ Teis (Tiso)

Erster Ort hinter Gufidaun (→ S. 232) ist Teis (Tiso). Vor allem Mineraliensammler kennen den Ortsnamen, denn hier fand und findet man die sogenannten Teiser Kugeln aus Quarzporphyr (Rhyolith), die innen hohl sind (Drusen) und in den Hohlräumen schön gewachsene Quarzkristalle aufweisen. Ein kleines, aber sehr ansprechendes **Mineralien-museum** zeigt solche Drusen und schildert die Geologie der Gegend.
Westlich von Teis liegt der Weiler **Nafen**, der in eine herrliche Landschaft voller Obstbäume eingebettet ist. Die dortige **Bartholomäuskirche** besitzt einen gotischen Flügelaltar, den man in dieser Abgeschiedenheit nicht vermutet hätte. Sehr empfehlenswert ist eine Rundwanderung von Teis nordwärts über den Kasserolerhof nach Albeins, von dort über den Weg 4 nach Nafen und wieder zum Ausgangspunkt zurück (4 Std.).

■ St. Peter (San Pietro)

St. Peter liegt nicht am Talhang, sondern direkt am Villnösser Bach (Rio Gardena), über dem die markante Kante der Villnösser Geisler (2331 m) aufragt. Ungewöhnlich groß ist die **Pfarrkirche** von 1801, wegen ihrer Ausmaße der ›Dom des Villnößtals‹ genannt, die nur über eine steile Treppe erreichbar ist. Der 65 Meter hohe Glockenturm mit seiner spitz zulaufenden Zwiebelkuppel steht vom Kirchenschiff getrennt.
Die Region nordwestlich des Ortes um den Gratschenberg, oftmals auch Villnösser Mittelgebirge genannt, bietet schöne **Wanderwege**. Insbesondere lohnt die Ottohöhe den Besuch. Zunächst geht es von St. Peter westwärts über Weg 30 nach St. Jakob, von dort weiter zum Moarhof (Jausenstation, Mai–Nov.). Von hier geht es auf Weg 30 weiter um die Ottohöhe herum und dann Richtung St. Peter zurück. Auf diesem längeren Wegstück haben Wanderer phantastische Blicke auf die Geislergruppe. Wo die Straße auf das Würzjoch stößt, bietet das Restaurant ›Dreimäderlhaus‹ eine Einkehrmöglichkeit.
Von diesem Lokal geht es wieder nach St. Peter hinein (4. Std)

Die Dolomiten

In St. Peter gabelt sich die Straße. Nach links geht es aus dem Villnößtal heraus, über den Russishügel weiter zum Würzjoch und entlang der Villnösser Geisler und des Nationalparks ins Gadertal hinüber. Es ist eine ausnehmend schöne Straße mit großartigen Blicken.

Nach rechts geht es weiter durch das Villnößtal.

■ St. Magdalena (Santa Maddalena)

Viel besucht wird das recht kleine St. Magdalena (Santa Maddalena) alljährlich am ersten Wochenende im Oktober, wenn hier das berühmte, überregional bekannte Villnösser Speckfest stattfindet (www.speckfest.it). An zwei Tagen dreht sich dann alles um diese Südtiroler Delikatesse. Veranstaltet werden unter anderem Musikumzüge, Bauernmarkt, Speckverkostung, Wahl der Speckkönigin und Specklotterie.

Ein Besuch des in futuristisch-kubischen Formen gehaltenen **Naturparkhauses Puez-Geisler** lohnt wegen der multimedialen Ausstellungen. Zwei Themenkomplexe – ›Berge anfassen‹ und ›Berge erobern‹ – präsentieren Gesteine und Lebewesen im Naturpark. ›Berge erobern‹ ist eine Präsentation Reinhold Messners, bei der aktuelle Filme beispielsweise von Überfliegungen des Naturparks gezeigt werden.

Der **Ranuihof**, ein ehemaliger Ansitz, ist im Inneren reich mit Jagdbildern und Fresken aus dem 17. Jahrhundert ausgestattet. Er befindet sich in Privatbesitz, kann jedoch besichtigt werden (Voranmeldung beim Tourismusverband). Die **Kirche** von St. Magdalena entstand einer Sage zufolge nach einem Unwetter, bei dem der Villnösser Bach eine kleine Statue der heiligen Magdalena anschwemmte und für die dann die Kirche gebaut wurde. Die Statue, deren Herkunft unklar ist, ist heute noch vorhanden.

■ Wanderungen in der Geislergruppe

Hinter dem Ranuihof geht es auf der Fahrstraße noch etwas talaufwärts, bis an der Zanseralm für den privaten Verkehr Schluss ist. Vom Parkplatz Zanseralm (1690 m) kann man zu mehreren großartigen Wandertouren aufbrechen. Die erste ist eine der klassischen Wanderrouten durch das obere Villnößtal. Zunächst geht es über Weg 35a parallel zum Tschantschenonbach talaufwärts, bis man etwa auf 1900 Metern auf den sogenannten Adolf-Munkel-Weg (Nr. 35) stößt. Hier geht man nach rechts – grandioser Blick auf die drohend aufragenden Geislerwände – ein längeres Stück auf etwa gleicher Höhe bis zur Weißbrunnquelle und weiter zur Brogleshütte (2045 m), von ihr über Weg 28 hinunter ins Tal und kurz vor dem Villnösser Bach nach rechts über Weg 34 zum Ausgangspunkt. Sechs Stunden dauert diese nicht allzu schwere, doch eindrucksvolle Tour.

Nicht schwer ist bei gleichem Ausgangspunkt auch die Wanderung zur **Schlüterhütte** (www.schlueterhuette.com, Mitte Juni bis Mitte Okt., Tel. 0472/840389 bzw. 840132) auf 2301 Metern entlang des Kaserillbachs über die Kaserillalm und die Gampenalm, wo es ein gutes Berggasthaus gibt (www.gampenalm.com, Tel. 348/2721587). Zurück geht es über Weg 35. Auf dieser Tour ist die Gampenalm in drei Stunden zu erreichen, für den Rückweg braucht man knapp zwei Stunden (via Weg 35). Alternativ lässt sich von der Gampenalm via Bronsoijoch auch ein Bogen über den 2486 Meter hohen Sobutsch machen, von dort über Medalgesalm und Tschantschenonalm schließlich zurück zur Zanseralm (4 Std. ab Gampenalm).

Die dritte Tour beginnt wie die zweite auf Weg 25, doch biegt man bald nach links ab, behält diesen Weg 25 bei und geht über den Großen Herrensteig unter-

Karte S. 290

▲

Villnößtal: St. Magdalena vor den Geislerspitzen

halb der Aferer Geisler entlang, die sich hier in grandioser Pracht zeigen. Durch Taleinschnitte geht es zunächst etwas hinauf und hinab, dann hinüber zur Kofelalm (1952 m), wo es noch recht große Edelweißvorkommen gibt. Von der Kofelalm geht es südwärts über Weg 32, links am Plavatscher Kofel vorbei, dann wendet sich der Weg in weitem Bogen nach links und man erreicht (immer noch auf Weg 32) den Unteren Herrensteig. Er führt nach Osten, dann geht es über Weg 32a nach rechts steil hinab zur Zanseralm (5 Std.).

ℹ️ Villnößtal

Vorwahl: 0472.
PLZ: 39040.
Tourismusverein Villnösser Tal, St. Peter Nr. 11, 39040 Villnöss, Tel. 840180, www.villnoess.com.
Naturparkhaus Puez-Geisler, St. Magdalena Nr. 114a, 39040 Villnöss, Tel. 842523.

🛏️ 🍴

Jausenstation Moar, St. Jakob nr. 18a, 39040 Villnöß, Tel. 840318, www.jausenstationmoar.it, p. P. im DZ 28–31 €. Mit Kinderspielplatz und Streichelzoo, westlich von St. Peter in unberührter Natur nahe der Ottohöhe gelegen.
Gasthof Bruggmüllerhof, St. Peter Nr. 41, 39040 Villnöß, Tel. 840139, www.bruggmuellerhof.com, p. P. im DZ 38–44 €. Produkte aus eigener Landwirtschaft.
Pension Veltierhof, St. Peter 47, 39040 Villnöß, Tel. 840042, p. P. im DZ 29–35 €.

Hotel Ranuimüllerhof, St. Magdalena Nr. 38, 39040 Villnöß, Tel. 840182, www.ranuimuellerhof.com, p. P. im DZ 50–72 €.
Gasthof Edelweiß, St. Magdalena Nr. 77, 39040 Villnöß, Tel. 840141, www.stuffer-hoteledelweiss.com, p. P. im DZ 33–38 €.
Gasthof Zanseralm, St. Magdalena, 39040 Villnöss, Tel. 0472/840543, www.zanseralm.com, P. P im DZ 30–40 €. Hervorragender Ausgangspunkt für Wanderungen in die Geislergruppe.
Berggasthof Sass Rigais, Tel. 840133, www.sassrigais.com, p. P. im DZ 35–40 €. Nur Barzahlung oder Scheck. Spezialität: Fischgerichte.

Mineralienmuseum Teis, 39040 Villnöss/Teis, Tel. 844522, www.mineralienmuseum-teis.it, Sonntag vor Ostern bis Sonntag nach Allerheiligen Di–Fr 10–12 u. 14–16 Uhr, Sa/So 14–17 Uhr.

Um Schlern und Seiser Alm

Die Region um das markante, machtvolle Massiv des Schlern zählt zu den bekanntesten Touristenregionen Südtirols. Seit etwa 1890, nachdem von Bozen aus eine befestigte Straße erbaut wurde, erfreut sich dieses Gebiet größter Beliebtheit. Es war übrigens, wie Funde zeigen konnten, schon um 2500 v. Chr. besiedelt.

■ Kastelruth

Den nicht nur wegen der weithin bekannten, bereits 1975 gegründeten Volksmusikgruppe der ›Kastelruther Spatzen‹ bekannten Ort Kastelruth (ital. Castelrotto, ladin. Ciastel) erreicht man entweder von St. Ulrich oder von Waidbruck im Eisacktal direkt, die Zufahrt ist jedoch auch über die alte Straße von Bozen her möglich. Kastelruth besitzt ein schönes historisches Dorfbild. Die klassizistische **Pfarrkirche** besitzt einen 82 Meter hohen Turm, interessant ist der mittelalterliche Bergfried der **Burgruine Kastelruth**. In ihm sind zwei Kapellen eingebaut. Sehr lohnend ist eine Panoramarundfahrt über Tisens und Tagusens. Letztgenannter ist ein eher stiller Ort mit einem niedlichen **Schulmuseum**.

Eine schöne, etwa zweistündige Rundwanderung geht auf Weg 5 um den Laranzwald im Süden des Ortes herum. Von der Südwestecke dieser Runde hat man einen sehr schönen Blick auf das

Karte S. 290

Eisacktal, doch insbesondere ist der Blick auf den Schlern von großer Eindrücklichkeit. Ausgangspunkt ist der Reiterhof Unterlanzin an der Straße nach Seis. Auch **St. Oswald** hoch über dem Eisacktal ist ein stiller Ort. In einem 500 Jahre alten Bauernhaus gibt es hier ein **Bauernmuseum**. Vom Reiterhof Unterlanzin nimmt man Weg 7a, der an der Ruine Aichach vorbeiführt. Von St. Oswald kann man über Weg 5 durch den Laranzwald zurück nach Unterlanzin gehen.

■ **Seis am Schlern (Siusi allo Siciliar)**
Seis am Schlern (Siusi allo Siciliar) liegt auf 1004 Metern, am Fuß der größten Hochalm Europas. Sehenswert ist insbesondere die **St.-Valentins-Kirche**, die schon wegen ihrer Lage auf einem Wiesenhang oberhalb von Seis vor dem Koloss des Schlern ein eindrucksvolles Fotomotiv ist. Seis war übrigens viele Jahre lang bevorzugte Sommerfrische des norwegischen Dramatikers Björnstjerne Björnson (1832–1910), unter anderem Dichter der norwegischen Nationalhymne.
Die Santnerspitze (2413 m) bildet die Nordecke des Schlernmassivs und überragt die Ruine der **Burg Hauenstein** (1191 m), die schon seit etwa 1650

Das Schlernmassiv, im Vordergrund das Dorf Völs

verfallen war. Nur Mauerreste sowie die Burgkapelle mit Freskenfragmenten sind noch vorhanden. Der Burgbereich scheint schon in der Bronzezeit besiedelt gewesen zu sein, da man hier 1919 das berühmte, reich verzierte ›Hauensteiner Schwert‹ gefunden hatte. Die Burg befand sich im Besitz Oswalds von Wolkenstein, der sie 1427 geerbt hatte. Der Sage nach intrigierte hier eine Sabina Jäger gegen Oswald, der in sie verliebt war. Denn sie sandte ihn, damit er seine Liebe beweisen kann, nach Palästina, heiratete aber inzwischen einen reichen Kaufmann, um gleichsam den lästigen Verehrer endlich los zu werden. Aber wahrscheinlich ist an dieser Geschichte nichts wahr. Denn ein Angehöriger alten Adels wie Oswald hätte vermutlich wegen einer Bürgerlichen in der damaligen Zeit keine solchen Anstrengungen unternommen. Oswald schrieb übrigens mit dem ›Hauensteinlied‹ ein Gedicht über sein Leben auf der Burg. Der knapp einstündige Aufstieg von Seis zur Burg lohnt: Es herrscht hier eine fast mystische Atmosphäre.
Von der Ruine Hauenstein führt Weg 3 hinüber zu den kärglichen Resten der **Ruine Salegg** (1219 m), wie Hauenstein ein Ort unwirklicher Stimmung. Von Seis aus kann man auch direkt zu ihr aufsteigen. **Bad Ratzes** (1212 m) südöstlich von Seis ist ein altes Bauernbad. Von hier kann man unterhalb der Santnerspitze zur Schlernbödelehütte (1726 m) aufsteigen und von dort über einen Rundweg zur Proßliner Schweige (1739 m) hinüber gehen und von dort direkt nach Bad Ratzes zurück.
Ein viel besuchtes Mittelalterspektakel mit Turnierwettkampf ist der Oswaldvon-Wolkenstein-Ritt, der alljährlich im Juni stattfindet. Er beginnt an der Trostburg im Eisacktal und führt über Kastelruth und Seis nach Völs zum Schloss Prösels (www.owritt.com).

Die Dolomiten

Oswald von Wolkenstein

Er war Politiker, Dichter und Abenteurer und adliger Rebell, seinem Landesherrn treu, doch gleichzeitig aufwieglerisch – und kompromisslos bis zum ständig drohenden eigenen Untergang. An der Wende vom Mittelalter zur Neuzeit erwuchs in Oswald von Wolkenstein eine schillernde Figur, die noch heute unser Interesse erweckt. Rastlos und melancholisch war er und in seinem Wesen fast schon ›modern‹. Ihn fesselte die Vergänglichkeit des Daseins, doch nur wenige Zeilen später stimmte er hymnisch ein Lied auf das Leben an, um bald darauf wieder in elegische Abschiedsstimmung zu verfallen – fast ist Oswald von Wolkenstein ein Bruder im Geist des Zeitgenossen François Villon. Als kleiner Adeliger versuchte er, auch um den Preis der eigenen Verfolgung und Rechtlosigkeit, seine berechtigten Interessen gegenüber seinem Feudalherrn durchzusetzen.

Oswald von Wolkenstein, der letzte deutschsprachige Minnesänger, kam um 1375 vermutlich auf Burg Schöneck im Pustertal zur Welt, andere Quellen nennen Burg Hauenstein am Schlern als Geburtsort. Seine Familie hieß ursprünglich Rodenegg und erhielt den Namenszusatz Wolkenstein 1293, als sie Burg und Gericht Wolkenstein im Grödental erwarb. Oswald verließ bereits als Zehnjähriger die Eltern, verdingte sich als Knappe und trieb sich aus Abenteuerlust 14 Jahre in der Welt herum. Dabei gelangte er in alle Länder des damals bekannten Erdkreises. In einem autobiographischen Gedicht nennt er Russland, die Tatarei, das spätere Baltikum, Spanien, Frankreich und das Schwarze Meer, wo er einem Schiffsuntergang nur entrann, indem er sich auf einem großen Fass Malvasier rettete. Oswald kehrte in die Heimat zurück, als um 1400 sein Vater starb. Dessen Nachlass wurde an die vier Söhne sowie entfernte Verwandte verteilt. Dabei kam es zu Erbstreitigkeiten, da Oswald nur ein Drittel der Burg Hauenstein und des Hauensteiner Waldes erhielt sowie einigen Grund bei Kastelruth. Die anderen beiden Drittel erhielten ein gewisser Martin Jäger sowie die Tochter des Brixner Schulmeisters Anna Hausmann. Einer – allerdings unbestätigten – Legende zufolge verliebte sich Oswald in Martin Jägers Frau, Sabina Jäger, die ihm aber als Beweis für seine Liebe eine Pilgerfahrt ins Heilige Land abzwang. Da er glaubte, von dort nicht wiederzukehren, ließ er sich vorsorglich einen Gedenk- bzw. Erinnerungsstein anfertigen, der heute noch am alten Friedhof am Brixner Dom vorhanden ist und Oswald in Kreuzfahrerrüstung zeigt. Oswald machte sich nun auf die lange und beschwerliche Reise, ließ sich in Jerusalem zum Ritter des Heiligen Grabes schlagen, doch fand er Sabina, als er heimkehrte, als Frau eines anderen vor. Allerdings hat die Oswald-Forschung inzwischen Anna Hausmann als realfatale Geliebte nachgewiesen, eine Sabina Jäger scheint es nie gegeben zu haben.

Im Jahr 1415 zog Oswald im Gefolge Herzogs Friedrich IV. von Tirol zum Konzil nach Konstanz. Eine Begegnung mit Kaiser Sigismund ließ ihn in dessen Dienste treten. In Sigismunds Auftrag leitete er eine diplomatische Mission, die die Bekämpfung der damaligen Kirchenspaltung zum Ziel hatte und die ihn bis nach Spanien und Schottland führte. 1417 war er wieder in Tirol und heiratete Margarete von Schwangau. Der inzwischen sehr selbstbewusst gewordene Oswald geriet in diesen Jahren in immer größere Distanz zu Herzog Friedrich IV. und führte schließlich andere Adelige gegen Friedrich in kleineren Aufständen an. Friedrich

Gedenkstein für Oswald von Wolkenstein in Brixen

versuchte ohne Erfolg, Oswalds habhaft zu werden. Gleichzeitig flammte erneut der alte Erbstreit um die Burg Hauenstein auf. Oswald versuchte, auch in den Besitz der anderen beiden Drittteile zu kommen. Er machte sich hierbei Martin Jäger und die Hausmannin zu erbitterten Feinden. Durch einen Verrat der Anna Hausmann konnte er von Friedrichs Knechten festgenommen werden und kam nach Meran und Innsbruck in den Kerker. Dort blieb er, bis er ›Urfehde‹ schwur, also allen Widerstand gegen den Landesherrn aufgab und auch die Gegnerschaft zu Martin Jäger beendete. Erst 1422 kam er nach hohen Kontributionszahlungen für kurze Zeit frei, sollte nochmals zahlen, wenn er nicht erneut in Haft kommen wollte, verweigerte dies und floh nach Ungarn.

Oswald scheint in der Haft und durch die Folter mehrere Knochenbrüche erlitten zu haben, da er mehrere Jahre an Krücken gehen musste. Die Rückkehr nach Tirol war ihm nun lange Jahre verwehrt. Obwohl inzwischen die Adelsrevolten sämtlich bereinigt waren, verzieh ihm Herzog Friedrich immer noch nicht. 1427 wurde Oswald bei einem heimlichen Besuch in der Heimat aufgegriffen und erneut in Innsbruck in den Kerker gebracht. Doch einige wenige Freunde, die für ihn bei Kaiser Sigismund vorsprachen, lösten das Problem. Oswald verpflichtete sich zur Zahlung einer weiteren großen Summe – zu der der Kaiser einen Teil beisteuerte –, und Herzog Friedrich wie auch Martin Jäger wurden befriedet.

Oswald gelangte endlich in den Besitz ganz Hauensteins. Er scheint weiterhin bei Kaiser Sigismund in großem Ansehen gestanden zu haben, da dieser ihn 1431 zum Ritter des Drachenordens machte. Bis zu Sigismunds Tod 1437 blieb er politischer Berater des Kaisers und begleitete ihn auf vielen Reisen.

Beim Tod Herzog Friedrichs IV. 1439 gehörte Oswald einer Kommission an, die dessen Nachlass verwaltete. Er hatte seinen Frieden mit dem Land gemacht. Oswald starb am 2. August 1445, etwa siebzigjährig, in Meran. Beigesetzt wurde er im Kloster Neustift bei Brixen.

In allen Darstellungen Oswalds ist sein rechtes Augenlid geschlossen, das Auge soll ihm als Neunjähriger beim Spiel mit anderen Kindern ausgeschossen worden sein. Neuere Untersuchungen – sie begannen, nachdem Oswalds mutmaßlicher Schädel 1973 in Brixen aufgefunden worden war –, konnten zeigen, dass er zwei unterschiedlich große Augenhöhlen besaß; die rechte war etwas kleiner. Damit war ein permanenter Druck auf den Augapfel ausgeübt, der eine Lähmung des Augenlids zur Folge hatte. Oswald war somit nicht einäugig, sondern konnte nur sein rechtes Lid nicht heben – falls die gefundenen Knochen tatsächlich die Oswalds waren. Gesichert ist das bis heute nicht.

Oswalds Dichtungen sind in drei Handschriften erhalten: in der Wiener Liederhandschrift (1427/36), in der Innsbrucker Liederhandschrift (1432) – beide mit Noten – und in der Innsbrucker Handschrift (ohne Noten) von 1450. Dabei handelt es sich um autobiographische Lieder, geistliche Hymnen und sehr weltliche Liebeslyrik. Oswald war lange vergessen und wurde erst im 20. Jahrhundert wieder entdeckt. Die Ursache dafür liegt im Unkonventionellen seiner Werke. Oswalds Sprache ist teilweise ganz unminnesängerisch derb, er findet ganz neue

Wortbilder, er ist voller Humor, Ironie und parodiert sich selbst gleichsam in dritter Person. Modern ist das Nebeneinander von fast barocker Sinnenfreude und ebenso barocker Jenseitsfrömmigkeit sowie Verzweiflung. Nicht zu vergessen ist, dass Oswald auch die Melodien zu seinen Liedern selbst geschaffen hat. Und diese Weisen haben nichts mehr mit den psalmodierenden Melodien älterer Minnesänger gemeinsam, sondern zeigen ganz reale Anklänge an die französische und italienische Madrigalkunst.

Der Essayist W. Schmied fasste treffend zusammen: »Zu ihm gehört die Komplexizität der Erscheinung. Er hat ein erfülltes, intensives Leben gelebt, hat alle Höhen und Tiefen, Freuden und Qualen der Welt gekostet, hat Unrecht gelitten und Unrecht getan. Er war ein derber Krieger und ein Dichter von unerhörtem Erfindungsreichtum, ein Mensch von unbedingter Diesseitigkeit und mit einem Hang für das Irrationale, für Fahrten, Gefahren und Ferne.« Damit ist Oswald ein Zeitgenosse von uns.

Oswald von Wolkenstein

■ Die Seiser Alm

Die Seiser Alm erstreckt sich auf einer Fläche von 60 Quadratkilometern und ist damit die größte Almweide in den Alpen. Für Wanderer ist sie ein Paradies – herrliche Natureindrücke, bezaubernde Blumenwiesen, gewaltige Bergmassive – und dennoch leicht und gefahrlos zu erleben. Die Alm auf etwa 1800 Metern ist Teil des 68 Quadratkilometer großen Naturparks Schlern-Rosengarten. Begrenzt wird sie im Osten vom Langkofel und im Südwesten vom Schlern mit der markanten, jäh ins Tal abfallenden Santnerspitze.

Per Seilbahn gelangt man von Seis oder St. Ulrich empor, mit dem eigenen Auto ist eine zeitlich beschränkte Auffahrt bis Kompatsch oder Saltria am Plattkofel möglich (Info dazu beim Tourismusverband, in der Saison geöffnet meist von 17 Uhr abends bis 9 Uhr morgens). Wer diese Strecke fährt, überquert dabei die Alm fast in ihrer Gänze. Die Seiser Alm ist auch im Winter sehr stark besucht, weist sie doch 60 Kilometer Abfahrtspisten für Skifahrer und Snowboarder auf. Doch für die Umwelt hat die nicht nachlassende Bauwut auf der Alm nachteilige Folgen, Bürgerinitiativen bemühen sich seit Jahren um einen besseren Schutz der Natur (www.proseiseralm.info).

■ Wanderungen rund um die Seiser Alm

Aus der Fülle der Wandermöglichkeiten seien einige leichte hervorgehoben: Von Saltria (1700 m) aus fährt man mit dem Florianilift empor, und von der Bergstation Williamshütte (2100 m) geht es auf Weg 9 weiter zur **Plattkofelhütte** (2300 m, Tel. 0462/601721, www.plattkofel.com). Kurz unterhalb der Hütte geht es nach links (Weg 527) hinüber zum Piz da Uridl (2101 m), weiter auf Weg 527 unterhalb des Plattkofels

Seiseralm mit Langkofel

nach Osten bis zur **Langkofelhütte** (Rifugio Vicenza) auf 2253 Metern, von dort über Weg 525 (Santnerweg) hinab zum Confinboden, von wo sich ein großartiger Blick auf den Langkofel eröffnet. Schließlich führt Weg 30 zurück nach Saltria – eine herrliche Tour. (5 Std.). Die Langkofelhütte (Tel. 0471/792323, www. rifugiovicenza.com, Nächtigung möglich) ist von Mitte Juni bis Ende September geöffnet. Eine Variante zu dieser Tour geht hoch bis zur Plattkofelhütte (2300 m), anschließend westwärts über den Friedrich-August-Weg zum Mahlknechtjoch, dann zur stillgelegten Dialer-Seiseralm-Hütte (2143 m) und über den Gasthof Tirler (Weg 8) nach Saltria hinunter (4 Std. ab Bergstation des Florianilifts).

Eine zweite schöne Tour führt auf die **Puflatschalm**. Von Kompatsch aus (Talstation der Puflatsch-Telemixbahn am Sporthotelkomplex, Juni – Sept. tgl. 9 – 17 Uhr) hoch zum Aussichtspunkt Engelrast (2119 m), zu der man aber auch mit der besagten Bahn fahren kann. Von der Hütte macht man die große Almrunde: zunächst zum Fillnerkreuz, dann nach links zum Gollerkreuz (Weg 24) und über die Arnikahütte und Dibaita-Puflatschhütte (1950 m) wieder zum

Die Dolomiten

Ausgangspunkt zurück. Sehenswert sind die ›Hexenbänke‹ zwischer Filler- und Gollerkreuz: ungewöhnliche vulkanische Gesteinsformationen. Für diese Runde über das Sonnenplateau Puflatschalm braucht man nicht mehr als drei Stunden.

Eine dritte Tour ist trotz großem Höhenunterschied ebenfalls nicht anstrengend. Es geht von Kompatsch hoch zum **Schlernhaus** (2460 m). Der Weg verläuft vom Gasthof ›Frommer‹ (Talstation des Spitzbühel-Sessellifts, nur Winterbetrieb) über den Spitzbühel (1935 m) abwärts zur Saltnerhütte (1831 m), von dort über den Touristensteig (Dolomitenwanderweg 8) aufwärts zum Schlernhaus (Rif. Bolzano, Mitte Juni bis Anf. Okt., Tel. 0471/612024, www.schlernhaus.it). Wer noch Kondition hat, sollte weiter zum **Petz** (2564 m) gehen, der höchsten Erhebung des Schlernmassivs, oder zum **Burgstall** (2515 m); von dort hat man eine großartige Sicht über die ganzen Dolomiten. Überhaupt: Zwischen Kompatsch und Saltria gibt es eine Fülle an einfachen Spazierwegen; manchem Wanderer ist es schon genug, einfach nur auf der Alm zu verweilen, zu sinnieren, ohne dabei größere Strecken zurückzulegen.

■ **Völs am Schlern (Fie allo Sciliar)**
Völs am Schlern (Fie allo Sciliar), am Westhang des Schlern auf 880 Metern gelegen, ist wie Kastelruth seit dem Ende des 19. Jahrhunderts eine beliebte Sommerfrische insbesondere der Bozner Bürger. Auch der Dichter Arthur Schnitzler hielt sich hier auf und ließ sich inspirieren: Der dritte Akt seines Dramas ›Das weite Land‹ (1919) spielt im Hotel am Völser Weiher.

Leonhard von Völs d. Ä. (1458–1530), der Landeshauptmann Tirols, stiftete 1515 die **Pfarrkirche Maria Himmelfahrt**. Leonhard war ein skrupelloser Machtmensch, der zu Beginn des 16.

Völs, Burg Prösels

Jahrhunderts die ersten Hexenprozesse Tirols initiierte. Die Pfarrkirche wurde im spätgotischen Stil begonnen, der Bau jedoch wegen der Bauernunruhen unterbrochen und erst 1555 weitergeführt, was zu stilistischer Uneinheitlichkeit führte – die neuen Baumeister bevorzugten die Formen der Renaissance. Nach einem Brand 1703 wurde die Kirche teilweise barockisiert, der gotische Flügelaltar entfernt, jedoch gegen 1890 wieder aufgestellt. Die Kirche besitzt ein romanisches Kruzifix aus dem Jahre 1200, es ist das älteste Südtirols. Sehenswert ist auch die kunstvolle Rokokokanzel von 1774. Neben der Kirche steht die romanische **Friedhofskapelle St. Michael**, bei der die Apsis auf Kragsteinen ruht. Sie birgt ein kleines **Museum sakraler Kunst**.

Leonhard ließ östlich des Ortes zum Zweck der Karpfenzucht den idyllisch in parkähnlicher Landschaft gelegenen **Völser Weiher** anlegen. An seiner Nordseite bietet er schöne Badegelegenheiten, seine Südhälfte ist Biotop. Hier gibt es auch eine kleine Infostelle des Naturparks Schlern-Rosengarten.

An der Straße nach Seis, etwa zwei Kilometer außerhalb von Völs, befindet sich die **Kirche St. Konstantin**. Mit dem Schlern im Hintergrund wird sie oft foto-

Karte S. 290

grafiert. Sie war ursprünglich romanisch, wurde jedoch spätgotisch umgestaltet. Markant ist ihr Zwiebelhelm. Im Innern fällt ein farbiges Steinrelief (um 1400) auf, in dem ein König einen Wolf an einer Kette nach oben zieht und dabei ein Kind aus dem Rachen des Wolfs rettet. Südlich von Völs, an der Straße nach Bozen, liegt im gleichnamigen Ortsteil die **Burg Prösels**. Sie wurde wahrscheinlich um 1200 erbaut. Die Burg bildet mit der Kulisse der Dolomiten im Hintergrund ein ungeheuer eindrucksvolles

Bild. Ihre heutige spätgotische Form mit den Befestigungsgürteln erhielt sie durch Leonhard von Völs, der auf ihr 1506 und 1510 Hexenprozesse veranstaltete, die 30 Personen das Leben kosteten. Die Burg befindet sich heute im Besitz eines Konsortiums und dient als Ort für Ausstellungen und Konzerte. Besucher können jedoch einige originale Innenräume mit historischem Mobiliar und der Waffensammlung besichtigen. Sehr sehenswert ist auch der arkadengeschmückte Innenhof.

 Um Schlern und Seiser Alm

Vorwahl: 0471.

Tourismusbüro Kastelruth, Krausplatz, 2, 39040 Kastelruth, Tel. 706333, www.seiseralm.it.

Tourismusbüro Seis am Schlern, Schlernstr. 16, 39040 Seis am Schlern, Tel. 707024, www.seis.it.

Informationsbüro Seiser Alm, Kompatsch Nr. 50, 39040 Seiser Alm, Tel. 727904, www.seiseralm.it.

Seiser Alm Marketing, Dorfstr. 15, 39050 Völs am Schlern, Tel. 709600, www.seiseralm.it.

Tourismusbüro Völs, Bozner Str. 4, 39050 Völs am Schlern, Tel. 725047, www.voels.it.

Gasthof zum Turm, Kofelgasse 1, 39040 Kastelruth, Tel. 706349, www.zumturm.com, p. P. im DZ mit HP je nach Saison 51–80 €. Spezialität: Steak vom Jungrindrücken mit Thymian auf Blauburgundersauce mit Rösti und Gemüse.

Dibaita-Puflatschhütte, Compatsch Nr. 68, 39040 Seis am Schlern, Tel. 729090, www.dibaita-puflatschhuette.com, p. P. im

DZ ab 35 €. Die Zufahrt zur Berghütte mit Pkw ist nur von 17 Uhr abends bis 9 Uhr morgens möglich.

Gasthof Tschötscherhof, St. Oswald Nr. 19, 39040 Seis am Schlern, Tel. 706013, www.tschoetscherhof.com, p. P. im DZ mit HP 40–50 €. Tipp des Autors.

Edelansitz Zimmerlehen, Kühbachweg 15, 39050 Völs am Schlern, Tel. 725053, www.zimmerlehen.it. Unterschiedliche historische Wohnungen (Küche, Stube, Bad, Schlafzimmer), für 2 Pers. je nach Ausstattung und Saison 66–107 €.

🏛

Schulmuseum Tagusens, Alte Schule (Tagusens Nr. 2), 39040 Kastelruth, Tel. 706661, Ostern bis Allerheiligen Mo, Mi und Fr 10–16 Uhr.

Bauernmuseum Tschötscherhof, St. Oswald Nr. 19, 39040 Kastelruth, Tel. 706013, www.tschoetscherhof.com, März bis Nov. Do–Di 9–20 Uhr.

Pfarr- und Archäologiemuseum Völs, Friedhofskapelle St. Michael, 39050 Völs am Schlern, Tel. 725087, Juni bis Ende Okt., Führungen jeweils Do 10.30 Uhr.

Das Grödental (Val Gardena)

Die Bewohner nennen ihr Tal Grödental oder nur Gröden. Die Bezeichnung Grödner Tal ist daher nicht ganz richtig, die Verwendung dieses Begriffs wird aber freundlich geduldet.

Das 25 Kilometer lange und vom vom Grödnerbach (Rio Gardena) durchflossene Grödental (Val Gardena) ist sicherlich das meistfrequentierte der Dolomiten, vielen Südtirol-Touristen sind die Orte St. Ulrich, St. Christina und Wolkenstein gut

Die Dolomiten

bekannt. Besonders bedeutsam ist, dass sich neben dem Gadertal hier der Kern des ladinischen Sprach- und Kulturgebiets befindet. Das Ladinische wird noch von etwa 30000 Personen gesprochen. Es entwickelte sich in der Römerzeit: Als die Römer den Alpenraum eroberten, übernahm die Bevölkerung die lateinische Sprache, mischte sie jedoch mit heimischen Elementen. So entstanden das Ladinische und das Rätoromanische. Diese Sprachgebiete reichten vom schweizerischen Gotthard bis zur Adria, wurden jedoch nach und nach zurückgedrängt. Rätoromanisch wird vor allem noch in Teilen der Ostschweiz gesprochen, auch im Vinschgau noch hie und da – hier sind rätoromanische Flur- und Ortsnamen noch allgegenwärtig –, ladinisch eben im Gader- und im Grödental sowie im Norden des Trentino und der Provinz Belluno. In diesen Regionen ist Ladinisch eine zweite oder dritte Amtssprache. In der Zeit des Faschismus wertete man das Ladinische zu einem italienischen Dialekt herab, erklärte die Ladiner zu Italienern – und rechtfertigte somit ihre ›Befreiung‹ vom österreichischen Staat.

Das Grödental hat für den Südtiroler Sommer- und Wintertourismus zentrale Bedeutung. Es bietet Skifahreren Pisten aller Schwierigkeitsgrade und Wanderern herrliche Naturerlebnisse; Langkofel und Seiser Alm zählen zu den größten Attraktionen im Tal. Bekannt ist das Grödental durch die hier seit Jahrhunderten ansässige Holzschnitzerei, aus dem sich auch eine bedeutende Holzspielzeugindustrie entwickeln konnte. Seit über 150 Jahren gibt es in St. Ulrich eine Kunstschule, die Holzschnitzer ausbildet.

Von 1916 bis 1960 war das Tal über die Grödnerbahn mit Klausen verbunden. Über die aufgelassene Trasse verlaufen heute Rad- und Wanderweg. In allen drei Hauptorten des Grödentals tummeln

Beim traditionellen Almabtrieb

sich heute zu fast allen Jahreszeiten die Touristenmassen. Die Orte wirken zersiedelt und bestehen großteils aus klobigen Gasthofs- und Hotelneubauten, die nicht recht in die Landschaft passen. Das große Verkehrsaufkommen hat dazu geführt, dass St. Ulrich und St. Christina Umfahrungsstraßen erhalten haben, was der Landschaft genau so wenig zum Vorteil gereicht. Wolkenstein, das keine Umfahrung besitzt, ist an den Wochenenden im August und September fast unpassierbar. Das Grödental ist Ort vieler kultureller Veranstaltungen, unter denen der Klassik-Konzertzyklus ›ValgardenaMusika‹ (St. Ulrich, im Juli und August, www.valgardena.com), das traditionelle Volksfest ›Gröden in Tracht‹ (Wolkenstein, erstes Augustwochenende) und die Skulpturmesse ›Unika‹ (www.unika.org, August) sowie die Grödentaler Volkssportolympiade (www.ivvsuedtirol.info), das Knödelfest in St. Christina im September und insbesondere der Almabtrieb im Langental bei Wolkenstein am zweiten Septemberwochenende (www.valgardena.it) am bekanntesten sind. Über die ganze Vielfalt der Veranstaltungen informiere man sich am besten auf der Webseite des Tourismusverbandes.

Karte S. 290

■ St. Ulrich (Ortisei, Urtijëi)

Wer von Waidbruck (Ponte Gardena) ins Grödental einfährt, kommt nach steilem Anstieg nach etwa neun Kilometern nach Pontives. Hier liegt die Engstelle der Porta ladina, die die deutsch-ladinische Sprachgrenze markiert, und hier beginnt das eigentliche Grödental.

Gleich dahinter ist St. Ulrich (itel. Ortisei, ladin. Urtijëi) erreicht, Hauptort (1236 m) des Tals. Obwohl der Ort zumindest, von der Umgehungsstraße betrachtet, gesichtslos wirkt, gibt es durchaus – einige wenige – Sehenswürdigkeiten. Die **Pfarrkirche St. Ulrich** (1796) vereint in ganz seltsamer Weise barocke und klassizistische Elemente mit denen der italienischen Renaissance. Bedeutender aber ist die östlich außerhalb liegende Kirche **St. Jakob**, die als älteste Kirche des Tals gilt. Sie liegt in einer großartigen Position dem Langkofel gegenüber, mit dem zusammen sie ein beliebtes Fotomotiv

Das Grab für den berühmtesten Sohn des Ortes

ist. An ihrer Südfassade besitzt sie ein seltsames Fresko: Dieses barocke Kreuzweggemälde ist über einen spätgotischen Christophorus gepinselt, der dabei aber nicht überdeckt wurde, sondern wie aus einem Schatten heraustritt.

Im Inneren gibt es große Freskenzyklen der spätgotischen Brixner Schule sowie einen barocken Hochaltar. Unterhalb der Kirche erinnert ein 1898 aufgestelltes Denkmal an **Paul Grohmann** (1838–1908), den Erschließer der Dolomiten. Er unternahm so viele Erstbesteigungen in den Alpen wie kein anderer Alpinist jemals. Die Kirche liegt auf 1565 Metern und ist von St. Ulrich aus über den Dolomitenwanderweg 8 bzw. Weg 6 in einer Dreiviertelstunde erreichbar.

Wer noch etwas Kondition hat, steigt von der Kapelle zum Aussichtspunkt am Balest (1822 m) auf.

Unbedingt sollte man das **Museum des Grödentals** (Museum Gherdëina) in St. Ulrich besuchen. Es schildert die Geologie wie die Kulturgeschichte der Dolomiten, eine eigene Abteilung ist Luis Trenker gewidmet. Dazu kommen archäologische Funde, sakrale Kunstwerke, Gemälde sowie ein berühmtes Fastentuch.

Die bekanntesten Personen aus St. Ulrich sind der Bergsteiger und Regisseur Luis Trenker (1892–1990) und der Komponist und Produzent Giorgio (Hansjörg) Moroder (geb. 1940), der Erfinder der Synthesizer-Disco-Musik. Für die Filmmusik zu ›Midnight Express‹ (1978) erhielt er einen Oscar. Trenker ist auf dem St. Ulricher Friedhof begraben, sein Grab liegt in dessen unteren Hälfte, vom Eingang aus gesehen links hinten an der Wand. Sein eigentliches Grab liegt vor der Büste in der Friedhofsmauer, in der nur ein Kenotaph besteht. Im oberen Teil des Friedhofs, an der Wand der großen Bogenhalle mit den Familiengräbern, finden sich interessante moderne Fresken.

Die Dolomiten

Luis Trenker

Er war Bergsteiger, Filmpionier, Schauspieler, Buchautor, Symbol des gesunden, vitalen, aufrichtigen Naturburschen, Draufgänger und Abenteurer und ein Mann, dem die Frauen zu Füßen lagen. Den Mächtigen seiner Zeit diente er, so weit es seine persönlichen Interessen betraf – und wenn nicht, ging er in Opposition. Die Rede ist von Luis Trenker, legendärer ›Bergfex‹ und sicherlich einst populärster Südtiroler.

Luis Trenker kam am 4. Oktober 1892 in St. Ulrich im Grödental zur Welt. Er entschloss sich, Architekt zu werden, aber der Erste Weltkrieg unterbrach sein Studium. Von 1914 bis 1918 war er aktiver Kriegsteilnehmer und leitete eine Bergführerkompanie, gegen Kriegsende im Rang eines Oberleutnants. 1920 beendete er sein Architekturstudium und gründete 1924 mit dem in Österreich später bedeutenden Clemens Holzmeister in Bozen ein Architekturbüro. Mit dem Film war Trenker in Berührung gekommen, als ihn 1921 Arnold Fanck, der Pionier des Bergfilms, für eine Produktion als Bergführer in Dienst nahm. Trenker durfte, obwohl er nie Schauspielunterricht hatte, den Hauptdarsteller ersetzen, nachdem dieser, da nicht schwindelfrei, die Rolle hatte abgeben müssen. Trenker schien sich nun mit größter Leidenschaft dem Film zu verschreiben. In Fancks Stummfilm ›Der heilige Berg‹ (1926) spielte er einen Bergsteiger, der in eine Tänzerin entbrennt, dabei im Kampf gegen einen Rivalen am Berg erfriert. 1928 führte er in ›Der Kampf ums Matterhorn‹ erstmals Regie – ohne dafür ausgebildet zu sein. In kurzer Zeit avancierte Trenker zu einem gefragten Regisseur, nicht nur für eher unpolitische Bergfilme, sondern ab 1931 auch für Historienfilme, die insbesondere Tirol und seine Geschichte zum Thema hatten. 1931 setzte er den Dolomitenkrieg in ›Berge in Flammen‹ eindrucksvoll in Szene. Filmpionier war er in seinen Bergaufnahmen und in der Kameraführung. Trenker führte Fancks Stil der bewegten Kamera – die oft auf Skiern montiert war – weiter, ließ mit höchstem Aufwand die Aufnahmegeräte bei jeder Witterung in die obersten eisumkrusteten Bergregionen bringen und schuf so Bilder nie vorher gesehener Art. Die Ereignisse um Andreas Hofer thematisierte Trenker, wenngleich der Hauptheld einen anderen Namen trägt, in ›Der Rebell‹ (1932). Dieser Film beeindruckte unter anderem Joseph Goebbels ungeheuer stark. Filmgeschichte schrieb Trenker in dem neorealistischen Streifen ›Der verlorene Sohn‹ (1934). Er thematisiert die Geschichte eines Südtirolers, der sich ein Jahr lang im Amerika der Weltwirtschaftskrise durchschlagen muss. Die berühmte Überblendung der Dolomiten hin zu den Wolkenkratzern New Yorks im ›Verlorenen Sohn‹ ist legendär. In ›Der Kaiser von Kalifornien‹ (1937) schilderte Trenker das Leben und den Untergang von Johann August Suter, der 1848 aus Baden nach Kalifornien auswandert war, dort Gold entdeckt hatte, aber dann von einer neidvollen Umgebung vernichtet wurde. Der Film gilt als bester deutscher Western überhaupt und braucht den Vergleich mit amerikanischen Streifen nicht zu scheuen. Ein Meisterwerk ist auch ›Der Berg ruft‹ (1937), in dem die Erstbesteigung des Matterhorns durch den Engländer Edward Whymper im Jahr 1865 in dramatischer Weise thematisiert wird.

Trenker versuchte von Anfang an, sich direkter Einnahme durch die Nationalsozialisten zu entziehen, da er zwar durch seine Heimatliebe bei ihnen sehr geschätzt wurde, er aber seinerseits mit der NS-Ideologie keineswegs in Übereinstimmung stand. Über die Bücherverbrennung vom Mai 1933 äußerte er sich sehr abschätzig, in seinem Produktionsbüro in Wien beschäftigte er bis 1938 auch jüdische Mitarbeiter; überhaupt lehnte er den Antisemitismus ab. Diese Haltung gefiel den Nazis nicht, aber sie wollten den populären und beliebten Trenker nicht fallen lassen. Seine Filme standen durch ihre Heimatverklärung und die Darstellung bäuerlichen Lebens durchaus der NS-Ideologie nahe. Trenker ließ sich gern mit deutschen Geldern unterstützen, doch verwendete er die Summen trotz Mahnungen aus dem Reich ausschließlich nach eigenem Willen. Dennoch genoss er lange die Gunst von Goebbels und Hitler. Unbeliebt machte sich der Egomane Trenker erst 1940, als er in der heiklen Optionsfrage öffentlich für seinen Verbleib in Südtirol stimmte und auch der Bevölkerung keineswegs die Umsiedlung ins Reich empfahl – womit er natürlich als allgemeines Idol mit Vorbildfunktion alle diesbezüglichen Bemühungen der NS-Führung torpedierte. Aufgrund großen Drucks von höheren Stellen votierte er dann doch für die Umsiedlung, konnte es aber durchsetzen, dass seine Eltern bleiben durften und er selbst sein Haus behielt. Dass er dabei Kompromisse machen musste, brachte ihn später in den Ruch der Kollaboration mit den Nationalsozialisten. Dass er in Folge der Option seinen Hauptwohnsitz von Berlin nach Rom verlegte, machte ihn doppelt verdächtig, so dass er bei den Nazis als übler Opportunist galt.

Trenker überstand das Kriegsende unbeschadet und setzte nach 1950 seine Filmarbeiten fort. Inzwischen war er knapp 60 Jahre alt, zwar immer noch körperlich auf der Höhe und aktiver mehrmaliger Matterhornbezwinger, doch konnte er die einst so perfekt gespielten Rollen als gipfelstürmender jugendlicher Liebhaber nicht mehr darstellen. Seine Nachkriegsfilme haben auch nicht mehr das hohe künstlerische Niveau wie die Stummfilme und die aus den 1930er Jahren. Nach 1960 trat Trenker sehr oft im Fernsehen auf und erzählte in launiger, unnachahmlich gestenreicher Weise aus seinem Leben. Er berichtete von seinen Bergerlebnissen, von den Filmdrehs und aus seiner harten Jugend im Grödental. Spielfilme drehte er ab jetzt keine mehr, dafür unzählige Dokumentarfilme über seine Südtiroler Heimat.

Luis Trenker war auch in seinen späten Jahren sehr in den Medien präsent. Bis ins hohe Alter rüstig und von unglaublicher Vitalität, der markante Kopf von kräftigem weißen Haar umweht, trat der schon zu Lebzeiten legendär gewordene Trenker in Talkshows auf und hielt Vorträge. Besonders setzte er sich für den Umweltschutz in Südtirol ein. Luis Trenker starb am 12. April 1990, im 98. Lebensjahr, in Bozen. Er liegt auf dem Friedhof seines Geburtsorts St. Ulrich.

Vielleicht war Trenker eine egozentrische Natur wie Richard Strauss, der ähnlich wie jener immer der Nähe zum Regime bezichtigt wurde, dabei aber vor allem zu Konzessionen bereit war, nur um unbehelligt schaffen zu können. Beider Erfahrungen mit der Reichskulturkammer und Goebbels waren ähnliche. Und letzlich waren beide unpolitische Naturen. Vermutlich hat der Biograph recht, der urteilt, dass »Luis Trenker ein ganz normaler Mensch war ... und in schwierigsten Situationen in erster Linie darauf bedacht, sich und seine Schäfchen ins Trockene zu bringen und sich seine ökonomischen Möglichkeiten und die berufliche Entfaltung nicht vermiesen zu lassen.«

Wer Detaillierteres über Trenker wissen will: Als Lektüre empfiehlt sich seine fesselnde Autobiographie ›Alles gut gegangen‹, die 1965 erschien. Sie verbindet Zeitgeschichte und Bergabenteurertum. Und das Grödenmuseum in St. Ulrich zeigt außerdem viele Erinnerungsstücke an ihn.

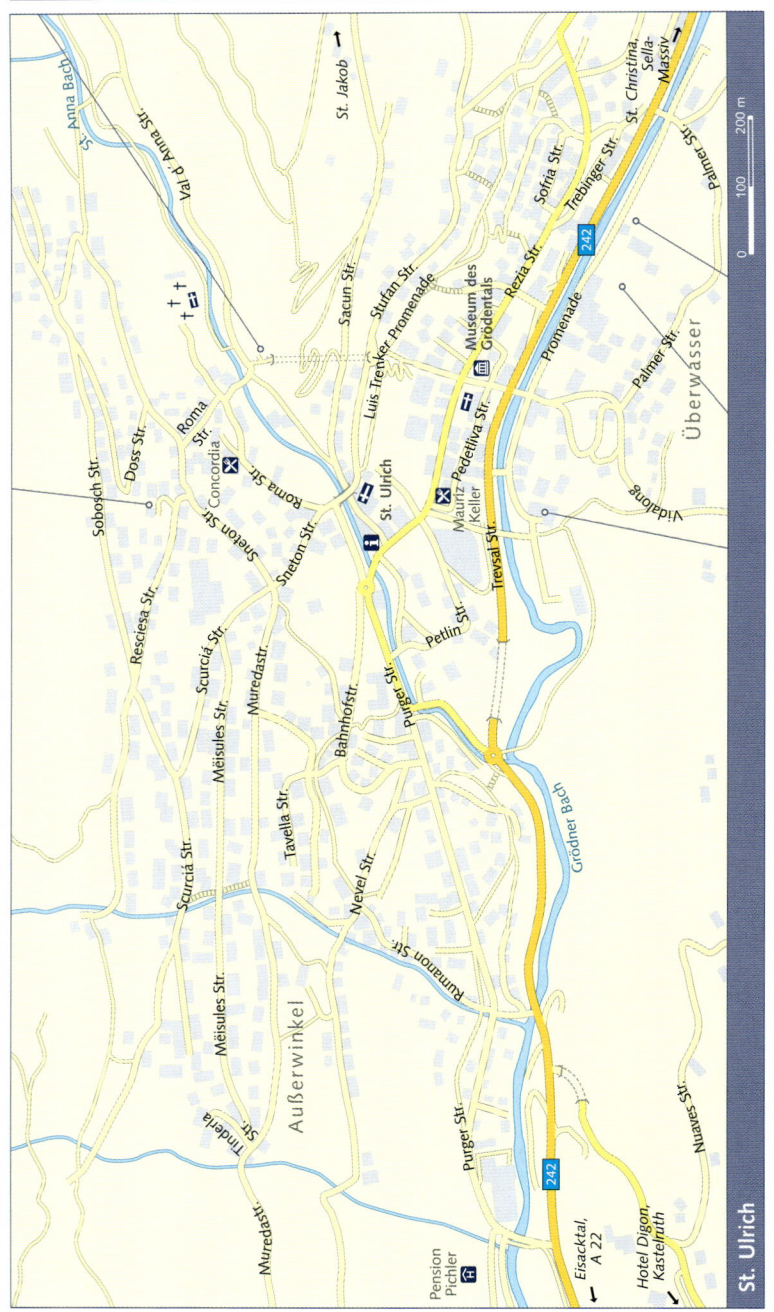

St. Ulrich

■ **Wanderungen rund um St. Ulrich**

Ein bequem erreichbares Wanderziel, von wo man einen umfassenden Blick auf die Bergwelt und besonders auf den Langkofel hat, ist der **Außerraschötz** (2282 m). Man fährt bis zur Bergstation der Raschötz-Standseilbahn und geht dann fast ohne Steigung hinüber zur Raschötzhütte (2170 m) und zum Heiligkreuz, von wo man noch bis zum Gipfel weitergehen kann. Der Abwechslung halber bietet sich der Abstieg über Weg 10 an (3,5 Std.).

Sehr schön ist auch die Wanderung von der Bergstation hinüber zur **Brogleshütte** (2045 m), die eine gute Einkehrmöglichkeit bietet (Tel. 338/4600101, www. brogleshuette.it) und von dort zurück. Diese Tour ist ebenfalls fast steigungsfrei und und bietet gleichzeitig kolossale Bergpanoramen (4 Std.).

Neben der Raschötz ist die **Seceda** (2456 m) St. Ulrichs Hausberg oder auch Hausalm. Im Winter ist es ein stark besuchtes Skigebiet, wo die ›Gardenissima‹, das längste Riesentorlaufrennen, der Welt ausgetragen wird (www.seceda.it). Auch zur Seceda führt eine Seilbahn. Von dort lässt sich einer der schönsten Talabstiege des Grödentals machen. Diese Tour führt über die Fermedahütte (2111 m) und die Gansbluthütte ins Tal und ist in gut drei Stunden zu bewältigen.

Eine grandiose **Panoramatour** ist auch die von der Seceda über Cucasattel und Pitschberg (2365 m) und von dort über Weg 6 nach St. Ulrich hinab (4 Std.).

Ebenso eindrucksvoll, besonders durch den Wechsel von Bergen, Wiesen und Seen, ist der Weg von der Seceda hinüber nach Wolkenstein über die Regensburger Hütte (2037 m) – eine Genusswanderung in monumentaler Bergwelt. Etwa 2,5 Stunden braucht man dafür, die Rückfahrt nach St. Ulrich kann von Wolkenstein mit dem Bus erfolgen, der im Sommer ganztägig mehrmals verkehrt. Alternativ dazu ist der etwa anderthalbstündige Abstieg von der Regensburger Hütte über den Col Raiser (2104 m) über Weg 4 nach St. Christina zu empfehlen. Vielleicht ist dieser Abstieg nicht so spektakulär wie der andere, jedoch für Kinder und Ältere bestens geeignet, besonders wenn man von St. Christina mit der Seilbahn zum Col Raiser auffährt. Der Weg vom Col Raiser nach St. Ulrich ist sehr einfach und bequem und lässt aber herrliche Panoramenblicke auf den Langkofel zu. Dass die Seiser Alm auch von St. Ulrich aus mit der Seilbahn erreicht werden kann und sich damit auch auf der Südseite des Grödentals schöne Wandertouren bieten, braucht nicht besonders betont zu werden.

■ **St. Christina in Gröden**

Wie St. Ulrich ist auch das auf 1428 Meter gelegene St. Christina (ital. Santa Cristina, ladin. S. Crestina) viel besucht: Es sind die Skigebiete um die Seceda und den Col Raiser, die auch in der schneefreien Zeit viele Besucher anziehen, da man dann hier wunderbare Wanderungen unternehmen kann.

Wie bei den ganzen Orten im Tal geht auch die Gründung von St. Christina auf

Am Raschötz

Attraktiv zu allen Jahreszeiten:
St. Christina

die Mitte des 13. Jahrhunderts zurück. Es ähnelt im Charakter St. Ulrich. Um St. Christina werden unter anderem auf der Saslongpiste alljährlich Rennen des Alpinen Skiweltcups ausgetragen. Berühmt ist der alljährliche Weihnachtsmarkt. Hier wird die weltweit größte Holzkrippe ausgestellt.

Sehenswert im Ort ist die **Pfarrkirche** mit ihrem romanischen Turm und dem barocken Hochaltar der Grödner Bildhauerfamilie Vinazer. Die **Fischburg**, Richtung Wolkenstein gelegen, ist ein monumentales Renaissancejagdschloss, doch ähnlich wie im Fall der Trostburg bei Waidbruck ist die Wehrhaftigkeit nur scheinbar, nur wirkt sie hier viel martialischer. Wie die Trostburg ist auch die Fischburg von Engelhard Dietrich von Wolkenstein erbaut worden, 1641 war sie fertiggestellt. Von 1863 bis 1926 war sie in Gemeindebesitz, danach kam sie in private Hand; daher ist sie heute nicht mehr öffentlich zugänglich.

Auf der Trasse der alten Grödnerbahn ist in St. Christina der **Planetenweg** angelegt. Hier sind im Maßstab von 1:1,868 Milliarden die Ausmaße des Sonnensystems und die Bahnen der Planeten nach-

gebildet, zusätzlich ist auf dem Weg auch die Geschichte der Grödnerbahn anhand von Schautafeln erläutert. Den Besuch lohnt auch der **Tervela-Wasserfall** gegenüber dem Ortskern und unterhalb des Monte Pana-Sessellifts.

■ **Wanderungen rund um St. Christina**

Die Landschaft um den Col Raiser – gut mit der Bergbahn zu erreichen – und die Regensburger Hütte bietet beste Wandermöglichkeiten. Insbesondere ist die Tour vom Col Raiser über die Regensburger Hütte hinüber nach Wolkenstein sehr eindrucksvoll, dabei ziemlich leicht. Am Südhang des Grödentals, etwas oberhalb auf 1670 Metern, liegt die Panaalm, auch Monte Pana genannt. Sehenswert ist dort das **Hotel Monte Pana** mit Kapelle, das der Architekt Franz Baumann in den 1930er Jahre in alpiner Bauweise anlegte, und die nahe gelegene, viel fotografierte **Sonnenuhr** des Künstlers Simon Moroder. Von Franz Baumann stammt auch die **Bergkapelle** mit einem Bernhardusfresko (1936) von Albert Stolz an der Außenwand.

Eine klassische, nicht schwere Wanderung, ja fast eine Dolomiten-Pflichttour ist diese: Von der Panaalm geht es

Blick auf den Col Raiser

Karte S. 290
▲

Am Eingang des Langentals

mit der Sesselbahn auf den Monte Seura (2025 m) und von dort hinüber zur **Langkofelhütte** (2253 m). Sie ist von Mitte Juni bis Ende September geöffnet (Tel. 792323, www.rifugiovicenza.com). Von dieser Hütte nimmt man am besten Weg 525, den Santner Weg, zurück ins Tal. Dabei kommt man über die paradiesischen Wiesen des **Confinbodens**, über die sich der Langkofel in fast überiridischer Schönheit emporreckt (3,5 Std.)

■ Wolkenstein (Selva, Sëlva)

Auch der höchstgelegene Talort, Wolkenstein (ital. Selva, ladin. Sëlva) auf 1563 Metern, bietet gute Zugänge zum Langkofel (Sassolungo, 3351 m). Bis zur Ciampinoihütte (2254 m) führt eine Bergbahn. Von dort lässt sich die monumentale Ostflanke des Langkofels bis zum Sellajoch hin beschwernislos umrunden. Erst geht es bis zur E.-Comici-Hütte (2153 m) etwas abwärts, dann auf Weg 526 durch eine fast öde Gegend, überragt von den Ostwänden des Langkofels, bis zum Sellajoch hin. Zwei Stunden reichen für die einfache Strecke, vom Sellajoch fahren Busse nach Wolkenstein.

Historische Sehenswürdigkeiten gibt es in Wolkenstein keine und um Wolkenstein nur zwei: die Silvesterkapelle im unteren Langental mit ihren Fresken, die das Leben Jesu darstellen, und am Eingang des Langentals die Ruine Wolkenstein, die direkt an die Steviawände geklebt zu sein scheint. Die Burg, ursprünglich als Höhlenlenburg erbaut, kam 1403 in den Besitz von Michael von Wolkenstein, Oswalds älteren Bruder. Oswald selbst scheint hier nie gelebt zu haben. Die Burg wurde gegen 1490 von den Venezianern zerstört und ist seither Ruine.

Das Langental (Vallelunga) ist eines der unberührtesten Täler der Dolomiten und bietet entlang des Talbodens beschauliche Spaziergänge an: bis hoch zur Zirnerquelle und tief in den Naturpark Puez-Geisler hinein.

■ Das Grödner Joch

Oberhalb von Wolkenstein, auf 1789 Metern, gabelt sich die Straße. Nach links geht es hoch zum Grödner Joch (2121 m), über das man nach Corvara, ins Gadertal oder nach Cortina fahren kann. Der Pass ist eine Sattel zwischen der Sellagruppe und den Cirspitzen im Naturpark Puez-Geisler. Zu letzteren führt ein Sessellift hinauf. Über Weg 12a kann man vom Grödner Joch auf einer aussichtsreichen Trasse hinab nach Wolkenstein spazieren.

■ Das Sellajoch

Fährt man an der Gabelung nach rechts, kommt man zum Sellajoch (2240 m). Dort liegt die Grenze Südtirols, jenseits geht es auf großartiger Serpentinenstraße hinab ins Fassatal nach Campitello und Canazei, wo man die Große Dolomitenstraße erreicht.

Vom Sellajoch lässt sich gut der **Langkofel** erkunden. Zunächst nimmt man die Gondelbahn zur Langkofelscharte (2681 m) hinauf, muss aber dann einen starken Abstieg entlang des Langkofel-

kars zur Langkofelhütte (2253 m) hin-
nehmen. Dann geht es um den Langkofel auf etwa gleicher Höhe herum
zur E.-Comicihütte (2153 m) und von
dieser unterhalb der 1000 Meter hohen
Ostwände des Langkofels zum Sellajoch
zurück. Der letzte Abschnitt der Tour
ist identisch mit der Langkofeltour von
Wolkenstein aus (→ S. 321).

Die Sellamassive sind größtenteils professionellen Bergsteigern vorbehalten,
doch kann man bis zu ihrem Fuß vom
Sellajoch über Weg 649 (Rundweg) bis
zum Pößnecker Klettersteig gehen und
sich den Giganten annähern. In der Saison ist es auf dem Sellajoch oft kaum
möglich, einen Parkplatz zu finden, obwohl sie gebührenpflichtig sind. Oft muss
man dafür kilometerweit bis Wolkenstein
zurückfahren, bis zur Talstation des Lifts
zum Piz Setëur.

Um das Sella- und das Langkofelmassiv
findet jährlich Mitte Juni der Radmara-
thon Sellaronda statt, bei dem zwei 84

Der Sellastock überragt das Fassatal

und 62 Kilometer lange separate Routen
mit jeweils eigener Siegerehrung alternativ bewältigt werden müssen; Startpunkt ist jeweils Wolkenstein. Diese
Veranstaltung gilt als härtester Moun-
tainbike-Wettbewerb Europas (www.
sellarondahero.com).

 Grödental

Vorwahl: 0471.

Mit der **ValgardenaCard**, die man für drei
oder sechs Tage (62 €/82 €) im Sommer
erwerben kann, sind alle Liftanlagen wie
auch die öffentlichen Verkehrsmittel im
Tal kostenlos zu benutzen. Seit 2013 gibt
es auch die **Liftkarte Dolomiti SuperSum-
mer** (www.dolomitisupersummer.com).
Sie gilt in allen Dolomitenregionen und
ist auf einem Punktesystem aufgebaut.
Beispielsweise kosten 720 Punkte 60 €,
die Punkte werden bei der Benutzung der
verschiedenen Lifte in unterschiedlicher
Menge von der Karte abgezogen.

Val Gardena-Gröden Marketing, Dursanstr. 80c, 39047 St. Christina, Tel. 777777,
www.valgardena.it, www.valgardena-
groeden.com.

Tourismusverein St. Ulrich, Reziastr. 1,
39046 St. Ulrich, Tel. 777600, www.
valgardena.it.

Tourismusverein St. Christina, Chemunstr.
9, 39047 St. Christina, Tel. 777800, www.
valgardena.it.

Tourismusverein Wolkenstein, Mëisulesstr. 213, 39048 Wolkenstein, Tel. 777900,
www.valgardena.it.

Unter www.valgardena-active.com gibt
es viele Hinweise zu geführten Touren,
Biking, Rafting, Paragliding etc., ebenso unter www.dolomiti-adventures.com.
www.fly2.info gibt auch Auskunft über
Paragliding im Grödental.

Hotel Digon, Digonstr. 22, 39046 St. Ulrich, Tel. 797266, www.hoteldigon.com,
p.P. im DZ mit HP ab 56 €.

Pension Pichler, 39046 St. Ulrich, www.
pensionpichler.com, p.P. im DZ mit HP
47–67 €. Es gibt neben normalen Zimmern
vier unterschiedlich große Ferienwohnungen; Sommerpreise pro Tag je nach Monat

Karte S. 290

70–120 €, Näheres dazu auf der Webseite.
Mauriz Keller, Reziastr. 32, Tel. 797301
bzw. 335/5255714, www.maurizkeller.
com. Tiroler Küche, ab 23 Uhr Disco.

Restaurant Concordia, Romstr. 41, 39046
St. Ulrich, Tel. 796276, www.restaurant-
concordia.com. Gepflegtes Lokal in rustikalem Ambiente, hervorragende Küche:
Tiroler Spezialitäten.

Bistro Susi, Dursanstr. 45, 39047 St. Christina, Tel. 793703. Typische Grödner Küche,
auch Verkauf von Wurstwaren und Speck.

Restaurant Da Peppi, Chemunstr. 52,
39047 St. Christina, Tel. 793335. Tiroler
Spezialitäten und talweit geschätzte Pizze.

Pension Ciamp, Valstr. 5, 39047 St. Christina, Tel. 792103, www.ciamp.com, p. P.
im DZ 38–55 €.

Smarthotel Saslong, Paluastr. 40, 39047
St. Christina, www.saslong.eu, p. P. im DZ
ab 32 €. Restaurant La Tambra, Dursanstr. 13, 39047 St. Christina, Tel. 790063,
www.tambra.it. Ladinische Küche.

Pension Daniel, Dauнëistr. 61, 39048
Wolkenstein, Tel. 795570, www.pension-
daniel.com, p. P. im DZ mit HP 47–85 €.

Hotel Solaia, Nivesstr. 33, 39048 Wolken-
stein, Tel. 795104, www.hotel-solaia.com.
Preise auf Anfrage. Gute Preiswürdigkeit.
Empfehlung des Autors.

Gasthof Europa, Nivesstr. 50, 39048
Wolkenstein, Tel. 795157, www.pension
europa.it, p. P. im DZ mit HP 50–75 €.

Restaurant Rino, Mëisulesstr. 217, 39048
Wolkenstein, Tel. 795272. Gutbürgerliches
Lokal, Pizzeria mit vielen Pizzavariationen.

Hotel-Restaurant Alaska, Dantercëpiesstr.
65, 39048 Wolkenstein, Tel. 795298,
www.hotelalaska.it, p. P. im DZ mit HP
55–100 €. Tiroler Küche.

Dolfiland, Digonstr. 26, 39046 St. Ulrich,
Tel. 796239, www.dolfi.com. Umfassendes Angebot an Holzschnitzereien und
hölzerne Weihnachtsspielzeug.

Valinhof, Daunëistr. 49, 39048 Wolkenstein, Tel. 794406, www.valin.it. Mit
Hofkäserei.

Museum des Grödentals (Museum
Gherdëina), Reziastr. 83, 39046 St. Ulrich, Tel. 797554, www.museumgher
deina.it, Mitte Mai bis Okt. Mo–Fr 10–12
u. 14–18 Uhr, Juli/Aug. auch So 15–18,
Do 20–22 Uhr. Im Winter Di–Fr 10–12
u. 14–17 Uhr.

Galaria Unika, Arnariastr. 9/1, 39046
St. Ulrich, Tel. 339/1792227, www.
unika.org. Kunstgalerie mit Werken zeitgenössischer ladinischer und anderer Südtiroler Künstler.

Galerie Art IQ's, Reziastr. 6 bzw. Pedetli-
vastr. 18, 39046 St. Ulrich, Tel. 797758,
www.judithsotriffer.it. Originale Grödner
Puppenschnitzerei.

Hochseilpark St. Ulrich, an der Talstation der Secedabahn, Tel. 333/8806080,
www.coldeflam.it.

Tierser Tal und Rosengarten

Das kleine Tierser Tal (Val di Tires) mündet bei Blumau, etwa zehn Kilometer
östlich von Bozen, in das Eisacktal. Es
unterscheidet sich von den anderen Do-
lomitentälern, denn seine untersten fünf
Kilometer sind annähernd unbesiedelt.
Direkt durch das Tal führt in diesem Abschnitt bis nach Breien nur eine schmale,
bisweilen steinschlaggefährdete Straße,
von dort geht es sehr steil empor nach
Tiers. Für Autofahrer ist die Fahrt auf
dieser historischen Trasse ein Genuss.

■ **Tiers (Tires)**

Für Touren in das Rosengartengebiet ist
das auf 1020 Metern gelegene Tiers (Ti-
res) sicherlich der beste Ausgangspunkt.
Im Tierser Ortsteil Weißlahnbad (St.
Zyprian) gibt es in der wassergetriebe-
nen, noch funktionsfähigen Steger Säge-
mühle ein **Naturpark-Besucherzentrum**.
Sehr lohnend ist ein Besuch des stillen
Tschamintals (Valle di Ciamin), das vom
Parkplatz am Besucherzentrum über den
Wanderweg 3 erreichbar ist. Das Tal bie-
tet allein durch die markanten Felstürme

Blick vom Tierser Tal auf das Rosengartenmassiv

des Grasleitenmassivs an der Südseite großartige Landschaftsimpressionen.

Versierte Wanderer steigen am Talschluss hoch zur Tierser **Alpl.Hütte** (2441 m). Für die lange und anstrengende Tour braucht man ab Parkplatz wenigstens fünf Stunden. Vom Naturparkhaus wird oft auch der **Schlerngipfel** (2564 m) in Angriff genommen; es ist ebenfalls eine lange, schwierige und anstrengende Tour (5. Std.) – nur für Geübte!

Das **Schlernhaus** (Tel. 0471/612024, Mitte Juni bis Ende Sept., www.schlern haus.it) auf 2450 Metern bietet Einkehr- und Nächtigungsmöglichkeiten.

■ Der Rosengarten

Der Rosengarten ist als Naturpark besonders geschützt. Dieses Dolomitenmassiv erreicht am Kesselkogel 3004 Höhenmeter. Der für einen Berg sehr ungewöhnliche Name rührt von der Sage um den Zwergenkönig Laurin her. Am ›Gartl‹, einem Schuttkegel zwischen Rosengartenspitze, Laurinswand und Vajolet-Türmen, lag dieser Sage nach ein berühmter Rosengarten, der diesem König gehörte. Als der König des Etschgebiets seine Tochter Similda verheiratete, wurden alle Ade-

ligen der Umgebung eingeladen, nicht aber König Laurin. Der aber kam dennoch zur Hochzeit, war allerdings dank seiner Tarnkappe unsichtbar. Als er Similden erblickte, entbrannte er feurig in diese, und er entfloh mit der Königstochter, eh´man sich´s versah, auf einem Pferd. Des Königs Dienstleute, darunter Dietrich von Bern mit seinem Waffenmeister Hildebrand, setzten ihnen sogleich nach. Am Rosengarten hatten sie die beiden Flüchtenden dann eingeholt. Nun band sich Laurin einen Zaubergürtel um, der ihm die Kraft von zwölf starken Männern verlieh, und begann den Kampf gegen seine Gegner. Doch er unterlag. Er zog sich rasch seine Tarnkappe über und glaubte, so seinen Verfolgern entkommen zu können. Doch Laurin hinterließ eine Spur, da überall, wo er hinrannte, sich die Rosen bewegten. Schnell wurden Dietrich und Hildebrand seiner habhaft. Tarnkappe und Gürtel wurden ihm entrissen und er wurde gefesselt fortgeschleppt. Den Rosengarten, der ihn gleichsam verraten hatte, konnte Laurin noch mit einem Fluch belegen. Kein Menschenauge sollte ihn mehr erblicken können, weder bei Tag noch in der Nacht. Doch Laurin vergaß

Karte S. 325

in seiner Verwünschung auch die Dämmerung zu erwähnen. Daher blüht der Rosengarten auch heute noch: aber nur bei Sonnenauf- und Sonnenuntergang. In der Tat ist das rote Leuchten des Rosengartens in der Dämmerung legendär. Diese auch bei anderen Bergen beobachtbare Erscheinung wird Alpenglühen genannt. Die Felsen und Schneeflächen reflektieren vom Streulicht der Dämmerung die langwelligen roten Anteile, und gleichzeitig liegen die tieferen Bergpartien schon im Dunkeln. Durch diesen Kontrast wirkt das reflektierte rote Licht noch magischer.

■ Wanderungen am Rosengarten

Für den Bergwanderer ist der mit seiner steilen Westwand schroff aufragende Rosengarten größtenteils zu schwierig zu begehen. Nur einige wenige Wege sind einfach zu bewältigen. Ein großartiges Bergerlebnis ist aber die folgende, recht einfache Tour: Vom Nigerpass (1608 m) an der Straße Tiers–Karersee spaziert man über den ›Sagen-Wanderweg‹ hinauf zur Baumannschweige (1826 m) und von dieser nordwärts zur Jausenstation **Hanicker Schweige** (1904 m); sie ist von Ende Juni bis Anfang Oktober geöffnet. Knapp zwei Stunden braucht man dorthin. Was die Tour so einzigartig macht, ist die Nähe zu den berühmten **Vajolettürmen**. Das sind insgesamt sechs zwischen 2790 und 2815 Meter hohe, an den Rosengarten angrenzende markante schmale Felstürme, die man nirgendwo besser erblicken kann und an die man nirgendwo einfacher so nahe herankommt – für alle Rosengarten-Reisenden ein Muss!

Tierser Tal und Rosengarten

Die Dolomiten

Blick vom Nigerpass in das Eggental

Einfach ist auch die Tour vom Nigerpass westwärts zum **Buselineck** (1655 m). Zwar gibt es keine Einkehrmöglichkeit, doch lohnt der etwa einstündige einfache Weg wegen seiner Beschaulichkeit. Ähnlich einfach ist der **Paolina-Höhenweg**. Von der Frommeralm unweit des Nigerpasses (1743 m) fährt man mit der Bahn hoch zur Rosengartenhütte (Kölner Hütte) auf 2339 Meter, von hier geht es auf einem einfachen Spazierweg (Nr. 549) südwärts zur Paolinahütte (2125 m). Entlang des Wegs am gewaltigen Westabsturz des Rosengarten blickt man hinüber auf den bis zu 2842 Meter hohen Kamm des Latemar. Er bietet von allen Himmelsrichtungen aus ein markantes Bild, es ist eines der bekanntesten Landschaftsbilder der Dolomiten. Nur ist der Latemar, der schon jenseits der Provinzgrenze im Trentino liegt, wenig erschlossen. Neben dem Latermar sind Brenta und Adamello sichtbar, der Blick geht sogar hinüber bis zum Ortler und den Ötztaler Alpen. Von der Paolinahütte (Juni bis Okt., Tel. 347/9489641, www.paolina-huette.com) geht es hinab zum Karerpass, von dort mit dem Bus zur Frommeralm – eine wunderbare und für jedermann machbare Bergtour (2,5 Std.). Geübtere wagen sich an die **Rosengarten-Runde**: von der Rosengartenhütte über Tschagerjoch, Cigoladehütte und Rotwandhütte zurück zur Rosengartenhütte. Es ist eine hochalpine Tour, die nur bei gutem Wetter und nur für trittsichere und schwindelfreie Wanderer anzuraten ist (5,5 Std.).

ℹ Tierser Tal und Rosengarten

Vorwahl: 0471.

Tourismusverband Rosengarten-Latemar, 39050 Birchabruck, Tel. 610310, www.rosengarten-latemar.com.

Tourismusverein Tiers am Rosengarten, St.-Georg-Str. 79, 39050 Tiers, Tel. 642127, www.tiers.it.

Im Tierser Tal wie auch anderswo in den Dolomiten gelten die angegebenen Übernachtungspreise oft nur bei einer Aufenthaltsdauer ab drei Nächten. Man informiere sich daher über die tatsächlichen Endpreise bei geplanter Nächtigung auf der Seite des jeweiligen Betriebes.

Karte S. 325

Gasthof Laurin, St. Georg-Str. 52, 39050 Tiers, Tel. 642138, www.gasthof-laurin. com, p.P. im DZ (Sommerpreise) ab 39–58 €.

Gasthof Edelweiß, St.-Zyprian-Str. 27, 39050 Tiers, Tel. 642145, www.gasthof-edelweiss.it, p.P. im DZ mit HP (Sommerpreise) ab 46–56 €.

Gasthof Rose, St. Georg-Str. 24, 39050 Tiers, Tel. 640045, www.gasthof-rose.it, p.P. im DZ ab 26–33 €.

Gasthof Frommer, Tel. 612184, www. frommeralm.com, p.P. im DZ ab 36–40 €, auch mit HP möglich. Bester Ausgangspunkt für Rosengartentouren, direkt an der Talstation der Bergbahn.

🏛

Naturparkhaus Schlern-Rosengarten, Weißlahn 14, 39050 Tiers, Tel. 642196, www.provinz.bz.it/natur-raum/themen, Juni–Okt. Di-Sa 9.30–12.30 u. 14.30–18 Uhr, Juli/Aug. auch So.

Um das Eggental

Das südlichste Tal, das vom Eisack aus in die Dolomiten führt, ist das Eggental (Val di Ega). ›Ega‹ bedeutet ladinisch ›Wasser‹. Das obere Eggental ist insbesondere als Skigebiet bekannt. Das ›Ski Center Latemar‹ bei Obereggen ist ein beliebtes Skigebiet und darf in Zusammenhang mit dem intensiven Wintersport des nahen Fassatals gesehen werden – es liegt zur Hälfte schon im Trentino.

Vom untersten Talort Karneid (→ S. 239) zieht sich das schmale und tief eingeschnittene Eggental südostwärts. Die Talstraße verläuft daher oft durch Tunnels. Von diesem schroffen Tal wurde Karl May zu den Landschaftsbeschreibungen seines Romans ›Durchs wilde Kurdistan‹ angeregt.

Nach zehn Kilometern ist Gummer (S. Valentino in Campo) erreicht, wo seit seit 2013 Südtirols erstes Planetarium existiert. Über Gummer führt eine Panorama-Serpentinenstraße hinüber ins Tierser Tal. In Birchabruck (Ponte Nova) gabelt sich die Talstraße an einer Weitung. Nach rechts geht es unter anderem nach Deutschnofen.

■ Deutschnofen (Nova Ponente)

Deutschnofen (Nova Ponente, 1357 m) bekam seinen Namen bei der Gründung im 12. Jahrhundert nach den Siedlern

aus Bayern im Gegensatz zum nahen Welschnofen, das von Ladinern gegründet wurde. Aus Deutschnofen stammt der Künstler Walter Pichler (1936–2012), der im Grenzbereich Architektur–Skulptur–Scharlatanerie arbeitete.

Die kleine Kirche St. Helena nordöstlich von Deutschnofen ist wegen ihrer bedeutenden Fresken etwas ganz Besonderes. Die Fresken aus dem frühen 15. Jahrhundert zählen zu den besterhaltenen gotischen Bilderfolgen in ganz Südtirol. Am besten beginnt man die Wanderung am Hotel ›Pfösl‹ an der Straße nach Obereggen (1,5 Std.).

Nordwestlich von Deutschnofen gibt es am Wölfslhof einen Wanderparkplatz. Hier lohnt der Besuch des nahen Wölflmoor und auch. die Wanderung über den Aussichtspunkt am Fuchshof und den Spörlhof zum 1506 Meter hohen Rotenstein und zur nahen Rotenwand. Gut 1,5 Stunden braucht man für die einfache Strecke, und der schwindelerregende Blick von der Rotwand ins Etschtal lohnt diesen Spaziergang.

Beliebt ist die sogenannte Kleine Weißensteiner Almenrunde. Sie führt vom Kloster Maria Weißenstein (1520 m) in etwa 2,5 Stunden über die Schönrastalm (1699 m) und die Lahneralm. Es ist ein schöner Wald- und Wiesenweg, der auch für Familien gut begehbar ist.

Die Dolomiten

■ Wallfahrtskirche
Maria Weißenstein

Die etwa acht Kilometer südwestlich von Deutschnofen gelegene Wallfahrtskirche Maria Weißenstein (Pietralba) ist Südtirols meistbesuchter Wallfahrtsort. 1553 soll hier die Jungfrau Maria einem Bauern namens Leonhard Weißensteiner erschienen sein. Er gelobte, ihr eine Kapelle zu erbauen. Beim Ausheben des Fundaments fand er eine kleine aus Marmor bestehende Statue der Jungfrau Maria mit dem Leichnam Jesu auf dem Schoß, die dann in der Kapelle aufgestellt wurde. Die Kapelle zog rasch viele Pilger an, und bereits 1561 musste sie vergrößert werden. 1673 baute man an dem inzwischen weitbekannten Wallfahrtsort einen ausladenden barocken Kirchenbau mit Klostergebäuden dazu. Er wurde nur wenige Jahrzehnte später, im Jahr 1719, erweitert, wobei Joseph Adam Mölk die Deckenfresken schuf. Durch die josephinischen Reformen wurde das Kloster 1785 aufgelöst, die Gebäude riss man zum großen Teil ab; dabei ging auch die Gnadenstatue verloren. Allerdings wurde 1800 der Wiederaufbau des Klosters begonnen, eine neu gefertigte Statue dann 1885 gekrönt. Heute gehört das Kloster dem Servitenorden. Große Kunstwerke gibt es zugegebenermaßen in der Kirche nicht zu sehen, die meiste Aufmerksamkeit verdienen die vielen **Votivtafeln** mit ihren naiven Inschriften und ländlichen Bildern.

■ Wanderungen im oberen Eggental

Die Tour von Obereggen (1535 m) zur touristischen Top-Attraktion **Karersee** (1561 m) wird viel begangen. Sie verläuft auf guten Waldwegen und weist wenig Steigungen auf. Man bewältigt man sie in fünf Stunden (Hin- und Rückweg). Eine der schönsten und dennoch einfach zu bewältigenden Touren im Eggental

Karersee mit Latemar

ist die Wanderung auf dem westlichen Abschnitt des **Latemar-Höhenwegs**. Von Obereggen geht es mit dem Oberholzlift (Talstation auf 1535 m) hinauf, von der Bergstation (2090 m) dann über Weg 23 zum Reiterjoch etwas hinab, weiter zum Gasthof ›Zischgalm‹ (Tel. 0462/813600, www.zischgalm.it) und dann Richtung Satteljoch auf Weg 504 bzw. 521. Kurz vor dem Satteljoch geht es nach links auf Weg 516 bzw. 22 und über diesen zurück zur Bergstation (2,5 Std.). Oberhalb der Bergstation (Weg 18) und unterhalb der 2799 Meter hohen Reiterjochspitze liegt der nur in steilem Anstieg zu erreichende Panoramapunkt **Eggentaler Horn**.

Über die Fahrstraße Obereggen–Lavazejoch kommt man zum Besucherparkplatz **Jochgrimm** am Fuß des Weißhorns (2317 m). Hier befindet man sich bereits nicht mehr im Eggental, doch gibt es eine sehr lohnende Wanderung: Von hier ist das **Weißhorn** leicht zu erklimmen. Diese einfache Strecke ist in 1,5 Stunden zu bewältigen, erfordert jedoch Trittsicherheit. Vom Gipfel genießt man einen großartigen Rundblick über die Trentiner und Südtiroler Berge.

Karte S. 325

■ **Welschnofen (Nova Levante)**

Seine landschaftlich einmalige Lage macht Welschnofen (1182 m) zu einem der meistbesuchten Touristenorte westlich des Rosengartens. Der Name deutet darauf hin, dass die Ortsgründung Ende des 12. Jahrhunderts vorwiegend durch ›Welsche‹, also Ladiner, erfolgte. Nicht allzu schwer ist die Wanderung zum **Taltbühel**. Mag der Gipfel selbst auch nicht so attraktiv sein, so lohnt doch seine Umrundung sehr. Von Welschnofen geht es zunächst nordwärts zum Schillerhof (1555 m), dann westwärts hinüber zum Wolfsgrubenjoch, weiter zum Toten Moos (Wege 22 und 2B) und über den Pardeller- und Innerfohrerhof entlang einer schönen Wiesenlandschaft (Weg 2A) zurück zum Ausgangspunkt. Vom Weg unterhalb der Nordseite des Taltbühels erhascht man wunderbare Blicke zum Rosengarten.

Nicht schwierig ist auch der Weg zum **Plunbühel** südlich von Welschnofen. Es ist gleichsam ein Wandervergnügen für Jung und Alt. Über Weg 27 und den Fötschenhof – bis dahin ist der Weg recht steil – geht es auf die Südseite des

Majestätisch: der Rosengarten oberhalb von Welschnofen

Berges, wo man an der Stadlalm (Tel. 339/8613931, www.stadlalm.it, Ferienwohnungen) auf 1500 Metern gut einkehren kann. Etwa 1,5 Stunden braucht man bis hierher. Weiter über Weg 27 erreicht man die Fahrstraße im Tal am Gasthof ›Adler‹, dann steigt man kurz wieder aufwärts zur Meierei und von dort über Weg 6 zurück (insges. 5 Std.).

■ **Karerpass**

Der 1745 Meter hohe Karerpass (Passo di Costalunga) verbindet das Eggental mit dem Fassatal und liegt genau auf der Grenze Südtirol–Trentino. Er ist etwa erst seit dem 15. Jahrhundert benutzt; in der Römerzeit existierte hier kein Weg. Mit dem Bau der Karerpassstraße wurde erst 1861 begonnen, das Teilstück Birchabruck–Welschnofen war 1884 fertiggestellt und der letzte Abschnitt hoch zum Karerpass sogar erst 1892. Damals war der Weg gerade mal drei Meter breit. Die heutige Straßenbreite von sechs Metern wurde erst in der Mussolini-Zeit geschaffen. Die Karerpassstraße ist Teil der Großen Dolomitenstraße, die Verlängerung durch das Fassatal bis nach Canazei und weiter nach Cortina und zum Falzaregopass war erst 1909 vollendet.

■ **Karersee**

Etwa 1,5 Kilometer unterhalb des Passes, auf 1520 Metern, liegt der Karersee. Er ist zwar recht klein – etwa 300 mal 140 Meter –, weist jedoch eine hinreißende Lage auf und ist daher mehr als stark besucht. Die Wände des Rosengartens und des Latemar rahmen den See, und berühmt ist der See wegen seines smaragdgrünen Wassers. Sein kleinstes Ausmaß erreicht der See immer gegen Ende des Sommers, im Frühjahr ist seine Fläche am größten. Er ist bis zu 22 Meter tief und wird ausschließlich aus unterirdischen Quellen und durch Schmelz-

Die Dolomiten

Das Grand Hotel Karersee

wässer gespeist, jedoch durch keinerlei Bergbach. Ein Spaziergang um den See, wofür man etwa 15 Minuten benötigt, lohnt sehr. Der gebührenpflichtige Parkplatz an der Straße hoch zum Pass ist an den Wochenenden im August völlig überfüllt. Von der Straße etwas unterhalb des Karersees kann man auf dem sogenannten **Perlenweg** (Nr. 8) auf sehr schönen Pfaden ohne Schwierigkeit hinüber zum Bewallerhof bei Obereggen laufen. Es ist eine vielbegangene Tour. Etwas oberhalb des Sees, links der Straße, liegt das **Grand Hotel Karersee**. Geradezu atemberaubend ist der Blick auf die Südostflanke des Rosengartens dahinter. Theodor Christomannos (1854–1911) war ein Politiker – unter anderem Mitglied im Tiroler Landtag –, der sich insbesondere der touristisch-wirtschaftlichen Erschließung Südtirols widmete. Er sah in der Schweiz dazu ein Vorbild. Dort baute man gewaltige Hotelkomplexe mitten in die Bergwelt. In diesen Grand Hotels sollte Wohnluxus mit Kulinarik und reiner Bergnatur verbunden werden. Ein solches Projekt ließ Christomannos am Karerpass erstehen, da gegen 1890 die Straße Welschnofen–Karerpass ausgebaut wurde, womit Pass, Karersee und

Rosengarten schnell erreichbar wurden. 1894 wurde mit dem Bau des Grand Hotel begonnen, bereits im Juli 1896 fand die Einweihung statt. Das Hotel besaß 170 Zimmer und wurde schnell ein beliebter Treffpunkt der europäischen Aristokratie, von Schriftstellern, Politikern und Industriellen. Kaiserin Elisabeth, Agatha Christie, Sigmund Freud, Karl May und viele andere waren hier vor dem Ersten Weltkrieg zu Gast. Ein Brand zerstörte 1910 das Hotel, doch bereits 1912 war es wieder in alter Schönheit erstanden. Im Ersten Weltkrieg war hier einige Zeit die österreichische Generalität untergebracht, 1943 die deutsche Wehrmacht, seit 1947 ist es wieder Hotel. Winston Churchill verbrachte hier in der Zwischenkriegszeit mehrmals seinen Urlaub – an ihn erinnert die Churchill-Suite des Hotels. Von der Form her ähnelt es sehr dem Grand Hotel in Toblach, besitzt eine 150 Meter lange Front, weist fünf Etagen auf – eigentlich ist es nur ein überdimensioniert vergrößertes Bauerngehöft, doch eben aus Stein.

Ein besonderes landschaftliches Kleinod sind die **Latemarwiesen** (1915 m), ein farbenfrohes Blumenmeer direkt unterhalb der Latemarwände. Man erreicht

Karte S. 325 ▲

sie in knapp einer Stunde vom Karerpass aus über den Weg 17. Trotz des Trubels am nahen Karersee liegen die Wiesen einsam und verlassen. Zwar gibt es vom Karerpass weitere Wanderrouten in das Latemarmassiv hinein, doch erfordern diese überwiegend sehr viel Kondition und bergsteigerisches Können.

 Eggental und Karersee

Vorwahl: 0471.

Eggental Tourismus, Dolomitenstraße 4, 39056 Welschnofen, Tel. 619500, www. eggental.com.

Landgasthof Lärchenwald, Gummer, Tel. 610102, www.gasthof-laerchenwald.it, p. P. im DZ mit HP ab 47 €.

Gasthof Weißenstein, Weißenstein 10, 39050 Petersberg, Tel. 615124, www. weissenstein.it, p. P. im DZ 36–39 €, auch mit HP möglich. Direkt am Kloster Maria Weißenstein.

Berggasthof Häusler Sam, Hennewinkel 8, 39050 Eggen/Deutschnofen, Tel. 348/3857495, www.almgasthaus-haeuslersam.com. Nur zu Fuß über den Samweg vom Bewaller Hof (zwischen Eggen und Obereggen) in 30 Minuten zu erreichen; herrliche Lage mit Blick auf Latemar und Rosengarten. Keine Übernachtung möglich.

Gasthof Jochgrimm-Heubad, Jochgrimm, 39040 Aldein, Tel. 887232, www. jochgrimm.it, p. P. im DZ 36–57 €.

Hotel Adler, Karerseestrasse 104–21, 39056 Karersee/Welschnofen, Tel. 613073, www.hoteladler.it, Preise auf Anfrage. Gehobene Klasse, dabei nicht zu teuer.

Gasthof Meierei, 39056 Karersee/Welschnofen, Tel. 613196, www.meierei.it, p. P. im DZ ab 32 €.

Planetarium Südtirol, Gummer 5, 39053 Karneid, Tel. 610020, www.planetarium. bz.it. Nicht nur Planetarium, sondern oft auch Ort von kosmischen Events, Filmvorführungen etc. Einziges Planetarium Südtirols. Geöffnet vorläufig nur Do und Sa 16–22 Uhr, So 13.30–18 Uhr.

Blick über die Bozener Domturmspitze auf das Rosengartenmassiv

Die Dolomiten

Reisetipps von A bis Z

Allgemeine Informationen

Südtirol Information, Pfarrplatz 11, I-39100 Bozen, Tel. 0039/0471/999999, www.suedtirol.info. Kein Publikumsverkehr, nur schriftliche und telefonische Anfragen; Mo–Fr 9–19, Sa 9.30–18 Uhr.
Italienische Zentrale für Tourismus (ENIT), Barckhausstr. 10, 60325 Frankfurt/Main. Tel. 069/237434, www.enit-italia.de. Allgemeine, jedoch umfassende und detaillierte Reiseinformationen über alle Regionen Italiens.

Ärztliche Versorgung

In Südtirol gibt es zumindest in den Hauptorten der Bezirksgemeinschaften zahlreiche allgemeine und fachärztliche Praxen. Im allgemeinen muss man als Ausländer die Kosten zunächst selbst tragen und nach der Rückkehr die Rechnung bei seiner Krankenversicherung einreichen. Ambulanz oder Notarzt sind aus jedem Netz unter der 118 erreichbar.

Camping

In Südtirol gibt es zumindest in den großen Tälern zahlreiche Campingplätze. Einige davon sind im Reiseteil bei den einzelnen Lokalitäten in den Infokästen am Ende des jeweiligen Abschnitts aufgeführt. Mehr unter www.camping.suedtirol.com und www.campingsuedtirol.com.

Einreiseformalitäten

Der Schengenstaat Italien ist von anderen Staaten umgeben, die sämtlich ebenfalls dem Schengener Abkommen beigetreten sind, so dass auch an der Grenze zur Schweiz keine Passkontrollen mehr bestehen; Zollkontrollen sind allerdings möglich. Bei Anreisen aus nicht EU-Ländern informiere man sich speziell.

Essen und Trinken

Die traditionell vorzügliche Küche der Alpenregionen ist auch in Südtirol in kleinen und großen, teuren und preiswerten Gasthöfen anzutreffen. Die Auswahl an Restaurants und Wirtshäusern im Textteil stellt eine begründete Auswahl dar, da es unmöglich ist, alle wunderbaren Gasthäuser und -höfe des Landes kennenzulernen. Wie überall, sind Trinkgelder beim Personal gern gesehen. Wer mit dem Service zufrieden war, darf durchaus 10 Prozent des Rechnungspreises dazulegen. Kulinarische Besonderheiten sind im Abschnitt Land und Leute erwähnt.

Feiertage

Neujahr (1.1.)
Heilige Drei Könige (6.1.)
Karfreitag und Ostermontag
Tag der Befreiung (25. April)
Tag der Arbeit (1.5.)
Christi Himmelfahrt
Pfingstmontag
Fronleichnam
Tag der Republik (2. Juni)
Maria Himmelfahrt (15.8.)
Allerheiligen (1.11.)
Maria Empfängnis (8.12.)
Weihnachten

Gesundheit

Das Auftreten von Zecken hat in Südtirol in den letzten Jahren sehr zugenommen. Dabei wurden die meisten Zeckenbisse im Unterland südlich von Bozen sowie im Wipptal um Sterzing festgestellt. Doch gilt gemäß der europäischen Gesundheitsbehörden Südtirol noch nicht als Risikogebiet (www.zecken.de).

Haustiere

Grundsätzlich ist der EU-Heimtierausweis Pflicht. In ihm muss eine Identitätskennung durch Mikrochip oder Tätowierung eingetragen sein. Tiere, die erst nach dem Juli 2011 erstmals gekennzeichnet wurden, müssen einen Mikrochip haben. In dem Ausweis muss eine gültige Tollwutimpfung (mindestens 21 Tage vor Einreise) nachgewiesen sein. In Bussen und Bahnen müssen

Hunde einen Maulkorb tragen und angeleint sein, desgleichen auch in Parkanlagen bzw. im Freien überhaupt.

Internet

Die meisten Südtiroler Hotel- und Nächtigungsbetriebe haben kostenfreien WLAN-Zugang, auch sind über das ganze Land einige wenige WLAN-Hotspots verstreut (www.wlanmap.com/regional/italien). Sehr häufig können im Rezeptionsbereich der Hotels und Gasthöfe Computer mit Internetanschluss kostenfrei genutzt werden, falls das Hotel für die Internetnutzung im Zimmer zusätzliche Gebühren verlangt.

Öffentliche Verkehrsmittel

Mit den Bahnen und Bussen des Südtiroler Verkehrsverbunds (www.sii.bz.it/de/verkehrsverbund-suedtirol) ist fast jeder Ort erreichbar. Zum Verkehrsverbund gehören Stadtbus- und Überlandlinien, Regionalzüge der Italienischen Eisenbahnen, die Vinschger- und Pustertalbahn sowie verschiedene Standseilbahnen. Mit einer der drei erhältlichen Mobilkarten (Mobilcard, Bikemobil Card und Museumobil Card) ist die Benutzung aller Linien des Verbunds kostenlos. Sie ist für drei Tage (23 €) bzw. sieben Tage (28 €) erhältlich (www.mobilcard.info). Kauft man dagegen eine sogenannte Wertkarte zu 5, 10 und 25 € (in etwa der deutschen Bahncard entsprechend), kann man etwa ein Drittel des regulären Fahrpreises sparen. Eisacktal und Pustertal sowie der Vinschgau bis Mals sind mit der Eisenbahn bestens erreichbar, das Etschtal von Meran bis Salurn und weiter nach Trient ohnehin. Fahrplanauskünfte zu den Bussen unter www.sad.it und bzw. telefonisch unter 840/000471 Mo–Sa 7.30-20 Uhr).

Öffnungszeiten

Nur in den großen Städten haben die Geschäfte durchgehend geöffnet, große Supermärkte etwa 9 bzw. 9.30 bis 19 bzw. 19.30 Uhr. In Südtirol besteht in kleineren Orten meist eine Mittagspause von 12 bis 14.30 Uhr. Geöffnet wird dabei oft schon um 8 Uhr, spätestens um 9 Uhr, geschlossen wird um 18 Uhr. Kleinere Läden schließen am Samstag um 12 bzw. 13 Uhr. Sonntags ist generell nicht geöffnet, Ausnahme: Museums-, Kirchen- und Klosterläden sowie Spezialitätengeschäfte, die an gastronomische Einrichtungen oder Hotels angeschlossen sind. Museen haben fast immer montags geschlossen.

Mit Bahn und Fahrrad kommt man in viele Orte Südtirols

Post

Briefmarken (ital. francobolli) erhält man im allgemeinen in Postämtern und in den konzessionierten Verkaufsstellen von Tabakwaren, inzwischen aber auch immer öfter auch dort, wo es Ansichtskarten gibt. Die Briefmarke für eine Postkarte aus Italien in ein EU-Land kostet genau wie ein Standardbrief 75 Cent (Stand Frühjahr 2014).

Radfahren

Mit Ausnahme der beiden großen Talradwege ist Südtirol nur für Mountainbiker ein geeignetes Ziel. Diese sind: der Etschtalradweg vom Reschenpass bis Bozen (gut 120 km), und der Eisacktalradweg vom Brenner bis Bozen (102 km). In Meran und Bozen gibt es Fahrradverleihe, weitere Infos unter www.suedtirol-rad.com.

Straßen

Südtirol besitzt ein sehr gut ausgebautes Straßennetz, insbesondere ist die Autobahn in einem hervorragenden Zustand. Die Benutzung der Autobahn (innerhalb Südtirols existiert nur die Strecke Brenner–Bozen–Salurn) ist gebührenpflichtig. Man bezahlt aber anders als in Österreich, wo man eine Plakette für eine bestimmte Zeit erwirbt, individuell je nach gefahrenen Kilometern an den Autobahnausfahrten, wobei Strecken in gebirgiger Region teurer sind als die im Tiefland. Bei der Einfahrt auf die Autobahn wird an einem Automat ein Ticket gezogen, bei der Abfahrt wird dieses vorgelegt und je nach gefahrenen Kilometern abgerechnet. Die Zahlung ist bar und mit Kreditkarte möglich.

Kraftstoff ist in Italien weitaus teurer als in Österreich – im Frühjahr 2014 um etwa 40 Cent/Liter (Superbenzin).

Telefonieren

Beim Anruf an italienische Handys von einem ausländischen Mobil- oder Festnetzanschluss fällt die 0 des Anbieters weg, doch bei den Ortsvorwahlen wird sie immer mitgewählt, egal ob aus dem Ausland oder aus dem Inland.

Telefonnummern/Notsignale

Vorwahl Italien: 0039.
ADAC-Notrufzentrale: 0049/89/222222.
Medizinischer Notdienst: 141.
Feuerwehr: 122.
Polizei: 133.
Rettung: 144.
Internationaler Notdienst: 112.
Bergrettung: 140. Zusätzlich kann akustisch oder optisch das ›alpine Notsignal‹ abgegeben werden. Es erfolgt sechsmal in kurzen Abständen bei Tag mittels Ruf oder Signalpfeife, bei Dunkelheit mit einer Taschenlampe o.ä.
ÖAMTC-Autopannendienst: 120.

Verkehr und Verkehrsvorschriften

Der nationale Führerschein ist ausreichend, die Mitnahme der Grünen Versicherungskarte wird empfohlen, da sie bei einem Unfall die Abwicklung erleichtert. Höchstgeschwindigkeit auf den Staatsstraßen 90 km/h, auf Autobahnen 130 km/h, in geschlossenen Ortschaften 50 km/h. Auf Autobahnen und Landstraßen muss auch tagsüber mit Licht gefahren werden; in Tunneln muss es grundsätzlich eingeschaltet sein. Die Promillegrenze liegt bei 0,5, des weiteren besteht Warnwestenpflicht. Seit Herbst 2011 sind die Innenstädte von Brixen und Bozen für ältere Fahrzeuge gesperrt, die Klassen Euro 0 und Euro 1 dürfen Mo–Fr 7–10 Uhr und 16–19 Uhr nicht einfahren. Hohe Geldstrafen drohen, wie überhaupt in Italien bei Verkehrsdelikten rabiat vorgegangen wird. Parkverbot besteht inner- wie außerorts an schwarz-gelb markierten Bordsteinen sowie an gelb gekennzeichneten Parkflächen, die für Taxis und Busse reserviert sind.

Unter www.provinz.bz.it/verkehr sowie unter der Nummer 0039/0473/200443 können aktuelle Verkehrsinformationen über die Situation im ganzen Land (Staus, Straßensperrungen etc.) abgerufen werden.

Literaturhinweise

Ferruccio Delle Cave, Südtirol. Ein literarischer Reiseführer, Editon Raetia Bozen 2012. Charmante kulturgeschichtliche Plaudereien, bei denen auch unzählige Schriftsteller, die sich mit Südtirol befassten oder dort aufhielten, in Originaltexten zu Wort kommen.

Michael Forcher/Hans Karl Peterlini, Südtirol in Geschichte und Gegenwart, Haymon Verlag Innsbruck 2010. Populäre, doch wissenschaftlich exakte Darstellung historischer Ereignisse und Persönlichkeiten sowie der künstlerischen, wirtschaftlichen und politischen Strömungen in Südtirol durch die Zeiten.

Hermann Gummerer/Franziska Hack, Total alles über Südtirol, Folio Verlag Wien und Bozen 2012. Kurioses, Rekorde, humorige Statistiken – eine Art Buch der Rekorde und der Fakten über Südtirol.

Christjan Ladurner, Mystische und stille Orte in Südtirol, Tappeiner Verlag Lana 2010. Liebevolle Schilderungen und Eindrücke von besonderen, individuellen Lokalitäten im Land.

Reinhold Messner, Gebrauchsanweisung für Südtirol, Piper Verlag München 2006. Kluge und weitsichtige, bisweilen kritische Betrachtungen zur Landespolitik, zu Tradition und Brauchtum.

Walter Pippke/Ida Leinberger, Südtirol. Dumont Verlag Köln 1996 [Dumont Kunst-Reiseführer].

Josef Rohrer, Meran kompakt, Folio Verlag Wien und Bozen 2013.

Franz Prinz zu Sayn-Wittgenstein, Südtirol und das Trentino, Prestel Landschaftsbücher, Prestel Verlag München 1965. Poetische Essays und teils historische Beschreibungen zu Südtirols Orten, Landschaften und Bauwerken. Nicht mehr ganz zeitnah, doch deshalb um so interessanter.

Zu vielen Gebieten Südtirols gibt es aktuelle und ausführliche Wanderführer.

Karl Felix Wolff, Dolomitensagen. Sagen und Überlieferungen, Märchen und Erzählungen der ladinischen und deutschen Dolomitenbewohner, Bozen 2003 (orig. 1913).

Karten

Sehr zweckmäßig ist die aus vier Teilblättern bestehende Südtirol-Wanderkarte 1:50 000 des Kompass-Verlages (Nr. 699). Sie ist in der Darstellung ebenso genau wie die einzelnen erhältlichen Regionalkarten gleichen Maßstabs zu dem selben Verlag, nur ist sie als Paket preiswerter als der Kauf von Einzelkarten der verschiedenen Südtiroler Regionen. Daher wurde bei den Infokästen immer auf diese Karte verwiesen. Allerdings besitzen die Einzelkarten den Vorzug, dass Ihnen kleine Reiseführer in Broschürenform beiliegen, was beim Paket nicht der Fall ist. Alternativ dazu bieten sich auch Einzelkarten (1:50 000) beispielsweise aus dem Verlag freytag & berndt an.

Südtirol im Internet

www.provinz.bz.it Offizielle Seite der Provinzialregierung. Lokale Verwaltung, Bürgernetzwerke etc.

www.suedtirol.info Offizielle Informationsseite des Südtirol Tourismus. Sehenswürdigkeiten, Aktivitäten, Unterkünfte etc.

www.suedtirolerland.it Aktivitäten und Sehenswürdigkeiten neben Unterkünften zu allen Südtiroler Regionen. Eine Seite der regionalen Tourismusverbände.

www.suedtirol.de Tourismusportal, ähnlich strukturiert wie www.suedtirolerland.it.

www.suedtirol-reisen.com Unabhängige private Informationsplattform für Südtirolbesucher.

www.sentres.com Reiseführer und Tourenplaner. Mit vielen Geheimtipps zu Unterkünften, Restaurants, Wanderwegen, Nachtlokalen.

Anhang

www.suedtirol-rad.com Alles zum Fahrradfahren in Südtirol: Verleihmöglichkeiten, Reparaturwerkstätten, Tourentipps etc.

www.stol.it Südtirol online. Ständig aktualisierte Onlinezeitung mit Regionalnachrichten.

www.dolomiten.it Webseite der größten und meinungsbildenden Zeitung Südtirols, ›Dolomiten‹. Die Zeitung findet sich wegen ihres immensen politischen Einflusses oft in der Kritik.

www.stiegenzumhimmel.it Alles über die berühmten romanischen Kirchen des Vinschgaus.

www.suedtirol-tirol.com Touristisches Kooperationsportal zwischen dem Nord- und Osttirol (Österreich) und Südtirol.

www.trekking-suedtirol.info Wandern und Motorradfahren in Südtirol.

www.locandasudtirolese.it Auswahl der besten Südtiroler Gasthäuser, die nicht einmal teuer sein müssen.

www.ivvsuedtirol.info Alles zur Grödentaler Volkssportolympiade

www.travelxalps.com Das seit 2009 bestehende Online-Buchungsportal für Österreich und andere Alpenregionen bietet ein ständig wachsendes Angebot an Übernachtungs- und Wellnessmöglichkeiten sowie Pauschalpaketen an. Der Seitenbetreiber, die Österreichische Verkehrsbüro Group, wendet sich mit dem Onlineportal bevorzugt an Individualreisende, die mit eigenem Auto anreisen. Die Tiefstpreise sind in der Tat unschlagbar.

Der Autor

Gunnar Strunz, Jg. 1961, ist promovierter Geologe und seit vielen Jahren journalistisch tätig, arbeitet in der Erwachsenenfortbildung und leitet Studienreisen insbesondere nach Polen, Russland, ins Baltikum und die alten Habsburgerlande. Für den Trescher Verlag schrieb er die Reiseführer ›Königsberg-Kaliningrader Gebiet‹, ›Bratislava‹, ›Steiermark‹, ›Niederösterreich‹, ›Vorarlberg‹, ›Burgenland‹ und ›Kärnten‹. Zusammen mit seiner Frau Alla gab er, ebenfalls im Trescher Verlag, das ›Königsberg-Kaliningrad-Lesebuch‹ heraus. Als Gemeinschaftsprojekte mit dem renommierten Fotografen Wolfgang Korall entstand für das Verlagshaus Würzburg eine ›Reise durch Ostpreußen‹ sowie ein Band über die Burgen des Deutschen Ritterordens. Für den Münchner Bergverlag Rother verfasste er einen Wanderführer zu Masuren. Gunnar Strunz lebt abwechselnd in Berlin, in Feilitzsch (Oberfranken) sowie am Kurischen Haff.

Danksagung

Die Erstellung des Buches wäre ohne die großzügige Unterstützung vieler Südtiroler Tourismusorganisationen nicht zustande gekommen. An erster Stelle möchte ich daher Herrn Andreas Tschurtschenthaler vom Südtirol Tourismus in Bozen Dank sagen, der von Anfang an dem Projekt alle mögliche Hilfe zusagte und zukommen ließ. Des weiteren geht Dank an die VertreterInnen der Regionalverbände: Frau Christine Tappeiner (Vinschgau Marketing), Herrn Dr. Stefan Kaserbacher (Regionalentwicklung Ultental), Frau Christiane von Dellemann (TV Südtirols Süden), Frau Ulrike Platter (Südtiroler Weinstraße), Frau Bettina Tschaffert (Eisacktal Tourismus), Herrn Artur Costabiei (Kronplatz Tourismus) und Frau Carmen Schwingshackl (Hochpustertal Tourismus). All diese Damen und Herren halfen mir mit Auskünften, Informations- und Bildmaterial. Ein ganz besonderer Dank geht an Frau Barbara Schnitzer vom Meran Marketing, die meine vielen Fragen über Südtirol geduldig beantwortete und mir in mehreren Exkursionen die Schönheit des Landes vermittelte.

Register

Titel: Blick zum Rosengarten, Vordere Umschlagklappe: St. Paul (Südtiroler Weinstraße),
Hintere Umschlagklappe: Churburg bei Schlurderns

Bildnachweis

Alle Fotos von Gunnar Strunz, außer:
Benreis (S. 312), Hubert Berberich (S. 176), Bozen Tourismus (S. 331), Emes (S. 153), Sabine Fach (S. 78, 79), fotolia/Bergfee (Titel), Gadertal Museum (S. 295), Gemeinde Welschnofen (S. 329), Klaus Graf (S. 307), Richard Huber (S. 198), Hans Just/Grit Hofmann (S. 103, 104, 248), Markus Lageder (S. 311), Llorenzi (S. 67, 250), Marketinggesellschaft Meran/Frieder Blickle (S. 124, 126), Wolfgang Moroder (S. 286), Pfannenstielhof (S. 49, 51), Privatachiv Anton Pichler (S. 31), Wolfgang Sauber (S. 113), Seiser Alm Marketing (S. 45), Rudolf Simon (S. 152), Südtirol Marketing Gesellschaft/Stefano Scat (S. 214), Südtiroler Archäologiemuseum (S. 111), Südtiroler Unterland/meraner-hauser.com (S. 164/65), Südtiroler Weinstraße/allesfoto.com (S. 190, 192u., vordere Umschlagklappe), Südtirols Süden (S. 14/15, S. 184, 199), Südtirols Süden/Roswitha Meir (S. 179, 188), Thesurvived99 (S. 137), Tourismusverband Hochpustertal/Schonegger (S. 242/43, 273, 284), Tourismusverband Hochpustertal/Stauder (S. 286u.), Tourismusverband Südtirols Süden (S. 13), Tourismusverein Brixen (S. 229), Tourismusverein Gitschtal-Jochtal (S. 246, 247), Tourismusverein Gossensass (S. 8, 202/03, 207), Tourismusverein Sterzing (S. 40, 210), Tourismusverein Sterzing/Klaus Peterlin (S. 212), Tourismusverein Tramin (S. 193), Tourismusvereinigung Ultental/Proveis/Frieder Blickle (S. 148, 151), Val Gardena Marketing (S. 314, 319, 320o., 320u.), Val Gardena Marketing/Peter Ehler (S. 20), Vinschgau Marketing/Frieder Blickle (S. 47, 52/53, 57, 70, 81, 83, 90u., 91, 102o., hintere Umschlaglappe), Vinschgau Marketing/Thomas Grüner (S. 333), Vinschgau Marketing/Oberortlhof (S. 102u.), Reinhold Winkler (S. 64).

Anhang

Reiseführer

ALBANIEN
336 Seiten
Euro 17.95 (D)/18.50 (A)
ISBN 978-3-89794-253-0

BOSNIEN UND HERZEGOWINA
360 Seiten
Euro 18.95 (D)/19.50 (A)
ISBN 978-3-89794-224-0

DALMATIEN
348 Seiten
Euro 13.95 (D)/14.40 (A)
ISBN 978-3-89794-227-1

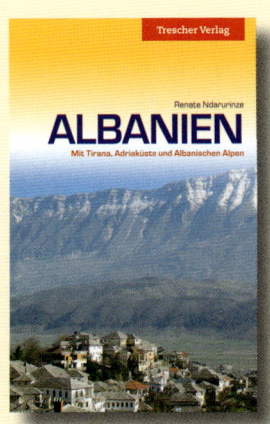

KROATIEN
450 Seiten
Euro 16.95 (D)/17.50 (A)
ISBN 978-3-89794-240-0

MAZEDONIEN
312 Seiten
Euro 16.95 (D)/17.50 (A)
ISBN 978-3-89794-265-3

MONTENEGRO
276 Seiten
Euro 14.95 (D)/15.40 (A)
ISBN 978-3-89794-236-3

SERBIEN
480 Seiten
Euro 19.95 (D)/20.60 (A)
ISBN 978-3-89794-208-0

SLOWENIEN
384 Seiten
Euro 16.95 (D)/17.50 (A)
ISBN 978-3-89794-218-9

(Auswahl)

www.trescher-verlag.de

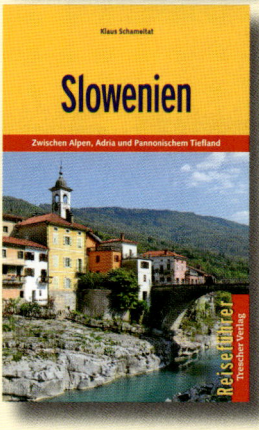

Trescher Verlag
Der Spezialist für den Osten

Städteführer

BELGRAD
NOVI SAD
324 Seiten
Euro 16.95 (D)/17.50 (A)
ISBN 978-3-89794-247-9

BERLIN
480 Seiten
Euro 16.95 (D)/17.50 (A)
ISBN 978-3-89794-269-1

BRESLAU
350 Seiten
Euro 14.95 (D)/15.40 (A)
ISBN 978-3-89794-256-1

KÖNIGSBERG
KALININGRADER GEBIET
452 Seiten
Euro 19.95 (D)/20.60 (A)
ISBN 978-3-89794-278-3

PRAG
312 Seiten
Euro 12.95 (D)/13.40 (A)
ISBN 978-3-89794-199-1

SARAJEVO
224 Seiten
Euro 14.95 (D)/15.40 (A)
ISBN 978-3-89794-246-2

WIEN
384 Seiten
Euro 16.95 (D)/17.50 (A)
ISBN 978-3-89794-242-4

ZAGREB
288 Seiten
Euro 15.95 (D)/16.40 (A)
ISBN 978-3-89794-176-2

(Auswahl)

www.trescher-verlag.de

Trescher Verlag
Der Spezialist für den Osten

UNTERWEGS DURCH ÖSTERREICH MIT DEN REISEFÜHRERN AUS DEM TRESCHER VERLAG

BURGENLAND
240 Seiten
Euro 12.95 (D)/13.40 (A)
ISBN 978-3-89794-221-9

KÄRNTEN
360 Seiten
Euro 14.95 (D)/15.40 (A)
ISBN 978-3-89794-241-7

NIEDERÖSTERREICH
384 Seiten
Euro 14.95 (D)/15.40 (A)
ISBN 978-3-89794-293-6

STEIERMARK
360 Seiten
Euro 16.95 (D)/17.50 (A)
ISBN 978-3-89794-281-3

VORARLBERG
228 Seiten
Euro 14.95 (D)/15.40 (A)
ISBN 978-3-89794-280-6

WIEN
384 Seiten
Euro 16.95 (D)/17.50 (A)
ISBN 978-3-89794-242-4

BRATISLAVA
252 Seiten
Euro 14.95 (D)/15.50 (A)
ISBN 978-3-89794-180-9

www.trescher-verlag.de

Trescher Verlag

**FLUSSKREUZFAHRTEN
DONAU**
420 Seiten
Euro 18.95 (D)/19.50 (A)
ISBN 978-3-89794-237-0

**FLUSSKREUZFAHRTEN
FRANKREICH**
460 Seiten
Euro 18.95 (D)/19.50 (A)
ISBN 978-3-89794-266-0

**FLUSSKREUZFAHRTEN
NIEDERLANDE · BELGIEN**
420 Seiten
Euro 16.95 (D)/17.50 (A)
ISBN 978-3-89794-243-1

**FLUSSKREUZFAHRTEN
RUSSLAND**
384 Seiten
Euro 16.95 (D)/17.50 (A)
ISBN 978-3-89794-263-9

**NORDMEERKREUZFAHRTEN
UND HURTIGRUTEN**
396 Seiten
Euro 18.95 (D)/19.50 (A)
ISBN 978-3-89794-183-0

**RHEIN-MAIN-MOSEL
KREUZFAHRTEN**
372 Seiten
Euro 14.95 (D)/15.40 (A)
ISBN 978-3-89794-164-9

**FLUSSKREUZFAHRTEN
AUF DEM DNEPR**
276 Seiten
Euro 14.95 (D)/15.40 (A)
ISBN 978-3-89794-146-5

www.trescher-verlag.de

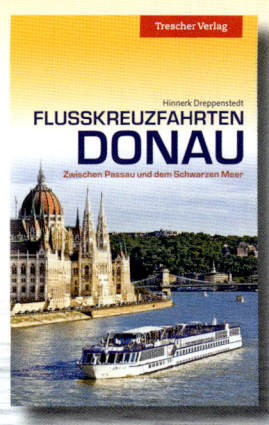

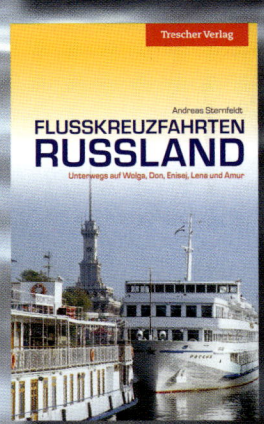

Kartenlegende

🛥	Autofähre	🎭	Theater
🚉	Bahnhof	🚪	Tor
♨	Brunnen	ℹ	Touristeninformation
🏰	Burg/Festung	🗼	Turm
🏯	Burgruine	🏛	Zoo
🚌	Busbahnhof		
☕	Café	★	Sehenswürdigkeit
⛺	Campingplatz	♟	Burg
⚱	Denkmal	⛪	Kirche
⛪	Dorfkirche	†	Friedhof
✈	Flughafen	⛺	Zeltplatz
⚓	Hafen	▲	Berggipfel
⌂	Höhle	○—○	Seilbahn
🏨	Hotel		
⛪	Kirche		Autobahn
⛪	Kloster		Schnellstraße
🏯	Klosterruine		Hauptstraße
🏛	Museum		sonstige Straßen
🎵	Oper	E 65	Europastraße
Ⓟ	Parken	A 65	Autobahn
✉	Post	243	Bundesstraße
🍴	Restaurant		Eisenbahn
⚒	Ruine/Ausgrabungsstätte	⊖	Grenzübergang
★	Sehenswürdigkeit		Staatsgrenze
🚠	Seilbahn	■	Hauptstadt
✡	Synagoge	●	Stadt/Ortschaft

Kartenregister